Meine Rezeptebibliothek 10

von Ute Marion Wilkesmann

Dies ist der zehnte Band einer etwa 20-teiligen Reihe, in die ich meine gesamten Rezepte einarbeite. Dieser Band umfasst die Zeit April 2015 bis Oktober 2015, insgesamt sind das ein wenig mehr als 1000 Rezepte.

Meine Rezeptebibliothek 10

April bis Oktober 2015

Von Ute Marion Wilkesmann

Bibliografische Information der Deutschen Nationalbibliothek:
Die Deutsche Nationalbibliothek verzeichnet diese Publikation in der Deutschen Nationalbibliografie; detaillierte bibliografische Daten sind im Internet über dnb.dnb.de abrufbar.

Verlag: BoD · Books on Demand GmbH, In de Tarpen 42, 22848 Norderstedt, bod@bod.de
Druck: Libri Plureos GmbH, Friedensallee 273, 22763 Hamburg

ISBN: 978-3-7693-1788-6

MIX
Papier aus verantwortungsvollen Quellen
Paper from responsible sources
FSC® C105338
FSC
www.fsc.org

Vorwort

Die Reihenfolge dieser Bände bzw. Rezepte ist rein chronologisch, statt eines Inhaltsverzeichnisses gibt es daher ein ausführliches Stichwortverzeichnis am Ende. Viele Bilder habe ich selbst aufgenommen. In diesem Zeitraum gab es auch einige Rezepte mit entweder gar keinen oder zu kleinen Fotografien. In diesen Fällen bat ich KIs um ein entsprechendes Foto. Alle Aufnahmen sind aus Kostengründen (Buchpreis) schwarzweiß.

Entschuldigen möchte ich mich für eventuell vorhandene Tipp- und/oder andere Fehler. Auch bei sorgfältiger Arbeit lassen sie sich nicht immer komplett vermeiden. Hier sei auch mein Dank an diejenigen gerichtet, die mir über die Jahre Fehler auf der Webseite gemeldet haben.

Das Sachverzeichnis am Ende kann von Band zu Band variieren, weil sich meine Küchenschwerpunkte über die Jahre verändert haben. Was ich 2003 noch in eine Rubrik fassen konnte, ist 2016 vielleicht besser in einer Oberkategorie und mehrere Unterkategorien aufgeteilt.

Persönliche Anmerkungen habe ich kursiv vom restlichen Text abgehoben. Es sind Texte, die beim Originalrezept stehen. Wenn ich heute etwas hinzufüge, ergänze ich das Datum.

Bei manchen Zutaten verweise ich auf einen älteren Band. Meist lässt sich diese Zutat einfach durch etwas anderes ersetzen. Wenn ich aber alles, was ich vorher aufgeschrieben habe, auch in jeden Band neu aufnehmen will, nimmt das wertvollen Platz für neue Rezepte, so meine Überlegung.

Eines kann ich garantieren: Meine Bücher enthalten ausnahmslos Alltagsrezepte, es wurden nicht nur die besten Dinge ausgesucht. Ich wünsche allen Lesern viel Spaß beim Durchblättern und Ausprobieren!

Dezember 2024
Ute-Marion Wilkesmann

Allgemeines:

Ich verwende stets einen *Heißluftofen*. Im Laufe der Zeit bin ich dazu übergegangen, *Gewicht* nur noch in netto anzugeben, das heißt, nach Vorbereiten, Schälen, Entkernen usw. Ebenso wiege ich später Flüssigkeiten in Gramm ab.

Auch wenn ich vielleicht in zehn Rezepten *gleichartige Arbeitsvorgänge* vorgenommen habe, beschreibe ich sie jedes Mal neu. Wer will beim Kochen blättern? Es gibt zwei Ausnahmen: Stehen identische Anweisungen auf einer Doppelseite, verweise ich – wenn der Platz sonst verschwendet würde – auf das erste Rezept. Auch bei häufig wiederkehrenden Anweisungen (z. B. Einweichen von Getreide fürs Frühstück) verweise ich auf ein voriges Rezept, wenn ich dadurch Platz gewinnen kann.

Kartoffeln, Möhren, Äpfel usw. schäle ich nicht.

Bei den Rezepten für diesen Band habe ich mein *Getreide* selbst gemahlen. Das geht nicht nur mit der Mühle, sondern auch z. B. mit einem Thermomix. Wer beides nicht hat, dem empfehle ich gekauftes Mehl (Vollkornmehl oder Typ 1050). Es verbackt sich sogar etwas leichter als Mehl aus der *eigenen Mühle*, es kann aber zu leichten Unterschieden bei der Menge der Flüssigkeit kommen, die zugegeben wird. *Nackthafer* bedeutet keimfähiger Hafer. Wer weder auf Rohkost noch auf Vollwerternährung nach Dr. Bruker besonderen Wert legt, nimmt einfach „normalen" Hafer. Dasselbe gilt für *Nacktgerste*. Der Begriff *Frühstück* allein bedeutet „Frischkorngericht nach Bruker".

Mengenangaben: Was für einen als Hauptspeise reicht, ist für den anderen nicht genug. Dennoch ist es ein Hinweis. Wenn ich bei einem Rezept keine Zahl der Portionen angebe, ist es ein Gericht für 1 Person.

Abkürzungen:

EL = Esslöffel
TL = TL
LS = LS
MS = Messerspitze
Pr = Prise
Min. = Min.(n); Sek. = Sekunde(n), Std. = Std.(n)
fr. = frisch

geh. = gehäuft (vor der Einheit) bzw. gehackt (nach der Einheit)

gem. = gemahlen / ger. = gerieben / getr. = getr.

kl. = klein

FKG = Abkürzung für Frischkorngericht nach Bruker oder einfach für Frühstück

RT = Raumtemperatur

TK = Tiefkühl

TM = Thermomix

Evtl. unbekannte Begriffe: *Garam Masala* ist eine indische Gewürzmischung (s. auch 6/4361). *Cumin* und *Kreuzkümmel* sind Synonyme, dasselbe gilt für *Bataten* und *Süßkartoffeln*. *Tamari* ist eine spezielle Sojasoße und lässt sich einfach durch eine beliebige Sojasoße ersetzen. Da ich in dieser Zeit selten exotisch gekocht habe, erkläre ich hier nicht viele Begriffe.

Gelegentlich beziehe ich mich auf ältere Rezepte und verweise auf Band und Nummer (3/2008 bedeutet Band 3, Nr. 2008). Was ich immer wieder mitgebe, sind der Sauerteigansatz und die Gemüsepfanne, weil sie häufig vorkommen. *Mr. Magic* und *Magic Maxx* sind Markennamen für zwei kleine, damals sehr preiswerte starke Mixer. Den Markennamen *Vitamix* verwende ich gelegentlich synonym für Hochleistungsmixer. Statt im *Reiskochtopf* lässt sich Reis auch herkömmlich garen. *Peng-Schüsseln* sind Plastikschüsseln, deren Deckel mit „Peng" aufspringt, wenn die Hefe ausreichend gegangen ist. *Grüne Rosinen* finde ich sehr lecker, sie färben auch in der Verarbeitung nicht alles dunkel ein. Sie sind leider teurer, lassen sich in Gerichten geschmacklich gleichwertig durch normale Rosinen (Sultaninen, Weinbeeren) ersetzen.

Sauerteigansatz:

- 70 g Roggen/110 g Wasser
- 70 g Roggen/110 g Wasser
- 70 g Roggen/ 70 g Wasser

Ein schmales hohes Glasgefäß suchen. Schmal im Durchmesser sollte es sein, damit die Kontaktfläche mit der Luft nicht so groß ist. Die Höhe ist erforderlich, weil der Teig enorm geht. Locker das Sechsfache des ersten Ansatzes muss es fassen. 70 g Roggen fein mahlen und in dem Glasgefäß mit 110 g Wasser verrühren. Auf ein Fensterbrett über der Heizung stellen und mit einem Geschirrtuch abdecken. Nach 24 Std. 70 g Roggen mahlen und mit weiteren 110 g Wasser zu dem Ansatz geben und verrühren. Wieder abdecken. Nach weiteren 24 Std. nochmals 70 g Roggen mahlen und mit 70 g Wasser zu dem Ansatz geben, verrühren und abdecken. Nach weiteren 24 Std. ist der Sauerteig fertig.

Das Prinzip der Gemüsepfanne

Pfanne lieber zu groß als zu klein wählen. Angegebene Flüssigkeitsmenge in die Pfanne geben. Darauf die anderen Zutaten wie klein geschnittenes Gemüse usw. Deckel auflegen und auf höchster Einstellung zum Kochen bringen, bis Dampf unter dem Deckel austritt. Auf kleinste Einstellung bringen und 15 Min. dünsten. Dies ist eine durchschnittliche Zeitangabe. Je nach Rezept kann diese Zeit anders aussehen.

7015. Hasel drinnen und draußen, April 2015

2 x Frühstück

Abends

- 6 EL Sechskorngetreide schroten. Mit
- 160 g Wasser übergießen. Bei RT stehen lassen.

Morgens

- 2 EL Leinsamen
- 18 g Zitronenfleisch
- 2 Bananen geschält (250 g)
- 3 g Ingwer frisch
- 1 Apfel (150 g)
- 1 Birne (110 g)
- 20 g Haselnüsse + 8 Stück
- 2 Paranüsse

Leinsamen flocken, auf das eingeweichte Getreide geben. Das Obst in grobe Stücke teilen und mit 20 g Haselnüssen im Hochleistungsmixer pürieren. Obstpüree auf das Getreide gießen. An den Uhrzeiten 12, 3, 6 und 9 Uhr je eine Haselnuss legen, in die Mitte je eine Paranuss.

7016. Süßer Erdkartoffelkakao, April 2015

Im Hochleistungsmixer, je nach Gerät, 4,5 bis 8 Min. auf höchster Stufe schlagen:

- 10 g Kakaonibs
- 50 g Süßkartoffel
- 15 g Erdmandeln
- 2 Datteln entsteint (40 g netto)
- 5 g frischer Ingwer
- auf 500 ml (Markierung im Becher) mit Wasser auffüllen

7017. So, Ja, Bananen, April 2015

2 Desserts.

- 100 g gekochte Sojabohnen
- 20 g Zitronenfleisch
- 7 g getr. Mangoschalen
- 2 Bananen geschält (220 g netto)
- 15 g Orangeat (z. B. 9/6460)

Sojabohnen, Zitronenfleisch, Mangoschalen und grob zerkleinerte Bananen im Vitamix zu einer glatten Creme verarbeiten.

Auf zwei Schüsselchen verteilen und mit dem Orangeat dekorieren.

7018. Herbsterinnerungen, April 2015

2 x Frühstück.

- 2 EL Leinsamen
- 4 EL Nackthafer
- 2 EL Einkorn
- 13 g Zitronenfleisch
- 210 g Tiefkühl-Pflaumen vom letzten Herbst
- 2 Bananen geschält (205 g netto)
- 1 Apfel (160 g)
- 20 g geschälte Mandeln

Leinsamen mit dem Getreide flocken, auf zwei Schüsselchen verteilen. Das Obst in grobe Stücke teilen und im Hochleistungsmixer pürieren, über das Getreide geben. Mit den Mandeln dekorieren.

7019. Blumenkohl-Brokkoli-Pfanne Ofen, April 2015

Gemüse:
- 100 g Wasser
- 350 g Kartoffeln (brutto)
- 1 Zwiebel (65 g netto)
- 125 g Brokkoli
- 150 g Blumenkohl

Gratin:
- 75 g Brot
- 12 g Zitronenfleisch
- 10 g Senf
- 4 g Essigpeperoni 7/4573
- 1 MS Kümmel
- 1 TL Salz
- 1 Prise schwarzer gem. Pfeffer
- 145 g + 75 g Wasser

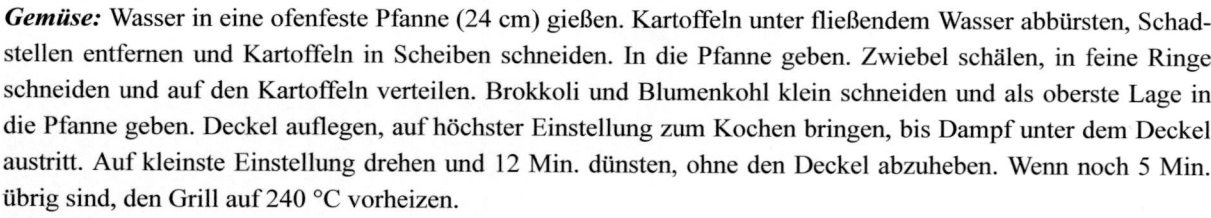

Gemüse: Wasser in eine ofenfeste Pfanne (24 cm) gießen. Kartoffeln unter fließendem Wasser abbürsten, Schadstellen entfernen und Kartoffeln in Scheiben schneiden. In die Pfanne geben. Zwiebel schälen, in feine Ringe schneiden und auf den Kartoffeln verteilen. Brokkoli und Blumenkohl klein schneiden und als oberste Lage in die Pfanne geben. Deckel auflegen, auf höchster Einstellung zum Kochen bringen, bis Dampf unter dem Deckel austritt. Auf kleinste Einstellung drehen und 12 Min. dünsten, ohne den Deckel abzuheben. Wenn noch 5 Min. übrig sind, den Grill auf 240 °C vorheizen.

Fertigstellung: Brot, Zitronenfleisch, Senf, Peperoni, Salz, Gewürze und 145 g Wasser in den Vitamixbecher (0,9 L) geben. Solange mixen, bis sich eine glatte Creme ergibt. Auf das gegarte Gemüse geben und möglichst gleichmäßig verstreichen. Den Becher mit 75 g Wasser nachspülen. Dieses Wasser am Rande des Gemüses in die Pfanne gießen. Pfanne ohne Deckel in den Backofen geben (Temperatur hatte bei mir zu diesem Zeitpunkt 180 °C erreicht) und 10 Min. grillen. Die obere Schicht hätte noch 5 Min. mehr vertragen, aber es hat auch so lecker geschmeckt.

7020. Weißer Mohn-Kakao, April 2015

Im Hochleistungsmixer, je nach Gerät, 4,5 bis 8 Min. auf höchster Stufe schlagen:
- 10 g Kakaonibs
- 1 TL Kakaopulver (2 g)
- 20 g weißer Mohn
- 2 Datteln entsteint (40 g netto)
- 5 g frischer Ingwer
- auf 500 ml (Markierung im Becher) mit Wasser auffüllen

7021. Proteinreiches Apfelkompott, April 2015

- 75 g gekochte Sojabohnen
- 1 Apfel (190 g)
- 125 g aufgetaute, tiefgekühlte Pflaumen
- 15 g Haselnüsse + 6 Stück

Sojabohnen, vorgeschnittenen Apfel und Pflaumen im Hochleistungsmixer pürieren. 15 g Haselnüsse hinzugeben und nochmals kurz durchmixen, so werden die Nüsse nur gehackt. Auf zwei Schüsselchen verteilen und in die Mitte jeweils 3 Haselnüsse legen.

7022. Linsenreis, April 2015

2 Portionen.

- 100 g Tellerlinsen
- 100 g schwarzer Vollkornreis
- 360 g Wasser (340 g hätten gereicht!)

Linsen, Reis und Wasser in den Schnellkochtopf geben. 11 Min. auf Stufe II garen. Langsam abdampfen lassen (10 Min. auf Herdstufe 2/14 und 5 Min. auf 1/14).

7023. Patate-Babrika-Gemüse, April 2015

2 Portionen.

Gemüsepfanne:

- 75 g Wasser
- 105 g Zwiebel (netto)
- 15 g Knoblauch (netto)
- 1 grüne Paprikaschote (160 g netto)
- 1 Batate (310 g)

Soße:

- 11 g Zitronenfleisch
- 1 weiche Dattel ohne Stein, in Streifen geschnitten (17 g)
- 4 g Essigpeperoni 7/4573
- 15 g geschälte Mandeln
- 50 g gekochte Sojabohnen
- 65 g + 60 g Wasser

Gemüse: Wasser in eine 24-cm-Pfanne geben. Zwiebel und Knoblauch schälen und würfeln bzw. in Scheiben schneiden. Von der Paprika Kerne, Stiel und Innenwände entfernen. In Streifen schneiden. Die Batate unter fließendem Wasser abbürsten und in nicht zu kleine Stücke schneiden, da sie am schnellsten gart. Gemüse in der angegebenen Reihenfolge in die Pfanne geben. Als Gemüsepfanne 13 Min. dünsten.

Soße und Fertigstellung: Die Soßenzutaten ohne die 60 g Wasser im kleinen Becher des Magic Maxx, hochstehendes Messer, 40 Sek. mixen. Zu dem Gemüse geben. Den Becher mit 60 g Wasser nachspülen. Dieses Wasser ebenfalls zum Gemüse geben, verrühren und aufkochen. Bei mir gab es dazu Linsenreis.

7024. Fröhlich Fermentierter Freitag, April 2015

2 x Frühstück.

- 2 EL Leinsamen
- 4 EL Nackthafer
- 2 EL Nacktgerste
- 40 g getr. Mango
- 30 g Cashewnüsse
- 3 cm Vanillestange
- 250 g Wasser
- 10 g Zitronenfleisch
- 60 g Rosinen eingeweicht
- 1 Apfel (205 g)
- 1 Banane geschält (90 g netto)
- 60 g tiefgekühlte, aufgetaute Pflaumen
- 15 g getr. Maulbeeren

Leinsamen mit dem Getreide flocken, auf zwei Schüsselchen verteilen. Mango in Stücke reißen, mit Nüssen, Vanille und Wasser im Hochleistungsmixer zu einer lauwarmen, glatten Creme schlagen und über die Flocken gießen. Obst grob zerteilen, mit den Rosinen im nicht allzu sorgfältig gereinigten Becher pürieren und vorsichtig auf die Mangocreme löffeln. Mit Maulbeeren dekorieren.

7025. Braunsojakao, April 2015

Im Hochleistungsmixer, je nach Gerät, 4,5 bis 8 Min. auf höchster Stufe schlagen:

- 15 g Kakaonibs
- 10 g Braunhirse
- 90 g gekochte Sojabohnen
- 2 Datteln entsteint (35 g netto)
- 5 g frischer Ingwer
- auf 450 ml (Markierung im Becher) mit Wasser auffüllen

7026. Durchs wilde Kürbistan 2015/14, April 2015

Stufe 1 (12 Std. vorher):

- 350 g Roggen
- 350 g Wasser
- 150 g Sauerteig

Roggen fein mahlen, mit Wasser und altem Sauerteig mischen. In einer ausreichend großen (für den ganzen Teig passenden) Pengdose über Nacht stehen lassen. 150 g von der Stufe 1 abnehmen und in einem gut schließenden Schraubglas in den Kühlschrank stellen für das nächste Backen.

- 125 g Hefewasser
- 125 g Weizen

Weizen fein mahlen und mit dem Hefewasser verrühren.

Stufe 2 (Backen, bei mir am Morgen):

- 60 g Dinkel
- 85 g Einkorn
- 70 g Roggen
- 60 g Weizen
- 700 g Sauerteigansatz (s.o.)
- 250 g Wildhefeansatz (s.o.)
- 100 g Hefewasser
- 75 g Wasser
- 1 EL Salz
- 1 EL Brotgewürz
- 80 g Kürbiskerne
- 20 g Butter für die Form

Getreide mischen und mahlen. Restliche Zutaten (außer der Butter) hinzufügen und mit einem großen Löffel gründlich verrühren, bis kein Mehl mehr sichtbar ist. Eine 30-cm-Brotform, Profi-Emaille von Dr. Oetker, gut einfetten. Teig hineingeben, mit der nassen Hand herunterdrücken und glatt streichen. Mit einem scharfen Messer dreimal schräg einschneiden. Form in eine Plastiktüte geben und 2 Std. bei Raumtemperatur gehen lassen. Ofen auf 230 °C (Heißluft) vorheizen, 50 Min. bei 190 °C backen und 5 Min. im ausgestellten Ofen nachbacken.

Interessant: Die Wildhefe verkürzt die Gehzeit eines reinen Sauerteigbrotes um 1 Std., ist aber im Vergleich zu gekaufter Hefe 30 Min. länger. Das Brot selbst ist toll geworden!

7027. Große Creme, April 2015

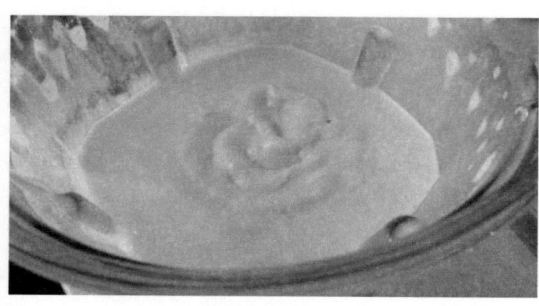

Im Hochleistungsmixer (1,4-Liter-Becher) bis zum Stocken schlagen:

- 100 g Cashewnüsse
- 100 g Rundkorn-Naturreis
- 1 Dattel entsteint (20 g netto)
- 625 g Wasser

Dauert länger als 6 Min..

7028. Pflaumenhauch, April 2015

2 Desserts.

- 100 g Große Creme (Rest im Becher) 7027 o. Ä.
- 2 Bananen geschält (175 g netto)
- 60 g aufgetaute tiefgekühlte Pflaumen
- 1 aufgetaute tiefgekühlte Pflaume

Creme, Bananen und 60 g Pflaumen im Vitamix pürieren, auf zwei Schüsselchen verteilen. Die Pflaume durchschneiden, je eine Hälfte auf die Creme legen.

7029. Kokosmonstertaler, April 2015

Teig:
- 200 g Nackthafer, grob geschrotet (Stufe 5-6 von 9, Hawos Novum)
- 1 Prise Salz
- 1 gestr. TL Natron
- 1/2 TL gem. Vanille
- 75 g Honig
- 100 g Große Creme 7027 o. Ä.
- Wasser nach Bedarf (ich hab's vergessen, mir zu notieren, irgendwas zwischen 50 und 100 g)

Belag:
- 100 g Kokosraspel
- 75 g Große Creme s. o.
- 100 g Honig
- 60 g Wasser
- 40 g Sonnenblumenkerne

Hafer mit Salz, Natron und Vanille mischen. Honig, Creme und Wasser hinzugeben und mit einem Löffel rühren, bis ein Teig entsteht, der etwas fester ist als zum Streichen. In eine 28-cm-Pizzaform geben, mit einem nassen Spatel gleichmäßig verteilen. Wer keine Perfect-Clean-Form hat, muss einfetten. Die Zutaten für den Belag verrühren und mit einem Löffel auf dem Teig verteilen.

In den auf 220 °C vorgeheizten Ofen schieben. 5 Min. bei 200 °C, 15 Min bei 175 °C und 10 Min. bei 150 °C backen. Vorheizen war nicht nötig auf 220 °C, 175 °C direkt hätte gereicht.

7030. Bärlauchknäcke, April 2015

- 125 g Nackthafer
- 125 g Rundkornnaturreis
- 1 TL Salz
- 1 TL Natron
- 125 g Kichererbsen gekocht
- 50 g Große Creme 7027 o. Ä.
- 75 g Wasser
- 20 g in Öl eingelegter Bärlauch
- 45 g Linsensprossen (2-3 cm lang)

Hafer und Reis jeweils fein mahlen. Mit den anderen trockenen Zutaten mischen. Erbsen, Creme, Wasser und Bärlauch im Mixer glatt schlagen. Mit dem Getreide mischen, zum Schluss die Linsensprossen unterrühren. Auf ein Backblech dünn auftragen, Stücke vormarkieren. In den auf 175 °C vorgeheizten Backofen schieben und 30 Min. backen.

7031. Pilz-Paprika-Gemüse, April 2015

2 Portionen

Gemüse

- 75 g Wasser (50 g wäre genug!)
- 230 g braune Champignons
- 1 Zwiebel (90 g netto)
- 1 rote Paprikaschote (210 g netto)
- 1/2 grüne Paprikaschote (110 g netto)

Soße

- 10 g Zitronenfleisch
- 50 g gekochte Kichererbsen
- 25 g Große Creme
- 1 TL Salz
- 1 TL Paprika edelsüß
- 75 g Wasser (50 g reicht)
- Ggf. 1 TL Dinkelmehl

Wasser in eine Pfanne geben. Champignons in Scheiben schneiden. Zwiebel abziehen und würfeln. Von den Paprika Stiel, Kerne und Innenwänden entfernen. Paprika in Streifen schneiden. Gemüse in der angegebenen Reihenfolge in die Pfanne legen. Deckel auflegen, auf höchster Einstellung zum Kochen bringen, bis Dampf unter dem Deckel austritt. Auf kleinste Einstellung drehen und 12 Min. dünsten, ohne den Deckel abzuheben.

Soßenzutaten bis auf das Mehl verquirlen. Unter das Gemüse rühren und kurz aufkochen. Wenn die Soße zu dünn ist, Mehl in etwas Kochflüssigkeit verrühren, zum Gemüse geben und nochmals aufkochen.

Bei mir gab es dazu Ofenkartoffeln.

7032. Süßkartoffelhauch-FKG, April 2015

2 x Frühstück.

- 2 EL Leinsamen
- 6 EL Nackthafer
- 15 g Zitronenfleisch
- 60 g Süßkartoffel
- 230 g abgetropfte aufgetaute Tiefkühlpflaumen (aus Freundes Garten)
- 2 Bananen geschält (190 g)
- 1 Apfel (110 g)
- 30 g Cashewnüsse

Leinsamen mit dem Getreide flocken, auf zwei Schüsselchen verteilen. Das Obst in grobe Stücke teilen und im Hochleistungsmixer pürieren, über das Getreide geben. Mit Cashewnüssen dekorieren.

7033. Braunhirsekakao im Kicheranfall, April 2015

Im Hochleistungsmixer, je nach Gerät, 4,5 bis 8 Min. auf höchster Stufe schlagen:

- 15 g Kakaonibs
- 1 TL Carob Rohkost (3 g)
- 15 g Braunhirse
- 50 g gekochte Kichererbsen
- 2 Datteln entsteint (40 g netto)
- 5 g frischer Ingwer
- auf 500 ml (Markierung im Becher) mit Wasser auffüllen

7034. Mischsalat mit Blumenkohl, April 2015

3-4 Portionen

Gemüse:
- 150 g Kopfsalat
- 280 g Blumenkohl
- 200 g Tomate
- 95 g Chicorée
- 160 g Salatgurke
- 105 g Möhre
- 65 g Linsensprossen

Erstes Dressing:
- 50 g Sonnenblumenkerne
- 25 g Zitronenfleisch
- 5 g Ingwer frisch
- 1 TL Salz
- 1 TL Curry (gekauft)
- 1 Dattel (18 g netto)
- 250 g Wasser

Zweites Dressing:
- 75 g Bärlauch-Porree-Dressing 9/6996 o. Ä.
- 150 g Wasser
- 50 g vom ersten Dressing

Diesen Salat habe ich morgens für Gäste als Mittagessen vorbereitet. Daher habe ich das Dressing getrennt gehalten und den Kopfsalat nach unten gelegt, damit die Schüsseln hübsch aussehen, wenn sie auf den Tisch kommen. Für ein vollständiges Mittagessen bei guten Essern rechne ich ca. 300 g Gemüse.

Kopfsalat waschen, trockenschleudern und nicht zu klein zerteilen. Die Schüsseln damit auslegen. Das restliche Gemüse klein schneiden, schichtweise auf den Salat legen. Oben mit Sprossen bestreuen. Die einzelnen Schüsseln mit Haushaltsfolie überspannen und im Kühlschrank aufbewahren.

Dressing jeweils im Vitamix bzw. Magic verquirlen, in den Bechern mit aufgeschraubtem Deckel in die Kühlschranktür stellen.

7035. Topinambur-Rohkost, April 2015

Vorspeise für 4, Hauptspeise für 2 Personen

Dressing:
- 35 g Zitronenfleisch
- 35 g Cashewnüsse
- 1 TL Salz
- 3 Datteln entsteint (45 g)
- 150 g Wasser

Gemüse:
- 310 g Topinambur
- 170 g Rote Bete
- 155 g Apfel

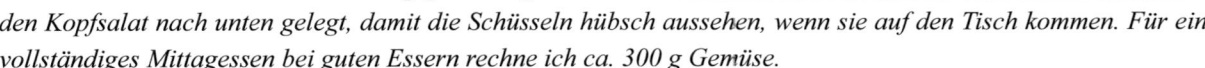

Die Dressingzutaten im Vitamix mixen, in eine Schüssel umfüllen. Das Gemüse in das Dressing raffeln (Jupiter-Gemüseraffel) und gut vermischen. Auf vier Schüsseln verteilen und mit Haushaltsfolie abgedeckt im Kühlschrank aufbewahren. Eventuell abends noch je 1 TL Essig unterrühren, damit es pikanter wird.

7036. Schokosüßer Kakao, April 2015

Im Vitamix 4,5-5 Min. auf höchster Stufe.
- 20 g Kakaonibs
- 1 TL Kakao (3 g)
- 20 g Braunhirse
- 3 Datteln entsteint (50 g)
- auf 500 ml (Markierung im Becher) mit Wasser auffüllen

7037. Schokofalten, April 2015

Vorläufer 9/6875

- 28 g Kokosöl (30 g normal)
- 205 g Honig
- 250 g Nackthafer
- 200 g Weizen
- 20 g Kakaopulver (Rohkostqualität)
- 1 Prise Salz
- 1 P Weinstein-Backpulver
- 50 g geschälte Mandeln
- 50 g Kakaonibs
- 100 g Große Creme 7027 o. Ä.

Kokosöl mit Honig in einer kleinen Pfanne schmelzen. Nackthafer zuerst mahlen, bei feinerer Einstellung Weizen fein mahlen. Getreide mischen und mit Kakao, Salz und Backpulver verrühren. Mandeln im Magic fein mahlen, mit den Kakaonibs zum Mehl geben und mischen. Flüssige Honigmasse und Creme hinzufügen und mit den Knethaken eines Handrührgeräts verkneten. Kurz ruhen lassen. Mit den angefeuchteten Händen Kugeln formen und nebeneinander auf zwei Backbleche setzen. Mit einer nassen Gabel leicht flachdrücken. Ofen (Heißluft) auf 160 °C vorheizen und Kekse 12 Min. backen.

7038. Übernachtpizza mit Blumenkohl, April 2015

Für 3-4 Personen

Teig:
- 50 g Kamut
- 350 g Weizen
- 2 gestr. TL Salz (zu viel!)
- 1 P frische Bio-Hefe (42 g)
- 150 g Wasser
- 100 g Große Creme 7027

Weiße Schicht
- 200 g Große Creme (s. o.)
- 20 g Zitronenfleisch
- 1,5 TL Salz
- 1 Prise Schabziegerklee
- 20 g Cashewnüsse
- 125 g Wasser

Roter Belag:
- 1 Tomate (175 g)
- 75 g Wasser
- 1 TL Salz
- 1 TL Paprika edelsüß
- 50 g gekochte Kichererbsen

Gemüse:
- 160 g Blumenkohl
- 1 große Zwiebel (140 g netto)
- 2 große Tomaten (300 g)
- 1 TL Pizzagewürz

Teig: Getreide mischen und fein mahlen und mit Salz mischen. Hefe im Wasser auflösen, zum Mehl geben, ebenso die Stützcreme. Gründlich verkneten. Eine Kugel unter Spannung formen und den Teig in eine Pengdose legen. Deckel schließen und die Dose über Nacht in den Kühlschrank stellen. Morgens (das waren etwa 12 Std. später) war der Deckel noch nicht abgesprungen, aber gewölbt. Ich habe den Teig um 8.30 Uhr nochmals gründlich geknetet. Wieder in der Pengdose in den Kühlschrank gegeben. Um 14 Uhr aus dem Kühl-

14

schrank genommen, geknetet. Um 15.30 Uhr erneut geknetet, um 16.30 Uhr ca. noch einmal. Der Deckel sprang nie ab, die Dose war relativ groß für den Teig. *Weiße Schicht:* Im Vitamix verquirlen, in einen Mixerbecher gießen und in den Kühlschrank geben. Im selben Becher den roten Belag herstellen. *Roter Belag:* Tomate in Stücke schneiden und mit den anderen Zutaten im Vitamix gut verquirlen. Bis zum Abend in den Kühlschrank stellen. Teig direkt auf dem Backblech mit Hilfe von Mehl ausrollen, d. h. auch Streumehl unter den Teig geben. Einen Rand hochdrücken. Mit einer Gabel mehrmals einstechen. Roten Belag auf den Teig gießen und verteilen. *Gemüse:* Blumenkohl in Scheiben schneiden und auf die Tomatenschicht legen. Zwiebel abziehen und in möglichst dünne Scheiben schneiden. Zwischen dem Blumenkohl verteilen. Die Tomate so dünn wie möglich schneiden, auf der Pizza so verteilen, dass die Blumenkohlstücke abgedeckt sind, und mit Pizzagewürz (zwischen den Fingern zerreiben, damit das Aroma freigesetzt wird) bestreuen. Stehen lassen.
Backen: Ofen auf 230 °C vorheizen. Sobald der Ofen heiß ist, die weiße Soße auf das Gemüse gießen. In den Ofen einschieben, auf 220 °C stellen und 20 Min. backen lassen. Bei ausgeschaltetem Ofen 5 Min. nachbacken.

7039. Rosinen-Cashew-Kränzchen, April 2015

2 x Frühstück.

- 2 EL Leinsamen
- 6 EL Nackthafer
- 15 g Zitronenfleisch
- 1 Birne (115 g)
- 2 Bananen geschält (175 g netto)
- 2 Äpfel (300 g)
- 30 g grüne Rosinen
- 25 g Cashewnüsse

Leinsamen mit dem Getreide flocken, auf zwei Schüsselchen verteilen. Das Obst ohne den kleineren Apfel in grobe Stücke teilen und im Hochleistungsmixer pürieren, über das Getreide geben. Den verbliebenen Apfel halbieren. So in Streifen schneiden, dass die Hälfte erhalten bleibt, und auf das Obst setzen. Den Rand mit Rosinen und Cashewnüssen bestreuen.

7040. Kichermohnkakao, April 2015

Im Hochleistungsmixer, je nach Gerät, 4,5 bis 8 Min. auf höchster Stufe schlagen:

- 15 g Kakaonibs
- 20 g weißer Mohn
- 30 g gekochte Kichererbsen
- 2 Datteln entsteint (43 g netto)
- 5 g frischer Ingwer
- 20 g Große Creme 7027 o. Ä.
- Auf 450 ml (Markierung im Becher) mit Wasser auffüllen

7041. Salat mit Liebstöckeldressing, April 2015

2 kleine Portionen

Dressing:
- 1 EL Liebstöckelblätter frisch
- 13 g Zitronenfleisch
- 1 Dattel ohne Stein (22 g)
- 10 g Cashewnüsse
- 1 Prise Salz
- 100 g Wasser

Gemüse:
- 75 g bunter Kopfsalat
- 1/2 grüne Paprika (75 g netto)
- 50 g Möhre
- 1 EL Tellerlinsensprossen

Liebstöckelblätter abzupfen. Dattel in Ringe schneiden. Alle Dressingzutaten im kleinen Becher des Magic mit dem hochstehenden Messer ca. 45 Sek. schlagen. Gemüse ggf. waschen und putzen, Salat zuunterst geben, darauf Paprikastücke legen und mit Möhrenscheiben fächerartig aufeinandergelegt abschließen. Am Rand mit den Linsen bestreuen.

7042. Spaghetti mit Reis Nr. 2, April 2015

Vorläufer: 7002; 2 Portionen; mit der Marcata Atlas Nudelmaschine mit Motor

- 70 g Vollkorn-Basmatireis
- 70 g Wasser
- 90 g Kamut

Reis fein mahlen und mit dem Wasser verrühren. In einer gut schließenden Dose 2,5 Std. quellen lassen. Kamut fein mahlen, mit der Reismasse 5-7 Min. kneten, in Haushaltsfolie wickeln und 2,5 Std. liegen lassen.

Durch die Walzen drehen, dabei jedes Mal zweifach falten (d. h. es liegen drei Schichten übereinander) und auf ein Küchentuch ablegen: 10 x Stufe 1, je 1 x Stufe 2-4.

Ein anderes Küchentuch auf die Bahnen legen und 30 Min. ruhen lassen. Durch den Spaghettivorsatz laufen lassen, die Spaghetti auf Küchentücher legen und bis zum Kochen offen liegen lassen. In reichlich Salzwasser ca. 2-3 Min. kochen.

7043. Rosinenbomber, April 2015

Im Hochleistungsmixer bis zum Stocken schlagen:

- 60 g Rundkorn-Naturreis
- 10 g Cashewnüsse
- 20 g grüne Rosinen
- 350 g Wasser

7044. Mokkacreme auf Mangos, April 2015

2 Desserts

- 130 g Rosinenbomber 7042 o. Ä.
- 50 g gekochte Kichererbsen
- 1 TL Instant-Getreidekaffee
- 1 Banane (100 g netto)
- 20 g Ahornsirup
- 115 g frische Mango

Kichererbsen, Kaffeepulver, geschälte Banane und Ahornsirup mit der im Becher verbliebenen Stützcreme im Vitamix gut durchmixen. Von der Mango etwa 15-20 g zur Seite legen, den Rest würfeln und auf zwei Schüsselchen verteilen. Mokkacreme darübergießen. Mit dem Rest der Mango dekorieren.

7045. Ratatouille Wuppertaler Art, April 2015

Gemüse:

- 55 g Wasser
- 1 Zwiebel (90 g netto)
- 185 g Topinambur
- 140 g Blumenkohl
- 140 g Möhre
- 1 grüne Paprikaschote (140 g netto)

Soße:

- 20 g Zitronenfleisch
- 25 g Rosinenbomber 7042 o. Ä.
- 75 g gekochte Kichererbsen
- 1 TL Salz
- 50 g + 50 g Wasser
- 1 EL Liebstöckelblätter frisch

Wasser in die Pfanne geben. Zwiebel schälen, in Ringe schneiden. Topinambur, Blumenkohl und Möhre in Scheiben schneiden. Innenwände und Kerne von der Paprika entfernen, die Paprika würfeln. In der angegebenen Reihenfolge in die Pfanne geben. 12-13 Min. als Gemüsepfanne.

Für die Soße Zitronenfleisch, Stützcreme, Kichererbsen, Salz und 50 g Wasser im Mixer verquirlen. Liebstöckel-Blätter hinzufügen und nochmal kurz durchmischen. Zum Gemüse geben. Den Becher mit 50 g Wasser nachspülen. Dieses Wasser ebenfalls zum Gemüse geben, verrühren und aufkochen.

7046. Creme Mango und Flocken, April 2015

2 x Frühstück

- 2 EL Leinsamen
- 2 EL Nackthafer
- 4 EL Roggen
- 10 g Zitronenfleisch
- 25 g Cashewnüsse
- 2 Bananen geschält (200 g netto)
- 1 Apfel (210 g)
- ca. 120 g frische Mango

Leinsamen mit dem Getreide flocken, auf zwei Schüsselchen verteilen. Zitronenfleisch, Nüsse, Banane in Stücken und Apfel vorgeschnitten im Hochleistungsmixer pürieren, über das Getreide geben. Die Mangostücke klein schneiden und auf der Obstcreme verteilen.

7047. Mohnhirsekakao, April 2015

Im Hochleistungsmixer, je nach Gerät, 4,5 bis 8 Min. auf höchster Stufe schlagen:

- 10 g Kakaonibs
- 1 g Vanillestange (ca. 4 cm)
- 1 TL Kakaopulver (3 g)
- 20 g weißer Mohn
- 10 g Braunhirse
- 2 Datteln entsteint (40 g netto)
- 5 g frischer Ingwer
- auf 500 ml (Markierung im Becher) mit Wasser auffüllen

7048. Rhabarbertop, April 2015

2 Desserts.

- 35 g Wasser
- 1 Stange Rhabarber (110 g brutto)
- 2 TL Agaven-/Ahornsirup oder Honig 1 TL
- 100 g Rosinenbomber
- 1 Banane geschält (90 g netto)
- 1 Dattel entsteint (18 g)
- 1 MS Vanille

Wasser in eine kleine Pfanne (20 cm) geben. Enden vom Rhabarber abschneiden, in ca. 2 cm breite Stücke schneiden. In die Pfanne geben und 5-6 Min. dünsten. Agavensirup hinzufügen und auf größter Einstellung ein bisschen eindampfen. Abkühlen lassen.

Creme, in Stücke gebrochene Banane, in Ringe geschnittene Dattel und Vanille im kleinen Mixer, hochstehendes Messer, zu einer beigen Creme schlagen. Auf zwei Schüsselchen verteilen. Die Rhabarberstücke abtropfen lassen und auf die Creme geben. *(Das in der Pfanne befindliche Kochwasser schmeckt auch einfach so.)*

7049. Frühlingszwiebel-Überhand, April 2015

2 Personen

Gemüse:

- 50 g Wasser
- 185 g Frühlingszwiebeln (netto)
- 165 g Kohlrabi (netto)
- 165 g grüne Paprika (netto)

Soße:

- 15 g Zitronenfleisch
- 1 TL Salz
- 20 g weißer Mohn
- 15 g Cashewnüsse
- 5 g Essigpeperoni 7/4573
- Ca. 10 Blätter Liebstöckel
- 60 g + 50 g Wasser

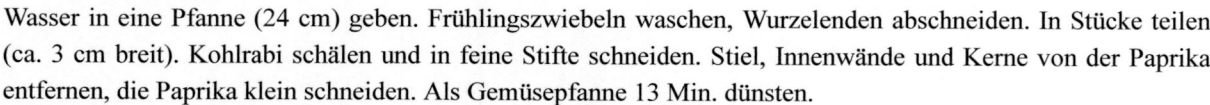

Wasser in eine Pfanne (24 cm) geben. Frühlingszwiebeln waschen, Wurzelenden abschneiden. In Stücke teilen (ca. 3 cm breit). Kohlrabi schälen und in feine Stifte schneiden. Stiel, Innenwände und Kerne von der Paprika entfernen, die Paprika klein schneiden. Als Gemüsepfanne 13 Min. dünsten.

Soßenzutaten im kleinen Mixer (flaches Messer) ohne den Liebstöckel 40 Sek. und nur mit 60 g Wasser mixen. Liebstöckel hinzufügen, kurz durchmixen. Den Becher mit 50 g Wasser nachspülen. Dieses Wasser ebenfalls zum Gemüse geben, verrühren und aufkochen.

7050. Barley, Oats and Rhubarb, April 2015

2 x Frühstück.

- 2 EL Leinsamen
- 2 EL Nacktgerste (barley)
- 4 EL Nackthafer (oats)
- 15 g Zitronenfleisch
- 3 Bananen geschält (300 g)
- 100 g Rhabarber
- 1 Apfel (195 g)
- 20 g Maulbeeren
- 15 g Pekannüsse

Leinsamen mit dem Getreide flocken, auf zwei Schüsselchen verteilen. Das Obst in grobe Stücke teilen und im Hochleistungsmixer pürieren, über das Getreide geben. Mit Maulbeeren bestreuen, in die Mitte einige Pekannüsse legen.

7051. Kaffeehauch, April 2015

Im Hochleistungsmixer, je nach Gerät, 4,5 bis 8 Min. auf höchster Stufe schlagen:

- 10 g Kakaonibs
- 1 geh. TL Carob (5 g)
- 1 geh. TL Getreidekaffee instant (3 g)
- 15 g Nackthafer
- 10 g Braunhirse
- 2 Datteln entsteint (40 g netto)
- 5 g frischer Ingwer
- auf 500 ml (Markierung im Becher) mit Wasser auffüllen

7052. Rhubarb Crumble ohne Backofen, April 2015

2 Portionen

- 100 g Wasser
- 100 g Rhabarber (netto)
- 50 g Nackthafer
- 1 EL Ahornsirup
- 20 g grüne Rosinen
- 15 g Rosinenbomber 7042 o. Ä.

Wasser in eine 20-cm-Pfanne gießen. Rhabarber in etwa 2 cm lange Stücke schneiden und im Wasser 3-4 Min. dünsten. Hafer flocken, mit dem Sirup zum Rhabarber geben. Vorsichtig rühren und 1-2 Min. offen köcheln lassen. Rosinen unterziehen und in der Pfanne kalt werden lassen. Auf zwei Schüsselchen verteilen, mit je einem Klecks Creme dekorieren.

7053. Salatteller mit O-Dressing, April 2015

2 Begleitsalate (z. B. zu Kartoffelpuffern)

Dressing:

- 1/2 geschälte Apfelsine (110 g netto)
- 10 g Zitronenfleisch
- 1 TL Salz
- 1 MS schwarzer Pfeffer
- 20 g Cashewnüsse
- 30 g + 30 g Wasser

Gemüse:

- Ca. 425 gemischte Gemüse, davon 120 g Kopfsalat
  Bei mir war das Gemüse: 20 g Radicchio, 25 g Frühlingszwiebel (1; netto), 2 Bärlauchblätter, 1 Tomate (70 g), 1/2 gelbe Paprikaschote ohne Innenwand und Kerne (115 g netto), 90 g Schlangengurke, 10 g Rhabarber.

Dressing: Apfelsine in Stücke schneiden. Alle Zutaten im kleinen Mixer (mit dem hochstehenden Messer) ohne Wasser 30 Sek. schlagen. 30 g Wasser hinzugeben und nochmals 30 Sek. schlagen. Stehen lassen, bis es cremig-dickflüssig geworden ist. Auf dem Salat in einem Ring anordnen. Den Rest im Becher mit 30 g Wasser mixen, vorsichtig in die Mitte des Salats gießen.

Den Kopfsalat waschen, trocken schleudern und in Streifen schneiden. Zwei Teller mit den Salatstreifen auslegen. Den Rest des Gemüses klein schneiden und symmetrisch auf den Blättern anordnen. Der Rhabarber sollte ganz dünn geschnitten werden.

7054. Kartoffelplätzchen zum Zweiten, April 2015

Für 2 Personen

- 75 g Nackthafer
- 1 TL Salz
- 75 g gekochte Kidneybohnen (oder andere Hülsenfrüchte)
- 40 g Zwiebel netto
- 50 g Rosinenbomber 7042 o. Ä.
- 300 g Kartoffeln

Hafer flocken und mit Salz, Bohnen, sehr fein gewürfelter Zwiebel und Creme verkneten. Kartoffeln raffeln und ebenfalls einarbeiten.

Mit den Händen 6-7 Plätzchen formen und nebeneinander in eine 28-cm-Pizzaform (PerfectClean, Dauerbackfolie oder Backpapier) setzen. In den kalten Ofen schieben. Ofen (Heißluft) auf 220 °C stellen, 30 Min. backen und im ausgestellten Ofen 5 Min. nachbacken.

7055. Tellergericht, April 2015

2 x Frühstück

- 2 EL Leinsamen
- 4 EL Nacktgerste
- 2 EL Roggen
- 10 g Zitronenfleisch
- 2 Bananen geschält (netto 245 g)
- 1 Apfel (205 g)
- 105 g Rhabarber
- 1/2 Apfelsine (95 g netto)
- 15 g Rhabarber
- 15 g Pekannüsse

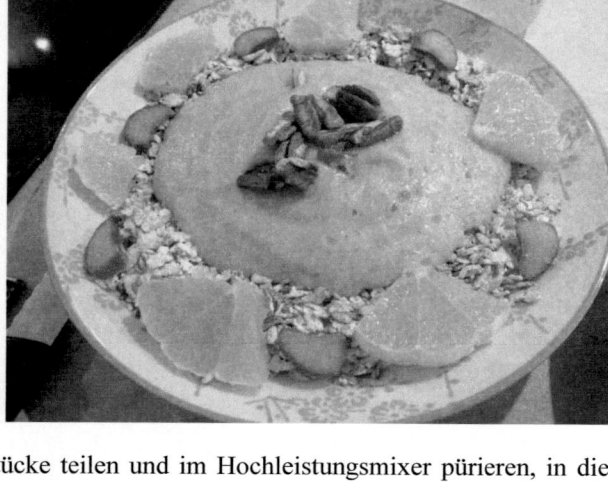

Leinsamen mit dem Getreide flocken, auf zwei Teller verteilen und an den Rand drücken. Zitronenfleisch, Bananen, Apfel und 105 g Rhabarber ggf. in grobe Stücke teilen und im Hochleistungsmixer pürieren, in die Mitte des Getreides gießen. Apfelsine in Stücke und 15 g Rhabarber in dünne Scheiben schneiden, beides als Dekoration auf das Getreide legen. In die Mitte des Obstpürees die Pekannüsse häufeln.

7056. Kaffeekakao Nr. 2, April 2015

Im Hochleistungsmixer, je nach Gerät, 4,5 bis 8 Min. auf höchster Stufe schlagen:

- 10 g Kakaonibs
- 5 g Getreidekaffee instant
- 1 MS. Vanille
- 10 g Nackthafer
- 20 g Erdmandeln
- 3 g Carob
- 2 Datteln entsteint (40 g netto)
- 5 g frischer Ingwer
- auf 500 ml (Markierung im Becher) mit Wasser auffüllen

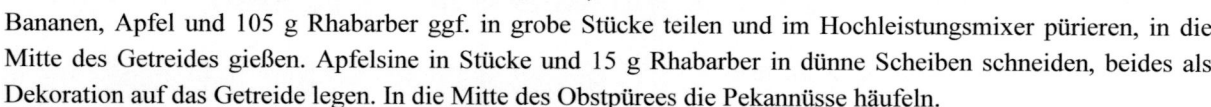

7057. Orangenschokokekse, April 2015

- 200 g Nackthafer
- 150 g Gerste
- 150 g Weizen
- 1 Prise Salz
- 1 P Weinstein-Backpulver
- 1/2 TL Vanille
- 50 g Kakaonibs
- 30 g Sonnenblumenöl
- 220 g Agavensirup
- 80 g Rosinenbomber 7042 o. Ä.
- 10 g Zitronenfleisch
- 125 g Orangenfleisch
- 10 g Orangenschale

Nackthafer zuerst mahlen, bei feinerer Einstellung Gerste und Weizen zusammen fein mahlen. Getreide mischen und mit Salz, Vanille, Kakaonibs und Backpulver verrühren. Stützcreme, Orangenschale und -fleisch im Mixer (hochstehendes Messer) zu einer glatten Creme schlagen. Zum Mehl geben. 220 g Agavensirup und Sonnenblumenöl ebenfalls hinzufügen und mit den Knethaken eines Handrührgeräts verkneten. Kurz ruhen lassen. Mit den angefeuchteten Händen Kugeln formen und nebeneinander auf zwei Backbleche setzen. Mit einer nassen Gabel leicht flachdrücken. Ofen (Heißluft) auf 160 °C vorheizen und Kekse 12 Min. backen und 2 Min. im ausgestellten Ofen nachbacken. Die Kekse sind sehr mürbe, d. h. zerbröseln leicht.

7058. Gerstenrhabarber, April 2015

2 x Frühstück.

Abends
- 6 EL Nacktgerste grob schroten & auf zwei Schüsseln verteilen. Mit insgesamt
- 160 g Wasser übergießen. Abgedeckt bei RT stehen lassen.

Morgens
- 2 EL Leinsamen
- 15 g Zitronenfleisch
- 1/2 geschälte Orange (135 g netto)
- 80 g Rhabarber
- 2 Bananen (210 g)
- 1 Apfel ((80 g)
- 30 g grüne Rosinen

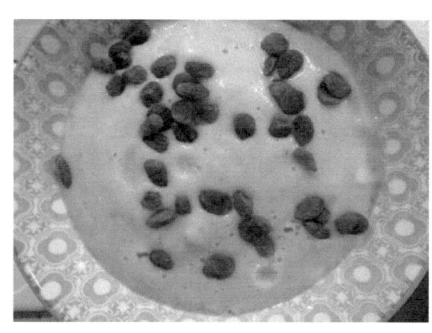

Leinsamen flocken, auf das eingeweichte Getreide geben. Das Obst in grobe Stücke teilen und im Hochleistungsmixer pürieren. Auf dem Getreide verteilen und mit Rosinen bestreuen.

7059. Bohnenkaffee, April 2015

Im Vitamix ca. 4,5 Min. auf höchster Stufe schlagen:
- 10 g Kakaonibs
- 75 g Kochflüssigkeit von Kidneybohnen
- 50 g gekochte Kidneybohnen
- 5 g Getreidekaffee instant
- 2 Datteln entsteint (40 g netto)
- 10 g Braunhirse
- auf 500 ml (Markierung im Becher) mit Wasser auffüllen

7060. Erdbeeren, Rhabarber und Hafer, April 2015

2 Desserts.
- 200 g Erdbeeren (netto)
- 50 g Nackthafer
- 150 g Wasser
- 100 g Rhabarber
- 3 weiche Datteln entsteint (55 g netto)

Erdbeeren putzen, vierteln und auf 2 Schüsselchen verteilen. Zwei Stücke beiseitelegen. Nackthafer in einen kleinen Topf flocken, mit dem Wasser verrühren und zum Kochen bringen. 3-4 Min. köcheln. Rhabarber in Stücke schneiden und hinzugeben. Köcheln, bis der Rhabarber weich ist. Datteln klein schneiden. Mit dem Topfinhalt mischen und mixen (bei mir: Zerkleinerer eines Pürierstabs). Die Hafermasse auf den Erdbeeren verteilen und bis zum Essen kalt stellen.

7061. Karamellisierter Blumenkohl, April 2015

2 Portionen
- 1 kleiner Blumenkohl (560 g netto)
- 50 g + 100 g Wasser

Blumenkohl in Röschen teilen, nicht zu klein. In eine Keramikpfanne geben, 50 g Wasser hinzufügen. Deckel auflegen. Auf höchster Einstellung zum Kochen bringen und warten, bis das Wasser komplett verdampft ist und der Blumenkohl „sitzt" (nicht angesetzt hat!). Schubweise Wasser zugeben und auf kleinster Einstellung 11-13 Min. dünsten, bis der Blumenkohl gar ist. Er sollte jetzt an vielen Stellen beige-braun sein.
Ich habe das nach Angaben von Neal Barnard gemacht. Ich fand das geschmacklich nicht so umwerfend, da ist mir „ordentlich gedünstet" lieber.

7062. Dörrtomaten-Pesto, April 2015

- 50 g Dörrtomaten in Stücke geschnitten
- 25 g Zitronenfleisch
- 10 g Bärlauchblätter frisch
- 1 große Knoblauchzehe (7 g netto)
- Etwas schwarzer gem. Pfeffer
- 1 gute Prise Salz
- 50 g gekochte Kidneybohnen
- 130-150 g Wasser

Alle Zutaten mit dem Stabmixer pürieren, bis eine noch leicht körnige, aber glatte Masse entstanden ist.

Ich habe es als Zugabe zu Blumenkohl mit Ofenkartoffeln gegessen. Da reichte es gut für 2 Personen. Es war sehr lecker - auch ohne Fett, was mich dann doch überrascht hat.

7063. Verdeckter Braunhirsenfreitag, April 2015

2 x Frühstück

- 2 EL Leinsamen
- 6 EL Nackthafer
- 40 g getr. Mango
- 30 g Cashewnüsse
- 10 g Braunhirse
- 3 cm Vanillestange
- 300 g Wasser
- 13 g Zitronenfleisch
- 170 g + 100 g Erdbeeren geputzt (netto)
- 1 Banane geschält (100 g netto)
- 1 Apfel 175 g

Leinsamen mit dem Getreide flocken, auf zwei Schüsselchen verteilen. Mango in kleinere Stücke reißen. Mit Nüssen, Braunhirse, Vanille und Wasser im Hochleistungsmixer zu einer lauwarmen Creme schlagen. Auf das Getreide gießen. Das Obst (außer 100 g Erdbeeren) in grobe Stücke teilen und im Hochleistungsmixer pürieren, auf die Mangocreme geben. 100 g Erdbeeren gleichmäßig aufschneiden (z. B. in Viertel) und symmetrisch als Dekoration auf den Obstbrei geben.

7064. Agaventestkakao, April 2015

Im Hochleistungsmixer, je nach Gerät, 4,5 bis 8 Min. auf höchster Stufe schlagen:

- 10 g Kakaonibs
- 20 g Agavensirup
- 4 g Carobpulver
- 5 g Ingwer
- 20 g Erdmandeln

FoK sagt, Agavensirup z. B. sei besser als Honig, weil trotz des hohen Fructoseanteils die Süßkraft stärker ist als Honig und man demzufolge

weniger benötigt. Na, das wollte ich genau wissen. Ich habe den Kakao heute also nur mit Agavensirup gesüßt. Fazit: Das stimmt für mich überhaupt nicht, da hätte ich besser Honig reingetan. Bei Ahornsirup schmeckt's mir wenigstens besser, aber mit Agavensirup werde ich mich nicht anfreunden.

7065. Dattellastige Stützcreme, April 2015

Im Hochleistungsmixer bis zum Stocken schlagen:

- 10 g Cashewnüsse
- 50 g Rundkorn-Naturreis
- 75 g Datteln entsteint (4 Stück Medjool)
- 350 g Wasser

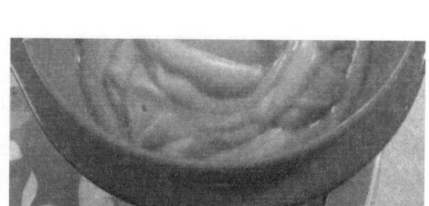

7066. Ananas-Erdbeer-Salat, April 2015

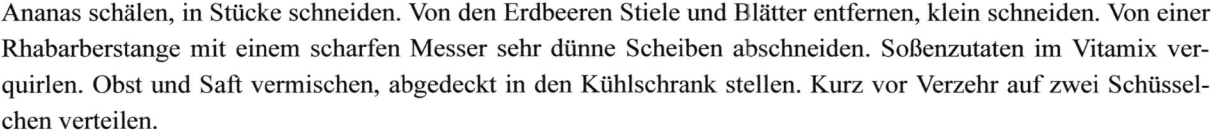

2 x Dessert

Früchte:

- 75 g Ananas netto
- 95 g Erdbeeren netto
- 20 g Rhabarber

Soße:

- 20 g Dattellastige Stützcreme 7064 o. Ä.
- 10 g Zitronenfleisch
- 20 g Agavensirup
- 1 Prise gem. Vanille
- 50 g Wasser

Ananas schälen, in Stücke schneiden. Von den Erdbeeren Stiele und Blätter entfernen, klein schneiden. Von einer Rhabarberstange mit einem scharfen Messer sehr dünne Scheiben abschneiden. Soßenzutaten im Vitamix verquirlen. Obst und Saft vermischen, abgedeckt in den Kühlschrank stellen. Kurz vor Verzehr auf zwei Schüsselchen verteilen.

7067. Roter Reis-Kartoffeln, April 2015

2 Portionen

- 100 g roter Reis
- 180 g Wasser
- 230 g Kartoffeln

Reis und Wasser in den Schnellkochtopf (kleiner Topf, der mit 125 g Flüssigkeit auskommt) geben. Kartoffeln unter fließendem Wasser abbürsten und in nicht zu kleine Stücke schneiden, zum Reis geben.

11 Min. auf Schnellkochtopf Ventilstufe II, 10 Min. auf Herdstufe 2/14, bis das Ventil heruntergeht auf Herdstufe 1/14.

7068. Grüner Spargel mit viel Rot, April 2015

2 Portionen.

Gemüse:

- 100 g Wasser
- 250 g grüner Spargel (netto)
- 1 rote Paprikaschote (140 g netto)
- 1 Tomate (85 g)

Soße:

- 7 g Zitronenfleisch
- 70 g gekochte Sojabohnen
- 20 g Dattellastige Stützcreme 7064 o. Ä.
- 1 TL Salz
- 1 MS schwarzer Pfeffer
- 3 g Senf
- 45 g Wasser

Wasser in eine 24-cm-Keramikpfanne geben. Spargelenden unten abschneiden, unteres Drittel schälen und die Stangen dritteln. Innenwände und Stiel von der Paprika abschneiden, Kerne herausnehmen und die Paprika in Streifen schneiden. Tomate grob würfeln. Gemüse in die Pfanne geben. Deckel auflegen, auf höchster Einstellung zum Kochen bringen, bis Dampf unter dem Deckel austritt. Auf kleinste Einstellung drehen und 20 Min. dünsten, ohne den Deckel abzuheben.

Soßenzutaten im Mixer verquirlen, zum Gemüse geben. Von der Kochflüssigkeit eine Menge von ca. 50 g in den Becher geben und damit nachspülen. Diese Flüssigkeit ebenfalls zum Gemüse geben, verrühren und aufkochen.

Dazu gab es bei mir Roter Reis-Kartoffeln.

7069. Ananasblock, April 2015

2 x Frühstück.

- 2 EL Nackthafer
- 4 EL Nacktgerste
- 225 g Erdbeeren ohne Stiel, Blätter oder Schadstellen (netto)
- 1 Banane geschält (130 g netto)
- 2 Scheiben Ananas geschält (165 g netto)
- 35 g getr. Kokosstreifen

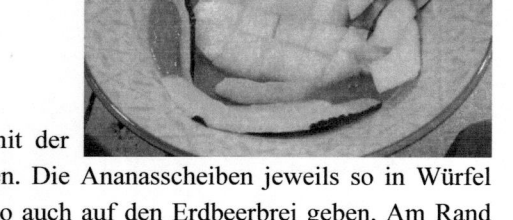

Getreide flocken, auf zwei Schüsselchen verteilen. Erdbeeren mit der Banane im Hochleistungsmixer pürieren, über das Getreide geben. Die Ananasscheiben jeweils so in Würfel schneiden, dass die Scheibenform erhalten bleibt und möglichst so auch auf den Erdbeerbrei geben. Am Rand Kokosstreifen verteilen.

7070. Braunhirsekakao mit Nuss, April 2015

Im Hochleistungsmixer, je nach Gerät, 4,5 bis 8 Min. auf höchster Stufe schlagen:

- 10 g Kakaonibs
- 10 g Cashewnüsse
- 2 Datteln entsteint (34 g netto)
- 5 g frischer Ingwer
- 20 g Braunhirse
- 50 g gekochte Sojabohnen
- auf 500 ml (Markierung im Becher) mit Wasser auffüllen

7071. Paprika-Kohlrabisalat, April 2015

Kleiner Salat für 2 Personen (aber zu viel für eine Vorspeise)
Gemüse:

- 1 gelbe Paprikaschote (190 g netto)
- 1 kleiner Kohlrabi (150 g netto)
- 75 g Ananas (netto)
- 1 kleines Stück Tomate (45 g)
- 15 g Linsensprossen

Dressing:

- 10 g Cashewnüsse
- 15 g Ahornsirup
- 15 g Zitronenfleisch
- 5 g frischer Bärlauch
- 1 TL Salz

Innenwände, Kerne und Stiel der Paprikaschote entfernen, Schote in kleine Stücke schneiden. Kohlrabi schälen und würfeln. Ananas ebenfalls würfeln. In einer Schüssel miteinander mischen und auf zwei passende Schüsseln verteilen. Die Dressingzutaten mit dem Magic Maxx gut verquirlen, über den Salat gießen. Das Tomatenstück in 2 x 3 kleine Scheiben schneiden und fächerartig jeweils in die Mitte des Salats legen, am Rand mit Linsensprossen bestreuen.

7072. Bärlauch-Tomatenpesto fettfrei, April 2015

Im Hochleistungsmixer mit dem Stößel zu einer glatten Masse verarbeiten:

- 30 g Liebstöckel frisch
- 180 g Bärlauch frisch, mit Stängeln
- 20 g Salz
- 100 g getr. Tomaten
- 3 Datteln entsteint (50 g netto)
- 60 g Apfelessig

Je nach Qualität der Tomaten ist dies auch ein Rohkost-Pesto.

7073. Rhabarberkuchen, April 2015

Nach einem Rezept aus Beilage zu „Meine Familie & Ich", 4/2015, S. 22-

- 375 g Rhabarber
- 50 g Nackthafer
- 225 g Dinkel
- 1 Prise Salz
- 1 TL Zimt
- 1 P Weinstein-Backpulver
- 100 g Dattellastige Stützcreme 7064 o. Ä.
- 240 g gekochte Sojabohnen
- 10 g Cashewnüsse
- 40 g Wasser
- 150 g flüssiger Honig, Agavensirup oder Ahornsirup
- 30 g grüne Rosinen
- Butter für die Form
- 20 g Sesamsaat ungeschält

Vom Rhabarber die Blätter und die Enden abschneiden. Wenn nötig waschen. In ca. 1 cm breite Stücke schneiden. Hafer und Dinkel zusammen fein mahlen, mit Salz, Zimt und Backpulver verrühren. Einen Esslöffel dieser Mischung mit den Rhabarberstücken mischen. Stützcreme, Sojabohnen, Cashewnüsse, Wasser und Süßmittel im Mixer zu einer glatten Creme verarbeiten. Zum Mehl geben und mit den Rührbesen eines Handrührgerätes vermischen. Rosinen einarbeiten. Zum Schluss die Rhabarberstücke mit einem Löffel unterziehen. Eine Kastenform (24 x 10,5 cm) gut mit Butter einfetten und mit Sesamsaat ausstreuen. Den Teig in die Form geben und festdrücken. Ofen (Umluft) auf 175 °C vorheizen. Form in den Ofen geben und 45 Min. bei 175 °C und 15 Min. bei 150 °C backen. Auf einem Gitterrost auskühlen lassen.

Anmerkung: Ich dachte erst, der Kuchen sei misslungen. Aber er ist wunderbar locker!! Und das ohne Fett und ohne Ei. Da bin ich sehr zufrieden!! Interessant wäre ein Test, ob auch weiße Bohnen ein gleich gutes Ergebnis bringen. Ich habe gerechnet Butter zu Stützcreme 1:1 und pro Ei 60 g gekochte Sojabohnen.

7074. Hafertagliatelle, April 2015

Das Schicksal war heute irgendwie nicht auf meiner Seite: Erst einmal habe ich komplett vergessen, dass der Nudelteig immer einige Std. ruht, ich habe also erst um 15 Uhr mit der Herstellung begonnen. Dann habe ich mich verwogen. Ziel: 50 g Hafer, 110 g Kamut und 75-80 g Wasser. Komisch, der Teig war aber noch sehr weich, ist Hafer so wasserresistent? Nachwiegen des Teigs brachte es ans Licht. Statt die Waage nach dem Hafer wieder auf Null zu stellen, habe ich auf 110 g aufgewogen, also nur 60 g Kamut genommen. Dreimal habe ich nachgerechnet, dann schließlich noch Kamut nachgemahlen.

- 50 g Nackthafer
- 110 g Kamut
- 72 g Wasser

Getreide mischen und fein mahlen. Mit dem Wasser verkneten, zu einer Kugel formen. In Haushaltsfolie wickeln und 30 Min. ruhen lassen. In Portionen (nicht zu große nehmen, die Streifen werden sonst zu lang) durch die Nudelwalzen laufen lassen:

- 10 x Stufe 1
- je 1 x Stufe 2 bis 7

Zwischendurch immer auf Küchenhandtüchern liegen lassen. Wegen der Verspätung und weil der Teig sehr dünn war, habe ich sofort in Tagliatelle geschnitten. Die Nudeln offen bis zum Kochen liegen lassen.

In reichlich kochendes Salzwasser geben und 2-4 Min. ziehen lassen. Dann verschwindet auch der bittere Geschmack vom Hafer, falls er vorher vorhanden war.

7075. Kokosnussmus, April 2015

Ich hatte Videos gesehen und Blogeinträge gelesen, sollte ganz einfach sein mit dem Vitamix. Na, da musste ich das doch mal probieren.

- 300 g Kokosraspeln

Kokosraspeln in den Trockenbecher (ich hab's im Nassbecher gemacht) geben. Einige Male pulsen, d. h. auf der Höchststufe an- und wieder ausschalten, bis sich das Messer „komisch anhört", also sich nichts mehr bewegt. Mit dem Stößel weiterarbeiten. Ich habe solange gemixt auf der Höchststufe, bis das Mus von alleine lief, auch ohne Stößel. Dann ist die Rohkostqualität noch gewahrt.

Es ging wirklich supereinfach! Gefriert allerdings im Kühlschrank. Wie lange es sich außerhalb des Kühlschranks hält, weiß ich nicht.

7076. Spargel mit Rhabarber in Kokossoße, April 2015

2 Portionen.

Gemüse:

- 100 g Wasser
- 195 g grüner Spargel (netto)
- 65 g Rhabarber

Kokossoße:

- 30 g Kokosnussmus
- 1 TL Salz
- 15 g Zitronenfleisch
- 1-2 Messerspitzen Kreuzkümmel
- 80 g Wasser
- 1 große Dattel entsteint (22 g netto)

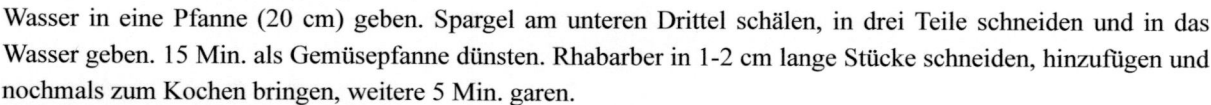

Wasser in eine Pfanne (20 cm) geben. Spargel am unteren Drittel schälen, in drei Teile schneiden und in das Wasser geben. 15 Min. als Gemüsepfanne dünsten. Rhabarber in 1-2 cm lange Stücke schneiden, hinzufügen und nochmals zum Kochen bringen, weitere 5 Min. garen.

Dattel in Stücke schneiden und mit den übrigen Soßenzutaten im Mixer mixen. Unter das Gemüse ziehen und aufkochen.

Hinweis: *Die Soße ist relativ viel, weil ich dazu Nudeln serviert habe. Meinem Gast hat es vorzüglich geschmeckt - was mich wunderte wegen des Rhabarbers im Gemüse, das ist ja nicht so das „Normale". ;-)*

7077. Heidelbeereis, April 2015

2 reichliche Portionen

- 100 g Dattellastige Stützcreme 7064 o. Ä.
- 125 g gefrorene Heidelbeeren (gekauft)
- 105 g gefrorene Bananenstücke (selbst eingefroren)
- 50 g Eiswürfel

Zutaten in der angegebenen Reihenfolge in den Vitamix (0,9 Liter Nassbecher) geben und mit dem Stößel so lange gründlich durcharbeiten, bis sich die Raute zeigt, oder zumindest fast zeigt.

7078. Übernachtpizza mit Porree, April 2015

Für 2 Personen

Teig:

- 50 g Kamut
- 50 g Nackthafer
- 100 g Weizen
- 1 gestr. TL Salz
- 1 P Trockenhefe (9 g)
- 75 g Wasser
- 50 g Dattellastige Stützcreme 7064 o. Ä.

Roter Belag:
- 4-5 getr. Tomaten (20 g)
- 90 g Wasser
- 1 TL Salz (1/2 TL wäre besser!)
- 1/2 TL Paprika edelsüß
- 20 g Maisstütze mit Dattel 7083 o. Ä.
- 50 g gekochte Sojabohnen

Weiße Schicht:
- 100 g Maisstütze mit Dattel 7083 o. ä. Stützcreme
- 10 g Zitronenfleisch
- 1 gestr. TL Salz
- 1 Prise Schabziegerklee
- 10 g Cashewnüsse
- 55 g Wasser

Gemüseschicht:
- 40 g Wasser
- 120 g Porree (grüne Teile)
- 1 Zwiebel (45 g netto)
- 1 Knoblauchzehe (5 g netto)

Tomaten:
- 1 Tomate (160 g)
- 1 TL Pizzagewürz
- Etwas getr. Oregano

Teig: Getreide mischen und fein mahlen und mit Salz und Trockenhefe mischen. Stützcreme und Wasser hinzufügen. Gründlich verkneten. Eine Kugel unter Spannung formen und den Teig in eine Pengdose legen. Deckel schließen und die Dose über Nacht in den Kühlschrank stellen (eingestellt um 20:30 Uhr). Morgens um 7:30 Uhr war der Deckel bereits abgesprungen, ich habe gründlich geknetet, was nicht ganz einfach war, weil eben sehr kalt (mein Kühlschrank steht auf 5 °C). Wieder in der Pengdose in den Kühlschrank gegeben. Um 10 und um 11 Uhr ploppte die Dose wieder. Ich habe insgesamt auch nochmals 35 g Wasser mit eingeknetet, weil der Teig zu fest war. Ich weiß aber nicht, ob das Getreide so „schluckig" ist, oder meine Waage defekt, am Ende hatte ich 325 g, was exakt dem entspricht, was es hätte sein sollen. Um 12.30 Uhr habe ich nochmals durchgeknetet, der Teig geht immer erstaunlich vehement.

Um 14 Uhr aus dem Kühlschrank genommen, geknetet. Um 15:30 Uhr sprang der Deckel ab, erneut geknetet. Um 15.45 Uhr erneut Deckel ab / Kneten. Um 16.15 Uhr, Deckel ab, schließen ohne neues Kneten. Danach ist er noch zwei Mal geploppt, ich habe aber nichts mehr gemacht.

Roter Belag: Tomaten in Stücke schneiden und mit den anderen Zutaten im Vitamix gut verquirlen. Bis zum Abend in den Kühlschrank stellen.

Weiße Schicht: Alle Zutaten in den kleinen Becher des Mixers geben. 45 Sek. mischen. Becher in den Kühlschrank stellen. *Gemüse:* Wasser in eine Pfanne geben. Porree waschen, trocken schleudern und in Streifen schneiden. Zwiebel und Knoblauch abziehen, in Scheiben schneiden. Gemüse in die Pfanne geben. Als Gemüsepfanne 15 Min.

Fertigstellung: Teig mit Hilfe von Streumehl in Größe der Pizzaform (Durchmesser 28 cm) ausrollen, das geht recht gut. Mit Mehl bestreuen, halb auf halb legen, dann auf Viertel falten. In die Form legen und wieder auseinanderfalten. Einen Rand hochdrücken. Mit einer Gabel mehrmals einstechen. Roten Belag auf den Teig streichen. Gemüse gleichmäßig auf dem Belag verteilen.

Tomaten in dünne Scheiben schneiden. Pizzagewürz und Oregano darüber geben. Einige Min. stehen lassen, dann auf die Pizza geben.

Ofen auf 230 °C vorheizen. Sobald der Ofen heiß ist, die weiße Soße auf das Gemüse gießen. In den Ofen einschieben, auf 220 °C stellen und 20 Min. backen lassen. Bei ausgeschaltetem Ofen 5 Min. nachbacken.

7079. Wildhefebrot mit Sonne 2015/15, April 2015

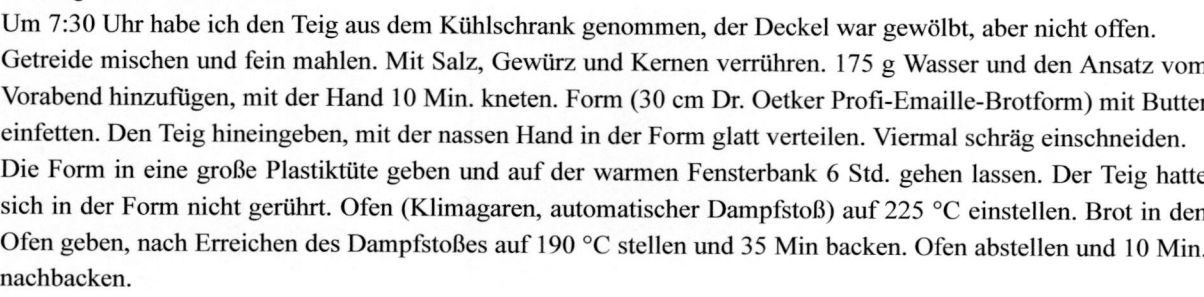

Samstag 12:00 Uhr:

- 200 g Weizen / 200 g Hefewasser

Samstag 20:30 Uhr:

- 300 g Weizen / 200 g Wasser - in Kühlschrank

Sonntagmorgen (Backtag):

- 100 g Roggen
- 200 g Weizen
- 1 EL Salz (15 g)
- 1 EL Brotgewürz
- 175 g Wasser
- 50 g Sonnenblumenkerne
- Ansatz vom Vorabend
- 20 g Butter für die Form

Um 7:30 Uhr habe ich den Teig aus dem Kühlschrank genommen, der Deckel war gewölbt, aber nicht offen. Getreide mischen und fein mahlen. Mit Salz, Gewürz und Kernen verrühren. 175 g Wasser und den Ansatz vom Vorabend hinzufügen, mit der Hand 10 Min. kneten. Form (30 cm Dr. Oetker Profi-Emaille-Brotform) mit Butter einfetten. Den Teig hineingeben, mit der nassen Hand in der Form glatt verteilen. Viermal schräg einschneiden. Die Form in eine große Plastiktüte geben und auf der warmen Fensterbank 6 Std. gehen lassen. Der Teig hatte sich in der Form nicht gerührt. Ofen (Klimagaren, automatischer Dampfstoß) auf 225 °C einstellen. Brot in den Ofen geben, nach Erreichen des Dampfstoßes auf 190 °C stellen und 35 Min backen. Ofen abstellen und 10 Min. nachbacken.

Warum es diesmal wieder einmal nur mäßig funktioniert hat? Ich habe keine Ahnung :-(das ist schon ein bisschen frustig auf die Dauer.

7080. Erdbeertopping auf Pflaume, April 2015

Abends

- 3 EL Sechskorngetreide grob schroten & in eine Schüssel geben. Mit insgesamt
- 80 g Wasser übergießen. Bei Raumtemperatur stehen lassen.

Morgens

- 210 g aufgetaute Tiefkühlpflaumen
- 1 Apfel (160 g)
- 1 gute Prise Zimt
- 1 Dattel, entsteint (22 g netto)
- 4 Erdbeeren (80 g netto)
- 5 g Cashewnussbruch

Pflaumen, geviertelten Apfel, Zimt und Dattel im Hochleistungsmixer pürieren. Auf das Getreide gießen. Erdbeeren längst durchschneiden, aber wie intakte Erdbeeren an die vier „Himmelsrichtungen" an den Rand setzen. In die Mitte einige Cashewnüsse streuen.

7081. Erdbeertopping auf Grapefruit, April 2015

Abends

- 2 EL Sechskorngetreide grob schroten, in einer Schüssel mit
- 60 g Wasser übergießen. Bei Raumtemperatur stehen lassen.

Morgens

- 1 Grapefruit geschält und in Stücke geschnitten (255 g netto)
- 1 Apfel (110 g)
- 4 Erdbeeren (65 g netto)
- 5 g Cashewnussbruch

Grapefruit und geviertelten Apfel im Hochleistungsmixer pürieren. Auf das Getreide gießen. Erdbeeren längst durchschneiden, aber wie intakte Erdbeeren an die vier „Himmelsrichtungen" an den Rand setzen. In die Mitte einige Cashewnüsse streuen.

7082. Chinakohl als Unterlage, April 2015

2 Personen

Gemüse:
- 4 Blätter eines nicht zu großen Chinakohls (145 g)
- 1/2 grüne Paprikaschote, Innenwände und Kerne entfernt (85 g netto)
- 1/2 kleine Kohlrabi, geschält (75 g netto)

Dressing:
- 50 g aufgetaute tiefgekühlte Pflaumen
- 50 g Pflaumensaft
- 1/2 TL Salz (3 g)
- 1 MS schwarzer Pfeffer
- 10 g Zitronenfleisch
- 10 g Cashewnüsse

Blätter einzeln in ca. 1,5 cm breite Streifen schneiden und so auf zwei Teller übertragen, dass die Blattform quasi erhalten bleibt. Paprika würfeln, Kohlrabi stifteln und mit den Händen auf dem Schneidbrett mixen. In die Mitte der Teller auf den Kohl legen. Dressingzutaten im kleinen Mixer gut mixen und am Rand im Kreis auf den Chinakohl gießen.

7083. Maisstütze mit Dattel, April 2015

Im Hochleistungsmixer bis zum Stocken schlagen:
- 60 g Getreidemais
- 1 Dattel entsteint (20 g netto)
- 300 g Wasser

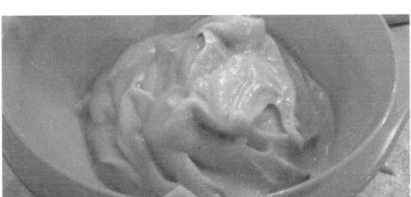

7084. Heidelbeereis Variante, April 2015

2 reichliche Portionen
- 65 g gekochte Sojabohnen
- 10 g Zitronenfleisch
- 1 Dattel entsteint (16 g)
- 65 g Wasser
- 120 g gefrorene Heidelbeeren (gekauft)
- 115 g gefrorene Bananenstücke (selbst eingefroren)
- 50 g Eiswürfel

Sojabohnen, Zitronenfleisch, in Ringe geschnittene Dattel und Wasser im kleinen Mixer gut mixen. In den Kühlschrank stellen. Abends mit den restlichen Zutaten in der angegebenen Reihenfolge in den Vitamix (0,9 Liter Nassbecher) geben und mit dem Stößel so lange gründlich durcharbeiten, bis sich die Raute zeigt, oder zumindest fast zeigt.

Fazit: Geschmacklich oder auch in der Verarbeitung ergab sich kein großer Unterschied. Mein Gast meinte auf mehrmaliges Nachfragen, gestern sei es vielleicht fruchtiger gewesen, was ich genau andersherum fand. Mir sind Heidelbeeren eh etwas zu schlaff, Himbeeren wären für den Test besser gewesen.

7085. Kokos Inside Outsider, April 2015

2 Personen
- 6 EL Nacktgerste
- 10 g Zitronenfleisch
- 20 g Kokosnussmus 7074 o. Ä.
- 100 g aufgetaute tiefgekühlte Pflaumen
- 90 g Ananas geschält (netto)
- 1 Banane geschält (100 g netto)
- 140 g Erdbeeren ohne Stiel, Blätter, Schadstellen (netto)
- 20 g Kokosstreifen

Getreide flocken, auf zwei Schüsselchen verteilen. Das Obst in grobe Stücke teilen und mit dem Kokosmus im Hochleistungsmixer pürieren, über das Getreide geben. Mit Kokosstreifen garnieren.

7086. Braunhirse-Dattelcreme-Kakao, April 2015

Im Hochleistungsmixer, je nach Gerät, 4,5 bis 8 Min. auf höchster Stufe
schlagen:

- 10 g Kakaonibs
- 10 g Braunhirse
- 100 g Dattellastige Stützcreme 7065 o. Ä.
- 2 Datteln entsteint (40 g netto)
- 5 g frischer Ingwer
- auf 500 ml (Markierung im Becher) mit Wasser auffüllen

7087. Mischimaschi, April 2015

2-3 Desserts

- 275 g aufgetaute Tiefkühlpflaumen inklusive Saft
- 30 g getr. Mango
- 55 g Maisstütze mit Dattel 7065 o. Ä.
- 50 g gekochte Kichererbsen
- 10 g Kokosnussmus 7074 o. Ä.
- 2 g Kokosraspeln
- 1 g Kakaonibs

Pflaumen, Mango, Maisstütze, Kichererbsen und Kokosmus im Vitamix
schlagen, bis die Masse ganz glatt ist und etwas andickt. Auf zwei Schüsselchen verteilen und mit Kokosraspeln
und Kakaonibs dekorieren.

7088. Kohlrabigrün Orientale, April 2015

2 Portionen.

Gemüse:

- 55 g + 45 g Wasser
- 125 g Kohlrabigrün ganz
- 275 g Porree (brutto)
- 80 g frische Mango

Soße:

- 30 g frische Mango
- 1 gestr. TL Salz
- 5 g Essigpeperoni 7/4573
- 15 g Peperoniessig
- 1 große Dattel entsteint (18 g netto)
- 30 g Maisstütze mit Dattel 7083 o. Ä.
- 30 g gekochte Kichererbsen
- 50 g + 50 g Wasser

55 g Wasser in eine Pfanne (24 cm) geben. Kohlrabigrün waschen, in Streifen und Stücke schneiden, in die
Pfanne geben.Als Gemüsepfanne 6 Min. dünsten. Porree putzen (waschen) und in Ringe schneiden, mit den
45 g Wasser ebenfalls in die Pfanne geben. Deckel wieder auflegen, erneut als Gemüsepfanne 12 Min. dünsten. Mango würfeln und zum Gemüse geben. Die Soßenzutaten in den kleinen Becher des Mixer geben, aber
nur 50 g Wasser nehmen. 30 bis 45 g Sek. mit dem flachen Messer mixen, auf das Gemüse gießen. Den
Becher mit 50 g Wasser nachspülen. Dieses Wasser ebenfalls zum Gemüse geben, verrühren und aufkochen.

7089. Erdbeer-Corral, April 2015

2 x Frühstück.

- 4 EL Nackthafer
- 2 EL Weizen
- 10 g Zitronenfleisch
- 1 Banane geschält (120 g netto)
- 290 g Erdbeeren ohne Stiel, Blätter, Schadstellen (netto)
- 1 Apfel (145 g)
- 15 g Pekannüsse
- 4 Erdbeeren (Dekoration)

Getreide flocken, auf zwei Schüsselchen verteilen. Das Obst in grobe Stücke teilen und im Hochleistungsmixer
pürieren, über das Getreide geben. In die Mitte die Pekannüsse legen. Erdbeeren längs vierteln, je acht Viertel im
Kreis mit der Spitze nach oben am Rand in das Obstpüree drücken.

7090. Mohnkaffee, April 2015

Im Hochleistungsmixer, je nach Gerät, 4,5 bis 8 Min. auf höchster Stufe schlagen:

- 10 g Kakaonibs
- 5 g Ingwer
- 20 g weißer Mohn
- 1-2 geh. TL Getreidekaffee instant (bei mir: 3 g)
- 2 Datteln entsteint (40 g netto)
- auf 500 ml (Markierung im Becher) mit Wasser auffüllen

7091. Mochi mit Rosinen, April 2015

- 100 g Mochireis
- 30 g grüne Rosinen
- 215 g Wasser
- 3-4 cm Vanillestange

Alle Zutaten in den Schnellkochtopf geben. 11 Min. auf Stufe II garen, dann den Herd auf 2 (von 14) schalten und 10 Min. einstellen. Bis zum Abdampfen geschlossen etwa 10 Min. stehen lassen, dann öffnen.

Hinweis: Zwischendurch roch es verbrannt, aber ich habe zum Glück die Nerven behalten,

7092. Rhabarbermochi I, April 2015

2 Desserts.

- 150 g Rhabarber
- 50 g Wasser
- 1 TL Agavensirup
- Mochi mit Rosinen 7091, alles
- 1 EL Ahornsirup
- 70 g frische Mango

Rhabarber in Stücke schneiden, mit 50 g Wasser in einen Topf geben. Deckel auflegen, auf höchster Einstellung zum Kochen bringen, bis Dampf unter dem Deckel austritt. Auf kleinste Einstellung drehen und 5 Min. dünsten, ohne den Deckel abzuheben. Agavensirup unterrühren und vom Herd ziehen. Wenn der Reis fertig ist, mit Rhabarberspeise und Ahornsirup mischen. 300 g auf 2 Schüsselchen verteilen, den Rest verwahren.

Mango würfeln und nach dem Abkühlen auf den Reis geben.

7093. Maulige Buntheit, April 2015

2 x Frühstück.

Abends

- 6 EL Sechskorngetreide grob schroten & auf zwei Schüsseln verteilen. Mit insgesamt
- 160 g Wasser übergießen. Abgedeckt bei Raumtemperatur stehen lassen.

Morgens

- 20 g Kokosnussmus 7074 o. Ä.
- 80 g frische Mango (netto)
- 1 Orange geschält (230 g netto)
- 1 Apfel (140 g)
- 1 Banane geschält (130 g netto)
- 15 g getr. Maulbeeren

Das Obst in grobe Stücke teilen und mit dem Kokosmus im Hochleistungsmixer pürieren. Mit Maulbeeren dekorieren.

7094. Flockenpizza Möhre-Porree, April 2015

Für 2 Personen

Teig:

- 90 g Nackthafer
- 90 g Nacktgerste
- 1 TL Salz
- 20 g Stützcreme, z. B. Maisstütze mit Dattel 7083
- 180 g Wasser

Belag Gemüse:

- 60 g Wasser
- 150 g Porree
- 150 g Möhre
- 1 Tomate (130 g)
- 3 g Knoblauch
- 1 TL getr. Oregano

Weißer Belag:

- 50 g Stützcreme (s.o.)
- 75 g gekochte Kichererbsen
- 1 EL Kiwi-Essig 9/6578 oder Apfelessig
- 700 g Sauerteigansatz
- 75 g Wasser
- 1 TL Salz

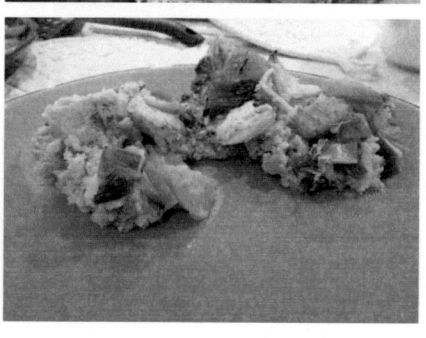

Teig: Hafer und Gerste flocken. Mit den anderen Teigzutaten verrühren und stehen lassen, bis die anderen Beläge fertig sind. Teig in eine 28-cm-Pizzaform (PerfectClean) geben und bis an den Rand streichen.

Belag Gemüse: Wasser in eine Pfanne (24 cm) geben. Porree und Möhre waschen und klein schneiden. In die Pfanne geben. Deckel auflegen, auf höchster Einstellung zum Kochen bringen, bis Dampf unter dem Deckel austritt. Auf kleinste Einstellung drehen und 8 Min. dünsten, ohne den Deckel abzuheben. Auf dem Flockenteig verteilen. Tomate in dünne Scheiben schneiden und auf das Gemüse legen. Knoblauch abziehen, dazu geben. Oregano zwischen den Händen zerreiben und obenauf streuen.

Weißer Belag: Die Zutaten im Vitamix vermischen.

Ofen auf 200 °C vorheizen. Wenn die Temperatur erreicht ist, weißen Belag auf die Pizza gießen. Einschieben und 20 Min. backen. Grill anstellen und noch ca. 5 Min. grillen.

Hinweis: Die Pizza löste sich trotz PerfectClean nur schwer vom Blech. Bei meiner ersten Flockenpizza 5/3019 war das egal, weil ich sie direkt aus der Form gegessen habe. – Mein Gast war begeistert vom Geschmack.

7095. Erdkaffee, April 2015

Im Vitamix 4,5 bis 5 Min. auf höchster Stufe schlagen:

- 5 g Kakaonibs
- 3 g Getreide Instantkaffee
- 2 Datteln entsteint (35 g netto)
- 45 g Maisstütze mit Dattel 7083
- 20 g Erdmandeln
- auf 500 ml (Markierung im Becher) mit Wasser auffüllen

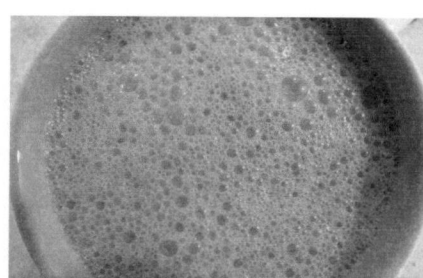

7096. Cashewnussmus mit Kokoshauch, April 2015

- 40 g Kokosnussmus
- 300 g Cashewnüsse

Mus und Cashewnüsse in den Nassbecher geben. Einige Male pulsen, d. h. auf der Höchststufe an- und wieder ausschalten, bis sich das Messer „komisch anhört", also sich nichts mehr bewegt. Mit dem Stößel weiterarbeiten. Ich habe solange gemixt auf der Höchststufe, bis das Mus einigermaßen weich war, flüssig wurde es trotz des Kokosnussmuses nicht.

7097. Rhabarbermochi II, April 2015

2-3 Desserts.

- 40 g Cashewnussmus mit Kokoshauch 7096 o. Ä.
- 200 g Erdbeeren netto
- 35 g Honig
- 200 g Rhabarbermochi I (ohne Mango)

Nussmus, geputzte Erdbeeren und Honig im Vitamix zu einer glatten Soße mixen. Auf zwei Schüsselchen verteilen. Den Rhabarbermochi in Nocken auf der Erdbeersoße verteilen. *Da ich ungeduldig war, sieht es nicht soooo schön aus:* Kalt stellen bis zum Essen.

Hinweis: *Dieser Nachtisch ... war ein Gedicht. Zitat meines Mittwochgasts, während er das Schüsselchen ausleckte.*

7098. Buschbohnen in Erdnusssoße, April 2015

2 Portionen

Gemüse:

- 100 g Wasser
- 355 g Kartoffeln (netto, d. h. ohne Schadstellen)
- 25 g Zwiebeln, abgezogen (netto)
- 335 g Bohnen (netto)
- 10 g Knoblauch (netto)

Soße:

- 20 g Hirse
- 30 g Erdnüsse aus der Tüte
- 5 g Essigpeperoni 7/4573
- 15 g Peperoniessig
- 1 TL Salz
- 1 große weiche Dattel entsteint und in Stücke geschnitten (20 g netto)
- 75 + 125 g Wasser

Gemüse: Wasser in eine Pfanne (24 cm) geben. Kartoffeln unter fließendem Wasser abbürsten, Schadstellen entfernen und Kartoffeln in Scheiben schneiden, in die Pfanne legen. Zwiebel schälen, in dünne Scheiben schneiden, auf den Kartoffeln verteilen. Die Enden der Bohnen abschneiden, den Rest einmal durchschneiden und in die Pfanne geben. Knoblauch abziehen, in dünne Scheiben schneiden und oben auf die Bohnen streuen. 15 Min. als Gemüsepfanne.

Soße: Hirse im kleinen Becher des kleinen Mixers fein mahlen mit dem flachen Messer. Die restlichen Zutaten - aber nur 75 g Wasser - hinzufügen, 40 Sek. mixen. Zu dem Gemüse geben. Den Becher mit 125 g Wasser nachspülen. Dieses Wasser ebenfalls zum Gemüse geben, verrühren und aufkochen.

7099. Germut-FKG, April 2015

2 x Frühstück.

Abends

- 2 EL Kamut und
- 4 EL Nacktgerste grob schroten & auf zwei Schüsseln verteilen. Mit
- 140 g Wasser übergießen. Abgedeckt bei Raumtemperatur stehen lassen.

Morgens

- 20 g Zitronenfleisch
- 1 Banane geschält (135 g netto)
- 1 Apfel (135 g)
- 250 g Erdbeeren geputzt (netto)
- 55 g Rhabarber
- 20 g Macadamianüsse

Das Obst in grobe Stücke teilen und im Hochleistungsmixer pürieren, über das Getreide verteilen. Mit Macadamianüssen dekorieren.

7100. Maiskaffee, April 2015

Im Vitamix ca. 4,5 Min. auf höchster Stufe schlagen:

- 5 g Kakaonibs
- 5 g Getreidekaffee instant (2 geh. TL)
- 20 g Mais (Getreidemais)
- 5 g Erdmandeln
- 2 Datteln (37 g netto)
- auf 500 ml (Markierung im Becher) mit Wasser auffüllen

7101. Erdbeeren mit Erdbeersoße 2015, April 2015

2 Desserts.

- 500 g Erdbeeren brutto
- 35 g Kokosnussmus 7074 o. Ä.
- 40 g Honig
- 4 Kokosstreifen
- 2 Prisen Kakaonibs

Erdbeeren putzen (Blätter entfernen, Schadstellen abschneiden). 250 g netto halbieren und auf zwei Schüsselchen verteilen. 240 g netto mit Kokosmus und Honig pürieren, über die Erdbeeren gießen. Je zwei Kokosstreifen senkrecht zwischen Erdbeerstücke stecken, daneben ein paar Krümel Kakaonibs.

7102. Himmel und Hölle, April 2015

2 Portionen.

- 200 g Wasser
- 100 g Tellerlinsen
- 270 g Kartoffeln (netto)
- 1 Apfel (100 g)
- 1 Zwiebel (85 g netto)
- 1 Knoblauchzehe (7 g netto)
- 1 TL Salz
- 2 EL Apfelessig

Wasser und Tellerlinsen in einen kleinen Schnellkochtopf geben. Kartoffeln unter fließendem Wasser abbürsten, Schadstellen entfernen und Kartoffeln in Scheiben schneiden. Apfel würfeln, Zwiebel und Knoblauch abziehen und klein schneiden. In der angegebenen Reihenfolge in den Schnellkochtopf geben. 10 Min. auf Stufe II kochen, dann langsam abdampfen lassen.

Salz und Essig unterrühren, das war alles.

Fazit: Meine Großmutter liebte „Himmel und Erde" - Kartoffelbrei mit Apfelmus und gebratener Blutwurst. Wann immer ich Kartoffeln mit Äpfeln kombiniere, denke ich daran

7103. Strawberry on Mangocreme, Mai 2015

2 x Frühstück.

- 6 EL Nackthafer
- Fruchtfleisch von 1 Mango (195 g netto)
- 2 cm Vanillestange
- 10 g geschälte Mandeln
- 20 g Cashewnüsse
- 100 g Wasser
- 20 g Zitronenfleisch
- 1 Banane geschält (140 g netto)
- 1 Apfel (180 g)
- 250 g Erdbeeren (250 g netto)

Getreide flocken, auf zwei Schüsselchen verteilen. Mango, Vanille, Nüsse und Wasser zu einer glatten Creme pürieren, auf den Hafer gießen. Banane und Apfel grob vorschneiden, mit dem Zitronenfleisch pürieren, über die Mangocreme geben. Erdbeeren putzen und in Stücke schneiden, oben auf das pürierte Obst legen.

7104. Kakao des Tags der Arbeit, Mai 2015

Im Hochleistungsmixer, je nach Gerät, 4,5 bis 8 Min. auf höchster Stufe schlagen:

- 15 g Kakaonibs
- 20 g Buchweizen
- 3 Datteln entsteint (58 g netto)
- 5 g frischer Ingwer
- 1 TL Carobpulver (3 g)
- auf 500 ml (Markierung im Becher) mit Wasser auffüllen

7105. Backapfelpüree, Mai 2015

In FoK-Rezepten wird häufig Apfelkompott verwendet. Warum aber die Äpfel erst kochen? Ich werde es einmal mit rohem Apfelmus probieren.

- 12 g Zitronenfleisch
- 1 Apfel (115 g)
- 20 g Wasser

Apfel vorschneiden, im Vitamix pürieren. Da dies die Farbveränderung nicht verhindert hat, kann man sicher auch den kleinen Mixer nehmen. So hatte ich „Verlust" und am Ende nur 110 g Apfelpüree.

7106. Dattellastige Stützcreme Nr. 2, Mai 2015

Im Hochleistungsmixer bis zum Stocken schlagen:

- 20 g Erdmandeln
- 55 g Rundkorn-Naturreis
- 65 g Datteln entsteint (3 Stück Medjool)
- 350 g Wasser

7107. Schokogussversuch, Mai 2015

Da Kokosnüsse einen relativ niedrigen Fettgehalt haben (33 g), ich vergessen hatte, dass Kokosraspeln natürlich einen anderen Fettgehalt haben (66 %) und Kokosnussmus auch bei Raumtemperatur fest wird, wäre es vielleicht eine Möglichkeit, damit Schokolade herzustellen? Der Guss für den Marmorkuchen ruft. – Die hier hergestellte Schokolade wird nicht sehr dünnflüssig, im Kühlschrank fest. Aber ich müsste erst einmal ausrechnen, ob sie dann wirklich fettreduzierter wird als mit Kakaobutter.

- 20 g Kokosnussmus 7074 o. Ä.
- 3 g Kakao (1 TL)
- 7 g Honig

Kokosmus im Wasserbad aufschmelzen, dauert lange. Die anderen Zutaten hinzugeben und verrühren, bis alles Kokosmus aufgelöst ist. Diese Testschokolade habe ich auf einen Teller gestrichen und in den Kühlschrank gestellt.

7108. Schokospitzen auf Erdbeeren, Mai 2015

- 200 g Erdbeeren (netto)
- 90 g Dattellastige Stützcreme Nr. 2; 7106 o. Ä.
- 1 Portion Schokogussversuch z. B. 7107

Erdbeeren putzen (Stiele und Blätter abschneiden, Schadstellen entfernen), klein schneiden und auf zwei Dessertschüsselchen verteilen. Die Creme darüber gießen. Schokogussversuch mit einem Messer vom Teller „absprengen" und auf die Creme streuen.

7109. Marmorkuchen (1. Versuch), Mai 2015

Angelehnt an ein Rezept „Marmor-kuchen" aus dem Dr. Oetker Backbuch „Backen macht Freude" 1963 (ein Erbstück), Seite 27.

- 250 g Dattellastige Stützcreme Nr. 2; 7106 o. Ä.
- 225 g Agavendicksaft
- 105 g Backapfelpüree 7105
- 200 g gekochte Sojabohnen
- 450 g Weizen
- 50 g Nackthafer
- 1 Prise Vanille
- Etwas Salz
- 1 P Weinstein-Backpulver
- 1 TL Natron
- 2 EL Stützcremewasser
- 30 g Kakao (Rohkostqualität)
- 45 g Agavendicksaft
- 40 g Stützcremewasser s. Text
- 20 g Sesamsaat, ungeschält
- Butter für die Form
- 135 g Schokogussversuch Nr. 2; 7111 o. Ä.

Stützcreme, 225 g Agavendicksaft, Backapfelpüree und Sojabohnen pürieren. Weizen zusammen mit dem Hafer fein mahlen, mit Vanille, Salz, Backpulver und Natron mischen. Das Stützcremegemisch hinzu-gießen. Etwas Wasser im Becher schwenken = Stützcremewasser, davon 2 EL zum Mehlgemisch geben. Mit dem Handrührgerät (Rührbesen) zu einem Rührteig verarbeiten, der Teig fällt sehr schwer reißend herunter.

Eine Napfkuchenform großzügig mit Butter einpinseln und mit Sesam-saat ausstreuen. Etwa zwei Drittel des Teigs hineingeben.

Den Restteig mit Kakao, 45 g Agavendicksaft und 40 g Stützcreme-wasser verrühren. Er sollte etwas flüssiger sein als der Hauptteig. Den dunklen Teig auf dem hellen verteilen. Um ein Marmormuster zu erzielen, eine Gabel spiralenförmig durch die beiden Teigschichten ziehen.

Ofen (Heißluft) auf 175 °C vorheizen, Form einschieben und 50 Min. backen. Stäbchenprobe machen. Wenn der Kuchen lauwarm ist, mit frisch hergestelltem Schokoguss bepinseln und im Kühlschrank fest werden lassen.

7110. Unkonventioneller Hefefladen, Mai 2015

- 100 g Nackthafer
- 100 g Roggen
- 10 g Leinsamen
- 1 gestr. TL Salz
- 1 P Trockenhefe (9 g)
- 200 g Wasser

Getreide einzeln mahlen, Leinsamen jedoch zusammen mit dem Roggen. Trockene Zutaten mischen, Wasser unterrühren. In einer Peng-dose 45 Min. stehen lassen. Mit einem Teigschaber bzw. der nassen Hand den Teig in einer 28-cm-Pizzaform (PerfectClean) ausstreichen bis an den Rand. In den Ofen schieben.

Ofen (Klimagaren, auto) auf 200 °C einstellen. 30 Min. backen.

Hinweis: Unkonventionell ist die Verwendung von Hefe, die „eigentlich" mit Hafer und Roggen nicht arbeitet. Tut sie aber doch ein bisschen, der Pengdeckel war hochgewölbt.

7111. Schokogussversuch Nr. 2, Mai 2015

Erneute Recherchen haben ergeben, dass Bitterschokolade nur 18 g Fett/100 g hat, Kakaobutter jedoch 99,5 g! Da fällt mir ein Schokoguss schwer. Ich muss mich einmal wieder nach zuckerfreier Schokolade umsehen, vielleicht ist das eine Lösung. Das geht aber heute nicht mehr.

- 35 g Kakaobutter
- 10 g Kakaopulver (Rohkost)
- 50 g Dattellastige Stützcreme Nr. 2; 7106 o. Ä.
- 40-50 g Agavensirup oder dünnflüssiger Honig

Kakaobutter in einer Pfanne zerlassen. Die restlichen Zutaten mit einem Löffel verrühren, die warme Kakaobutter unterschlagen. Wird auf dem Kuchen im Kühlschrank hart und bleibt es dann auch bei Raumtemperatur, ist allerdings matt.

7112. Mangodressing frisch, Mai 2015

- 100 g Mangofleisch (netto)
- 12 g Zitronenfleisch
- 1 gestr. TL Salz
- 6 g Essigpeperoni 7/4753 o. Ä.
- 10 g Cashewnüsse
- 125 g Wasser

Alle Zutaten im Mixer 30-45 Sek. mit dem hochstehenden Messer mixen.

7113. Salatplatte drehendes Zentrum, Mai 2015

2 Portionen.

- 40 g Radicchio
- 1 Tomate (160 g)
- 135 g Schlangengurke
- 85 g Rote Bete
- 60 g Chinakohl
- 65 g Möhre
- 90 g Kopfsalat (bereits gewaschen und trocken geschleudert)

Zwei große Teller aufstellen. Die Mitte erst einmal freihalten. Alle Zutaten außer dem Kopfsalat „ordentlich" klein schneiden und Sorte an Sorte an den Rand des Tellers legen. Den Kopfsalat in Streifen schneiden und in die Mitte häufeln. Getrennt mit einem Dressing servieren, bei mir gab es dazu Mangodressing 7112 und danach unkonventionellen Haferfladen 7110.

7114. Erdbeerüberhang, Mai 2015

2 x Frühstück.

- 6 EL Nackthafer
- 60 g frische Mango (netto)
- 400 g Erdbeeren ohne Stiele, Blätter, Schadstellen (netto)
- 1 Apfel (150 g)
- 30 g Cashewnussmus mit Kokoshauch 7096 o. Ä.
- 20 g getrocknete Maulbeeren

Hafer schroten (Hawos Novum, Stufe 5/9), auf zwei Schüsselchen verteilen. Das Obst in grobe Stücke teilen und mit dem Nussmus im Hochleistungsmixer pürieren, über das Getreide geben. Mit Maulbeeren dekorieren.

Tipp: *Interessanterweise gibt die Verwendung von Nussmus doch eine andere Konsistenz als einfach die Zugabe von Nüssen. Muss ich mal an einem Kakao probieren.*

7115. Feiger Bohnenkaffee, Mai 2015

Im Hochleistungsmixer, je nach Gerät, 4,5 bis 8 Min. auf höchster Stufe schlagen:

- 5 g Kakaonibs
- 5 g Getreidekaffee instant
- 2 getrocknete Feigen (40 g)
- 50 g gekochte Sojabohnen
- auf 500 ml (Markierung im Becher) mit Wasser auffüllen

7116. Rhabarberdressing auf kleinem Salatteller, Mai 2015

2 Portionen

Gemüse:

- 80 g Kopfsalat
- 1 Tomate (95 g)
- 1/2 kleiner Kohlrabi geschält (85 g netto)
- 70 g Rote Bete

Dressing:

- 20 g Rhabarber
- 1 Dattel entsteint (20 g netto)
- 3 g Salz
- 13 g Kiwiessig 9/6578 oder Apfelessig
- 1 Pr getr. Liebstöckel
- 75 g Wasser

Kopfsalat klein schneiden und auf zwei Teller verteilen. Tomate, Kohlrabi und Rote Bete würfeln oder stifteln und dekorativ auf die Salatstreifen verteilen. Die Dressingzutaten im Mixer 30 Sek. mixen und über die Mitte gießen. Bei der Liebstöckelmenge vorsichtig sein, wird leicht bitter.

7117. Rösthafernudeln, Mai 2015

2 Portionen

- 75 g Nackthafer
- Ca. 95 g Kamut
- 90 g Wasser

Hafer in einer Pfanne trocken rösten, bis er springt und intensiv duftet, sich auch evtl. leicht verfärbt hat, aber nicht dunkelbraun ist. Abkühlen lassen. Mit Kamut auf 160 g auffüllen. Bei mir war die Hafermenge um 10 g verringert. Zusammen mit dem Kamut fein mahlen. Mit dem Wasser gründlich verkneten, offenbar schluckt der Hafer geröstet sehr viel Wasser, ich habe nämlich am Ende abgewogen.

Zu einer Kugel formen. In Haushaltsfolie wickeln und 2 Std.. ruhen lassen. In Portionen (nicht zu große nehmen, die Streifen werden sonst zu lang, wenn die Portionen zu klein sind, werden die Streifen allerdings zu schmal) durch die Nudelwalzen laufen lassen:

- 10 x Stufe 1
- Je 1 x Stufe 2 bis 7

Zwischendurch immer auf Küchenhandtüchern liegen lassen. Weil der Teig sehr dünn war, habe ich sofort in Bandnudeln geschnitten. Die Nudeln offen bis zum Kochen liegen lassen.

In reichlich kochendes Salzwasser geben und 2 Min. ziehen lassen. Meine haben zu lange gekocht.

7118. Feigenreiscreme, Mai 2015

Im Hochleistungsmixer bis zum Stocken schlagen:

- 55 g Rundkorn-Naturreis
- 20 g Erdmandeln
- 2 Feigen (40 g)
- 350 g Wasser

7119. Erdbeer unter Rhabarbeersoße, Mai 2015

2 Portionen

- 200 g + 100 g Erdbeeren ohne Blätter, Stiele, Schadstellen (Gewicht netto)
- 30 g Agavensirup
- 70 g Rhabarber
- 90 g Feigenreiscreme 7118 oç İç

200 g Erdbeeren klein schneiden und auf zwei Schüsselchen verteilen. Die restlichen Zutaten im Vitamix mixen und über die Erdbeeren gießen.

7120. Spargel in Zitronensoße, Mai 2015

2 Portionen

Gemüse:

- 1 Bund weißer Spargel (400 g netto)
- 100 g Wasser

Soße:

- 25 g Zitronenfleisch
- 45 g Feigenreiscreme
- 1 TL Salz
- 50 g gekochte Sojabohnen
- 10 g Peperoniessig 7/4753
- 15 g Cashewnüsse
- 70 g Wasser

Spargel von unten nach oben schälen und die unteren Enden abschneiden. Einmal quer durchschneiden. In eine 20-cm-Pfanne geben und das Wasser hinzufügen. Als Gemüsepfanne 20 Min. dünsten.

Alle Soßenzutaten im Mixer, hochstehendes Messer, 30-40 Sek. mixen. Unter das Gemüse rühren und einmal aufkochen. *Bei mir gab es dazu Rösthafernudeln.*

7121. Vanilli-Flocken, Mai 2015

- 200 g Nackthafer
- 250 g Dinkel
- 50 g Roggen
- 1 Prise Salz
- 1 P Weinstein-Backpulver
- 1 leicht geh. TL Vanille
- 50 g Erdmandeln
- 85 g Feigenreiscreme 7118 o. Ä.
- 1 kleiner Apfel (100 g)
- 185 g Ahornsirup
- 2 EL Wasser

Nackthafer zuerst mahlen und bei feinerer Einstellung Dinkel und Roggen zusammen fein mahlen. Erdmandeln im Vitamix mahlen. Die trockenen Zutaten verrühren, dabei das kompaktierte Erdmandelmehl aus den Ecken lockern, aber nicht hinzugeben. Reiscreme, Apfel (vorgeschnitten) und Ahornsirup in den Vitamixbecher geben und zu einer glatten Creme verarbeiten. Nicht zu schnell aufhören, es können eigenartigerweise noch Apfelstückchen „herumschwirren". Diese Creme zum Getreide geben und mit den Knethaken eines Handrührgeräts verkneten. Den Rest der Creme mit den 2 EL Wasser im Vitamix ausspülen und zum Teig geben. Mit den angefeuchteten Händen Kugeln formen und nebeneinander auf zwei Backbleche setzen. Mit einer nassen Gabel leicht flachdrücken. Ofen (Heißluft) auf 160 °C vorheizen und 12 Min. backen, evtl. 3-4 Min. im ausgestellten Ofen nachbacken.

Hinweis: Das Rezept ist nun komplett fettfrei und auch vegan. Die Frage ist: Wird sich am Geschmack oder der Konsistenz etwas ändern? Ich habe einen Keks direkt aus dem Ofen probiert - sehr lecker, etwas zu süß, oder anders gesagt: Der Süßegehalt könnte geringer sein.

7122. Leinsamenbrötchen 2015/16, Mai 2015

Alles Wasser durch Hefewasser zu ersetzen, hat einen Nachteil, denn das Hefewasser ist nicht geschmacksneutral.

Samstagmittag:

- 50 Weizen : 50 Hefewasser, ganz kleine Pengdose

Samstagabend

- 135 Weizen : 135 Hefewasser, 300-g-Pengdose

Sonntagmorgen (ca. 9.30 Uhr)

Nachdem die Pengdose geploppt hat:

- 315 g Dinkel
- 30 g Leinsamen
- 1,5 TL Salz
- 1 EL Kiwi-Essig 9/6578 oder Apfelessig
- 100 g Hefewasser
- 20 g Wasser

Dinkel fein mahlen. Mit Salz und Leinsamen mischen. Die flüssigen Zutaten bis auf die 20 g Wasser hinzufügen, erst mit dem Löffel verrühren und dann auf der Tischplatte kneten, dabei die 20 g Wasser einarbeiten. Ca. 7-8 Min. durchkneten. Zu einer Kugel unter Spannung formen und in eine 2-Liter-Pengdose geben. 3 Std. gehen lassen, es hat nicht geploppt. Wie immer geht der Teig in die Breite statt in die Höhe. Nach den 3 Std. durchgeknetet, erneut gehen lassen (haha). Nach einer weiteren Std. durchgeknetet, in 9 Teile geteilt (nach Augenmaß) und erst in Kugeln unter Spannung und dann in längliche Brötchen geformt. Jeweils einmal schräg einschneiden. Nebeneinander auf ein PerfectClean-Blech setzen und in den kalten Ofen schieben. Klimagaren einstellen auf Auto, 200 °C. 30 Min. backen und 5 Min. im ausgestellten Ofen nachbacken.

7123. Stachelschweinchen, Mai 2015

Rohkost; 2 Personen

- 2 kleine Blätter Chinakohl (50 g)
- 1 Möhre (95 g)
- 1/2 Rote Bete-Knolle (80 g)
- 1/2 Apfel (70 g)
- Ca. 1 EL Zitronensaft
- 1 Prise Salz
- 6 Kokosstreifen (8 g)

Je ein Blatt Chinakohl auf einen Teller legen. Möhre, Rote Bete und Apfel zusammen grob raspeln. Mit Zitronensaft und Salz verrühren, auf die Blätter verteilen. Je 3 Kokosstreifen senkrecht hintereinander in das geraffelte Gemüse stecken.

7124. Erdbeer-Creme, Mai 2015

2 Portionen; Herstellung beschrieben für den Pürierstab.

- 40 g Feigenreiscreme 7118 o. Ä.
- 10 g Agavensirup
- 40 g gekochte Sojabohnen
- 1/2 Apfel (60 g)
- 150 g Erdbeeren (bereits geputzt).

Creme, Sirup, Bohnen, Apfel (vorgeschnitten) und 100 g Erdbeeren und mit einem Gerät zu einer glatten Creme verarbeiten. Auf zwei Schüsselchen verteilen und mit den restlichen Erdbeeren belegen.

7125. Erdbeervanille-FKG, Mai 2015

2 x Frühstück

Abends s. 7093

Morgens

- 15 g Zitronenfleisch
- 400 g vorbereitete Erdbeeren
- 1 Banane geschält (120 g netto)
- 1 Apfel (115 g)
- 1 gehäufte LS gem. Vanille
- 15 g Macadamianüsse

Banane und Apfel in grobe Stücke teilen und mit Erdbeeren und Vanille im Hochleistungsmixer pürieren. Auf dem Getreide verteilen, in der Mitte mit Macadamianüssen dekorieren.

7126. Dinkel-Haferpizza mit Rote Bete, Mai 2015

Für 2 Personen

Teig:
- 50 g Nackthafer
- 150 g Dinkel
- 1/2 gestr. TL Salz
- 20 g frische Bio-Hefe (1/2 Würfel)
- 100 g Wasser
- 50 g Feigenreiscreme 7118 o. Ä.
- etwas Wasser, um die Hände zu benetzen

Roter Belag:
- 4 getr. Tomaten (17 g)
- 1/2 TL Salz
- 1/2 TL Paprika edelsüß
- 40 g Wasser
- 1/2 Tomate (65 g)
- 20 g Feigenreiscreme s. o.
- 60 g gekochte Sojabohnen

Gemüse:
- 1/2 Rote Bete-Knolle (80 g)
- 1 Zwiebel (70 g netto)
- 1 große Knoblauchzehe (10 g brutto)
- 1 Tomate (165 g)
- 1 TL Pizzagewürz

Weiße Schicht:
- 90 g Feigenreiscreme
- 1/2 TL Salz
- 1 Prise Schabziegerklee
- 20 g gekochte Sojabohnen
- 10 g Zitronenfleisch
- 10 g Cashewnüsse
- 50 g Wasser

Teig: Getreide mischen und fein mahlen und mit Salz mischen. Hefe im Wasser auflösen, zum Mehl geben, ebenso die Stützcreme. Gründlich verkneten, in diesem Fall mit der Küchenmaschine. Der Teig war innerhalb einer Min. fertig. Mit nassen Händen nochmals durchkneten und eine Kugel unter Spannung formen. Teig in eine Pengdose legen. Deckel schließen. (Ich habe die Dose auf die Fensterbank über der Heizung gestellt.) Wenn die Dose „ploppt" (bei mir: 40 Min.) Teig nochmals kurz durchkneten, wieder in die Dose geben. Diesen Vorgang wiederholen (bis zum zweiten Plopp waren es 15 Min.) Und noch einmal wiederholen (bis zum dritten Plopp waren es 10 Min.). Jetzt die Dose schließen, ohne durchzukneten. Beim nächsten Plopp (etwa 10 Min.). Teig mit Hilfe von Streumehl in der Pizzaform (Durchmesser 28 cm) auseinanderdrücken. Einen Rand hochdrücken. Mit einer Gabel mehrmals einstechen. Stehen lassen. *Roter Belag:* Tomate in Stücke, getr. Tomaten in Streifen schneiden und mit den anderen Zutaten mit dem Mixer, hochstehendes Messer, gut mixen. Auf den Teig gießen und verteilen. *Gemüse:* Rote Bete fein raffeln und gleichmäßig über dem Tomatenbelag verteilen. Die Tomate so dünn wie möglich schneiden. Über die Rote Bete legen. Zwiebel und Knoblauch abziehen und in möglichst dünne Scheiben schneiden, auf der Pizza verteilen und mit Pizzagewürz (zwischen den Fingern zerreiben, damit das Aroma freigesetzt wird) bestreuen. *Weiße Schicht:* Alle Zutaten in den kleinen Becher des Mixers geben. 45 Sek. mit dem flachen Messer mischen. Ofen auf 225 °C vorheizen. Sobald der Ofen heiß ist, die weiße Soße auf das Gemüse gießen. *Backen:* In den Ofen einschieben, auf 220 °C stellen und 20 Min. backen lassen. Bei ausgeschaltetem Ofen 5 Min. nachbacken.

7127. Nussmustestkakao 1. Variante, Mai 2015

Im Hochleistungsmixer, je nach Gerät, 4,5 bis 8 Min. auf höchster Stufe schlagen:

- 10 g Kakaonibs
- 15 g Cashewnussmus mit Kokoshauch 7096 o. Ä.
- 2 Datteln entsteint (38 g netto)
- 15 g Braunhirse
- 5 g frischer Ingwer
- auf 500 ml (Markierung im Becher) mit Wasser auffüllen

7128. Linsener Allerlei, Mai 2015

2 x Frühstück

- 2 EL Leinsamen
- 6 EL Nacktgerste
- 15 g Zitronenfleisch
- 155 g fertige Erdbeeren
- 20 g Linsensprossen (zu lang für den Salat)
- 1 Banane (135 g netto)
- 50 g Rhabarber
- 1 Apfel (150 g)
- 15 g Pekannüsse

Leinsamen mit dem Getreide flocken, auf zwei Schüsselchen verteilen. Das Obst in grobe Stücke teilen und mit den Linsensprossen im Hochleistungsmixer pürieren, über das Getreide geben. Mit Pekannüssen dekorieren.

Hinweis: Die Linsensprossen mussten weg, ich war schon kurz davor, sie wegzuwerfen, ich mag sie so lang einfach nicht mehr. Aber dann dachte ich „FKG ist gut für alles!". Der Kollege hat's nicht geschmeckt und war zufrieden mit dem Frühstück. Ich fand's nicht enorm störend, aber habe es schon geschmeckt. Mehr als 20 g für 2 Personen sollten es also nicht sein.

7129. Nussmustestkakao 2. Variante, Mai 2015

Im Hochleistungsmixer, je nach Gerät, 4,5 bis 8 Min. auf höchster Stufe schlagen:

- 10 g Kakaonibs
- 15 g Cashewnüsse
- 2 Datteln entsteint (38 g netto)
- 15 g Braunhirse
- 5 g frischer Ingwer
- auf 500 ml (Markierung im Becher) mit Wasser auffüllen

Fazit: Ganz sicher bin ich mir nicht, aber spontan würde ich sagen: Mit Nussmus hat er mir besser, cremiger geschmeckt. Kann das sein?

7130. Mango-Vorratsdressing vegan, Mai 2015

- 300 g Wasser
- 120 g Apfelessig
- 20 g Tamari oder Sojasoße
- 20 g Salz
- 1 g gem. schwarzer Pfeffer
- 150 g Cashewnüsse
- 25 g Senf
- 30 g getr. Mangoschalen (eigene Herstellung)
- 5 g fein gem. getr. Sellerieblätter (ein selbstgemachtes Geschenk)
- 5 Datteln entsteint (90 g netto)

Alle Zutaten zusammen im Vitamix gut durchschlagen, bis die Masse lauwarm, aber nicht heiß ist. In ein großes Schraubglas füllen und im Kühlschrank aufbewahren. Den Rest im Vitamix habe ich mit der 3-fachen Wassermenge verschlagen und als Dressing direkt zur Verwendung in Gläser gefüllt.

7131. Goji auf Fruchtschaum, Mai 2015

2 Portionen

- 8 g Zitronenfleisch
- 1 Banane (95 g netto)
- 50 g Rhabarber
- 105 g Erdbeeren ohne Stiele/Blätter/Schadstellen (netto)
- 1-2 g Gojibeeren

Obst im Mixer einer Küchenmaschine zu einer Creme schlagen, auf zwei Schüsselchen verteilen. Am Rand mit Gojibeeren dekorieren.

7132. Salatherzen, Mai 2015

2 Portionen

- 2 Salatherzen Romana (320 g gewaschen, netto)
- 2 Tomaten (160 g)
- 1 Banane (85 g netto)
- 4 EL Mango-Vorratsdressing vegan 7130 o. Ä., verdünnt mit Wasser im Verhältnis 1:3
- 2 EL Kürbiskerne

Salatherzen waschen, trocken schleudern. In feine Streifen schneiden und auf zwei Teller verteilen. Tomaten halbieren, in Scheiben schneiden und auf den Salat geben. Banane schälen und in Scheiben schneiden, zwischen die Tomatenscheiben legen. Das Salatdressing so über den Salat geben, dass die Bananenscheiben benetzt sind und daher nicht so schnell braun werden. Mit Kürbiskernen locker bestreuen.

7133. Ofenpommes mariniert, Mai 2015

2 Portionen

- 500 g Kartoffeln
- 1 EL Peperoniessig 7/4753 o. Ä.
- ca. 40 g Apfelessig

Kartoffeln unter fließendem Wasser abbürsten, Schadstellen entfernen und in einer Küchenmaschine zu Pommes schneiden lassen. Kartoffelstücke in eine Gefriertüte geben und mit dem Essig übergießen, schwenken. Auf einem PerfectClean-Backblech ausbreiten und in den kalten Ofen schieben. Schnell aufheizen auf 220 °C, auf Heißluft umstellen und 15 Min. backen. Auf zwei Teller geben und ggf. leicht salzen.

Fazit: *Ich fand keinen großen Geschmacksunterschied, ich denke, die Zeit war zu kurz. Auch war es eine „Riesensauerei" auf dem Blech, dank der Flüssigkeit waren die Pommes festgebacken. War ich froh, dass ich ein PerfectClean-Blech habe! Mein „Mitesser" hat allerdings sehr geschwärmt von diesen Kartöffelchen.*

7134. Hackhack, Mai 2015

2 x Frühstück.

- 2 EL Leinsamen
- 4 EL Nackthafer
- 2 EL Roggen
- 2 Äpfel (310 g)
- 1 Banane geschält (125 g)
- 240 g Erdbeeren fertig vorbereitet
- 8 Macadamianüsse

Leinsamen mit dem Getreide flocken, auf zwei Schüsselchen verteilen.

Das Obst in grobe Stücke teilen und bis auf 40 g Erdbeeren in der Küchenmaschine mit dem Hackmesser zerkleinern, über das Getreide geben. Erdbeeren längs halbieren, aber wie eine Erdbeere mit der Spitze nach oben jeweils in die Mitte stecken. Je 4 Macadamianüsse um die Erdbeere legen.

7135. Zweifacherdung, Mai 2015

Im Vitamix ca. 4,5 auf höchster Stufe schlagen:

- 10 g Kakaonibs
- 10 g geröstete gesalzene Erdnüsse
- 15 g Erdmandeln
- 2 Datteln entsteint (30 g netto)
- 5 g frischer Ingwer
- auf 500 ml (Markierung im Becher) mit Wasser auffüllen

7136. Kuchen-Ex-Dessert, Mai 2015

2 Portionen

- 1 dünne Scheibe Marmorkuchen (1. Versuch) (75-80 g) 7109 o. Ä.
- 1 Banane geschält (105-110 g netto)
- 85 g vorbereitete Erdbeeren (4 Stück)

Kuchen in Stücke brechen, in den Mixbecher eines Mixers geben. Banane in Stücke teilen und darauf geben, herunterdrücken. Mit dem hochstehenden Messer zu einer leicht krümeligen Creme schlagen.

Creme auf zwei Schüsselchen verteilen. Erdbeeren quer in Scheiben schneiden, die Scheiben senkrecht an den Rand stecken. In die Mitte jeweils die übrig gebliebenen Erdbeerspitzen setzen.

7137. Rosa Erdnussdressing, Mai 2015

2 Portionen

Im kleinen Mixer gut mischen:

- 15 g Erdnüsse, geröstet & gesalzen
- 1 EL Peperoniessig 7/4573
- 2 Erdbeeren (netto 30 g)
- 1 TL Salz
- 1 TL Ahornsirup oder Honig

7138. Rote-Bete-Rad, Mai 2015

2 Portionen

- 250 g Eisbergsalat
- 125 g Rote Bete
- Etwas Salz
- 25 g Linsensprossen
- 1 Tomate (80 g)
- Rosa Erdnussdressing 7137

Eisbergsalat klein schneiden, auf zwei Teller verteilen. Rote Bete mit einer Prise Salz im Zerkleinerer raffeln, in die Mitte geben. Sprossen auf 4 Ecken „verteilen". Tomate achteln, je 4 Achtel wie ein Rad zwischen die Linsen legen. Mit Dressing am Rand beträufeln.

7139. Tellerlinsen mit Zwiebeln, Mai 2015

2 Portionen

- 190 g Tellerlinsen (die „normale" Sorte ist dasl
- 380 g Wasser
- 1 Zwiebel (100 g netto)
- 1 TL Salz
- 1-2 EL Essig

Linsen und Wasser in einen Schnellkochtopf geben. Zwiebel schälen, klein schneiden und hinzufügen. Auf Stufe II des Topfs 11 Min. kochen, dann langsam abdampfen lassen. Mit Salz und Essig abschmecken, auf zwei Schüsselchen verteilen.

7140. Gewürzpflauminer, Mai 2015

2 x Frühstück.

Abends

- 6 EL Sechskorngetreide grob schroten & auf zwei Schüsseln verteilen. Mit insgesamt
- 160 g Wasser übergießen. Abgedeckt bei Raumtemperatur stehen lassen.

Morgens

- 2 EL Leinsamen
- 15 g Zitronenfleisch
- 195 g aufgetaute Pflaumen
- 2 Äpfel (230 g)
- 2 geschälte Bananen (235 g netto)
- 1 kleine Prise Muskat
- 1 MS Zimt
- 1 kleine Prise Koriander
- 5 g frischer Ingwer
- 20 g wilde Erdnüsse

Leinsamen flocken, auf das eingeweichte Getreide geben. Das Obst in grobe Stücke teilen und mit Ingwer und Gewürzen im Hochleistungsmixer pürieren. Auf das Getreide geben und in der Mitte mit wilden Erdnüssen dekorieren.

7141. Marmorkakao, Mai 2015

Im Hochleistungsmixer, je nach Gerät, 4,5 bis 8 Min. auf höchster Stufe schlagen:

- 10 g Kakaonibs
- 50 g Marmorkuchen (1. Versuch) 7109 o. Ä.
- 1 Dattel entsteint (18 g netto)
- 5 g frischer Ingwer
- auf 500 ml (Markierung im Becher) mit Wasser auffüllen

7142. Marmorierte Banauben, Mai 2015

2 Desserts

- 40 g Marmorkuchen (1. Versuch) 7109 o. Ä.
- 45 g Pflaumensaft (von aufgetauten Pflaumen) oder anderer Fruchtsaft
- 7 g Ahornsirup
- 2 aufgetaute Pflaumen (40 g, oder 40 g anderes aufgetautes Obst)
- 1 Banane (105 g netto)
- 80 g kernlose grüne Trauben

Kuchen in Stücke brechen und kurz in Saft, Sirup und Pflaumen einweichen. Im Mixer zu einer glatten Creme schlagen.

Banane schälen, in Scheiben schneiden und auf 2 Schüsselchen verteilen. Trauben halbieren und am Rand entlang legen. Die Kuchensoße so in die Mitte gießen, dass die Bananen komplett abgedeckt sind - am Rand von Trauben und in der Mitte von der Soße.

7143. Marmorkaffee, Mai 2015

Im Hochleistungsmixer, je nach Gerät, 4,5 bis 8 Min. auf höchster Stufe schlagen:

- 5 g Kakaonibs
- 35 g Marmorkuchen (1. Versuch) 7109 o. Ä.
- 1 getr. Feige (22 g)
- 5 g Getreidekaffee instant
- auf 500 ml (Markierung im Becher) mit Wasser auffüllen

7144. Scheibenpfanne, Mai 2015

2 Portionen – Gemüse geschnitten mit einer Küchenmaschine, Kartoffeln, Zwiebeln und Paprika: dünne Scheiben, Auberginen: dicke Scheiben.

Vorbereiten:
*   20 g Goji
*   Ca. 100 g Wasser

Gemüse:
*   360 g Kartoffeln
*   1 grüne Paprikaschote (180 g netto)
*   1 Zwiebel (60 g netto)
*   1 große Knoblauchzehe (7 g netto)
*   1 mittelgroße Aubergine (ca. 250 g)

Soße:
*   15 g Zitronenfleisch
*   20 g Hoisan-Ableger 9/6759 o. Ä.
*   10 g Dinkelmehl
*   1 TL Salz
*   75 g Wasser

Gojibeeren in 100 g Wasser ca. 4-5 Std. einlegen.

Beeren abtropfen lassen, Einweichwasser auffangen und auf 75 g mit Wasser auffüllen. In die Pfanne geben. Kartoffeln unter fließendem Wasser abbürsten. Schote einmal durchschneiden, Kerne und Innenwände entfernen. Zwiebel und Knoblauchzehe schälen. Blütenende von der Aubergine abschneiden. Knoblauchzehe mit einem Messer in Scheiben schneiden, das restliche Gemüse wie oben beschrieben von der Maschine in Scheiben schneiden lassen. In der Reihenfolge, wie sie in der Zutatenliste aufgeführt sind, in die Pfanne schichten. Die abgetropften Gojibeeren obenauf legen. Als Gemüsepfanne 15 Min. dünsten. Soßenzutaten im Mixer verquirlen, vorsichtig unter das Gemüse rühren und einmal aufkochen.

7145. Traupflaumen, Mai 2015

2 x Frühstück.

Abends
*   6 EL Sechskorngetreide grob schroten & auf zwei Schüsseln verteilen. Mit insgesamt
*   160 g Wasser übergießen. Abgedeckt bei Raumtemperatur stehen lassen.

Morgens
*   10 g Zitronenfleisch
*   205 g aufgetaute Pflaumen
*   105 + 70 g grüne kernlose Trauben (netto)
*   2 Äpfel (215 g)
*   2 Bananen geschält (150 g netto)

Obst ggf. in grobe Stücke teilen und (nur 105 g Trauben) im Hochleistungsmixer pürieren. Auf das Obst verteilen. Mit den 70 g Trauben dekorieren.

7146. Sauerteigbrot Frau E. mit wenig Wildhefe 2015/17, Mai 2015

Zum Verschenken.

Stufe 1 (12 Std. vorher):
*   350 g Roggen
*   350 g Wasser
*   150 g Sauerteig

Roggen fein mahlen, mit Wasser und altem Sauerteig mischen. In einer ausreichend großen (für den ganzen Teig passenden) Pengdose über Nacht stehen lassen. 150 g von der Stufe 1 abnehmen und in einem gut schließenden Schraubglas in den Kühlschrank stellen für das nächste Backen.

Abends schon vorbereiten:
- 300 g Dinkel
- 100 g Nackthafer
- Ca. 10 g Nackthafer zum Auffüllen
- 1 EL Salz
- 1 EL Brotgewürz
- 75 g Leinsamen

100 g Hafer in einer Pfanne rösten, bis er knackt, braun wird und zu duften beginnt. Nach dem Abkühlen erneut wiegen und mit Hafer auf 100 g auffüllen. Getreide mischen und fein mahlen, mit den restlichen Zutaten mischen und in einer gut schließenden Plastikdose verwahren.

Stufe 2 (Backen, bei mir am Morgen)
- 1/2 P frische Hefe (20 g)
- 100 g lauwarmes Wasser
- Getreidemischung vom Vorabend
- 2 EL Apfelessig
- 700 g Sauerteigansatz
- 155 g Wildhefe
- 25 g Wasser
- 20 g Butter für die Form

Hefe in 100 g Wasser auflösen. Restliche Zutaten (außer der Butter) hinzufügen und mit einem großen Löffel gründlich verrühren, bis kein Mehl mehr sichtbar ist. Eine 30-cm-Brotform, Profi-Email von Dr. Oetker, gut einfetten. Teig hineingeben, mit der nassen Hand herunterdrücken und glattstreichen. Mit einem scharfen Messer dreimal schräg einschneiden. Form in eine Plastiktüte geben und 90 Min. bei Raumtemperatur gehen lassen. Die Brotform ist dann ganz voll, der Teig steht etwas über! Ofen auf 250 °C (Heißluft) vorheizen, 50 Min. bei 190 °C backen und 5 Min. im ausgestellten Ofen nachbacken.

Fazit: Ich würde sagen, die Wildhefe hat das Brot etwas luftiger und „löchriger" gemacht. Stärker gegangen ist es nicht.

7147. Dreierbären-FKG, Mai 2015

3 x Frühstück
- 3 EL Leinsamen
- 9 EL Nackthafer
- 15 g Zitronenfleisch
- 3 Bananen geschält (220 g netto)
- 260 g tiefgekühlte Pflaumen mit Saft
- 250 g Blaubeeren
- 65 g Rhabarber
- 1 Apfel (115 g)
- 6 grüne kernlose Trauben (35-40 g)

Leinsamen mit dem Getreide flocken, auf drei Schüsselchen verteilen. Das Obst (nur 125 g Beeren nehmen, ohne Trauben) ggf. in grobe Stücke teilen und im Hochleistungsmixer pürieren, über das Getreide geben. Mit restlichen Beeren und Trauben dekorieren.

7148. Plätzchenkakao, Mai 2015

Im Hochleistungsmixer, je nach Gerät, 4,5 bis 8 Min. auf höchster Stufe schlagen:
- 10 g Kakaonibs
- 4 Plätzchen (hier: Vanilli-Flocken 7121) (35-40 g)
- 1 TL Honig
- 5 g frischer Ingwer
- auf 500 ml (Markierung im Becher) mit Wasser auffüllen

7149. Feigenlastige Stützcreme, Mai 2015

Im Hochleistungsmixer bis zum Stocken schlagen:

- 20 g Cashewnüsse
- 55 g Rundkorn-Naturreis
- 3 Feigen (75 g)
- 350 g Wasser

7150. Erdbeerspitzen, Mai 2015

- 120 g Feigenlastige Stützcreme
- 1 Banane geschält (80 g netto)
- 8 geputzte mittelgroße Erdbeeren (ca. 145-150 g netto)

Stützcreme mit Banane mixen. Wer nicht einen Rest im Becher verwertet, macht das besser im Magic - die Menge ist zu wenig und die Messer greifen nicht richtig, d. h. es bleiben Bananenstücke übrig. Auf zwei Schüsselchen verteilen. Je vier mittelgroße Erdbeeren längs durchschneiden und mit den Spitzen nach oben in die Creme setzen.

7151. Leichte Erbsencreme-Suppe mit Bohnen, Mai 2015

Nach einem Rezept aus Einkauf aktuell - für 2 Personen

- 55 g Zwiebel (netto)
- 1 Kartoffel (95 g netto, d. h. ohne Schadstellen)
- 60 g + 400 g + 20 g Wasser
- 250 g TK-Erbsen
- 400 g Wasser
- 1 TL Gemüsebrühextrakt, Gemüsebrühe o.ä.
- 1 TL Salz
- 15 g Zitronenfleisch
- 10 g getr. Mangoschale
- 20 g Cashewnüsse
- 6 EL gekochte Sojabohnen (170 g)

Zwiebel schälen, würfeln. Kartoffel unter fließendem Wasser abbürsten, Schadstellen entfernen und Kartoffel in kleine Würfel schneiden. 60 g Wasser mit Zwiebel- und Kartoffelwürfel in einen Topf geben. Deckel auflegen, auf höchster Einstellung zum Kochen bringen, bis Dampf unter dem Deckel austritt. Auf kleinste Einstellung drehen und 10 Min. dünsten, ohne den Deckel abzuheben. Mangoschale im Mixer zu Pulver mahlen. Zitronenfleisch mit 20 g Wasser mixen, mit der Mangoschale verrühren. Den Inhalt des Bechers mit 400 g Wasser, TK-Erbsen, Gemüsebrühextrakt (bei mir ein selbstgemachtes Pulver von Freunden) und der Mangomischung in den Topf geben. 10 Min. auf kleiner Flamme dünsten oder ziehen lassen. Cashewnüsse in einer trockenen Pfanne rösten, in eine kleine Schüssel umfüllen. Sojabohnen in der Pfanne anschließend erwärmen. Inhalt des Topfes mit dem Pürierstab pürieren. Ist nicht perfekt, macht aber weniger Umstand (mit Reinigen etc.) als Vitamix oder Mixer. Auf zwei entsprechende Teller oder Schüsseln verteilen. Sojabohnen hinzufügen und mit Cashewnüssen bestreuen.

Geändert verglichen mit *Originalrezept: statt Schinkenstreifen: Sojabohnen; statt Buttermilch: Zitronenfleisch; statt Minze Mangoschale); statt Mandelblättchen Cashewbruch.*

7152. Bohnenrosonenkakaone, Mai 2015

Im Hochleistungsmixer, je nach Gerät, 4,5 bis 8 Min. auf höchster Stufe schlagen:

- 20 g Kakaobohnen
- 10 g Buchweizen
- 40 g grüne Rosinen
- auf 500 ml (Markierung im Becher) mit Wasser auffüllen

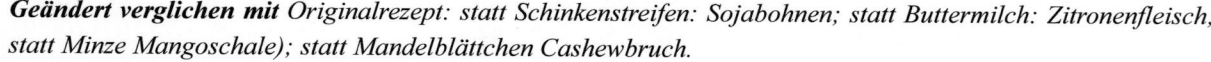

7153. Erdbeerrausch, Mai 2015

2 x Frühstück.

Abends siehe 7145.

Morgens

- 30 g Cashewnussmus mit Kokoshauch 7096 o. Ä.
- 350 g Erdbeeren ohne Stiele, Blätter, Schadstellen (netto)
- 1 Banane geschält (90 g)
- 1 Apfel (120 g)
- 20 g grüne Rosinen

Obst ggf. in grobe Stücke teilen und mit dem Cashewnussmus im Hochleistungsmixer pürieren. Auf dem Getreide verteilen. Mit Rosinen bestreuen.

7154. Marmorkuchen (2. Versuch), Mai 2015

Vorläufer: 7109. – Der Kuchen des 1. Versuchs war lecker, die einzige Person, die darum rumgemäkelt hat - war ich. Mir war er etwas zu fest. Mir schmeckten die Sojabohnen durch (ein Normalessergast: Oh, du hast da wohl Banane drin?). Aber ich kann ihn als Erfolg verbuchen. Vorgenommen hatte ich mir: Mehr Backpulver, Apfelpüree vielleicht einmal gekocht? (In FoK wird ja immer fertiger Püree genommen, der ist erhitzt), mit Rum würzen.

- 140 g Apfel
- 50 g (+ 100 g) Wasser
- 250 g Feigenlastige Stützcreme 7149 o. Ä.
- 225 g Agavensirup
- 200 g gekochte Sojabohnen
- 2 EL Rum (45 %)
- 450 g Dinkel
- 50 g Nackthafer
- 1 gestr. TL Vanille
- 1 Prise Salz
- 1,5 P Weinstein-Backpulver
- 2 geh. TL Natron
- 30 g Kakao (Rohkostqualität)
- 45 g Agavensirup
- 40 g Stützcremewasser
- 20 g Sesamsaat, ungeschält
- Butter für die Form
- 155 g Schokogussversuch Nr. 3; 7160 o. Ä.

Apfel in Stücke schneiden, mit den 50 g Wasser ca. 30 Sek. im Vitamix mixen. Stützcreme, 225 g Agavensirup, Sojabohnen und 2 EL Rum hinzufügen und zu einer glatten Creme mixen. Den verbliebenen Rest im Becher (ca. 30 g) mit 100 g Wasser gut mischen und beiseite stellen.

Dinkel zusammen mit dem Hafer fein mahlen, mit Vanille, Salz, Backpulver und Natron mischen. Mehlmischung und Stützcremegemisch in die Braun Küchenmaschine mit eingesetztem Hackmesser geben. (Etwas Wasser im Becher schwenken = Stützcremewasser.) Auf höchster Geschwindigkeit 1,5 Min. laufen lassen.

Eine Napfkuchenform großzügig mit Butter einpinseln. Etwa zwei Drittel des Teigs hineingeben.

Den Restteig mit Kakao, 45 g Agavensirup und 40 g Stützcremewasser verrühren. Er sollte etwas flüssiger sein als der Hauptteig. Den dunklen Teig auf dem hellen verteilen. Um ein Marmormuster zu erzielen, eine Gabel spiralenförmig durch die beiden Teigschichten ziehen.

Ofen (Heißluft) auf 175 °C vorheizen, Form einschieben und 50 Min. backen. Stäbchenprobe machen.

Wenn der Kuchen lauwarm ist, mit frisch hergestelltem Schokoguss bepinseln und im Kühlschrank fest werden lassen.

Fazit: Er ist okay. Aber der erste Kuchen war besser in Geschmack und Konsistenz! Dieser ist zwar besser gegangen, aber die Konsistenz ist eher wie „Schaumstoff". Auch der Geschmack ist so merkwürdig nach Kaffee? Hätte ich es noch einmal zu tun, würde ich Kuchen Nr. 1 wiederholen, aber die Backzeit (schrittweise?) um 5 Min. verkürzen.

7155. Röstkamutnudelteigknäcke, Mai 2015

Es sollte ein Lasagneteig werden. Es wurde eine Katastrophe und ich habe den Nudelteig kurzerhand in Knäcke umgewandelt.

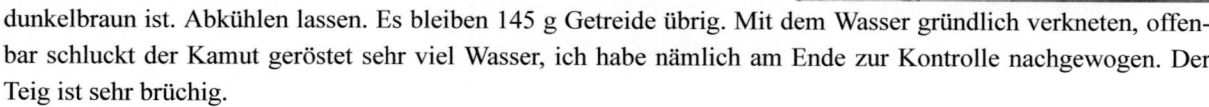

- 160 g Kamut
- 145 g Wasser
- 2 TL Aioligewürzmischung o. Ä.
- 1-2 TL Hagelsalz

Kamut in einer Pfanne auf recht hoher Einstellung trocken rösten, bis er springt und intensiv duftet, sich auch evtl. leicht verfärbt hat, aber nicht dunkelbraun ist. Abkühlen lassen. Es bleiben 145 g Getreide übrig. Mit dem Wasser gründlich verkneten, offenbar schluckt der Kamut geröstet sehr viel Wasser, ich habe nämlich am Ende zur Kontrolle nachgewogen. Der Teig ist sehr brüchig.

Zu einer Kugel formen. In Haushaltsfolie wickeln und 2 Std. ruhen lassen. Da ich bald feststellen musste, dass es keine Nudeln werden konnten, habe ich noch Aioli-Gewürzmischung eingearbeitet. In Portionen (nicht zu große nehmen, die Streifen werden sonst zu lang, wenn die Portionen zu klein sind, werden die Streifen allerdings zu schmal) durch die Nudelwalze bei Stufe 1 laufen lassen, bis es einigermaßen ordentliche Streifen sind. Nebeneinander auf ein Backblech legen, gut mit Wasser einsprühen und mit Hagelsalz bestreuen.

In den kalten Ofen schieben und 25 Min. bei 175 °C backen.

7156. Kokosdressing, Mai 2015

2 Portionen

Im kleinen Mixer, flaches Messer, schlagen:

- 20 g Kokosnussmus 7074
- 1 gestr. TL Salz
- 12 g Zitronenfleisch
- 5 g Agavensirup oder Honig
- 75 g Wasser

Das Dressing „erstarrt" auf der Oberfläche, was einen besonderen optischen Effekt gibt, wenn man es z. B. auf einen Tellersalat gibt.

7157. Feldsalat mit Muster, Mai 2015

- 100 g Feldsalat
- 1 Banane (80 g netto)
- 115 g Schlangengurke
- 1/2 Tomate (45 g)
- Kokosdressing 7156 o. Ä.

Feldsalat waschen und trockenschleudern. Kleinschneiden und auf zwei Teller verteilen. Die Banane in 16 Scheiben schneiden und die Scheiben auf den Feldsalat legen. Gurke ebenfalls in 16 Scheiben schneiden, diese genau über die Bananen legen. Tomate in 16 Würfel teilen, auf die Gurkenscheiben legen.

Dressing vorsichtig über den Salat gießen und bis zum Essen stehen lassen (hält sich mindestens eine Std. gut).

7158. Moussaka II, Mai 2015

Vorläufer 8/5972

Gemüse:

- 430 g Kartoffeln
- 20 g Nackthafer
- 1 gute Prise Salz
- 2 g Sonnenblumenöl
- 1 Aubergine ohne „Blütenansatz" (285 g netto)
- 125 g geschälte Zwiebeln (netto)
- 155 g Tomate

Für die Soße:
- 30 g Naturreis
- 20 g Cashewnusskerne
- 1/2 TL Salz
- 1-2 Prisen schwarzer gem. Pfeffer
- 1 LS gem. Kümmel
- 355 g Wasser

Gemüse: Kartoffeln mit der Küchenmaschine reiben. Nackthafer mahlen, mit dem Salz unter die Kartoffeln mischen. Mit dem Sonnenblumenöl den Boden einer 24-cm-Alugusspfanne einreiben. Kartoffelmasse gleichmäßig darauf verteilen. Aubergine in Scheiben schneiden, die Kartoffeln damit abdecken. Die geschälten Zwiebeln und die Tomaten in Scheiben schneiden. Zwiebeln auf die Auberginenscheiben legen, mit den Tomatenscheiben abschließen. *Soße:* Die Zutaten im Vitamix gut mixen, bis der Reis aufgelöst ist, die Soße aber noch nicht stockt. Über das Gemüse gießen. Deckel auflegen und in den kalten Backofen schieben. 50 Min. bei 225 °C backen.

7159. Obst unter sich, Mai 2015
- 10 g Zitronenfleisch
- 1 Banane geschält & in Stücken (100 g netto)
- 75 g Blaubeeren
- 150 g Erdbeeren, geputzt (netto)

Zitronenfleisch, Banane und Blaubeeren im kleinen Mixer, hochstehendes Messer, mixen. Auf zwei Glastelelr verteilen. Die Erdbeeren längst halbieren und - mit der Spitze jeweils in eine Richtung und überlappend - an den Rand legen.

7160. Schokogussversuch Nr. 3, Mai 2015
- 35 g Kakaobutter
- 10 g Carob (Rohkost)
- 10 g Kakaopulver (Rohkost)
- 50 g Feigenlastige Stützcreme 7149 o. Ä.
- 50 g Ahornsirup oder dünnflüssiger Honig

Kakaobutter in einer Pfanne zerlassen. Die restlichen Zutaten mit einem Löffel verrühren, die warme Kakaobutter unterschlagen. Wird auf dem Kuchen im Kühlschrank hart und bleibt es dann auch bei Raumtemperatur, ist allerdings matt.

7161. Bärendeko, Mai 2015
2 x Frühstück.
- 2 EL Leinsamen
- 6 EL Nackthafer
- 20 g Zitronenfleisch
- 305 g Erdbeeren, geputzt (netto)
- 3 Bananen (300 g netto)
- 1/2 kleiner Apfel (45 g)
- 65 g Blaubeeren

Leinsamen mit dem Getreide flocken, auf zwei Schüsselchen verteilen.
Bananen in grobe Stücke teilen und mit dem halben Apfel, 230 g Erdbeeren und dem Zitronenfleisch im Hochleistungsmixer pürieren, über das Getreide geben. Restliche Erdbeeren halbieren, an den Rand stecken. Die Blaubeeren in die Mitte legen.

7162. Brauner Erdnusskakao, Mai 2015

Im Vitamix o. Ä. ca. 4,5 8 Min. auf höchster Stufe schlagen:

- 15 g Kakaonibs
- 15 g Braunhirse
- 20 g Erdnüsse gesalzen und geröstet
- 2 Datteln entsteint (40 g netto)
- 5 g frischer Ingwer
- auf 500 ml (Markierung im Becher) mit Wasser auffüllen

7163. Orangendressing, Mai 2015

Im kleinen Mixer mit dem flachen Messer 30-45 Sek. schlagen:

- 1/2 geschälte Orange (70 g netto)
- 1 gestr. TL Salz
- 1 MS schwarzer Pfeffer
- 1 kleines Stück Essigpeperoni (3 g) 7/4573
- 10 g Sonnenblumenkerne
- 45 g Wasser

7164. Rotgrün unpolitisch, Mai 2015

Kleiner Salat für 2 Personen.

- 60 g Feldsalat
- 125 g Eisbergsalat
- 40 g Linsensprossen (von Tellerlinsen, ca. 4 Tage gekeimt)
- 70 g Schlangengurke
- 55 g rote Paprika (netto)
- 1 Tomate (70 g)
- Orangendressing 7163 o. Ä.
- 2 Erdbeeren

Feldsalat und Eisbergsalat klein schneiden, auf 2 Teller verteilen. Schlangengurke würfeln, darüber verteilen. Paprika und Tomate ebenfalls würfeln, darüber streuen, dann die Sprossen noch darauf streuen. Mit dem Dressing begießen und in die Mitte jeweils eine Erdbeere setzen.

7165. Schwach säuerliche Stützcreme, Mai 2015

Im Hochleistungsmixer bis zum Stocken schlagen:

- 50 g Rundkorn-Naturreis
- 20 g Erdmandeln
- 1 getr. Pflaume (12 g)
- 350 g Wasser

Ohne Hochleistungsmixer: Nüsse in einem Teil des Wassers einweichen, Trockenfrüchte - wenn verwendet - ebenfalls. Getreide fein mahlen und im restlichen Wasser aufkochen, abkühlen lassen. Alles zusammen in einem Mixer zu einer Creme schlagen. Erdmandeln ohne Hochleistungsmixer besser durch Cashewnüsse (halbe Menge) ersetzen.

7166. Mokkacreme auf Frucht, Mai 2015

- 150 g beliebige Stützcreme
- 1 Banane geschält (95 g netto)
- 1 Dattel entsteint (18 g netto)
- 4 g Kakaopulver
- 1 geh. TL Getreidekaffee instant (2 g)
- 110 g geputzte Erdbeeren (netto)
- 15 g Pampelmusat (da Deko, austauschbar)

Stützcremes, Banane, Dattel, Kakao und Kaffeepulver im Vitamix zu einer Creme verarbeiten. Erdbeeren klein schneiden und auf zwei Schüsselchen verteilen. Mokkacreme darüber gießen. Mit Pampelmusat dekorieren.

7167. Erbsenzählerpizza, Mai 2015

Teig:

- 50 g Nackthafer
- 150 g Dinkel
- 1/2 gestr. TL Salz
- 20 g frische Bio-Hefe (1/2 Würfel)
- 100 g Wasser
- 50 g Schwach säuerliche Stützcreme 7165 o. Ä.
- etwas Wasser, um die Hände zu benetzen

Roter Belag:

- 1/2 TL Salz
- 1/2 TL Paprika edelsüß
- 65 g Wasser
- 20 g Tomatenmark
- 20 g Schwach säuerliche Stützcreme (s. o.)
- 60 g gekochte Sojabohnen

Weiße Schicht:

- 90 g Schwach säuerliche Stützcreme
- 1/2 TL Salz
- 1 Prise Schabziegerklee
- 20 g gekochte Sojabohnen
- 10 g Zitronenfleisch
- 10 g Cashewnüsse
- 50 g Wasser

Gemüse:

- 75 g Tiefkühlerbsen
- 1/2 rote Paprikaschote (70 g)
- 1 Zwiebel (70 g netto)
- 1 große Knoblauchzehe (5 g netto)
- 1 Tomate (170 g)
- 1 TL Pizzagewürz

Teig: Getreide mischen und fein mahlen und mit Salz mischen. Hefe im Wasser auflösen, zum Mehl geben, ebenso die Stützcreme. Gründlich verkneten, in diesem Fall mit der Braun Küchenmaschine. Der Teig war innerhalb einer Min. fertig. Mit nassen Händen nochmals durchkneten und eine Kugel unter Spannung formen. Teig in eine Pengdose legen. Deckel schließen. Warten bis es ploppt (das erste Mal nach 35 Min.) und immer wieder mit nassen Händen durchkneten und erneut in die Pengdose geben, bis es Zeit ist, die Pizza vorzubereiten. Teig mit Hilfe von Streumehl in der Pizzaform (Durchmesser 28 cm) auseinanderdrücken. Einen Rand hochdrücken. Mit einer Gabel mehrmals einstechen. Stehen lassen.

Roter Belag: Zutaten mit dem kleinen Mixer, flaches Messer, gut mixen. 80 g auf den Teig gießen und verteilen (den Rest habe ich für weitere Verwendung verwahrt). **Weiße Schicht:** Alle Zutaten in den kleinen Becher des Magic geben. 45 Sekunden mit dem flachen Messer mischen. **Gemüse:** Erbsen über dem Tomatenbelag verteilen. Paprika fein würfeln und hinzugeben. Zwiebel und Knoblauch abziehen und in möglichst dünne Scheiben schneiden, auf dem Gemüse verteilen. Die Tomate so dünn wie möglich schneiden. Über die Zwiebeln legen und mit Pizzagewürz (zwischen den Fingern zerreiben, damit das Aroma freigesetzt wird) bestreuen.

Backen: Ofen auf 225 °C vorheizen. Sobald der Ofen heiß ist, die weiße Soße auf das Gemüse gießen. In den Ofen einschieben, auf 220 °C stellen und 20 Min. backen lassen. Bei ausgeschaltetem Ofen 5 Min. nachbacken. **Fazit:** *Der Teig war an Stellen noch feucht, wegen der Tiefkühlerbsen? Lecker geschmeckt hat die Pizza, die Kruste war köstlich!*

7168. Erdbeeren unter Studentenfutter, Mai 2015

2 x Frühstück.

- 2 EL Leinsamen
- 6 EL Nackthafer
- 1/2 Orange geschält (105 g netto)
- 255 g Erdbeeren geputzt (netto)
- 1 Banane geschält (125 g netto)
- 10 g Zitronenfleisch
- 15 g Pekannüsse
- 15 g grüne Rosinen

Leinsamen mit dem Getreide flocken, auf zwei Schüsselchen verteilen. Das Obst in grobe Stücke teilen und im Hochleistungsmixer pürieren, über das Getreide geben. Pekannüsse und Rosinen gemischt in die Mitte streuen.

7169. Doppelböhniger Kakao, Mai 2015

Im Hochleistungsmixer, je nach Gerät, 4,5 bis 8 Min. auf höchster Stufe schlagen:

- 15 g Kakaobohnen
- 50 g gekochte Sojabohnen
- 2 Datteln entsteint (35 g netto)
- 5 g frischer Ingwer
- auf 500 ml (Markierung im Becher) mit Wasser auffüllen

7170. Erdbeer-Mountains, Mai 2015

- 17 g Zitronenfleisch
- 50 g schwach säuerliche Stützcreme 7165 o. Ä.
- 145 g Mango, frisch, in Streifen und geschält (netto)
- 1 Banane geschält (130 g netto)
- 175 geputzt Erdbeeren

Alle Zutaten, außer den Erdbeeren, im hohen Becher des Pürierstabs zu einer glatten Creme verarbeiten und auf zwei Schüsselchen verteilen. Die Erdbeeren in Stücke schneiden und auf die Creme häufeln.

Erstaunlicherweise hatte sich die Creme nach etwa 1 Std. Kühlschrankzeit nicht dunkel verfärbt, wie ich das sonst bei Banane (auch mit Zitronensaft) gewohnt bin.

7171. Süßsauer-Dressing, Mai 2015

2 Portionen

- 27 g Zitronenfleisch
- 10 g Ahornsirup oder Honig
- 10 g Cashewnüsse
- 75 g Wasser

7172. Rote-Bete-Hauptbahnhof, Mai 2015

2 große Portionen

- 1 x Süßsauer-Dressing 7171 o. Ä.
- 185 g Kopfsalat (gewaschen, trocken geschleudert)
- 2 Bananen geschält (175 g netto)
- 275 g Rote Bete (netto)

Kopfsalat in Streifen schneiden und auf zwei große flache Teller verteilen. Jeweils mit 2 EL Dressing übergießen. Die Bananen in Scheiben schneiden und in die Mitte des Salattellers legen, mit je 1-2 EL Dressing beträufeln. Rote Bete fein raspeln (bei mir: mit der Braun-FP5150) und damit die Bananen bedecken, restliches Dressing auf die Rote Bete geben.

7173. Ofenpommes ausgeklügelt mariniert, Mai 2015

2 Portionen

- 500 g Kartoffeln
- 40 g Apfelessig
- 85 g „Rote Soße" von Erbsenzählerpizza 7167 o. Ä.
- 1 TL Gute-Laune-Dip oder andere Kräutermischung
- Ca. 50 g Wasser

Kartoffeln unter fließendem Wasser abbürsten, Schadstellen entfernen und in einer Küchenmaschine zu Pommes schneiden lassen. Kartoffelstücke in eine passende Pengdose geben. Die restlichen Zutaten miteinander vermischen (Magic) und über die Kartoffeln gießen. Dose schließen und gut schwenken. Einige Min. stehen lassen und Dose immer wieder drehen. Auf einem PerfectClean-Backblech ausbreiten und in den kalten Ofen schieben. Schnell aufheizen auf 220 °C, auf Heißluft umstellen und 15 Min. backen. Auf zwei Teller geben.

7174. Banane unterliegt Erdbeere, Mai 2015

2 x Frühstück.

- 2 EL Leinsamen
- 4 EL Nackthafer
- 2 EL Nacktgerste
- 10 g Zitronenfleisch
- 290 g Erdbeeren geputzt (netto)
- 2 Bananen geschält (250 g netto)
- 1 Apfel (100 g)
- 15 g Cashewnussmus mit Kokoshauch 7096 o. Ä.
- 20 g grüne Rosinen

Leinsamen mit dem Getreide flocken, auf zwei Schüsselchen verteilen. Das Obst ggf. in grobe Stücke teilen und im Hochleistungsmixer pürieren, über das Getreide geben. Das Cashewnussmus als Kugel in die Mitte setzen, am Rand entlang Rosinen streuen.

7175. Brauner Bohnenkakao, Mai 2015

Im Hochleistungsmixer, je nach Gerät, 4,5 bis 8 Min. auf höchster Stufe schlagen:

- 15 g Kakaobohnen
- 10 g Braunhirse
- 2 Datteln entsteint (38 g netto)
- 5 g frischer Ingwer
- auf 500 ml (Markierung im Becher) mit Wasser auffüllen

7176. Erdbeerblume auf Avobarber, Mai 2015

2 x Dessert

- 50 g Schwach säuerliche Stützcreme 7165 o. Ä.
- 15 g Zitronenfleisch
- 1/2 Avocado-Fruchtfleisch (100 g netto)
- 25 g Rhabarber
- 15 g Ahornsirup
- 70 g Erdbeeren
- 2 Macadamianusshälften

Creme, Zitrone, Avocado, Rhabarber und Ahornsirup im Vitamix zu einer Creme schlagen. Nicht ganz einfach, da es so wenig ist. Aber es ging. Creme auf zwei Schüsselchen verteilen. Erdbeeren senkrecht in Scheiben schneiden, leicht überlappend flach in einem Ring legen, so dass die Spitzen aufeinander zeigen und in der Mitte eine kleine Lücke ist. Die Lücke jeweils mit einer Macadamianuss (Wölbung nach oben) füllen. Hatte sich nach 30 Min. im Kühlschrank nicht verfärbt.

7177. Hoisin mit Rucola, Mai 2015

Vorläufer: 9/6530

Im Vitamix pürieren:

- 35 g Essigpeperoni 7/4573
- 25 g Tamari oder Sojasoße
- 150 g Apfelessig
- 150 g Sonnenblumenkerne
- 100 g grüne Rosinen
- 27 g Knoblauch, nur grob geschält
- 1 g gemahlener schwarzer Pfeffer
- 6 g frischer Ingwer
- 10 g Salz
- 55 g Rucola

In einem Schraubglas im Kühlschrank aufbewahren. Das letzte Hoisin hat fast 3 Monate gehalten (es ist dann nicht schlecht geworden, ich hatte es zu Ende verbraucht).

7178. Hoisin-Orangen-Dressing, Mai 2015

2-3 Portionen

Im Vitamix mixen:

- 55 g Hoisin mit Rucola 7177 o. Ä.
- 1/2 geschälte Orange (110 g netto)
- 50-70 g Wasser

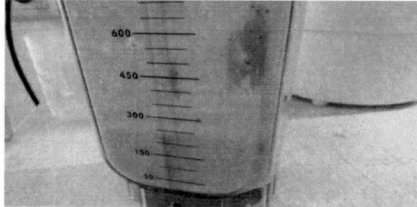

7179. Wurzeln in grünem Bett, Mai 2015

2 Portionen

- 1 x Hoisin-Orangen-Dressing 7179 o. Ä.
- 1 „Eiszapfen" (100 g) (Salat)
- 1 Möhre (135 g)
- 1/2 geschälter Kohlrabi (125 g netto)
- 150 g Kopfsalat

Dressing in eine Schüssel geben. Gemüse mit der Maschine mit der groben Scheibe raffeln und unter das Dressing rühren. Eine Weile ziehen lassen. Kopfsalat waschen und trockenschleudern, ein paar kleine Blätter aus der Mitte zur Seite legen. In Streifen schneiden und zwei Glasschüsseln damit „auslegen". In die Mitte das geraffelte Gemüse aufhäufeln. Die kleinen Salatblätter am Rand hoch stecken.

7180. Zwiebelnder Reis, Mai 2015

Für 2 Personen

- 200 g Basmati-Naturreis
- 1 Zwiebel (65 g netto)
- 1 Apfel (100 g netto)
- 340 g Wasser
- 1 Prise Salz

Basmati in den Schnellkochtopf geben. Zwiebel schälen, würfeln. Den Apfel grob würfeln. Zwiebel- und Apfelstücke mit dem Wasser zum Reis geben.

- 11 Min. auf Schnellkochtopf Stufe II
- 10 Min. auf Herdstufe 2 (von 14)
- 10 Min. auf Herdstufe 1 (von 14)
- 5 Min. auf Herdstufe 0

Noch im Topf mit Salz verrühren.

7181. 400 g-Sauerteigbrot für XXX, Mai 2015

Vorläufer 9/6566

Stufe 1 (12 Std. vorher):

- 400 g Roggen
- 420 g Wasser
- 150 g Sauerteig

Abends schon vorbereiten:

- 100 g Roggen
- 150 g Dinkel
- 100 g Nackthafer
- 1 EL Salz
- 50 g Sonnenblumenkerne
- 25 g Leinsamen

Stufe 2 (Backen, bei mir am Morgen)

- 1/2 Ü frische Hefe (20 g)
- 100 g lauwarmes Wasser
- Getreidemischung vom Vorabend
- 75 g Stützcremewasser (Wasser zum „Ausspülen" des Vitamix mit Stützcremeresten)
- 1 EL Wasser
- Etwa 800 g Sauerteigansatz (s.o.)
- 20 g Butter für die Form

Stufe 1: Roggen fein mahlen, mit Wasser und altem Sauerteig mischen. In einer Plastiktüte über Nacht stehen lassen. 150 g von der Stufe 1 abnehmen und in einem gut schließenden Schraubglas in den Kühlschrank stellen für das nächste Backen. *Vorbereitung abends:* Getreide fein mahlen, mit den restlichen Zutaten mischen und in einer gut schließenden Plastikdose verwahren. *Stufe 2:* Hefe im Wasser auflösen. Restliche Zutaten (außer der Butter) hinzufügen und mit einem großen Löffel gründlich verrühren, bis kein Mehl mehr sichtbar ist. Eine 30-cm-Brotform, Profi-Email von Dr. Oetker, gut einfetten. Teig hineingeben, mit der nassen Hand herunterdrücken und glatt streichen. Mit einem scharfen Messer dreimal schräg einschneiden. Form in eine Plastikdose stecken und 1,5 Std. gehen lassen. *Backen:* Ofen auf 250 °C (Heißluft) vorheizen, 50 Min. bei 190 °C backen und 5 Min. im ausgestellten Ofen nachbacken.

7182. Kokosmusklecks, Mai 2015

2 x Frühstück

Abends

- 6 EL Sechskorngetreide grob schroten & auf zwei Schüsseln verteilen. Mit insgesamt
- 160 g Wasser übergießen. Abgedeckt bei RT stehen lassen.

Morgens

- 1/2 Orange (70 g netto)
- 255 g geputzte Erdbeeren (netto)
- 2 Bananen geschält (245 g netto)
- 10 g Kokosnussmus

Zwei Erdbeeren beiseitelegen. Obst ggf. in grobe Stücke teilen und im Hochleistungsmixer pürieren. Auf dem Getreide verteilen. In die Mitte je einen Klecks Kokosnussmus und eine Erdbeere setzen.

7183. Feittel-Kakao, Mai 2015

Im Hochleistungsmixer, je nach Gerät, 4,5 bis 8 Min. auf höchster Stufe schlagen:

- 15 g Kakaobohnen
- 25 g Schwach säuerliche Stützcreme 7165 o. Ä.
- 1 getr. Dattel entsteint (19 g netto)
- 1 getr. Feige (19 g)
- 15 g Erdmandeln
- 5 g frischer Ingwer
- auf 500 ml (Markierung im Becher) mit Wasser auffüllen

7184. Rapides Rhabarberdessert, Mai 2015

2 Portionen

- 90 g Rhabarber
- 1 Orange geschält (185 g netto)
- 1 Dattel entsteint (15 g netto)
- 10 g Chiasamen
- 8 Macadamianusshälften (10 g)
- 2 Gojibeeren

Dattel in Ringe schneiden, mit dem Obst im Vitamix mixen. Chiasamen hinzufügen und nochmals sehr gut durchmischen. Je vier Nusshälften in die Mitte legen, und in deren Mitte je eine Gojibeere senkrecht stecken.

7185. Spargel in Rucolasoße, Mai 2015

2 Portionen

Gemüse:

- 1 Bund weißer Spargel (500 g brutto)
- 100 g Wasser
- 1 Prise Salz

Soße:

- 20 g Zitronenfleisch
- 1 TL Salz
- 55 g gekochte Kichererbsen
- 10 g Peperoniessig
- 25 g Cashewnüsse
- 70 g Wasser
- 20 g Rucola, ganz klein geschnitten.

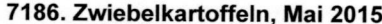

Spargel von unten nach oben schälen und die unteren Enden abschneiden. Einmal quer durchschneiden. In eine 20-cm-Pfanne geben und Salz und Wasser hinzufügen. Als Gemüsepfanne 20 Min. dünsten.

Alle Soßenzutaten bis auf den Rucola im kleinen Mixer, hochstehendes Messer, 30-40 Sek. mixen. Mit dem Rucola unter das Gemüse rühren und einmal aufkochen. Bei mir gab es dazu Zwiebelkartoffeln.

7186. Zwiebelkartoffeln, Mai 2015

- 5 g Sonnenblumenöl
- 55 g Wasser
- 400 g Kartoffeln
- 1 kleine Zwiebel (65 g netto)
- Salz

Öl und Wasser in eine 24-cm-Pfanne geben. Kartoffeln unter fließendem Wasser abbürsten, Schadstellen entfernen und Kartoffeln in Scheiben schneiden und in die Pfanne geben. Zwiebel schälen und würfeln, ebenfalls in die Pfanne geben. Als Gemüsepfanne 15 Min. garen.

7187. Kiwiwinzlinge I, Mai 2015

- 1 EL Leinsamen
- 3 EL Nackthafer
- 1 Orange geschält (190 g netto)
- 1 Banane geschält (90 g netto)
- 2 Kiwis geschält (80 g netto)
- 1 Apfel (90 g)
- 20 g grüne Rosinen
- 4 Gojibeeren

Leinsamen mit dem Getreide in ein Schüsselchen flocken. Das Obst (nur 1 Kiwi) in grobe Stücke teilen und im Hochleistungsmixer pürieren, über das Getreide geben. Dekorieren, wie auf dem Foto gezeigt.

7188. Kiwiwinzlinge II, Mai 2015

- 1 EL Leinsamen
- 3 EL Nackthafer
- 10 g Haselnüsse
- 1 Grapefruit geschält (265 g netto)
- 1 Banane geschält (90 g netto)
- 2 Kiwis geschält (80 g netto)
- 5 g Cashewnussbruch

Leinsamen mit dem Getreide in ein Schüsselchen flocken. Das Obst in grobe Stücke teilen und mit dem Hackmesser der Küchenmaschine zum gewünschten Feinheitsgrad hacken, über das Getreide geben. Cashewnüsse in die Mitte geben.

7189. Kardamombohnenkakao, Mai 2015

Im Hochleistungsmixer, je nach Gerät, 4,5 bis 8 Min. auf höchster Stufe schlagen:

- 15 g Kakaobohnen
- 50 g gekochte Kichererbsen
- 1 getr. Datteln entsteint (20 g netto)
- 1 getr. Feige (20 g)
- 4 g frischer Ingwer
- 2 grüne Kardamomschoten
- auf 500 ml (Markierung im Becher) mit Wasser auffüllen

7190. Salatschüsseln für zwei, Mai 2015

Zwei Personen – ich kam von einem kleinen Ausflug heim und hatte seit morgens nichts gegessen. Auf was Warmes hatte ich keinen Appetit. Aber was „Richtiges" musste es sein. Also quasi ein Mittagsstandard-salat mit Knäcke- und Sauerteigbrot.

Dressing:

- 2 TL Hoisin mit Rucola 7177 o. Ä.
- 2 EL Mango-Vorratsdressing vegan 7130 o. Ä
- 50-70 g Wasser

Feste Zutaten:

- 2 Tomaten (195 g)
- 15 g Linsensprossen
- 135 g gekochte Kichererbsen
- 130 g Salatgurke
- 1/2 rote Paprika (netto)
- 100 g Kopfsalat
- 15 g Kürbiskerne

Die Dressingzutaten auf 2 Schüsseln verteilen und mit einer Gabel verquirlen. Gemüse wenn nötig waschen und/ oder klein schneiden. In die Schüsseln verteilen, den Kopfsalat als oberste Lage. Mit Kürbiskernen bestreuen.

7191. Doktorandenfutter

- 1 EL gesalzene & geröstete Erdnüsse
- 1 EL Macadamianüsse
- 1 EL Kakaonibs
- 2 EL grüne Rosinen

Das lässt sich endlos variieren. Ist nicht fettarm, ich weiß, aber schnell gemacht, wenn man einfach mal Hunger auf ne kleine Sünde hat. ;-)

7192. Gerstiger Freitag, Mai 2015

2 x Frühstück.

- 2 EL Leinsamen
- 6 EL Nacktgerste
- 10 g Zitronenfleisch
- 2 Äpfel (200 g)
- 2 Bananen geschält (160 g netto)
- 2 Kiwi geschält (75 g netto)
- 3 g frischer Ingwer
- 40 g getr. Mango
- 25 g Cashewnussbruch
- 3 cm Vanillestange
- 255 g Wasser
- 10 g Walnüsse

Leinsamen mit dem Getreide flocken, auf zwei Schüsselchen verteilen. Das frische Obst in grobe Stücke teilen und mit dem Ingwer im Hochleistungsmixer pürieren, über das Getreide geben. Mango, Cashews, Vanille und Wasser zu einer glatten Creme verarbeiten, auf das Obst streichen. Mit Walnüssen dekorieren.

7193. Mangokakao, Mai 2015

Im Hochleistungsmixer, je nach Gerät, 4,5 bis 8 Min. auf höchster Stufe schlagen:

- 10 g Kakaonibs
- 15 g Braunhirse
- 6 g Ingwer
- 20 g Stützcremewasser
- 10 g getrocknete Mangoschalen
- 2 Datteln entsteint (40 g netto)
- auf 500 ml (Markierung im Becher) mit Wasser auffüllen

7194. Limetten-Stützcreme, Mai 2015

Im Hochleistungsmixer bis zum Stocken schlagen:

- 20 g Limettenfruchtfleisch
- 55 g Rundkorn-Naturreis
- 20 g Erdmandeln
- 1 Feige (42 g)
- 330 g Wasser

Ohne Hochleistungsmixer: Nüsse in einem Teil des Wassers einweichen, Trockenfrüchte - wenn verwendet - ebenfalls. Getreide fein mahlen und im restlichen Wasser aufkochen, abkühlen lassen. Alles zusammen in einem Mixer zu einer Creme schlagen. Erdmandeln ohne Hochleistungsmixer besser durch Cashewnüsse (halbe Menge) ersetzen.

7195. Kiwigekrönte Erdbeercreme, Mai 2015

- 55 g Limetten-Stützcreme 7194 o. Ä.
- 1 Banane geschält (125 g netto)
- 135 g geputzte Erdbeeren
- 1 kleine Kiwi geschält (40 g netto)
- 1 Erdbeere, längs halbiert

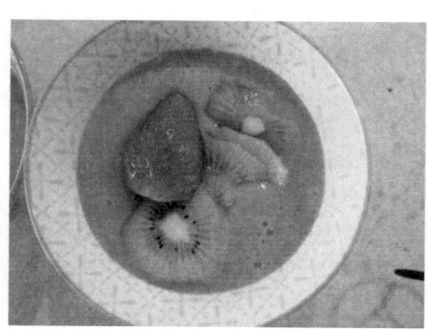

Stützcreme, Banane und 135 g Erdbeeren im Vitamix pürieren. Auf 2 Schüsselchen verteilen. Kiwi in sehr feine Scheiben schneiden, jeweils 4-5 Scheiben fächerartig übereinander in die Mitte legen, daneben eine halbe Erdbeere mit der Schnittfläche nach unten.

7196. Rosinen-Vorratsdressing, Mai 2015

- 300 g Wasser
- 125 g Apfelessig
- 20 g Tamari
- 20 g Salz
- 1 g gem. schwarzer Pfeffer
- 100 g Cashewnüsse
- 50 g Haselnüsse
- 25 g Senf
- 10 g fein gemahlene getr. Sellerieblätter (ein Geschenk)
- 100 g grüne Rosinen
- 30 g Rucola

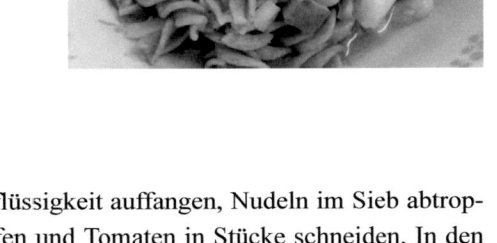

Alle Zutaten zusammen im Vitamix gut durchschlagen, bis die Masse lauwarm, aber nicht heiß ist. In ein großes Schraubglas füllen und im Kühlschrank aufbewahren. Den Rest im Vitamix habe ich mit der 3-fachen Wassermenge verschlagen und als Dressing direkt zur Verwendung in Gläser gefüllt.

7197. Italienischer Nudeltopf, Mai 2015

Nach einem Rezept aus Einkauf aktuell (2.-8.5.2015), Seite 4

- 100 g Spiralnudeln aus Dinkelmehl 100%
- Salz
- Wasser
- 140 g Sellerie
- 125 g Möhren
- 1 Zwiebel geschält (55 g)
- 2 Tomaten (190 g)
- (150 g Nudelkochwasser)
- 200 g gekochte weiße Bohnen
- Salz
- Pfeffer
- etwas gem. Kümmel
- 1 x Grün einer Lauchzwiebel
- 50 g Limetten-Stützcreme 7194 o. Ä.
- 20 g Sonnenblumenkerne
- 5 g Knoblauch netto
- 20 g Wasser
- 1 MS Salz
- 1 Hauch Schabziegerklee

Nudeln in Salzwasser 7 Min. kochen (angegeben: 6-8 Min.). Kochflüssigkeit auffangen, Nudeln im Sieb abtropfen lassen. Sellerie würfeln, Möhren in Scheiben, Zwiebel in Streifen und Tomaten in Stücke schneiden. In den Nudelkochtopf geben, 150 g Nudelkochwasser hinzufügen. Deckel auflegen, auf höchster Einstellung zum Kochen bringen, bis Dampf unter dem Deckel austritt. Auf kleinste Einstellung drehen und 13 Min. dünsten, ohne den Deckel abzuheben.

Bohnen und Nudeln hinzufügen, mit Salz, Pfeffer und Kümmel abschmecken und 2-3 Min. köcheln lassen. Lauchzwiebelgrün in feine Ringe schneiden. Stützcreme, Kerne, Knoblauch (vorgeschnitten), Wasser, Salz und Schabziegerklee im kleinen Becher eines kleinen Mixer, flaches Messer, mixen (Pürierstab wäre wohl besser gewesen) und auf zwei kleine Schälchen verteilen.

Nudeltopf (der im Original suppiger ist) auf zwei Schüsseln verteilen und mit den Schälchen servieren.

Fazit: Nicht unlecker, aber ich bin mittlerweile so an selbstgemachte Nudeln gewöhnt, dass ich diese langweilig fand. Es hätten auch mehr Bohnen sein können.

7198. Paranoider Kakao, Mai 2015

Im Hochleistungsmixer, je nach Gerät, 4,5 bis 8 Min. auf höchster Stufe schlagen:

- 10 g Kakaobohnen
- 10 g Nackthafer
- 2 Datteln entsteint (40 g netto)
- 5 g frischer Ingwer
- 2 Paranüsse
- 4 Mandeln
- auf 500 ml (Markierung im Becher) mit Wasser auffüllen

7199. Erdbeermett, Mai 2015

2 x Frühstück.

Abends

- 6 EL Sechskorngetreide grob schroten & auf zwei Schüsseln verteilen. Mit insgesamt
- 160 g Wasser übergießen. Abgedeckt bei Raumtemperatur stehen lassen.

Morgens

- 310 g geputzte Erdbeeren
- 2 Bananen geschält (270 g)
- 1 Apfel (130 g)
- 25 g Walnüsse
- 2 TL Pampelmusat (Herstellung wie Orangeat, z. B. 9/6460)

Das Obst in grobe Stücke teilen und mit den Walnüssen in der Küchenmaschine, Hackmesser, zerkleinern. Auf das Getreide geben und in die Mitte jeweils einen Klecks Pampelmusat als Dekoration geben.

Es sieht verdächtig aus wie Mett ;-)

7200. Marmorkuchen (3. Versuch),

1. Versuch: 7108; 2. Versuch: 7154

- 250 g Limetten-Stützcreme 7194 o. Ä.
- 250 g Agavendicksaft
- 1 Apfel (130 g)
- 200 g gekochte weiße Bohnen
- 40 g Wasser
- 450 g Weizen
- 50 g Nackthafer
- 1 gestr. TL Vanille
- etwas Salz

- 1,5 P Backpulver
- 30 g Stützcremewasser
- 30 g Kakao
- 50 g Agavensirup
- 2 EL Rum
- 20 g Stützcremewasser
- Butter für die Form
- 1 Portion Schokogussversuch Nr. 4; 7202

Stützcreme, 250 g Agavendicksaft, vorgeschnittenen Apfel, 40 g Wasser und Bohnen im Hochleistungsmixer pürieren. Weizen zusammen mit dem Hafer fein mahlen, mit Vanille, Salz und Backpulver mischen. Das Stützcremegemisch hinzugießen. Etwas Wasser im Becher schwenken = Stützcremewasser, davon 30 g zum Mehlgemisch geben. Mit der Küchenmaschine zu einem Rührteig verarbeiten, der Teig fällt schwer reißend herunter.

Eine Napfkuchenform großzügig mit Butter einpinseln. Etwa zwei Drittel des Teigs hineingeben.

Den Restteig mit Kakao, 50 g Agavendicksaft, Rum und 20 g Stützcremewasser verrühren. Er sollte etwas flüssiger sein als der Hauptteig. Den dunklen Teig auf dem hellen verteilen. Um ein Marmormuster zu erzielen, eine Gabel spiralenförmig durch die beiden Teigschichten ziehen.

Ofen (Heißluft) auf 175 °C vorheizen, Form einschieben und 50 Min. backen. Stäbchenprobe machen, bleibt aber feucht. Ist nach dem Backen an zwei Rissen komplett auseinandergebrochen. Wenn der Kuchen lauwarm ist, mit frisch hergestelltem Schokoguss bepinseln und im Kühlschrank fest werden lassen.

7201. Eisheilige; Mai 2015

2 Portionen Salat

- 8 EL Dressing, z. B. Rosinen-Vorratsdressing 7196 fertig verdünnt
- 175 g Eiszapfen (Rettichart, relativ mild)
- 1 Apfel (130 g)
- 60 g Möhre
- 1 kleine Kiwi (60 g brutto)
- 55 g Kopfsalat
- 2 Walnüsse

4 EL Dressing in die Küchenmaschine geben. Vorgeschnittenes Gemüse / Apfel hinzufügen und mit dem Hackmesser klein schneiden. In die Mitte von zwei Tellern häufeln. Kopfsalat vorbereitet um die Raffelberge legen. Salat jeweils mit 2 EL Dressing beträufeln. Kiwi schälen, in 8 dünne Scheiben schneiden, je 4 „an" die Hügel legen, in die Mitte eine Walnusshälfte legen.

7202. Schokogussversuch Nr. 4, Mai 2015

- 30 g Kakaobutter
- 20 g Kokosnussmus 7074 o. Ä.
- 10 g Kakaopulver (Rohkost)
- 60 g Stützcreme, z. B. Limetten-Stützcreme 7194
- 45 g Ahornsirup oder dünnflüssiger Honig

Kakaobutter und Kokosnussmus in einer Pfanne zerlassen. Die restlichen Zutaten mit einem Löffel verrühren, die warme Kakaobutter mit dem Schneebesen unterschlagen. *Schmeckt direkt hergestellt schon mal sehr gut :-)* Wird auf dem Kuchen im Kühlschrank nicht ganz hart und bleibt es dann auch bei Raumtemperatur, ist allerdings matt.

7203. FDM-Stützcreme, Mai 2015

Im Hochleistungsmixer bis zum Stocken schlagen:

- 1 Feige (22 g)
- 1 Dattel entsteint (18 g)
- 25 g Mandeln ungeschält
- 55 g Rundkorn-Naturreis
- 345 g Wasser

Ohne Hochleistungsmixer: Nüsse in einem Teil des Wassers einweichen, Trockenfrüchte - wenn verwendet - ebenfalls. Getreide fein mahlen und im restlichen Wasser aufkochen, abkühlen lassen. Alles zusammen in einem Mixer zu einer Creme schlagen. Erdmandeln ohne Hochleistungsmixer besser durch Cashewnüsse (halbe Menge) ersetzen.

7204. Anabeeren mit Erdanas, Mai 2015

2 Desserts

- 2 Scheiben Ananas (165 g brutto)
- 100 g Stützcreme, z. B. FDM-Stützcreme 7203
- 155 g Erdbeeren geputzt (netto)
- 2 Erdbeeren

Ananasscheiben schälen. Stützcreme und geputzte Erdbeeren mixen, z. B. im Hochleistungsmixer. Auf zwei Glasteller mit etwas höherem Rand verteilen. Ananas in Stücke schneiden (durch Schnitte quer durch die ganze Scheibe) und so auf die Creme liegen, dass sich jeweils wieder eine Scheibe ergibt. Blätter und Stiele von den 2 Erdbeeren abschneiden, mit der Spitze nach oben in die Mitte der Ananasscheibe setzen.

7205. Mangold für die Weiterverarbeitung, Mai 2015

Reicht für 4 Pizzen oder 4 Lasagne (wenn noch „verdünnt"; sonst für 2 Lasagne).

- 50 g Wasser
- 400 g Mangold netto, inklusive Rippen

Wasser in eine 24-cm-Pfanne geben. Mangold waschen, trocknen und in feine Streifen schneiden. In die Pfanne geben. Deckel auflegen, auf höchster Einstellung zum Kochen bringen, bis Dampf unter dem Deckel austritt. Auf kleinste Einstellung drehen und 8 Min. dünsten, ohne den Deckel abzuheben.

Normalerweise würde ich Mangold noch mindestens 4 weitere Min. garen, das entfällt aber, weil er ja noch mal im fertigen Gericht mit erhitzt wird.

Am Ende hatte ich 350 g Mangold gekocht und 70 g Kochflüssigkeit.

7206. Kamut-Dinkel-Nudeln, Mai 2015

- 120 g Kamut
- 40 g Dinkel
- 80 g Wasser

Kamut und Dinkel zusammen fein mahlen. Mit der Küchenmaschine, Knethaken, zu einem Nudelteig verarbeiten: Wasser während des Rührens zugeben. Der Teig muss mit der Hand nachgeknetet werden. In Haushaltsfolie einwickeln und 2-4 Std. ruhen lassen.

In vier Portionen durch die Walzen der Altas Marcato drehen: 10 x Stufe 1 und je 1 x Stufe 2-5.

Ich habe 4 Lasagneplatten und noch Bandnudeln daraus gemacht (40 Min. bei Ober-/Unterhitze 70 °C getrocknet, anschließend auf der Heizung über Nacht zur Sicherheit nachgetrocknet). Der Teig war etwas zu weich/nass, daher habe ich die Platten nach der Stufe 1 noch mit etwas Streumehl dünn bestrichen.

7207. Lasagnesoße, Mai 2015

Ich werde die Lasagnesoßen und auch die oberen Pizzabeläge ab heute gesondert aufführen - mir fällt nämlich immer wieder auf, dass ich mich gerne auf eine alte Soße stützen möchte, aber immer ganze Rezepte verinnerlichen muss. Je nach Rezept stelle ich die Soßen dann in das Rezept, aber mit eigener Nummer, oder direkt getrennt.

Weiße Soße für 2 x Lasagne:

- 110 g gekochte weiße Bohnen
- 85 g FDM-Stützcreme 7203 o. Ä.
- 1 TL Salz
- 10 g Zitronenfleisch
- 30 g Cashewnüsse
- 200 g Wasser (z. B. Nudelkochwasser)

Zutaten im Hochleistungsmixer glatt schlagen.

7208. Mangold-Lasagne, Mai 2015

2 Lasagne

Nudelplatten

- 4 passende Platten aus Kamut-Dinkel-Nudelteig 7206 o. Ä.

Mangoldschicht:

- 20 g gekochte weiße Bohnen
- 1 TL Salz
- 20 g FDM-Stützcreme 7203 o. Ä.
- 2 Tomaten, vorgeschnitten (210 g)
- 25 g Tomatenmark
- 175 g gekochter Mangold 7205
- Weiße Soße 7207 o. Ä.

Bohnen, Salz, Stützcreme, Tomaten und Tomatenmark mit dem hochstehenden Messer im kleinen Becher des Magic zu einer Soße schlagen (die Zutaten passen gerade alle in den kleinen Becher). Mit dem gekochten Mangold mischen.

Lasagne: Etwas weniger als die Hälfte der Mangoldschicht auf dem Boden der beiden Formen verteilen. Einige Esslöffel weiße Soße darüber geben. Jeweils mit einer Teigplatte bedecken und beide Schritte wiederholen. Die verbliebene weiße Soße gleichmäßig verteilen. Auf einem Backblech in den kalten Ofen (er war 70 °C) schieben und 40 Min. bei 200 °C (Heißluft) backen.

7209. Fermentierte Erdbeeren, Mai 2015

2 x Frühstück

- 2 EL Leinsamen
- 6 EL Nackthafer
- 40 g fermentierte Rosinen (aus altem Wildhefe-Ansatz; sonst nur eingeweicht)
- 1 Orange geschält (200 g netto)
- 230 g geputzte Erdbeeren (netto)
- 1 Banane geschält (125 g netto)
- 100 g Ananas geschält (1 Scheibe brutto)
- 4 Erdbeeren

Leinsamen mit dem Getreide flocken, auf zwei Schüsselchen verteilen. Das Obst ohne die Ananas in grobe Stücke teilen und mit den Rosinen im Hochleistungsmixer pürieren, über das Getreide geben. Ananas schälen, in Stücke schneiden und in die Creme einsinken lassen. Je 2 Erdbeeren mit der Spitze nach oben nebeneinander in die Mitte setzen.

7210. Feiges Bohnenkakaochen, Mai 2015

Im Hochleistungsmixer, je nach Gerät, 4,5 bis 8 Min. auf höchster Stufe schlagen:

- 15 g Kakaobohnen
- 15 g Erdmandeln
- 2 getr. Feigen (40 g netto)
- 4 g frischer Ingwer
- auf 500 ml (Markierung im Becher) mit Wasser auffüllen

7211. Kohlrabiraffeli, Mai 2015

2 Portionen für den kleinen Appetit

- 2 kleinere Kohlrabi geschält (315 g netto)
- 6 EL Rosinen-Vorratsdressing (verdünnt) 7196
- 1/2 Orange geschält (85 g netto)
- 1 Stange Lauchzwiebel (10 g)
- 1/2 Tomate (45 g)

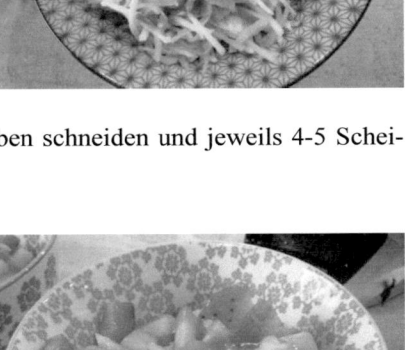

Kohlrabi mit der Scheibe für feine Schnitte der Braun Küchenmaschine in das Dressing raffeln. Orange fein würfeln, Lauchzwiebel waschen und in feine Ringe schneiden. Mit den Kohlrabistreifen verrühren, auf 2 Schüsseln (Müslischüsseln) verteilen. Tomatenhälfte in 8-10 dünne Scheiben schneiden und jeweils 4-5 Scheiben fächerartig auf den Salat legen.

7212. Erdbeersalat, Mai 2015

2-3 Portionen

Obst:
- 1 Scheibe Ananas geschält (80 g netto)
- 85 g Erdbeeren, geputzt (netto)
- 1/2 Orange geschält (70 g netto)

Soße:
- 15 g Limettenfleisch
- 50 g geputzte Erdbeeren (netto)
- 5 g Agavensirup
- 25 g Honig

Obst in feine Stückchen schneiden, miteinander verrühren. Die Soßenzutaten im kleinen Mixer verquirlen, ca. 30-40 Sekunden. Mit dem Obst mischen und auf zwei Dessertschüsselchen verteilen. Es reicht zur Not auch für drei Personen.

7213. Wildhefebrot mit mehr Sonne 2015/18, Mai 2015

Samstag, Mittag:

*   100 g Dinkel / 100 g Hefewasser

Abend, 21:30 Uhr:

*   300 g Dinkel / 200 g Hefewasser: in Kühlschrank

Sonntagmorgen (Backtag):

*   100 g Gerste
*   200 g Dinkel
*   1 EL Salz (15 g)
*   95 g Hefewasser
*   100 g Nudelkochwasser (oder, wenn nicht vorhanden: Wasser)
*   75 g Sonnenblumenkerne
*   Ansatz vom Vorabend
*   20 g Butter für die Form

Um 8:00 Uhr habe ich den Teig aus dem Kühlschrank genommen, der Deckel war gewölbt, aber nicht offen.

Getreide mischen und fein mahlen. Mit Salz und Kernen verrühren. Flüssigkeiten und den Ansatz vom Vorabend hinzufügen, mit der Hand 5-7 Min. kneten. Eine halbe Std. in geschlossener Dose stehen lassen, nochmals durchkneten. Form (30 cm Dr. Oetker Profi-Emaille-Brotform) mit Butter einfetten. Den Teig hineingeben, mit der nassen Hand in der Form glatt verteilen. Dreimal schräg einschneiden.

Die Form in eine große Plastiktüte geben und auf der warmen Fensterbank 4-4,5 Std. gehen lassen. Der Teig hatte sich in der Form nicht gerührt. Ofen (Klimagaren, automatischer Dampfstoß) auf 250 °C einstellen. Brot in den Ofen geben, nach Erreichen des Dampfstoßes auf 190 °C stellen und 45 Min backen, 5 Min. im ausgestellten Ofen nachbacken. *Ist im Ofen zum Glück noch aufgegangen, aber auch gerissen an einer Seite.*

7214. Roter Pizzabelag Nr. 1, Mai 2015

Reicht für ein Blech oder 2 x 28-Pizzaformen

*   1/2 TL Salz
*   1/2 TL Paprika edelsüß
*   65 g Wasser
*   20 g Tomatenmark
*   20 g Schwach säuerliche Stützcreme 7165 o. Ä.
*   60 g gekochte Sojabohnen

Zutaten mit dem kleinen Mixer, flaches Messer, gut mixen. 80 g auf den Teig gießen und verteilen (den Rest habe ich für weitere Verwendung verwahrt).

7215. Roter Pizzabelag Nr. 2, Mai 2015

*   1/4 TL Salz
*   1/4 TL Paprika edelsüß
*   35 g Wasser
*   13 g Tomatenmark
*   13 g Stützcreme, hier: FDM-Stützcreme 7203 o. Ä.
*   30 g gekochte weiße Bohnen

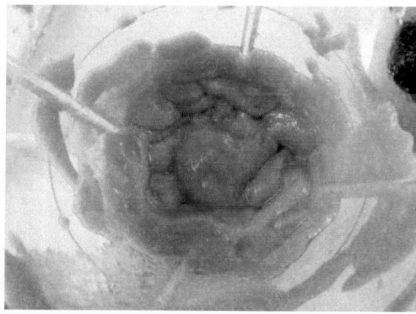

Zutaten mit dem kleinen Mixer, flaches Messer, gut mixen. 80 g auf den Teig gießen und verteilen (den Rest habe ich für weitere Verwendung verwahrt). Reicht für 1 Pizza zu 28 cm.

7216. Weißer Pizzabelag Nr. 1, Mai 2015

- 90 g Schwach säuerliche Stützcreme 7165 o. Ä.
- 1/2 TL Salz
- 1 Prise Schabziegerklee
- 20 g gekochte Sojabohnen
- 10 g Zitronenfleisch
- 10 g Cashewnüsse
- 50 g Wasser

Alle Zutaten 45 Sek. im kleinen Mixer mischen.

7217. Weißer Pizzabelag Nr. 2, Mai 2015

- 90 g Stützcreme, hier: FDM-Stützcreme 7203 o. Ä.
- 1/2 TL Salz
- 1 Prise Schabziegerklee
- 20 g gekochte weiße Bohnen
- 10 g Limettenfleisch
- 15 g Cashewnüsse
- 50 g Wasser

Alle Zutaten in den kleinen Becher des kleinen Mixers geben. 45 Sek. mit dem flachen Messer mischen.

7218. Mangold-Pizza mit Gerste, Mai 2015

Teig:
- 50 g Nacktgerste
- 150 g Dinkel
- 1/2 gestr. TL Salz
- 1 Prise gem. Kümmel
- 1 P. Trockenhefe (9 g)
- 110 g Wasser (Trockenhefe schluckt Wasser!)
- 50 g Stützcreme, hier: FDM-Stützcreme 7203 o. Ä.
- Etwas Wasser, um die Hände zu benetzen

Beläge:
- 80 g von Roter Pizzabelag Nr. 2; 7217 o. Ä.
- Weißer Pizzabelag Nr. 2; 7217

Gemüse:
- 175 g gekochter Mangold (s. 7205)
- 1 Zwiebel (70 g netto)
- 1 große Knoblauchzehe (5 g netto)
- 1 Tomate (170 g)
- 1 TL Pizzagewürz

Teig: Getreide mischen und fein mahlen und mit Salz, Kümmel und Trockenhefe mischen. Stützcreme und Wasser zugeben. Gründlich verkneten, in diesem Fall mit der Braun Küchenmaschine. Der Teig war innerhalb einer Min. fertig. Mit nassen Händen nochmals durchkneten und eine Kugel unter Spannung formen. Teig in eine Pengdose legen. Deckel schließen. Warten bis es ploppt (das erste Mal nach 50 Min.) und immer wieder mit nassen Händen durchkneten und erneut in die Pengdose geben (2. Mal 40 Min.), bis es Zeit ist, die Pizza vorzubereiten. Teig mit Hilfe von Streumehl in der Pizzaform (Durchmesser 28 cm) auseinanderdrücken. Einen Rand hochdrücken. Mit einer Gabel mehrmals einstechen. Stehen lassen.

Gemüse etc.: Mangold über dem Tomatenbelag verteilen. Zwiebel und Knoblauch abziehen und in möglichst dünne Scheiben schneiden, auf dem Gemüse verteilen. Die Tomate so dünn wie möglich schneiden. Über die Zwiebeln legen und mit Pizzagewürz (zwischen den Fingern zerreiben, damit das Aroma freigesetzt wird) bestreuen.

Ofen auf 225 °C vorheizen. Sobald der Ofen heiß ist, die weiße Soße auf das Gemüse gießen. In den Ofen einschieben, auf 220 °C stellen und 20 Min. backen lassen. Bei ausgeschaltetem Ofen 5 Min. nachbacken.

7219. Roter Belag Nr. 3, Mai 2015

- 4 getr. Tomaten (17 g)
- 1/2 TL Salz
- 1/2 TL Paprika edelsüß
- 40 g Wasser
- 1/2 Tomate (65 g)
- 20 g Stützcreme, hier: Feigenreiscreme 7118 o. Ä.
- 60 g gekochte Sojabohnen

Tomate in Stücke, getr. Tomaten in Streifen schneiden und mit den anderen Zutaten mit dem kleinen Mixer, hochstehendes Messer, gut mixen. Auf den Teig gießen und verteilen.

7220. Weißer Pizzabelag Nr. 3, Mai 2015

- 90 g Stützcreme, hier: Feigenreiscreme
- 1/2 TL Salz
- 1 Prise Schabziegerklee
- 20 g gekochte Sojabohnen
- 10 g Zitronenfleisch
- 10 g Cashewnüsse
- 50 g Wasser

Im kleinen Becher eines Mixers 45 Sek. mit dem flachen Messer mischen.

7221. Roter Belag Nr. 4, Mai 2015

- 4-5 getr. Tomaten (20 g)
- 90 g Wasser
- 1 TL Salz (1/2 TL wäre besser!)
- 1/2 TL Paprika edelsüß
- 20 g Stützcreme, hier: Maisstütze mit Dattel 7083
- 50 g gekochte Sojabohnen

Tomaten in Stücke schneiden und mit den anderen Zutaten im Vitamix gut verquirlen. Bis zum Abend in den Kühlschrank stellen.

7222. Weißer Pizzabelag Nr. 4, Mai 2015

- 100 g Stützcreme, hier: Maisstütze mit Dattel 7083 (gut für Farbe)
- 10 g Zitronenfleisch
- 1 gestr. TL Salz
- 1 Prise Schabziegerklee
- 10 g Cashewnüsse
- 55 g Wasser

Alle Zutaten in den kleinen Becher des kleinen Mixers geben. 45 Sek. mischen. Becher in den Kühlschrank stellen.

7223. Roter Pizza Belag Nr. 5, Mai 2015

Reicht für ein ganzes Blech. Im Vitamix (erst helle Soße, dann im selben Becher diese)

- 1 Tomate (175 g)
- 75 g Wasser
- 1 TL Salz
- 1 TL Paprika edelsüß
- 50 g gekochte Kichererbsen (Idee von Agnes im Blog)

Tomate in Stücke schneiden und mit den anderen Zutaten im Vitamix gut verquirlen. Bis zum Abend in den Kühlschrank stellen.

7224. Weißer Pizzabelag Nr. 5, Mai 2015

Für 1 ganzes Blech

- 200 g Große Creme 7027 o. Ä.
- 20 g Zitronenfleisch
- 1,5 TL Salz
- 1 Prise Schabziegerklee
- 20 g Cashewnüsse 7225
- 125 g Wasser

Im Vitamix verquirlen, in einen Mixer gießen und in den Kühlschrank geben. *(Im selben Becher die rote Soße herstellen.)*

7225. Weißer Pizzabelag Nr. 6, Mai 2015

Mit Essig

- 50 g Stützcreme
- 75 g gekochte Kichererbsen
- 1 EL Kiwi-Essig 9/6578 oder Apfelessig
- 75 g Wasser
- 1 TL Salz

Die Zutaten im Vitamix vermischen.

7226. Roter Pizzabelag Nr. 6, Mai 2015

- 4 getr. Tomaten (15 g)
- 20 g Bohnenstützcreme süß s. unten o. Ä.
- 25 g weiße Bohnen
- 5 g Essigpeperoni 7/4573
- 1 gestr. TL Salz
- 1 Prise schwarzer Pfeffer
- 50 g Wasser

***Bohnenstützcreme*:**

Bohnen kochen:

- 150 g weiße Bohnen über Nacht in Wasser einweichen. Mit
- 200 g Wasser im Schnellkochtopf 13 Min. kochen. Im Vitamix schlagen, bis die Masse ohne Körnchen ganz glatt ist:

Creme:

- 125 g gekochte weiße Bohnen püriert
- 75 g Cashewnüsse
- 175 g Softfeigen (netto, also ohne Stiel)
- 200 g Wasser

7227. Roter Pizzabelag Nr. 7, Mai 2015

- 1 Tomate (95 g)
- 40 g Wasser
- 1 TL Salz
- 1/2 TL Paprika edelsüß
- 20 g Cashewreiche Stützcreme

Tomate in Stücke schneiden und mit den anderen Zutaten im Zerkleinerer des Pürierstabs gut mixen. Bei Wiederholung würde ich doch einen kleinen Mixer nehmen, es war noch etwas Paprika am Boden. Auf den Teig gießen und verteilen.

7228. Weißer Pizzabelag Nr. 7, Mai 2015

- 100 g Cashewreiche Stützcreme 9/6967 o. Ä.
- 1 TL Salz
- 1 Prise Schabziegerklee
- 75 g Wasser
- 13 g Zitronenfleisch

Alle Zutaten in den kleinen Becher des Mixers geben. 45 Sek. mischen.

7229. Weißer Pizzabelag Nr. 8 nach Agnes, Mai 2015

- 75 g Pellkartoffeln
- 100 g gekochte Kichererbsen
- 1 TL Salz
- 5 g Apfelessig
- 100 g Wasser

Die Soßenzutaten (Kartoffeln vorgeschnitten) im kleinen Mixer mit dem hochstehenden Messer zu einer glatten Creme verarbeiten.

7230. Roter Pizzabelag Nr. 8, Mai 2015

- 75 g passierte Tomaten
- 1 Prise Salz

In einer kleinen Schüssel miteinander verrühren.

7231. Weißer Pizzabelag Nr. 9, Mai 2015

- 100 g Verdattelte Erdstütze 9/6806 o. Ä.
- 100 g gekochte Kichererbsen
- 15 g Zitronenfleisch
- 1 TL Salz
- 1 MS schw. gem. Pfeffer
- 25 g Cashewnüsse
- 100 g Wasser

Die Zutaten im Vitamix möglichst gut vermischen und 1-2 Min. stehen lassen (ergibt sich automatisch durch die Verarbeitung).

7232. Roter Pizzabelag Nr. 9, Mai 2015

- 2 EL Tomatenmark (50 g)
- 1 Prise Salz
- 1 Prise schw. gem. Pfeffer
- 1 gestr. TL Honig (ca. 6 g)
- 75 g Wasser

Alle Zutaten im kleinen Mixer zu einer glatten Creme verarbeiten.

7233. Weißer Pizzabelag Nr. 10, Mai 2015

- 60 g Cashewnüsse
- 10 g Zitronenfleisch
- 1 gestr. TL Salz
- 1 gute MS gem. Schabziegerklee
- 25 g Hirse
- 200 g Wasser

Alles zusammen im Vitamix laufen lassen, bis es leicht stockt (ca. 4 Min.)

7234. Limetteneinlage, Mai 2015

2 x Frühstück.
Abends s. 7199
Morgens

- 12 g Limettenfleisch
- 205 g geputzte Erdbeeren (netto)
- 85 g Ananas geschält (netto)
- 2 Bananen geschält (210 g)
- 30 g Pekannüsse
- 1 kleine Kiwi (40 g netto)

Das Obst in grobe Stücke teilen und im Hochleistungsmixer pürieren. Auf das Getreide gießen. Kiwi schälen und in Scheiben schneiden, in die Mitte versetzt legen und mit den Nüssen am Rand dekorieren.

7235. Dreifachkakao, Mai 2015

Im Hochleistungsmixer, je nach Gerät, 4,5 bis 8 Min. auf höchster Stufe
schlagen:

- 10 g Kakaonibs
- 5 g Kakaopulver
- 5 g Kakaobohnen
- 2 Feigen (40 g netto)
- 5 g frischer Ingwer
- 10 g Braunhirse
- auf 500 ml (Markierung im Becher) mit Wasser auffüllen

7236. Ananas im Versteck, Mai 2015

2 x Dessert.

- 1 Scheibe Ananas (95 g netto)
- 70 g Stützcreme, z. B. FDM-Stützcreme 7203 o. Ä
- 1 Banane (105 g netto)
- 1/4 gestr. TL Ingwerpulver
- 7 g Kokosnussmus 7074 o. Ä
- 13 g Pampelmusat (wie Orangeat, z. B. 9/6460)

Ananas schälen und in Stücke schneiden, auf zwei Schüsselchen verteilen. Creme, Banane und Ingwerpulver im Zerkleinerer des Pürierstabs
zu einer glatten Creme schlagen, über die Ananas gießen. Mit Kokosmus und Pampelmusat, in die Mitte
gegeben, dekorieren.

7237. Tamari-marinierte Kartoffeln, Mai 2015

2 Portionen

530 g Kartoffeln brutto	30 g Apfelessig
1/2 Tomate (45 g)	10 g Tamari oder Sojasoße
15 g Tomatenmark	50 g Wasser

Kartoffeln unter fließendem Wasser abbürsten und in (etwa 1 cm) dicke
Scheiben schneiden und in eine passende Schüssel geben. Restliche
Zutaten im Mixer mischen und über die Kartoffeln gießen. Schüssel
dicht verschließen, so dass man sie auch auf den Kopf drehen kann.
Etwa eine Std. durchziehen lassen, dabei gelegentlich die Schüssel auf
den Kopf stellen und umdrehen usw.

In einer 28-cm-Pizzaform (PerfectClean) Kartoffeln und Marinade verteilen. In den Ofen geben, auf 220 °C aufheizen. 20 Min. bei 220 °C backen und 5 Min. im ausgestellten Backofen nachbacken.

7238. Waldörfchensalat im Versteck, Mai 2015

2 Portionen

Dressing
- 25 g Limettenfleisch
- 25 g Ahornsirup
- 50 g Wasser

Gemüse
- 180 g Sellerie (netto)
- 1 Apfel (180 g)
- 1 Möhre (100 g)
- 20 g Walnüsse + 6 Walnusshälften
- 120 g Kopfsalat

Die Dressingzutaten miteinander verquirlen und in die Küchenmaschine geben. Feine Raffelscheibe einsetzen.
Sellerie, Apfel, Möhre und Walnüsse passend vorschneiden und langsam raffeln. Die Reste mit dem Messer
klein schneiden. Alles vermengen und in zwei Schüsseln geben. Kopfsalat waschen, trocken schleudern und in
Streifen schneiden, den geraffelten Salat damit abdecken. In die Mitte jeweils 3 Walnusshälften legen.

7239. Ananas schlägt durch, Mai 2015

2 Portionen Dessert.

- 2 EL Leinsamen
- 6 EL Nacktgerste
- 1 Orange geschält (215 g netto)
- 2 Bananen geschält (220 g netto)
- Ananasreste geschält (65 g)
- 145 g Erdbeeren geputzt (netto)
- 20 g Macadamianüsse

Leinsamen mit dem Getreide flocken, auf zwei Schüsselchen verteilen. Zwei Erdbeeren beiseitelegen. Das Obst in grobe Stücke teilen und im Hochleistungsmixer pürieren, über das Getreide geben. Je eine Erdbeere in die Mitte setzen, am Rand die Nüsse verteilen.

7240. Belesener Kakao, Mai 2015

Im Vitamix ca. 4,5 Min. auf höchster Stufe schlagen:

- 15 g Kakaonibs
- 15 g Buchweizen
- 2 getr. Feigen (37 g)
- 5 g frischer Ingwer
- auf 500 ml (Markierung im Becher) mit Wasser auffüllen

7241. Kleine Variantencreme, Mai 2015

Im Hochleistungsmixer bis zum Stocken schlagen:

- 30 g Cashewnussbruch
- 55 g Rundkorn-Naturreis
- 1 Feige (40 g)
- 350 g Wasser

Ohne Hochleistungsmixer: *Ähnlich wie bei 7194.*

7242. Leicht aufgemotzte Erdbeercreme, Mai 2015

- 110 g Stützcreme, z. B. Kleine Variantencreme 7241
- 1 Dattel (32 g)
- 10 g Limettenfleisch
- 205 g + 1 geputzte Erdbeeren (netto)
- 1 TL Ahornsirup

Stützcreme in den Vitamix geben (bei mir war es ein Rest von der Herstellung), Dattel klein schneiden und mit Limettensaft und Erdbeeren hinzufügen. Gut durchmixen, auf 2 Schüsselchen verteilen. Die Extra-Erdbeere halbieren, je eine Hälfte in die Mitte der Creme legen und Ahornsirup im Kreis um die Erdbeere auf die Creme gießen.

7243. Mango-Limetten-Creme, Mai 2015

2 Desserts.

- 1 geschälte kernlose Limette (53 g netto)
- 45 g getr. Mango
- 3 Datteln entsteint (57 g netto)
- 20 g Cashewnussbruch
- 15 g Agavendicksaft oder Honig
- 250 g Wasser
- Deko: 10 Gojibeeren

Alle Zutaten bis auf die Deko im Vitamix zu einer Creme mischen. Auf zwei Schüsselchen verteilen und in der Mitte mit den Beeren dekorieren.

7244. Badischer Spargelflammkuchen, Mai 2015

2 Portionen; nach Meine Familie & Ich, Mai 2015, Seite 14.

- 150 g Dinkel
- 1 Prise Salz
- 15 g Stützcreme (leicht süßlich), hier: 7241
- 85 g Wasser
- 250 g weißer Spargel (brutto)
- 1/4 TL Salz
- 1/4 TL dünnflüssiger Honig (oder Ahornsirup)
- 3 dünne Stangen Lauchzwiebeln (35 g)
- 100 g Stützcreme (leicht süßlich), hier: 7241
- 6 g Limettensaft
- 2 g Salz
- 1 Prise schwarzer gem. Pfeffer
- 6 dünne Scheiben Tomate (ca. 50 g)
- Streumehl

Dinkel fein mahlen und mit Salz mischen. 15 g Stützcreme mit Wasser verquirlen. Zum Mehl geben und mit den Knethaken des Handrührgeräts verkneten. In zwei gleiche Teile teilen (je ca. 120 g) und abgedeckt 40 Min. ruhen lassen.

Spargel schälen, Enden abschneiden und Stangen schräg in dünne Scheiben (3 mm) schneiden. Mit 1/4 TL Salz und 1/4 TL Süße vermischen und 30 Min. ziehen lassen. Marinade auffangen und zu der Creme unten geben. Feuchtigkeit abtupfen.

Lauchzwiebeln waschen, trocknen und in Ringe schneiden. 100 g Stützcreme mit Limettensaft, Salz und Pfeffer verrühren. Später noch die Marinade vom Spargel unterziehen. Tomatenscheiben bereit legen.

Backofen auf 200 °C (Heißluft) vorheizen. Teigstücke auf bemehlter Fläche zu rechteckigen Fladen (ca. 20 x 15 cm) ausrollen. Auf ein PerfectClean-Backblech legen. Stützcrememasse auf den Fladen verstreichen. Spargel und Lauchzwiebeln gleichmäßig darauf verteilen. Fladen im Ofen 10 Min. backen, Tomatenscheiben auflegen und weitere 5 Min. backen.

Fazit: *Im Prinzip sehr lecker, nur die Temperatur wäre besser 220 °C gewesen, Heißluft hin oder her.*

7245. Reise-Ruckizucki, Mai 2015

2 Hauptgerichte. – Von der Reise zurück ist natürlich nicht so arg viel Frisches im Kühlschrank. Also mal schauen, was die Küche so hergibt.

- 1 Dose Tomatenstücke in Tomatensoße (400 g netto)
- 30 g Wasser
- 215 g Zwiebeln geschält (netto)
- 60 g Sellerie
- 130 g Tiefkühlerbsen
- 245 g Kartoffeln (netto)
- 1 TL Salz
- 1 MS schwarzer Pfeffer
- 1-2 MS gem. Kümmel

Tomaten in eine Pfanne (24 cm) geben, Dose mit 30 g Wasser ausspülen, Wasser ebenfalls in die Pfanne gießen. Zwiebeln in Ringe, Sellerie in feine Stücke schneiden. Tiefkühlerbsen hinzufügen. Kartoffeln unter fließendem Wasser abbürsten und in Scheiben schneiden. Mit einem Pfannenwender vorsichtig mischen. Als Gemüsepfanne 15 Min. dünsten. Mit Salz, Pfeffer und Kümmel abschmecken.

7246. Gojikakao, Mai 2015

Im Vitamix ca. 4,5 Min. auf höchster Stufe schlagen:

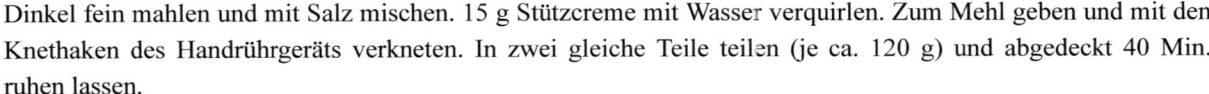

- 20 g Kakaobohnen
- 20 g Gojibeeren
- 2 Datteln entsteint (35 g netto)
- 5 g frischer Ingwer
- auf 500 ml (Markierung im Becher) mit Wasser auffüllen

7247. Himbeer-Schoko-Flocken, Mai 2015

2 x Frühstück.

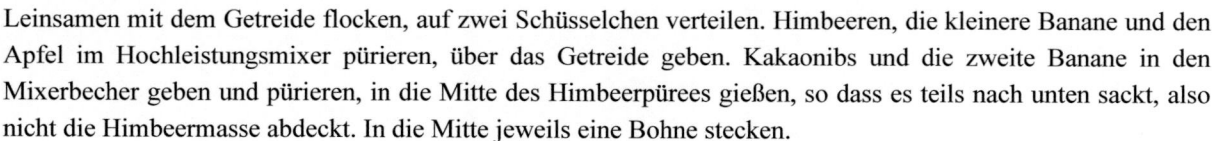

- 2 EL Leinsamen
- 6 EL Nacktgerste
- 1 Packung tiefgekühlte Himbeeren (abends aus dem TK genommen, in Kühlschrank gelegt; 250 g-Packung)
- 2 Bananen geschält (eine: 90 g, eine: 135 g, jeweils netto)
- 1 Apfel geviertelt (160 g)
- 10 g Kakaonibs
- 2 Kakaobohnen

Leinsamen mit dem Getreide flocken, auf zwei Schüsselchen verteilen. Himbeeren, die kleinere Banane und den Apfel im Hochleistungsmixer pürieren, über das Getreide geben. Kakaonibs und die zweite Banane in den Mixerbecher geben und pürieren, in die Mitte des Himbeerpürees gießen, so dass es teils nach unten sackt, also nicht die Himbeermasse abdeckt. In die Mitte jeweils eine Bohne stecken.

7248. Ananascreme, Mai 2015

2 x Dessert.

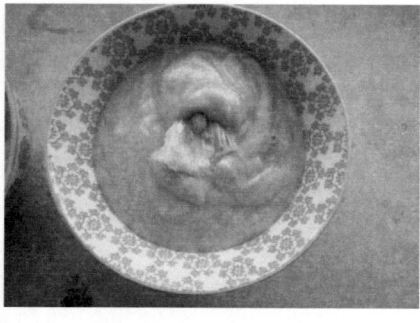

- 50 g getr. Ananas
- 250 g Wasser
- 20 g Limettenfleisch
- 4 große entsteinte Datteln (80 g netto)
- 2 Stücke getr. Ananas
- 2 getr. Gojibeeren

Getrocknete Ananas einige Std. im Wasser einweichen. Mit Einweichwasser, Limettenfleisch und Datteln im Hochleistungsmixer oder Mixer zu einer glatten, leicht schaumigen Creme schlagen. Auf zwei Schüsselchen verteilen, in die Mitte je ein Stück Ananas und darauf eine Gojibeere legen.

7249. Meerrettich-Dip, Mai 2015

Angelehnt an ein Rezept aus „Einkauf aktuell", Mai 2015.

- 250 g gekochte Sojabohnen
- 15 g Meerrettich (selbst eingelegt)
- 15 g Limettenfleisch
- 3 g Salz
- 1 Prise schwarzer Pfeffer
- 20 g Kochflüssigkeit der Bohnen

Ich habe den Dip im Braun-Mixer gemacht. Alles rein und mixen. Da vermisst man den Stößel. Etwas langwierig, aber es ging dann gut, und reinigen ist echt einfach.

7250. Kartoffelrösti, Mai 2015

Mit Meerrettich-Dip 7249.

- 505 g Kartoffeln netto
- 190 g Möhren
- 120 g gekochte Sojabohnen
- 1/2 TL Salz
- 1 Prise gem. Kümmel
- 1 Prise Ras-al-Hanout (oder Muskatnuss)
- 1 TL Sonnenblumenöl
- 20 g gem. Dinkel

Kartoffeln unter fließendem Wasser abbürsten, Möhren ggf. waschen. Beides vorschneiden und grob raspeln. Sojabohnen mit Salz, Gewürzen und Sonnenblumenöl im Zerkleinerer eines Pürierstabs zu einer glatten Creme verarbeiten. Mit dem Mehl zu dem geraspelten Gemüse geben und gut vermengen. In 8-9 Häufchen auf ein Backblech (PerfectClean, oder mit Dauerbackfolie / Backpapier) setzen. In den kalten Ofen schieben, auf 220 °C stellen und 30 Min. backen. – *Sie werden erstaunlich lecker, auch ohne Pfanne!*

7251. Schwarzflockenpflaumen, Mai 2015

2 x Frühstück.

- 2 EL Leinsamen
- 4 EL Nackthafer
- 2 EL schwarzer Reis
- 265 g aufgetaute Tiefkühlpflaumen
- 2 Kiwi geschält (110 g brutto)
- 2 Bananen geschält (270 g netto)
- 1 Apfel (105 g)
- 10 g Kokosnussmus 7074 o. Ä

Leinsamen mit dem Getreide flocken, auf zwei Schüsselchen verteilen. Das Obst ggf. in grobe Stücke teilen und im Mixer der Küchenmaschine pürieren, über das Getreide geben. In die Mitte etwas Kokosnussmus bröseln.

7252. Doppelsojakakao, Mai 2015

Im Hochleistungsmixer, je nach Gerät, 4,5 bis 8 Min. auf höchster Stufe schlagen:

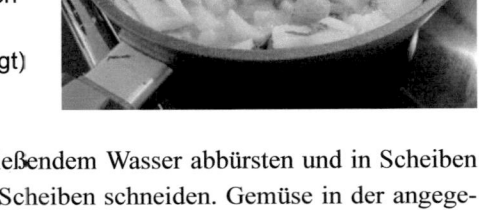

- 15 g Kakaobohnen
- 40 g gekochte Sojabohnen
- 60 g Bohnenkochflüssigkeit
- 2 Datteln entsteint (40 g netto)
- 1 getr. Feige (13 g)
- 5 g frischer Ingwer
- auf 500 ml (Markierung im Becher) mit Wasser auffüllen

7253. Kühlschrankreste, Mai 2015

Viel Frisches habe ich nicht gekauft, erst einmal muss ich das alte Gemüse verbrauchen, das dank guter Qualität am Anfang und biofresh-Kühlschrank schon ziemlich lange gehalten hat.

Gemüse:
- 75 g Wasser
- 290 g Kartoffeln
- 1 Kohlrabi geschält (140 g netto)
- 150 g Mangold
- 2 Zwiebeln geschält (110 g netto)

Soße:
- 75 g gekochte Sojabohnen
- 20 g Tomatenmark
- 12 g Meerrettich (eingelegt)
- 100 g Wasser
- 1 TL Salz

Gemüse: Wasser in eine Pfanne (24 cm) geben. Kartoffeln unter fließendem Wasser abbürsten und in Scheiben schneiden Kohlrabi stifteln, Mangold in Streifen und Zwiebeln in Scheiben schneiden. Gemüse in der angegebenen Reihenfolge in die Pfanne geben. Als Gemüsepfanne 15 Min. **Soße:** Soßenzutaten im kleinen Mixer glatt mixen, unter das Gemüse ziehen und einmal aufkochen.

7254. Sechskornflockige Erdbeeren, Mai 2015

2 x Frühstück.

- 2 EL Leinsamen
- 6 EL Sechskorngetreide
- 190 + 90 g Erdbeeren geputzt (netto)
- 1 Banane geschält (135 g netto)
- 2 Äpfel (210 g)
- 5 g Limettenfleisch
- 20 g Macadamianüsse

Leinsamen mit dem Getreide flocken, auf zwei Schüsselchen verteilen.
Banane und Äpfel in grobe Stücke teilen und mit 190 g Erdbeeren und dem Limettenfleisch im Hochleistungsmixer pürieren, über das Getreide geben. Erdbeeren halbieren und mit den Nüssen als Dekoration auflegen.

7255. Erdkakaobohnen, Mai 2015

Im Hochleistungsmixer, je nach Gerät, 4,5 bis 8 Min. auf höchster Stufe schlagen:

- 20 g Kakaobohnen
- 20 g Erdmandeln
- 2 Datteln entsteint (40 g netto)
- 5 g frischer Ingwer
- auf 500 ml (Markierung im Becher) mit Wasser auffüllen

7256. Cashewreismilch, Mai 2015

Im Hochleistungsmixer schlagen, bis die Masse sich „zusammenzieht", Messergeräusch ändert sich nicht (etwa 5 Min.):

- 30 g Cashewnüsse
- 30 g Rundkorn-Naturreis
- 1 Dattel entsteint (20 g netto)
- 500 g Wasser

Ohne Hochleistungsmixer: Nüsse in einem Teil des Wassers einweichen, Trockenfrüchte, wenn verwendet, ebenfalls. Getreide fein mahlen und im restlichen Wasser aufkochen, abkühlen lassen.

7257. Kartoffelselleriepüree, Mai 2015

2 Personen

- 350 g Kartoffeln netto
- 150 g Sellerie netto
- 1/2 TL Salz
- 105 g Wasser
- 60 g Cashewreismilch 7256

Kartoffeln und Sellerie schälen, da beide schon recht runzlig und alt waren. Sonst hätte ich die Schale dran gelassen. In Stücke schneiden, mit Wasser und Salz aufkochen und 15 Min. köcheln lassen. Milch hinzugeben und mit dem Pürierstab pürieren.

7258. Kohlrabi in Limettenpeperonisoße, Mai 2015

2 Personen

- 45 + 30 g Wasser
- 225 g geschälter Kohlrabi
- 1 geschälte Zwiebel (50 g netto)
- 5 g Limettensaft
- 5 g Essigpeperoni 7/4573
- 1/2 TL Salz
- 20 g Cashewnüsse

45 g Wasser in eine 20-cm-Pfanne geben. Kohlrabi stifteln, Zwiebel würfeln und in die Pfanne geben. Als Gemüsepfanne 15 Min. Die restlichen Zutaten und 30 g Wasser gut mixen, unterziehen und aufkochen.

Tipp: Bei mir gab es dazu Kartoffelselleriepüree 7257.

7259. Obst auf die Schnelle, Mai 2015

- 115 g aufgetaute Tiefkühlpflaumen (oder ein frisches vorbereitetes Obst)
- 40 g Cashewreismilch 7256
- 1 TL Ahornsirup

Pflaumen in ein Schüsselchen geben, mit der Cashewreismilch übergießen. In die Mitte den Sirup tröpfeln.

7260. 400 g-Sauerteigbrot für M. mit Kamut, Mai 2015

Vorläufer: 7181

Stufe 1 (12 Std. vorher):

- 400 g Roggen
- 430 g Wasser
- 150 g Sauerteig

Abends schon vorbereiten:

- 100 g Roggen
- 150 g Kamut
- 100 g Dinkel
- 1 EL Salz
- 50 g Sesam ungeschält
- 25 g Leinsamen

Stufe 2 (Backen, bei mir am Morgen)

- 1 P Trockenhefe (9 g)
- 150 g lauwarmes Wasser
- Getreidemischung vom Vorabend
- 50 g Cashewreismilch 7256
- 2 EL Apfelessig (20 g)
- etwa 800 g Sauerteigansatz (s.o.)
- 20 g Butter für die Form

Stufe 1: Roggen fein mahlen, mit Wasser und altem Sauerteig mischen. In einer Plastiktüte über Nacht stehen lassen. 150 g von der Stufe 1 abnehmen und in einem gut schließenden Schraubglas in den Kühlschrank stellen für das nächste Backen. **Abends:** Getreide fein mahlen, mit den restlichen Zutaten mischen und in einer gut schließenden Plastikdose verwahren.

Stufe 2: Alle Zutaten (außer der Butter) mit einem großen Löffel gründlich verrühren, bis kein Mehl mehr sichtbar ist. Eine 30-cm-Brotform, Profi-Email von Dr. Oetker, gut einfetten. Teig hineingeben, mit der nassen Hand herunterdrücken und glatt streichen. Mit einem scharfen Messer dreimal schräg einschneiden. Form in eine Plastikdose stecken und 2 Std. gehen lassen.

In der letzten Viertelstunde Ofen auf 250 °C (Heißluft) vorheizen, 50 Min. bei 190 °C backen und 5 Min. im ausgestellten Ofen nachbacken.

7261. Erdbeer-Gehäcksel, Mai 2015

2 x Frühstück.

Abends: siehe 7199.

Morgens:

- 2 Bananen geschält (270 g netto)
- 3 Äpfel (305 g)
- 175 g Erdbeeren geputzt
- 15 g grüne Rosinen
- 10 g Walnüsse

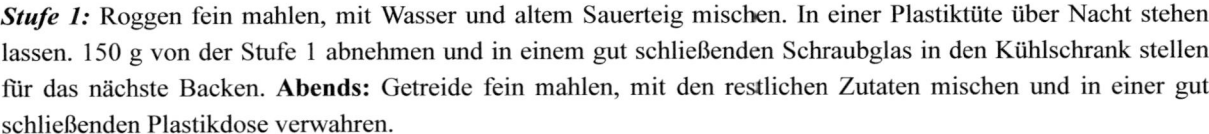

Banane und Äpfel in grobe Stücke teilen und im Hochleistungsmixer pürieren. Erdbeeren hinzufügen und nochmals kurz mit dem mittleren Knopf „durchdrehen", sodass noch Erdbeerstücke vorhanden sind. Auf zwei Schüsselchen verteilen, mit Rosinen und Nüssen dekorieren.

7262. Milchkakao, Mai 2015

Im Vitamix ca. 5 Min. auf Höchststufe:

- 10 g Kakaonibs
- 50 g Cashewreismilch 7256 o. Ä.
- 1 Datteln entsteint (20 g netto)
- 1 getr. Feige (20 g)
- 20 g Braunhirse
- 5 g frischer Ingwer
- auf 500 ml (Markierung im Becher) mit Wasser auffüllen

7263. Beeren im Dreischichtbetrieb, Mai 2015

2 x Frühstück

- 40 g getr. Mango
- 30 g Cashewnüsse
- 250 g Wasser
- 240 g Erdbeeren (netto)
- 2 EL Leinsamen
- 6 EL Nackthafer
- 220 g Äpfel
- 70 g Heidelbeeren

Mango in kleinere Stücke reißen. Mit Nüssen und Wasser im Vitamix zu einer lauwarmen Creme schlagen. Etwa die Hälfte der Erdbeeren kurz mit der Mangocreme mischen. Leinsamen mit dem Getreide flocken, auf zwei Schüsselchen verteilen. Mangocreme auf das Getreide gießen. Grob zerkleinerte Äpfel und die restlichen Erdbeeren im Vitamix mischen und in die Mitte der Mangocreme geben. Den Rand mit Heidelbeeren belegen und noch jeweils eine in die Mitte legen.

7264. Böhnchentönchenkakao, Mai 2015

Im Hochleistungsmixer, je nach Gerät, 4,5 bis 8 Min. auf höchster Stufe schlagen:

- 15 g Kakaobohnen
- 50 g Cashewreismilch
- 2 Datteln entsteint (34 g netto)
- 5 g frischer Ingwer
- 30 g gekochte weiße Bohnen
- 1-2 TL flüssiger Honig nach Geschmack
- auf 500 ml (Markierung im Becher) mit Wasser auffüllen

7265. Buchweizenfladen, Mai 2015

- 125 g Buchweizen
- 1 gestr. TL Backpulver
- 1 gestr. TL Salz
- 25 g Cashewnüsse
- 100 g gekochte weiße Bohnen
- 1 TL Gute Laune Kräuter (maiersgenuss.de)
- 40 g Bohnenkochflüssigkeit (oder Wasser)
- 20 g Cashewreismilch 7256
- 40 + 20 g Wasser

Buchweizen fein schroten (4/9, Hawos Novum). Mit Backpulver, Salz und Kräutern vermischen. Cashewnüsse im Magic mahlen. Bohnen, Bohnenkochflüssigkeit, Cashewreismilch und 40 g Wasser hinzufügen, nochmals im Magic mixen und Becherinhalt zum Buchweizen geben. Becher mit 20 g Wasser nachspülen, ebenfalls in die Schüssel geben und mit einem Löffel verrühren. Abgedeckt 10-15 Min. quellen lassen. Mit einem Spatel in einer 28-cm-Pizzaform (PerfectClean, Dauerbackfolie oder Backpapier) bis zum Rand verstreichen, eventuell den Spatel zwischendurch in Wasser tauchen. Mit dem Spatel 6 Stücke vorzeichnen. Ofen (Klimagaren, 1 Dampfstoß manuell) auf 225 °C vorheizen. 10 Min. bei 225 °C und 10 Min. bei 175 °C backen.

7266. Kartoffelpüree mit Muskat, Mai 2015

2 Personen

- 100 g Wasser
- 525 g Kartoffeln netto
- 1 gestr. TL Salz
- 1 Prise Muskatnuss
- 50 g Cashewreismilch 7256

Kartoffeln schälen da sie schon recht runzlig und alt waren. Sonst hätte ich die Schale dran gelassen. In Stücke schneiden, mit Wasser und Salz aufkochen und 15 Min. köcheln lassen. Muskatnuss und Milch hinzugeben und mit dem Pürierstab pürieren.

7267. Kräuterseitling auf Zwiebeln, Mai 2015

2 Personen

- Etwa 50 g Wasser
- 225 g Zwiebel (netto)
- 150 g Kräuterseitlinge
- 1 Lauchzwiebel (15 g)
- 1 gestr. TL Salz
- 1 Pr schwarzer gem. Pfeffer

2 EL Wasser in einer Pfanne stark erhitzen. Die geschälten und in Scheiben geschnittenen Zwiebeln hineingeben. Ab und zu umrühren, auf hoher Hitze (11/14) dünsten und ggf. Wasser nachgeben, bis sie anfangen, sich zu verfärben. Die in Scheiben geschnittenen Pilze und die in Ringe geschnittene Lauchzwiebel hinzugeben und weiter mit geschlossenem Deckel erhitzen, bis die Zwiebeln goldgelb sind. Mit Salz und Pfeffer abschmecken.

Tipp: *Dazu gab es bei mir Kartoffelpüree mit Muskat.*

7268. Pflaumige Erdbeerenfänger, Mai 2015

- 100 g aufgetaute Tiefkühlpflaumen
- 50 g Cashewreismilch
- 1 TL Ahornsirup
- 45 g geputzte halbierte Erdbeeren

Pflaumen, Milch und Ahornsirup verquirlen. Erdbeeren je nach Größe halbieren oder vierteln und auf die Creme legen.

7269. Erdaufblaubeer, Mai 2015

2 x Frühstück

- 2 EL Leinsamen
- 6 EL Nackthafer
- 145 g Blaubeeren
- 1 Banane geschält (120 g netto)
- 1 großer Apfel (210 g)
- 140 g geputzte Erdbeeren (netto)

Leinsamen mit dem Getreide flocken, auf zwei Schüsselchen verteilen. Banane und Apfel in grobe Stücke teilen und mit den Blaubeeren im Hochleistungsmixer pürieren, über das Getreide geben. Erdbeeren halbieren bzw. vierteln und oben auf das Obstpüree streuen.

7270. Milchiger Cremekakao, Mai 2015

Im Hochleistungsmixer, je nach Gerät, 4,5 bis 8 Min. auf höchster Stufe schlagen:

- 20 g Kakaobohnen
- 40 g Pflaumenstützcreme 7271 o. Ä.
- 50 g Cashewreismilch 7256
- 2 Datteln entsteint (38 g netto)
- 5 g frischer Ingwer
- 10 g Honig
- auf 500 ml (Markierung im Becher) mit Wasser auffüllen

7271. Pflaumenstützcreme, Mai 2015

Im Hochleistungsmixer bis zum Stocken schlagen:

- 35 g Erdmandeln
- 50 g Basmatinaturreis
- 2 getr. Pflaumen entsteint (25 g)
- 350 g Wasser

Ohne Hochleistungsmixer: analog 7256.

7272. Kirschaugen, Mai 2015

- 100 g Buchweizen
- 150 g Dinkel
- 25 g Cashewnussbruch
- 1 Prise Salz
- 1/2 P Weinstein-Backpulver (2 gestr. TL)
- 1 TL Vanille
- 50 g Pflaumenstützcreme 7271 o. Ä.
- 50 g (1/2 kleiner) Apfel
- 90 g Ahornsirup
- 2 EL Wasser
- 65 g Kirschfruchtmus (Tarpa)

Dinkel und Buchweizen zusammen fein mahlen. Cashewnüsse im kleinen Mixer mahlen. Die trockenen Zutaten verrühren. Stützcreme, Apfel (in kleinen Stücken) und Ahornsirup mit dem Mixer, hochstehendes Messer, zu einer glatten Creme verarbeiten. Creme zum Getreide geben und mit den Knethaken eines Handrührgeräts verkneten. Den Rest der Creme mit den 2 EL Wasser im Vitamix ausspülen und zum Teig geben. Mit den angefeuchteten Händen Kugeln formen und nebeneinander auf ein Backblech setzen. Mit einem TL etwas flachdrücken, mit einem runden Gegenstand (Stiel eines Kochlöffels o. Ä.) eindrücken. Die Löcher mit Fruchtmus füllen.

Ofen (Heißluft) auf 160 °C vorheizen und 12 Min. backen, 5 Min. im ausgestellten Ofen nachbacken.

7273. Marmorkuchen (4. Versuch), Mai 2015

Vorläufer 7200

- 250 g Pflaumenstützcreme 7271 o. Ä.
- 260 g Honig
- 1 Apfel (135 g)
- 200 g gekochte weiße Bohnen
- 40 g Wasser
- 450 g Dinkel
- 50 g Nackthafer
- 1 gestr. TL Vanille
- Etwas Salz
- 2 P Weinstein-Backpulver
- 30 g Kakao
- 55 g Honig
- 2 EL Rum
- 25 g Stützcremewasser
- Butter für die Form
- 1 Portion Schokogussversuch Nr. 5; 7281 o. Ä.

Stützcreme, 260 g Honig, vorgeschnittenen Apfel, 40 g Wasser und Bohnen im Hochleistungsmixer pürieren. Getreide zusammen fein mahlen, mit Vanille, Salz und Backpulver mischen. Das Stützcremegemisch hinzugießen. Etwas Wasser im Becher schwenken = Stützcremewasser. Mit dem Handrührgerät, Rührbesen, zu einem Rührteig verarbeiten, der Teig fällt schwer reißend herunter.

Eine Napfkuchenform großzügig mit Butter einpinseln. Etwa zwei Drittel des Teigs hineingeben.

Den Restteig mit Kakao, 55 g Honig, Rum und 25 g Stützcremewasser verrühren. Er sollte etwas flüssiger sein als der Hauptteig. Den dunklen Teig auf dem hellen verteilen. Um ein Marmormuster zu erzielen, eine Gabel spiralförmig durch die beiden Teigschichten ziehen.

Form in den kalten Ofen einschieben und 70 Min. bei 170 °C backen. Wenn der Kuchen lauwarm ist, mit frisch hergestelltem Schokoguss bepinseln und im Kühlschrank oder bei Raumtemperatur fest werden lassen.

Hinweis: *Ich wollte es wissen :-) Also diesmal ohne Küchenmaschine hergestellt. Außerdem dachte ich, ich kehre mal zu Honig zurück. Ich fürchte, das ist ein Fehler - der Teig zumindest erschien mir kaum süß :-(Habe es aber zu spät gemerkt. Der weiße Teig war auch ohne die 30 g „Stützcremewasser" rührteigartig genug, fand ich.*

7274. Apricot Dressing, Mai 2015

Für 2 Portionen Salat

Im kleinen Mixer, hochstehendes Messer, 30 Sek. schlagen:

- 2 Aprikosen entsteint & in Scheiben geschnitten (75 g netto)
- 25 g Apfel
- 10 g Peperoniessig 7/4573
- 3 g Salz
- 1 P schwarzer gem. Pfeffer
- 15 g Cashewnüsse
- 10 g Honig
- 75 g Wasser

7275. Grüner Teller, Mai 2015

2 Personen

- 200 g Fenchel (netto)
- 290 g Salatgurke
- 1 x Apricot Dressing 7274
- Grün von 1 Lauchzwiebel (5 g)

Fenchel und Salatgurke nacheinander in der Küchenmaschine in feine Scheiben schneiden. Die Hälfte der Fenchelscheiben jeweils in die Mitte eines mittelgroßen Tellers häufeln. Salatgurkenscheiben als Kranz um den Fenchel legen. Das Dressing auf den Gurken verteilen. Lauchzwiebelgrün schräg in Röllchen schneiden und auf das Dressing streuen.

7276. Dinkelnudeln mit 22 Kamutprozent, Mai 2015

2 gute Portionen

- 125 g Dinkel
- 35 g Kamut
- 80 g Wasser

Kamut und Dinkel zusammen fein mahlen. Mit der Küchenmaschine, Knethaken, zu einem Nudelteig verarbeiten: Wasser während des Rührens zugeben. Der Teig muss mit der Hand nachgeknetet werden. In Haushaltsfolie einwickeln und 2-4 Std. ruhen lassen. In vier Portionen durch die Walzen der Altas Marcato drehen: 10 x Stufe 1; je 1 x Stufe 2-5 oder 6.

Ich habe 8 Teigplatten daraus hergestellt. Ich fand den Teig wieder grenzwertig nass. Mit der Maschine sollte ich vielleicht doch weniger Wasser nehmen.

7277. Heidelbeer-Schoko-Creme, Mai 2015

2 x Dessert

- 1 Banane geschält (90 g)
- 1 kleine Avocado (120 g netto)
- 10 g Kakao (Rohkostqualität)
- 50 g Honig
- 20 g Ahornsirup
- 2 Macadamianüsse
- 100 + 20 g Heidelbeeren

Banane, Avocadofleisch, Kakao, Honig und Ahornsirup zu einer Creme mixen (hier: Zerkleinerer eines Pürierstabs). 100 g Heidelbeeren auf 2 Schüsselchen verteilen, die Schokocreme darauf streichen und mit je 1 Macadamianuss und 8 Heidelbeeren symmetrisch dekorieren.

7278. Cannelloni mit Kartoffeln, Mai 2015

Für 2-3 Personen

Dinkelnudeln mit 22 Kamutprozent 7276 = 8 Teigstreifen

Kartoffelfüllung

- 75 g Wasser
- Salz
- 305 g Kartoffeln
- 100 g geschälte Zwiebeln
- 40 g Lauchzwiebeln

Rote Soße 7279

Weiße Soße 7280

- 30 g Cashewnüsse
- 1 gestr. TL Salz
- 1 Prise Schabziegerklee
- 10 g Apfelessig
- 30 g Wasser

Füllung: Wasser und eine Prise Salz in eine 24-cm-Pfanne geben. Kartoffeln unter fließendem Wasser abbürsten, ggf. schälen und in Stücke schneiden. Zwiebeln würfeln. Gemüse in die Pfanne geben. Als Gemüsepfanne 15 Min. dünsten. Die Flüssigkeit war bei mir verbraucht. Daher habe ich die Kartoffeln auf ein größeres Brett geschüttet und etwas abkühlen lassen. Mit der Gabel zerquetschen, mit Salz abschmecken. Empfehlenswert ist es, die Füllung pikanter abzuschmecken, also z. B. mit Pfeffer oder einer Kräutermischung. Lauchzwiebeln in kleine schräge Stücke schneiden und mit der Kartoffelmasse vermengen. Die Teigstücke damit füllen, aufrollen und nebeneinander in eine 24-cm-Pfanne setzen.

Rote Soße: Die Zutaten im Vitamix verquirlen. Über die Teigrollen gießen. Wer am Ende den Deckel öffnet, sollte 100 g Wasser mehr nehmen. **Weiße Soße:** Im Magic, kleiner Becher, gut verquirlen. Mit einem TL in Streifen über den Cannelloni verteilen.

Pfanne mit aufgelegtem Deckel in den kalten Ofen schieben und 30 Min. bei 220 °C backen. Deckel abnehmen und weitere 10 Min. offen backen.

7279. Cannelloni-Soße rot, Mai 2015

- 1 Tomate (65 g)
- 40 g Tomatenmark
- 25 g Apfelessig
- 200 g passierte Tomaten
- 1 TL Salz
- 1/2 TL Paprika edelsüß
- 100 g gekochte weiße Bohnen
- 160 g Wasser

Die Zutaten im Vitamix verquirlen.

7280. Cannelloni weiße Soße, Mai 2015

- 30 g Cashewnüsse
- 1 gestr. TL Salz
- 1 Prise Schabziegerklee
- 10 g Apfelessig
- 30 g Wasser

Im kleinen Mixer, kleiner Becher, gut verquirlen. Mit einem TL in Streifen über den Canneloni verteilen.

7281. Schokogussversuch Nr. 5, Mai 2015

- 30 g Kakaobutter
- 20 g Cashewnussmus mit Kokoshauch 7096
- 10 g Kakaopulver (Rohkost)
- 60 g Stützcreme, z. B. Pflaumenstützcreme 7271
- 50 g Ahornsirup oder 60 g dünnflüssiger Honig

Kakaobutter und Cashewnussmus in einer Pfanne zerlassen, am Ende mit einem kleinen Schneebesen verquirlen, sonst löst sich das Cashewnussmus nicht. Die restlichen Zutaten mit einem Löffel verrühren, die warme Kakaobutter mit dem Schneebesen unterschlagen. Schmeckt direkt hergestellt schon mal sehr gut, wird auch bei Raumtemperatur fest.

7282. Wildhefebrot mit Fermentierung 2015/19

Samstag Mittag 14 Uhr:

- 150 g Dinkel / 150 g Hefewasser

Abend 20:30 Uhr

- 350 g Dinkel
- 150 g Kamut
- 1 TL Salz
- 1 TL Honig
- 350 g Wasser
- Ansatz vom Morgen

Sonntagmorgen (Backtag) 9:15 Uhr:

- 100 g Kamut
- 200 g Dinkel
- 1 gestr. EL Salz
- 1 gestr. EL Brotgewürz
- 25 g Sesam ungeschält
- 25 g Leinsamen
- Ansatz vom Vorabend
- 160 g Wasser
- 20 g Butter für die Form

Samstag: Getreide fein mahlen und mit den restlichen Zutaten verrühren bzw. verkneten. In einer Pengdose auf der Heizung bis zum nächsten Morgen stehen lassen.

Sonntag: Morgens war der Deckel gewölbt, aber nicht offen. Der Teig war anders als sonst, schwierig zu beschreiben. Auch beim Kneten später fühlte er sich anders an, als ich das von Wildhefeteigen kenne. Interessant aber, dass so ein bisschen Salz und Honig einen Unterschied ausmachen, ist ja auch das Prinzip des Honig-Salz-Brotes.

Getreide mischen und fein mahlen. Die trockenen Zutaten verrühren. Wasser und den Ansatz vom Vorabend hinzufügen, mit der Hand 5-7 Min. kneten. Form (30 cm Dr. Oetker Profi-Emaille-Brotform) mit Butter einfetten. Den Teig hineingeben, mit der nassen Hand in der Form glatt verteilen. Dreimal schräg einschneiden.

Die Form in eine große Plastiktüte geben und auf der warmen Fensterbank 4-4,5 Std. gehen lassen. Der Teig war deutlich gegangen, etwa bis 0,5 cm unter der Kante der Form. Ofen (Klimagaren, ein Dampfstoß) auf 250 °C vorheizen. Brot in den Ofen geben, auf 190 °C stellen und 59 Min. backen, 5 Min. im ausgestellten Ofen nachbacken. Ist im Ofen noch weiter aufgegangen, aber auch ein bisschen gerissen an der Seite.

7283. Macastützcreme, Mai 2015

Im Hochleistungsmixer bis zum Stocken schlagen:

- 30 g Macadamianüsse
- 50 g Langkorn-Naturreis
- 1 Dattel (15 g netto)
- 350 g Wasser

Hinweis: Ich habe die Creme extra mit „fettigen" Nüssen gemacht, weil ich mir davon einen besonders leckeren Pizzabelag verspreche.

7284. Das Fruchtwort zum Sonntag, Mai 2015

2 x Frühstück

Abends s. 7199

Morgens

- 20 g Macadamianüsse
- 6 g Zitronenfleisch
- 20 g Honig
- 75 g Wasser
- 100 g Blaubeeren
- 85 g geschälte Banane (netto)
- 85 g entsteinte Aprikosen (2 Stück)
- 1 kleiner Apfel (80 g)
- 110 g geputzte Erdbeeren (netto)
- 70 g aufgetaute, tiefgekühlte Pflaumen

Nüsse, Zitronenfleisch, Honig und 75 g Wasser im Hochleistungsmixer pürieren. Unter das eingeweichte Getreide rühren. Obst außer den Pflaumen zerkleinern und auf den Schrot geben. Jeweils eine halbe Pflaume in die vier Himmelsrichtungen legen als Dekoration.

7285. Stützkakao, Mai 2015

Im Hochleistungsmixer, je nach Gerät, 4,5 bis 8 Min. auf höchster Stufe schlagen:

- 15 g Kakaonibs
- 95 g „Stützcremewasser" (s. Index)
- 55 g Macastützcreme 7283 o. Ä.
- 25 g Pflaumenstützcreme 7271 o. Ä.
- 2 Datteln entsteint (35 g netto)
- 5 g frischer Ingwer
- auf 500 ml (Markierung im Becher) mit Wasser auffüllen

7286. Salat mit Frühlingsgefühlen, Mai 2015

2 Portionen

- 100 g Kopfsalat (gewaschen, trocken geschleudert)
- 2 Tomaten (150 g)
- 2 Aprikosen entsteint (75 g netto)
- 120 g Schlangengurke
- 20 g Zwiebel
- 30 g Rosinen-Vorratsdressing 7196 o. Ä.
- 25 g Hoisin mit Rucola 7177 o. Ä.
- 50 g + etwa 20 g Wasser

Kopfsalat in feine Streifen schneiden und zwei Teller damit auslegen. Tomaten und Aprikosen achteln und abwechselnd an den Rand legen. Gurke würfeln, in die Mitte häufeln. Zwiebeln möglichst fein hacken, über die Gurke streuen. Dressing, Hoisin und 50 g Wasser im kleinen Mixer mixen, an den Randbereich der Gurke gießen. Becher mit etwas Wasser ausspülen, diese Flüssigkeit ebenfalls an den Rand gießen.

7287. Kartoffelpizza, Mai 2015

Teig reicht für vier Pizzen, ich habe die Hälfte eingefroren.

Teig (4 Portionen):

- 100 g Nackthafer
- 300 g Dinkel
- 1 gestr. TL Salz
- 42 g frische Bio-Hefe (1 P)
- 200 g Wasser
- 150 g Macastützcreme 7283 o. Ä. (zu viel, dürften nur 100 g sein!, hatte ich mich verrechnet)
- Etwas Wasser, um die Hände zu benetzen

- Roter Belag: 7288; weiße Schicht: 7289

Gemüse:
- 295 g Kartoffeln netto
- 2 TL Aioli-Gewürzmischung (maiersgenuss.de)
- 1 geschälte Zwiebel (70 g netto)
- 1 große Knoblauchzehe (7 g netto)
- 2 Tomaten (135 g)
- 1 TL Pizzagewürz

Teig: Getreide mischen und fein mahlen und mit Salz mischen. Hefe im Wasser auflösen, zum Mehl geben, ebenso die Stützcreme. Gründlich verkneten, in diesem Fall mit der Braun Küchenmaschine. Ich habe den Teig mindestens 2 Min. kneten lassen, es gab - wegen der vielen Flüssigkeit - keinen Klumpen. Mit nassen Händen nochmals durchkneten und in eine Pengdose legen, Kugel unter Spannung formen ging nicht. Deckel schließen. Warten bis es ploppt (das erste Mal nach 35 Min.) und immer wieder mit nassen Händen durchkneten und erneut in die Pengdose geben, bis es Zeit ist, die Pizza vorzubereiten. Hälfte des Teigs abwiegen und einfrieren. Restteig mit Hilfe von Streumehl in der Pizzaform (Durchmesser 28 cm) auseinanderdrücken. Einen Rand hochdrücken. Stehen lassen. *Roter Belag:* Zutaten mit dem kleinen Mixer, flaches Messer, gut mixen. Auf den Teig gießen und verteilen. *Weiße Schicht:* Alle Zutaten in den kleinen Becher des Mixers geben. 45 Sek. mit dem flachen Messer mischen.

Gemüse: Kartoffeln und Zwiebeln mit dem Einsatz für dünne Scheiben in der Küchenmaschine schneiden. Kartoffeln dachziegelartig auf der Tomatenmasse auslegen. Darüber die Zwiebeln und den gehackten Knoblauch streuen. Die Tomate so dünn wie möglich schneiden. Über die Zwiebeln legen und mit Pizzagewürz (zwischen den Fingern zerreiben, damit das Aroma freigesetzt wird) bestreuen.

Fertigstellung: Ofen auf 225 °C vorheizen. Sobald der Ofen heiß ist, die weiße Soße auf das Gemüse gießen. In den Ofen einschieben, auf 220 °C stellen und 20 Min. backen lassen. Bei ausgeschaltetem Ofen 5 Min. nachbacken.

7288. Roter Pizza Belag Nr. 10, Mai 2015
- 1/2 TL Salz
- 1/2 TL Paprika edelsüß
- 60 g passierte Tomaten
- 10 g Tomatenmark
- 20 g Macastützcreme 7283 o. Ä.

Im kleinen Mixer verquirlen. Reicht für eine 28-cm-Pizza.

7289. Weißer Pizzabelag Nr. 11, Mai 2015
- 90 g Macastützcreme 7283 o. Ä.
- 1/2 TL Salz
- 1 Prise Schabziegerklee
- 30 g gekochte weiße Bohnen
- 10 g Bohnenkochflüssigkeit
- 10 g Zitronenfleisch
- 10 g Macadamianüsse
- 50 g Wasser

Etwas flüssiger als sonst

7290. Apricot Blue, Mai 2015

2 x Dessert
- 100 g Macastützcreme
- 25 g Agavensirup
- 150 g Aprikosen (netto)
- 90 g Blaubeeren

Stützcreme, Agavensirup und klein geschnittene Aprikosen im Zerkleinerer des Pürierstabs pürieren, auf zwei Schüsselchen verteilen. Blaubeeren auf die Oberfläche legen, so dass sie halb einsinken.

7291. Aprikose die Letzte, Juni 2015

2 x Frühstück; dies war wohl (hoffentlich) nicht die letzte Aprikose in meinem Leben :-) aber die letzte aus dieser Packung.

Abends

- 6 EL Sechskorngetreide grob schroten & auf zwei Schüsseln verteilen. Mit insgesamt
- 160 g Wasser übergießen. Abgedeckt bei Raumtemperatur stehen lassen.

Morgens

- 145 g aufgetaute Tiefkühlpflaumen, ein recht hoher Saftanteil
- 1 Banane geschält (85 g netto)
- 180 g geputzte Erdbeeren (netto)
- 1 Apfel (165 g)
- 1 Aprikose (für die Dekoration zurückbehalten)
- 5 g Kokosnussmus 7074 o. Ä

Das Obst in grobe Stücke teilen und im Hochleistungsmixer pürieren. Auf das Getreide gießen. Aprikose in acht Streifen schneiden, je vier auf das Obstpüree legen, etwas unterhalb einen Klecks Kokosnussmus.

7292. Vier Süßungsmittel-Kombikakao, Juni 2015

Im Hochleistungsmixer, je nach Gerät, 4,5 bis 8 Min. auf höchster Stufe schlagen:

- 20 g Kakaobohnen
- 15 g Braunhirse
- 1 TL Honig (10 g)
- 1 Datteln entsteint (11 g netto)
- 1 g Ahornsirup
- 10 g Agavendicksaft
- 5 g frischer Ingwer
- auf 500 ml (Markierung im Becher) mit Wasser auffüllen

7293. Äthiopischer Wildreis-Pilaw, Juni 2015

2 Portionen; nach einem Rezept von der Webseite Forks Over Knives: http://www.forksoverknives.com/recipes/ethiopian-wild-rice-pilaf/ [2024 noch vorhanden]

- 30 g Wasser
- Hellgrüner und weißer Teil einer mittelgroßen Lauchstange (netto 155 g), gewaschen
- 1 Knoblauchzehe geschält (7 g)
- 1/2 TL Berbere-Gewürzmischung 7294
- 1/2 TL frisch abgeriebene Zitronenschale
- 1-2 TL Zitronensaft
- 225 g gekochte Kidney-Bohnen
- Gourmet-Reismischung von 100 g ungekochter Mischung, frisch gekocht 7295
- 1/2 TL Salz
- 1 P gem. Pfeffer
- 2 Lauchzwiebeln (15 g netto)

Reis aufsetzen (siehe dort). Wasser in eine 24-cm-Pfanne geben. Lauchstange längs vierteln und in Stücke schneiden. Knoblauchzehe würfeln. Beides in die Pfanne geben. Als Gemüsepfanne 13 Min Gewürzmischung zum Gemüse geben und auf höherer Einstellung ca. 1/2 Min. mitkochen. Zitronenschale, -saft, Salz und Pfeffer unterrühren. Lauchzwiebeln hinzufügen, kurz erhitzen. Kidney-Bohnen mit erhitzen. Zum Schluss den heißen Reis hinzufügen. Wer kalten, vorbereiteten Reis verwendet, muss jetzt länger erhitzen.

7294. Berbere-Gewürzmischung, Juni 2015

Nach einer Anregung von der Webseite Forks Over Knives:
http://www.forksoverknives.com/recipes/ethiopian-wild-rice-pilaf/

Zu gleichen Teilen die folgenden gemahlenen Gewürze vermischen:

- Kardamom
- Ingwer
- Muskat
- Nelken
- Ras el Hanout (oder Muskatnuss)

7295. Gourmet-Reismischung, Juni 2015

Eine Mischung von Davert mit Wildem, Rotem und Basmatireis.

1 Portion

- 175 g Wasser
- 100 g Gourmet-Reismischung

Im Schnellkochtopf 11 Min. garen, 10 Min. auf Herdstufe 2 (Induktion, von 15) und noch 5 Min. auf Herdstufe 1 abdampfen lassen. Das Wasser ist komplett verbraucht.

7296. Mango Drumherum mt Erdbeeren, Juni 2015

2 x Frühstück.

Abends

- 6 EL Sechskorngetreide grob schroten & auf zwei Schüsseln verteilen. Mit insgesamt
- 160 g Wasser übergießen. Abgedeckt bei RT stehen lassen.

Morgens

- 1 Mango = 200 + 120 g Mangofleisch (ohne Schale, ohne Kern)
- 195 g Erdbeeren
- 1 Banane geschält (85 g netto)
- 1 Apfel (130 g)

120 g Mangofleisch und 2 kleinere Erdbeeren beiseitelegen. Das restliche Obst in grobe Stücke teilen und im Hochleistungsmixer pürieren, Püree auf dem Schrot verteilen. Mangofleisch in Stücke teilen, auf dem Püree verteilen. In die Mitte je eine Erdbeere setzen.

7297. Erdmandelreismilch, Juni 2015

Im Hochleistungsmixer 5 Min. schlagen:

- 10 g Erdmandeln
- 25 g Rundkorn-Naturreis
- 1 Dattel entsteint (18 g netto)
- 500 g Wasser

Ohne Hochleistungsmixer: Erdmandeln durch Cashewnüsse ersetzen und diese in einem Teil des Wassers einweichen, Trockenfrüchte ebenfalls. Getreide fein mahlen und im restlichen Wasser aufkochen, abkühlen lassen.

7298. Milchkakao Variante, Juni 2015

Im Hochleistungsmixer, je nach Gerät, 4,5 bis 8 Min. auf höchster Stufe schlagen:

- 30 g Erdmandelreismilch
- 15 g Kakaonibs
- 15 g Braunhirse
- 2 Datteln entsteint (30 g netto)
- 5 g frischer Ingwer
- auf 500 ml (Markierung im Becher) mit Wasser auffüllen

7299. Schokoladen-Chia-Pudding, Juni 2015

2 Desserts. – Nach dem Rezept http://www.forksoverknives.com/recipes/ instant-chocolate-chia-pudding-recipe/ [2024 noch vorhanden]. Umgerechnet und angepasst.

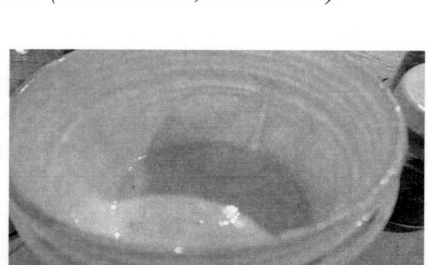

- 250 g Erdmandelreismilch 7297 o. Ä.
- 90 g entsteinte Datteln
- 30 g Chiasamen
- 15 g Kakaopulver (Rohkostqualität)
- 1 Prise Salz
- 1/2 TL gem. Vanille
- 15 + 4 g Kokosraspeln
- 1 EL Kakaonibs
- Etwa 30 g Blaubeeren

Milch, Datteln, Samen, Kakaopulver, Salz und Vanille je nach Mixer etwa 1 Min. pürieren, bis die Samen nicht mehr erkennbar sind. Im Vitamix reicht 1 Min. Mischung in eine größere Schüssel umfüllen, 15 g Kokosraspeln und Kakaoibs unterrühren und auf zwei Schüsselchen verteilen. Mit 4 g Kokosraspeln in der Mitte bestreuen und am Rand mit Blaubeeren belegen.

Fazit: *Lecker und geht superschnell, wenn man mal überraschend etwas herstellen will. Geht vermutlich auch mit einer Cashewmilch (werde ich morgen probieren), also in Rohkost. Ich würde vor allem die Kokosraspeln weglassen, es ist so wunderbar schokoladig. Auf Dauer finde ich das zu teuer (viele Datteln, Chiasamen).*

7300. Mangodressing frisch Nr. 2, Juni 2015

2 Portionen

Im Mixer 45 Sek. mit dem hochstehenden Messer schlagen:
- 60 g frische geschälte Mango
- 1 TL Salz
- 10 g Peperoniessig 7/4573
- 20 g Sonnenblumenkerne
- 75 g Wasser

7301. Meteorologischer Sommersalat, Juni 2015

2 Portionen
- 100 g bunter Kopfsalat, gewaschen und trockengeschleudert gewogen
- 4 kleinere Tomaten (200 g)
- 1 Stück Schlangengurke (155 g)
- 1 Stück Kohlrabi geschält (80 g netto)
- 1 Frühlingszwiebel (10 g netto)
- Mangodressing frisch Nr. 2; 7300 o. Ä.
- 10-15 g Linsensprossen

Zwei größere flache Schüsseln bereitstellen. Kopfsalat in Streifen schneiden, auf die Schüsseln verteilen. Tomaten grob würfeln und am Rand entlang legen. Schlangengurke längs halbieren, in Scheiben schneiden, in die Mitte legen. Kohlrabi stifteln und auf der Schlangengurke verteilen. Das Dressing auf die beiden Schüsseln in der Mitte verteilen. Den Rest im Becher mit 20-30 g Wasser ausschütteln und auf den Rand des Salates gießen. In der Mitte mit Linsensprossen dekorieren. *Bei mir gab es Ofenkartoffeln dazu.*

7302. Gourmetkakao, Juni 2015

Im Hochleistungsmixer, je nach Gerät, 4,5 bis 8 Min. auf höchster Stufe schlagen:

- 15 g Kakaonibs
- 20 g Gourmetreismischung (Basmatireis, Wildreis, roter Reis)
- 2 getr. Feigen (38 g netto)
- 5 g frischer Ingwer
- auf 500 ml (Markierung im Becher) mit Wasser auffüllen

7303. Gourmethauch, Juni 2015

2 Personen

- 2 EL Leinsamen
- 4 EL Nackthafer
- 2 EL Reis-Gourmetmischung (Basmati, Wildreis, roter Reis)
- 1 Apfel 125 g
- 1 Banane geschält (95 g netto)
- 250 + 140 g (kleinere) Erdbeeren geputzt (netto)
- 5 Macadamianüsse

Leinsamen mit dem Getreide flocken, auf zwei Schüsselchen verteilen.

Apfel halbieren, je eine Hälfte auf das Getreide setzen.

Banane und 250 g Erdbeeren im Hochleistungsmixer pürieren, über das Getreide geben. Die 140 g Erdbeeren am Rand verteilen, in die Mitte die Nüsse legen.

7304. Mokkapudding mit Mango, Juni 2015

Siehe 7299

- 205 g Erdmandelreismilch
- 45 g Wasser
- 60 g entsteinte Datteln
- 25 g Chiasamen
- 5 g Getreidekaffee instant
- 1 Prise Salz
- 1/2 TL gem. Vanille
- 225 g Mango geschält und ohne Kern (netto)

Milch, Datteln, Samen, Kaffeepulver, Salz und Vanille je nach Mixer etwa 1 Min. pürieren, bis die Samen nicht mehr erkennbar sind. Im Vitamix reicht eine Min.. Mango würfeln, 60 g beiseitelegen und auf zwei Schüsselchen verteilen. Den Pudding darauf verteilen und mit den restlichen Mangostückchen dekorieren.

7305. Rosinen-Vorratsdressing mit Kardamom, Juni 2015

Siehe 7196.

- 300 g Wasser
- 130 g Kiwi-Essig 9/6578
- 20 g Tamari
- 20 g Salz
- 1 g gem. schw. Pfeffer
- 150 g Cashewnüsse
- 25 g Senf
- 10 g fein gem. getr. Sellerieblätter (selbstgemachtes Geschenk)
- 125 g grüne Rosinen
- 60 g Porree (meist grüner Teil)
- 5 grüne Kardamomschoten

Alle Zutaten zusammen im Vitamix gut durchschlagen, bis die Masse lauwarm, aber nicht heiß ist. In ein großes Schraubglas füllen und im Kühlschrank aufbewahren.

7306. Deutscher Dickebohnenpilaw, Juni 2015

2 Portionen.

Reis (wie Reis im Schnellkochtopf 9/6418):
- 200 g Gourmetreismischung (Davert)
- 340 g Wasser

Gemüse als Gemüsepfanne 15 Min.:
- 100 g Wasser
- Ca. 750 g dicke Bohnen (netto 205 g)
- 80 g Porree in Ringen
- 1 große Zwiebel (185 g netto) gewürfelt

Soße mit einem Löffel verrühren:
- 60 g passierte Tomaten
- 1/2 TL Berbere-Gewürzmischung 7294 o. Ä.
- 1 TL Salz
- 60 g Wasser

Alle fertigen Zutaten im Topf verrühren und heiß werden lassen.

7307. Lasagnesoße rot, Juni 2015

- 250 g Tomaten
- 55 g Möhre
- 1 gestr. TL Salz
- 1 EL Olivenöl
- 5 g grüne Rosinen
- 5 g Tomatenmark
- 10 g getrocknete Tomaten
- 30 g Zwiebel (netto)
- 2 Knoblauchzehen
- 50 g Roggen

Tomaten, Möhre, Salz, Olivenöl, Rosinen und Tomatenmark im Vitamix mixen. Getrocknete Tomaten in ganz feine Streifen schneiden. Roggen flocken. Zwiebel und Knoblauchzehen fein hacken und alles gut vermischen (mit einem Löffel).

7308. Lasagnesoße weiß, Juni 2015

- 100 g gekochte Bohnen (ca. 30 g Rohware)
- 30 g Cashewnüsse
- 20 g Olivenöl
- 1 TL Salz
- 10 g Essig
- 205 g Wasser (250-300 g wäre besser)
- 1 Prise Schabziegerklee

Soßenzutaten im Vitamix verquirlen.

7309. Avobeeren-FKG, Juni 2015

2 x Frühstück;

Abends

- 6 EL Sechskorngetreide grob schroten & auf zwei Schüsseln verteilen. Mit insgesamt
- 160 g Wasser übergießen. Abgedeckt bei RT stehen lassen.

Morgens

- 5 g Zitronenfleisch
- 1 kleine Avocado, geschält & entkernt (110 g netto)
- Erdbeeren geputzt (250 g netto)
- 2 Bananen geschält (185 g netto)
- 70 g Blaubeeren

Zitrone, Avocadofleisch, Erdbeeren und Bananen im Hochleistungsmixer pürieren und auf das Getreide gießen. Mit Blaubeeren bestreuen.

Avocado schmeckt nicht durch und gibt eine schöne cremige Existenz! Das restliche Obst sollte reichlich sein, weil sonst das Grün unangenehm durchschimmert.

7310. Haselstütze, Juni 2015

Im Hochleistungsmixer bis zum Stocken schlagen:

- 30 g Haselnüsse
- 10 g Honig
- 50 g Rundkorn-Naturreis
- 325 g Wasser

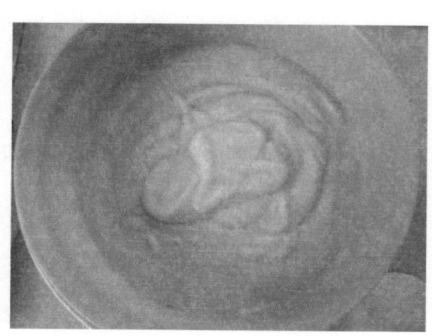

Ohne Hochleistungsmixer: Nüsse in einem Teil des Wassers einweichen, Trockenfrüchte – wenn verwendet – ebenfalls. Getreide fein mahlen und im restlichen Wasser aufkochen, abkühlen lassen. Alles zusammen in einem Mixer zu einer Creme schlagen.

7311. Flüssigbohnenkakao, Juni 2015

Im Hochleistungsmixer, je nach Gerät, 4,5 bis 8 Min. auf höchster Stufe schlagen:

- 15 g Kakaonibs
- 55 g Haselstütze 7310 o. Ä.
- 155 g Bohnenkochflüssigkeit
- 15 g Erdmandeln
- 1 Dattel entsteint (20 g netto)
- 1 getr. Feige (18 g)
- 7 g frischer Ingwer
- auf 500 ml (Markierung im Becher) mit Wasser auffüllen

7312. Erdbeerdressing, Juni 2015

2 Portionen

Im kleinen Mixer zu einer glatten Creme verarbeiten (hochstehendes Messer):

- 100 g Erdbeeren (geputzt gewogen)
- 15 g Apfelessig
- 1 Dattel entsteint (18 g netto)
- 1 dünne Scheibe geschälter Ingwer (1 g)
- 1 gestr. TL Salz
- 1 MS schwarzer gem. Pfeffer
- 50 g Wasser

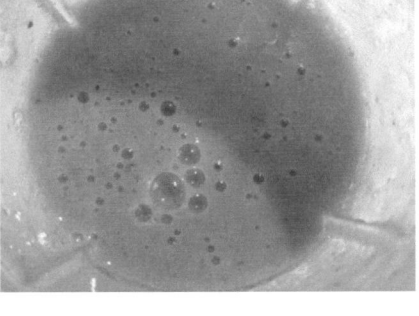

7313. Erdbeerverborgener Rettich, Juni 2015

2 Portionen

- Erdbeerdressing 7312
- 100 g Rettich (rot und weiß gemischt)
- 75 g Möhre
- 100 g Kopfsalat gewaschen und trocken geschleudert
- 120 g Schlangengurke
- 4 Erdbeeren (etwa 50 g)

1 EL Dressing mit Rettich und Möhre (beides vorgeschnitten) im Zerkleinerer fein hacken. Kopfsalat in feine Streifen schneiden und jeweils in die Mitte eines größeren Tellers legen. Gurke in hauchdünne Scheiben schneiden und um den Salat legen. Jeweils einen Esslöffel Rettich-Möhren-Mischung an die vier „Himmelsrichtungen" legen. Erdbeeren halbieren, je eine halbe mit der Spitze zum Salat hin auf die Rettichberge legen. Das Dressing in die Mitte über den Kopfsalat gießen.

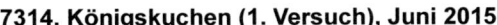

7314. Königskuchen (1. Versuch), Juni 2015

- 250 g Stützcreme, z. B. Haselstütze 7310
- 255 g Honig
- 1 Apfel (120 g)
- 300 g gekochte weiße Bohnen
- 2 EL Rum
- Salz
- 1 gestr. TL vanille
- 50 g Buchweizen
- 450 g Weizen
- 2 P Weinsteinbackpulver
- 350 g grüne Rosinen
- 125 g Pampelmusat (wie Orangeat, z. B. 9/6460)

Stützcreme, Honig, vorgeschnittenen Apfel, Bohnen und Rum im Hochleistungsmixer pürieren. Getreide fein mahlen, mit Vanille, Salz und Backpulver mischen. Das Stützcremegemisch hinzugießen. Mit dem Handrührgerät, Rührbesen, zu einem Rührteig verarbeiten, der Teig fällt schwer reißend herunter. Rosinen und Pampelmusat vorsichtig mit einem Rührlöffel unter den Teig heben. Eine Kastenform mit Butter einfetten, Teig hineingeben. Form in den kalten Ofen einschieben und 65 Min. bei 160 °C backen, 5 Min. nachbacken.

7315. Kuchenmilch „Königskuchen", Juni 2015

Vorbereitung:

- 250 g Stützcreme, z. B. Haselstütze 7310
- 255 g Honig
- 1 Apfel (120 g)
- 300 g gekochte weiße Bohnen und
- 2 EL Rum im Vitamix verschlagen.

Zubereitung:

- 45 g Rest vom obigen Gemisch
- 150 g Wasser mixen und im Kühlschrank aufbewahren.

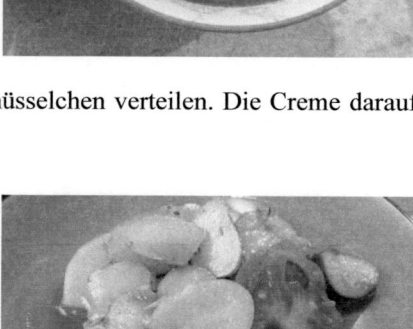

7316. Kirschdessert, Juni 2015

- 180 g Pflanzenmilch, z. B. Kuchenmilch „Königskuchen" 7315
- 75 g Stützcreme, z. B. Haselstütze 7310
- 70 g Sauerkirschmus von Tarpa (nur Frucht und Honig)
- 20 g Honig
- 25 g Chiasamen
- 1 Banane (100 g netto)
- Dekoration: 20 g Pampelmusat (wie Orangeat, z. B. 9/6460)

Alle Zutaten außer Banane und Pampelmusat im Hochleistungsmixer 1 Min. schlagen, die Creme ist glatt und die Samen sind nicht mehr erkennbar. Die Banane schälen, in Scheiben schneiden und auf zwei Schüsselchen verteilen. Die Creme darauf verteilen und mit je einem Klecks Pampelmusat dekorieren.

7317. Kartoffelpizzarette aus der Pfanne, Juni 2015

- 1-2 g Sonnenblumenöl
- 470 g gebürstete & gewaschene Kartoffeln, Schadstellen abgeschnitten = netto
- 1 Prise Salz
- 75 g Wasser
- 1 Zucchini (170 g ohne die Enden)
- 1 Zwiebel geschält (65 g netto)
- 1 Knoblauchzehe geschält
- 90 g passierte Tomaten (Lebegesund)
- 65 g Wasser
- 1 TL Salz
- 1 Prise schwarzer gem. Pfeffer
- 1 TL Pizzagewürz
- 1 große Tomate (200 g)

Eine 24-cm-Pfanne mit dem Öl auspinseln. Kartoffeln in Scheiben schneiden, auf dem Pfannenboden in mehreren Schichten verteilen. Mit etwas Salz bestreuen. Wasser dazugießen. Zucchini, Zwiebel und Knoblauch in Scheiben schneiden und in der angegebenen Reihenfolge auf die Kartoffeln gießen. Passierte Tomaten, Wasser, Salz, Pfeffer und Pizzagewürz mit einem Löffel verrühren, über das Gemüse gießen. Die Tomate in Scheiben schneiden und als oberste Schicht in die Pfanne geben. Als Gemüsepfanne 20 Min. dünsten.

7318. Freitagsmango auf Erdbeeren

2 x Frühstück.

- 2 EL Leinsamen
- 6 EL Nackthafer
- 250 g geputzte Erdbeeren
- 1 Banane geschält (90 g)
- 1 Birne (170 g)
- 30 g Cashewnüsse

- 5 g Zitronenfleisch
- 10 g getr. Mangoschalen
- 40 getr. Mango
- 275 g Wasser
- 2 Erdbeeren

Leinsamen mit dem Getreide flocken, auf zwei Schüsselchen verteilen. Erdbeeren, Banane und geviertelte Birne im Hochleistungsmixer pürieren, über das Getreide geben. Cashews, Zitrone, Mangoschalen, Mangostücke und Wasser im Hochleistungsmixer zu einem Püree verarbeiten und in die Mitte des Erdbeerpürees geben, so dass ein rosa Rand entsteht. In die Mitte jeweils eine Erdbeere setzen.

7319. Mangokakao intensiv, Juni 2015

Im Hochleistungsmixer, je nach Gerät, 4,5 bis 8 Min. auf höchster Stufe schlagen:

- 30 g von einer Creme aus (dies ist der Rest der Frühstücksherstellung):
  - 30 g Cashewnüsse
  - 5 g Zitronenfleisch
  - 10 g getr. Mangoschalen
  - 40 getr. Mango
  - 275 g Wasser
- 10 g getr. Mangoschalen
- 15 g Kakaonibs
- 15 g Braunhirse
- 25 g Honig
- 5 g frischer Ingwer
- auf 500 ml (Markierung im Becher) mit Wasser auffüllen

7320. Schokoladen-Chia-Pudding auf Ananas, Juni 2015

Rohkostqualität

- 20 g wilde Erdnüsse, Rohkost
- 230 g Wasser
- 90 g entsteinte Datteln
- 30 g Chiasamen
- 15 g Kakaopulver (Rohkostqualität)
- 125 g geschälte Ananas (netto)
- 4 Kokosstreifen (5 g)

Erdnüsse, Wasser, Datteln, Samen und Kakaopulver je nach Mixer etwa 1 Min. pürieren, bis die Samen nicht mehr erkennbar sind. Im Vitamix reichen 40-45 Sek. Ananas in kleinere Stücke schneiden, 4 Stückchen beiseitelegen und den Rest auf zwei Schüsselchen verteilen. Schokopudding darüber geben. Mit je zwei Kokosstreifen und Ananasstückchen dekorieren.

7321. Zentrale Ananas, Juni 2015

Frühstück für zwei Personen

- 220 g Ananas netto
- 4 EL Hirse
- 250 g + 2 Stück geputzte Erdbeeren
- 1 Banane geschält (80 g)
- 1 Apfel (110 g)
- 16 Macadamianüsse

Ananas würfeln und auf zwei Tellern in der Mitte verteilen. Hirse fein mahlen. Mit 250 g Erdbeeren, Banane und geviertelten Apfel pürieren und Püree um die Ananasstücke gießen. Nüsse gleichmäßig am Rand auslegen, jeweils eine Erdbeeren in die Mitte der Ananasstücke stecken.

7322. Nudelsalat für Hochsommerwetter, Juni 2015

2 Portionen

Nudeln

- 100 g Spiralnudeln möglichst aus Vollkornmehl
- Wasser und Salz zum Kochen

Soße

- 1 Tomate 85 g
- 3 EL Apfelessig
- 10 g Ahornsirup
- 1 TL Salz
- 1 Pr schw. gem. Pfeffer

Gemüse

- 65 g weiße gekochte Bohnen
- 205 g Schlangengurke
- 150 g Tomate
- 1 kleine Zwiebel (40 g netto)
- 1 Apfel (120 g)

Nudeln in reichlich Salzwasser nach Anweisung garen. Tomate, Essig, Ahornsirup, Salz und Pfeffer im Magic (hochstehendes Messer) verquirlen. Nudeln abgießen und mit der Soße mischen. Etwas ziehen lassen. Gemüse ggf. klein schneiden (Größe nach Vorliebe, Zwiebel aber möglichst klein) und zu den Nudeln geben. Alles etwa 15-25 Min. ziehen lassen.

7323. Schokolade flüssig, Juni 2015

Im Hochleistungsmixer, je nach Gerät, 4,5 bis 8 Min. auf höchster Stufe schlagen:

- 20 g Kakaonibs
- 5 g Kakaopulver (Rohkost)
- 10 g Nackthafer
- 25 g Honig oder mehr nach Wunsch
- 15 g Erdmandeln
- 5 g frischer Ingwer
- auf 500 ml (Markierung im Becher) mit Wasser auffüllen

7324. Tomatendressing nussfrei, Juni 2015

2 Portionen; ohne Nüsse, ohne Fett!

Im kleinen Mixer, hochstehendes Messer, 45-55 Sek. pürieren:

- 1 Tomate (75 g)
- 20 g Apfelessig
- 1 TL Salz
- 10 g Honig
- 1 Prise schwarzer gem. Pfeffer
- 55 g Wasser

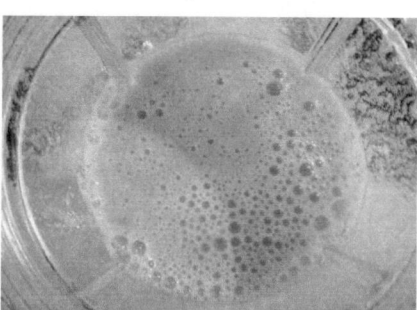

7325. Möhrenzentrale, Juni 2015

2 Portionen

- Tomatendressing nussfrei 7324
- 55 g Rettich
- 155 g Möhre
- 125 g Ananas (netto)
- 100 g Kopfsalat
- 15 Kürbiskerne

Zwei EL vom Dressing in die Küchenmaschine geben. Rettich, Möhre, Ananas (jeweils vorgeschnitten) zufügen; mit dem Hackmesser zur gewünschten Feinheit schneiden lassen. Kopfsalat in feine Streifen schneiden, zwei Teller damit auslegen, mit dem restlichen Dressing begießen. Möhrensalat in die Mitte geben, den Rand mit Kürbiskernen bestreuen.

7326. Essignudeln, Juni 2015

- 50 g Weizen
- 50 g Kamut
- 1 TL (5 g) Apfelessig)
- 45 g Wildhefewasser oder Wasser

Weizen fein mahlen, mit der Flüssigkeit gründlich verkneten. In eine Plastikfolie wickeln und 3-4 Std. ruhen lassen. Mit der Nudelmaschine Atlas Mercato die Sorte Tagliatelle herstellen:

In Stücke teilen, jedes Stück 10 x durch Stufe 1 und je 1 x durch die Stufen 2-7 laufen lassen. Auf einem Küchentuch eine halbe Std. ruhen lassen und in Tagliatelle schneiden. Bis zur Verwendung offen auf einem Küchentuch liegen lassen.

7327. Ananas-Erdbeer-Salat fast lupenrein, Juni 2015

2 Portionen Dessert

- 120 g Ananas netto
- 100 g Erdbeeren netto
- 2 TL „alkoholisierter" Honig
- 7 g „alkoholisiertes" Zitronat

Ananas schälen, in Stücke schneiden. Von den Erdbeeren Stiele und Blätter entfernen, klein schneiden. Obst auf 2 Schüsselchen verteilen, Honig darüber gießen und etwas Zitronat jeweils in die Mitte geben. Bis zum Essen im Kühlschrank aufbewahren.

Dieser Salat schmeckt besonders, wenn beide Obstsorten reif und süß sind. – „Alkoholisiert" bezieht sich auf ein Zitronat, das ich im Januar hergestellt hatte. Ich habe immer kleine Stückchen Zitronenschale, dünn, gesammelt und mit Honig versetzt, aber außerhalb des Kühlschranks aufbewahrt, bis es voll war. Das ist erst so gekippt, dass ich dachte, ich kann es nicht mehr verwenden - aber weggeworfen habe ich es „natürlich" auch nicht. Also steht es seit Monaten im Kühlschrank und ist jetzt richtig lecker.

7328. Zucchinibandnudeln mit Tagliatelle

2 Portionen

- 1 x Essignudeln 7326
- 2 Zucchini (300 g ohne Enden)
- 40 g Wasser
- 1 Zwiebel (65 g netto)
- 2 große Knoblauchzehen (10 g netto)
- 240 g kleine Tomaten
- 60 g passierte Tomaten (Lebegesund)
- 80 g Wasser
- 1 gestr. TL Salz
- 1 P gem. schwarzer Pfeffer

Tagliatelle vorbereiten. – Zucchini mit einem Kartoffelschälmesser in maximal 1 cm breite Streifen schneiden. Am Ende bleibt ein wenig übrig, dass nicht dünn genug wird. Zucchinireste klein schneiden. Wasser in eine 24-cm-Pfanne geben. Zwiebel und Knoblauchzehen abziehen und würfeln.

In die Pfanne geben und stark erhitzen. Bei geschlossenem Deckel auf recht hoher Einstellung weiter erhitzen, bis fast alles Wasser verbraucht ist und die Zwiebeln glasig sind. Tomaten vierteln (oder halbieren, wenn es Cocktailtomaten sind) und in der Pfanne mit erhitzen. Passierte Tomaten, Wasser, Salz und Pfeffer mit einem Löffel verrühren, in die Pfanne geben. Gemüse aufkochen und die Zucchininudeln hinzufügen. Auf höchster Einstellung zum Kochen bringen, allmählich die Hitze herunterstellen und etwa 10 Min. dünsten. Nudeln in kochendes Salzwasser geben und - wenn sie frisch sind - 1-2 Min. kochen. In einem Sieb abtropfen lassen, kalt abspülen und vorsichtig unter das Gemüse heben. Noch einmal aufkochen lassen. In Schüsseln oder Suppentellern servieren.

7329. Schokosonntag, Juni 2015

2 x Frühstück

Abends
- 6 EL Sechskorngetreide grob schroten, mit insgesamt
- 160 g Wasser übergießen. Bei Raumtemperatur stehen lassen.

Morgens
- 10 g Kakaopulver Rohkostqualität
- 30 g Erdmandeln
- 10 g Chiasamen
- 1 Banane geschält (130 g netto)
- 2 entsteinte Datteln (35 g netto)
- 100 g Wasser
- 2 dünnere Scheiben Ananas, geschält (215 g brutto)
- 4 Erdbeeren

Kakao, Erdmandeln, Chia, Banane, Datteln und Wasser im Mixer zu einer glatten Creme schlagen und auf dem Getreide verteilen. Die Ananasscheiben als Scheibe quer und längs in Würfel schneiden und so auf die Schokocreme übertragen, dass die Scheibe „erhalten" bleibt. Die Erdbeeren längs halbieren und je zwei in die Mitte auf die Ananaswürfel setzen.

7330. Mangostützcreme, Juni 2015

Im Hochleistungsmixer bis zum Stocken schlagen:
- 15 g getr. Mango
- 30 g geschälte Mandeln
- 50 g Reis
- 350 g Wasser

Ohne Hochleistungsmixer: Nüsse in einem Teil des Wassers einweichen, Trockenfrüchte – wenn verwendet – ebenfalls. Getreide fein mahlen und im restlichen Wasser aufkochen, abkühlen lassen. Alles zusammen in einem Mixer zu einer Creme schlagen. Kommen Erdmandeln im Rezept vor, ohne Hochleistungsmixer besser durch Cashewnüsse (halbe Menge) ersetzen.

7331. Kicherbsenkakao, Juni 2015

Im Vitamix 4,5 Min. auf höchster Stufe schlagen:
- 15 g Kakaonibs
- 50 g Mangostützcreme
- 30 g Honig
- 325 g Kichererbsenkochwasser
- 20 g Cashewnüsse
- Ca. 100 g Wasser
- Unmengen Ahornsirup :-)

Puh, das war zu viel! Das schmeckt so intensiv nach Kichererbsen, quasi mehr als Kichererbsen selbst. Ich hatte den Kakao mit 30 g Honig angesetzt, das ist schon sehr viel. Er war aber quasi ungesüßt und wegen des Kichererbsengeschmacks für mich kaum genießbar. Also habe ich noch reichlich Ahornsirup zugegeben.

7332. Dünner Kakao mit Cashew, Juni 2015

Im Vitamix ca. 5 Min. auf höchster Stufe schlagen:
- 10 g Kakaonibs
- 10 g Braunhirse
- 20 g Honig
- 10 g Cashewnüsse
- 20 g Erdmandeln
- 5 g frischer Ingwer
- auf 500 ml (Markierung im Becher) mit Wasser auffüllen

7333. Streuselkuchen Wildhefe 20/2015, Juni 2015

Samstag Mittag, ca. 13 h

- 100 Weizen mit 100 Hefewasser verrührt

Der Deckel der Pengdose war abends leicht gewölbt.

Samstagabend, ca. 21 h

- 200 g Weizen
- 150 g Wasser
- 1/2 TL Salz
- 1 TL Honig
- Ansatz von morgens

Weizen fein mahlen, mit den restlichen Zutaten gründlich verrühren. In der Pengdose über Nacht außerhalb des Kühlschranks stehen lassen. Als ich Sonntagmorgen aufstand, war der Deckel stark hochgewölbt und ploppte um ca. 8 Uhr ab. Ich habe ihn dann wieder aufgesetzt und noch eine Std. stehen lassen, weil ich erst andere Dinge zu tun hatte. Das bisschen Salz und Honig am Abend scheint zwei gute Wirkungen zu haben: einerseits lässt es den Teig gut gehen, andererseits sorgt das Salz (vermute ich) dafür, dass die Hefe nicht „übergeht".

Sonntagmorgen, Backtag

- 75 g Weizen
- 75 g Honig
- Ansatz vom Vorabend

Weizen fein mahlen, mit dem Ansatz vom Vorabend mit einem Handrührgerät (Knethaken) gut durchkneten und stehen lassen, bis der Rest vorbereitet ist.

Streusel:

- 75 g Honig
- 75 g Mangostützcreme 7330 o. Ä.
- 170 g Weizen

Springform mit Backpapier überspannen. Hefeteig mit den feuchten Händen darauf verteilen. Streusel darauf streuen. Mit Wasser einsprühen. Form in den kalten Ofen geben, 35 Min. bei 160 °C (Klimagaren, auto) backen und 5 Min. im ausgestellten Ofen nachbacken.

7334. Weißer Pizzabelag Nr. 12, Juni 2015

- 20 g geschälte Mandeln, dabei ca. 2 g grüne Rosinen
- 150 g gekochte Sojabohnen (Biohof Lex) oder weiße Bohnen
- 1 TL Salz
- 1-2 Prisen Schabziegerklee
- 10 g Apfelessig
- 20 g Sonnenblumenöl
- 100 g Wasser

Alle Zutaten im kleinen Becher vom kleinen Mixer zu einer glatten Creme arbeiten, das Wasser portionsweise einarbeiten. Auf der Pizza verteilen. Blech in den kalten Ofen schieben und 23 Min. bei 200 °C (Heißluft) und 7 Min. bei 175 °C backen.

7335. Ananasdressing, Juni 2015

2 Portionen

Im kleinen Mixer, hochstehendes Messer, 30-45 Sek. pürieren:

- 75 g Ananas (netto) in Stücken
- 5 g Zitronenfleisch
- 5 g Essigpeperoni 7/4573
- 1 gestr. TL Salz
- Etwas schwarzer gem. Pfeffer
- 75 g Wasser

7336. Möhre gegenüber Kopfsalat, Juni 2015

2 Portionen

- Ananasdressing 7334
- 240 g Möhren (netto)
- 50 g Kopfsalat
- 4 kleine Tomaten (150 g)

Möhren mit 4 EL Dressing fein raspeln und gut verrühren. Zwei Teller bereitstellen und die Möhren jeweils auf die obere Hälfte häufeln. Kopfsalat waschen, trocken schleudern und in feine Streifen schneiden. Die untere Hälfte der Teller damit belegen. Die Tomaten vierteln und jeweils vier Spalten auf die Möhren- und vier auf die Kopfsalatseite legen.

7337. Pastinakenpizza, Juni 2015

Der Teig war tiefgekühlt vom Rezept Kartoffelpizza 7317. Am Vorabend habe ich ihn aus dem TK in den Kühlschrank umgesetzt, um 15 Uhr aus dem Kühlschrank genommen. Um ca. 15.45 Uhr hat er geploppt, dann habe ich nochmals 10 g Mehl eingeknetet und wieder in die Pengdose getan. Er ist da nicht mehr super gegangen, aber der Ofentrieb war prima. Also eine gute Lösung.

7338. Roter Belag

- 5 g Tamari
- 50 g passierte Tomaten
- 20 g Wasser
- 20 g gekochte Kichererbsen

Zutaten mit dem kleinen Mixer, flaches Messer, gut mixen. Auf den Teig gießen und verteilen.

7339. Weiße Schicht

- 70 g Stützcreme, z. B. Mangostützcreme 7330
- 1 TL Salz
- 1 Prise Schabzigerklee
- 100 g gekochte Kichererbsen
- 10 g Apfelessig
- 10 g geschälte Mandeln
- 100 g Wasser

Alle Zutaten in den kleinen Becher des Mixers geben. 45 Sek. mit dem flachen Messer mischen.

Gemüse:

- 200 g Pastinake
- 10 g Knoblauchzehen (brutto)
- 1/2 große Tomaten (105 g)
- 1 TL Pizzagewürz
- etwas Salz

Pastinake mit dem Einsatz für feine Streifen in der Küchenmaschine raspeln. Auf der Tomatenmasse verteilen, Knoblauchzehen abziehen und in dünne Scheiben schneiden, auf die Pastinakenstreifen geben. Die Tomate so dünn wie möglich schneiden. Auf die Pizza legen und mit Pizzagewürz (zwischen den Fingern zerreiben, damit das Aroma freigesetzt wird) bestreuen.

Ofen auf 225 °C vorheizen. Sobald der Ofen heiß ist, die weiße Soße auf das Gemüse gießen. In den Ofen einschieben, auf 220 °C stellen und 22 Min. backen lassen. Bei ausgeschaltetem Ofen 5 Min. nachbacken.

7340. Ananashauch-Schokohaube, Juni 2015

- 35 g Ananas netto
- 20 g Honig
- 12 g Kakaonibs
- 100 g Mangostützcreme 7330 o. Ä.
- 150 g + 2 Stück geputzte Erdbeeren

Ananas in Stücke schneiden. Mit Honig, Kakaonibs und Stützcreme im Mixer pürieren; dass die Kakaonibs nicht ganz glatt „aufgelöst" werden, soll so sein. 150 g Erdbeeren auf zwei Schüsselchen verteilen. Die Creme darüber geben und in die Mitte jeweils eine Erdbeere stecken.

7341. Oben Sommer, unten Winter, Juni 2015

2 x Frühstück.

- 2 EL Leinsamen
- 4 EL Nackthafer
- 2 EL Nacktgerste
- 5 g Zitronenfleisch
- 1 Birne (160 g)
- 2 Äpfel (215 g)
- 1 Banane geschält (80 g netto)
- 1 Scheibe Ananas geschält (180 g brutto)
- 80 g Erdbeeren geputzt (netto)
- 15 g Pekannüsse

Leinsamen mit dem Getreide flocken, auf zwei Schüsselchen verteilen. Birne, Äpfel und Banane in grobe Stücke teilen und mit dem Zitronenfleisch im Hochleistungsmixer pürieren, über das Getreide geben. Ananas würfeln, Erdbeeren je nach Größe halbieren oder vierteln und auf das Obstpüree geben. Nüsse darüber streuen.

7342. Aprikosenquittung, Juni 2015

2 x Dessert

- 115 g Mangostützcreme 7330 o. Ä.
- 75 g Quittenmus (Tarpa)
- 10 g Honig
- 2 Aprikosen entsteint (netto 125 g)
- 10 getr. Gojibeeren

Creme, Mus und Honig im Magic und mit dem Löffel mixen. Aprikosen würfeln, auf zwei Schüsselchen verteilen. In die Mitte eine Kuhle drücken, die Creme hineinfüllen; sie steht etwas über. Mit je 5 Gojibeeren dekorieren.

7343. Raffelpfanne, Juni 2015

- 50 g Wasser
- 1 Zwiebel (50 g netto)
- 7 g Knoblauchzehen
- 3 kleinere Tomaten (145 g)
- 100 g passierte Tomaten
- 160 g Pastinake
- 160 g Süßkartoffel
- 30 g Rettich
- 290 g Kartoffeln
- 1 gestr. TL Salz
- 1 Pr schwarzer gem. Pfeffer
- 1 EL Apfelessig

Wasser in eine 24-cm-Pfanne mit hohem Rand gießen. Zwiebel und Knoblauchzehen abziehen und würfeln bzw. in dünne Scheiben schneiden. Mit den geviertelten Tomaten in die Pfanne geben und eine relativ hohe Einstellung auf dem Herd wählen. Köcheln lassen, bis das restliche Gemüse vorbereitet ist. Pastinake, Süßkartoffel, Rettich und Kartoffeln wenn nötig unter fließendem Wasser abbürsten. Vorschneiden und mit der Küchenmaschine grob raspeln. In die Pfanne geben und durchrühren. Als Gemüsepfanne 15 Min. dünsten. Mit Salz, Pfeffer und Apfelessig abschmecken.

7344. Anakose, Juni 2015

2 x Frühstück

Abends

- 6 EL Sechskorngetreide grob schroten & auf zwei Schüsseln verteilen. Mit insgesamt
- 160 g Wasser übergießen. Abgedeckt bei RT stehen lassen.

Morgens

- 15 g Zitronenfleisch
- 1 dicke Scheibe Ananas geschält (220 g netto)
- 3 Aprikosen entsteint (190 g netto)
- 1 Apfel (115 g)
- 25 g grüne Rosinen
- 20 g Kokosstreifen
- 15 g Pampelmusat (wie Orangeat, z. B. 9/6460)

Das Obst in grobe Stücke teilen und mit den Rosinen im Hochleistungsmixer pürieren, über das Getreide gießen. Kokosstreifen jeweils in die Mitte legen und mit einem Klecks Pampelmusat abschließen.

7345. Kakao mit Quittung, Juni 2015

Im Hochleistungsmixer, je nach Gerät, 4,5 bis 8 Min. auf höchster Stufe schlagen:

- 10 g Kakaonibs
- 15 g Nackthafer
- 1 Dattel entsteint (20 g netto)
- 35 g Quittenmus (Tarpa)
- 7 g frischer Ingwer
- auf 500 ml (Markierung im Becher) mit Wasser auffüllen

7346. Hoisin mit Rettich, Juni 2015

Vorläufer 7177

Im Vitamix pürieren:

- 20 g Essigpeperoni
- 20 g Tamari
- 150 g Apfelessig
- 150 g Cashewnüsse
- 100 g grüne Rosinen
- 15 g Knoblauch, grob geschält
- 1 g gem. schwarzer Pfeffer
- 6 g frischer Ingwer
- 10 g Salz
- 85 g Rettich

In einem Schraubglas im Kühlschrank aufbewahren.

7347. Doppelkartoffel, Juni 2015

- 80 g Hoisin mit Rettich 7346 o. Ä.
- 60 g passierte Tomaten (Flasche)
- 100 g + 50 g Wasser
- 1 Tomate (75 g)
- 5 g Salz
- 1 Zwiebel (50 g netto)
- 420 g Kartoffeln
- 185 g Süßkartoffel

Hoisin, passierte Tomaten, 100 g Wasser, Tomate und Salz im Vitamix pürieren, in eine Pfanne (24 cm) gießen. Den Becher mit 50 g Wasser nachspülen. Dieses Wasser ebenfalls in die Pfanne gießen. Zwiebel würfeln, hinzufügen. Beide Kartoffelsorten unter fließendem Wasser abbürsten und in Scheiben schneiden, alles in der Pfanne miteinander verrühren. Aufkochen, gelegentlich umrühren. 35 Min. lang leicht köcheln; da die Soße dicklich ist, dauert das so lange!

7348. Erdbeer-Aprikosen-Zweisamkeit, Juni 2015

2 x Frühstück

- 2 EL Leinsamen
- 6 EL Nackthafer
- 15 g Zitronenfleisch
- 200 g geputzte Erdbeeren (netto)
- 130 g Aprikosen entsteint (netto)
- 1 große geschälte Banane (175 g netto)
- 1 Scheibe Ananas geschält (150 g netto)
- 15 g Macadamianüsse

Leinsamen mit dem Getreide flocken, auf zwei Schüsselchen verteilen. Das Obst außer der Ananas in grobe Stücke teilen und im Hochleistungsmixer pürieren, über das Getreide geben. Ananas würfeln, auf den Schüsseln verteilen und in die Mitte einige Nüsse legen.

7349. Erdmandelschütte, Juni 2015

Im Hochleistungsmixer, je nach Gerät, 4,5 bis 8 Min. auf höchster Stufe schlagen:

- 10 g Kakaonibs
- 15 g Rundkornreis
- 25 g Honig
- 5 g frischer Ingwer
- 5 g Macadamianüsse
- 30 g Erdmandeln
- auf 500 ml (Markierung im Becher) mit Wasser auffüllen

Mir ist die Hand ausgerutscht, es sollten nur 10 g Erdmandeln sein ;-)

7350. Dünne Reiscashewmilch, Juni 2015

Eignet sich hervorragend für schwarzen Tee!

Im Hochleistungsmixer 5 Min. 30 Sek. schlagen:

- 10 g Cashewnüsse
- 15 g Rundkorn-Naturreis
- 1 Dattel entsteint (16 g netto)
- 500 g Wasser

Ohne Hochleistungsmixer: Cashewnüsse in einem Teil des Wassers einweichen, Dattel ebenfalls. Getreide fein mahlen und im restlichen Wasser aufkochen, abkühlen lassen. Alles im Mixer mischen.

7351. Carob-Schokoladen-Chia-Pudding

Vorläufer: 7299; 2 Portionen

- 250 g Dünne Reiscashewmilch 7350
- 85 g Honig
- 30 g Chiasamen
- 10 g Kakaopulver (Rohkostqualität)
- 5 g Carobpulver
- 60 g Banane geschält (netto)
- 1 Aprikose entsteint (63 g netto)

Die Milch war frisch zubereitet, d. h. noch heiß. Honig, Chiasamen, Kakao- und Carobpulver hinzugeben und erst mit einem Löffel verrühren (damit es nicht so spritzt). 40 Sekunden im Hochleistungsmixer pürieren, bis die Samen nicht mehr erkennbar sind. Pudding auf zwei Schüsselchen verteilen. Banane in Scheiben schneiden und in die Creme drücken, sodass sie nicht mehr sichtbar sind. Mit Aprikosenstückchen dekorieren.

Honig ist nicht so gut, Datteln geben dem Pudding auch Festigkeit. Außerdem brauchte ich sehr viel Honig. Carob ist nicht so lecker; in kleinen Mengen stärkt er manchmal den Schokogeschmack. Hier leider nicht..

7352. Reis und Mung, Juni 2015

2 Portionen

- 145 g Gourmetreismischung (Davert) oder einen anderen Naturreis
- 55 g Mungbohnen
- 1 Knoblauchzehe geschält und in Scheiben (6-7 g netto)
- 360 g Wasser

Im Schnellkochtopf 11 Min. garen, 10 Min. auf Herdstufe 2 (Induktion, von 14) und noch 5 Min. auf Herdstufe 1 abdampfen lassen. Das Wasser ist komplett verbraucht.

7353. Berbere-Pastinake, Juni 2015

2 Portionen

Gemüse:
- 55 g Wasser
- 1 Tomate (105 g)
- 165 g Pastinaken (netto)
- 1 Zwiebel geschält (50 g netto)
- 40 g Möhre

Soße:
- 25 g Tomatenmark
- 15 g Zitronenfleisch
- 1/2 TL Berbere-Gewürzmischung 7294 o. Ä. (z. B.Curry)
- 1 TL Salz
- 35 g gekochte weiße Bohnen
- 100 g Pflanzenmilch, z. B. Dünne Reiscashewmilch 7350
- 50 g Wasser

Gemüse: Wasser in die Pfanne geben, Gemüse zerkleinern und hinzufügen. Als Gemüsepfanne 15 Min. Die *Soßenzutaten* mit dem flachen Messer mit dem kleinen Mixer pürieren. Unter das Gemüse rühren und einmal aufkochen. Bei mir gab es dazu Reis und Mung.

7354. Rosarot' Mod', Juni 2015

2 x Frühstück
- 2 EL Leinsamen
- 6 EL Weizen
- 2 Bananen geschält (235 g netto)
- 10 g Zitronenfleisch
- 310 g Erdbeeren geputzt (netto)
- 1 Birne (140 g)
- 5 g getr. Gojibeeren

Leinsamen mit dem Getreide flocken, auf zwei Schüsselchen verteilen. 8 nicht zu große Erdbeeren (etwa 60 g) beiseitelegen. Banane und Birne in grobe Stücke teilen und mit ca. 250 g Erdbeeren und Zitronenfleisch im Hochleistungsmixer pürieren, über das Getreide geben. Jede Schüssel mit 4 Erdbeeren am Rand und Gojibeeren in der Mitte dekorieren.

7355. Milchkakao mit Braunhirse, Juni 2015

Im Hochleistungsmixer, je nach Gerät, 4,5 bis 8 Min. auf höchster Stufe schlagen:
- 10 g Kakaonibs
- 20 g Braunhirse
- 2 Datteln entsteint (32 g netto)
- 5 g frischer Ingwer
- 100 g Dünne Reiscashewmilch 7350 o. Ä.
- auf 500 ml (Markierung im Becher) mit Wasser auffüllen

Fazit: Konsistenz genau richtig.

7356. Riesenstützcreme, Juni 2015

Da sie sich lange hält und ich Sonntag für die Pizza „schon" wieder welche brauche, habe ich die doppelte Menge im 1,4-Liter-Becher hergestellt. Das Stocken ist nicht ganz so deutlich.

Im Hochleistungsmixer bis zum Stocken schlagen:
- 45 g geschälte Mandeln
- 100 g Rundkorn-Naturreis
- 1 entsteinte Dattel (18 g netto)
- 700 g Wasser

Ohne Hochleistungsmixer: *Nüsse in einem Teil des Wassers einweichen, Trockenfrüchte ebenfalls. Getreide fein mahlen und im restlichen Wasser aufkochen, abkühlen lassen. Alles zusammen in einem Mixer zu einer Creme schlagen.*

7357. Marmorkuchen Nr. 5, Juni 2015

Vorläufer: 7273; ist als Geschenk gedacht. Teig war ziemlich flüssig.
- 250 g Stützcreme, z. B. Riesenstützcreme 7356
- 260 g Honig
- 1 Apfel (130 g)
- 200 g gekochte weiße Bohnen
- 40 g Wasser
- 450 g Weizen
- 50 g Buchweizen
- 1 gestr. TL Vanille
- Etwas Salz
- 1,5 P Weinstein-Backpulver
- 1 TL Natron
- 30 g Kakao (Rohkostqualität)
- 30 g Kakaonibs
- 60 g Honig
- 2 EL Rum
- 25 g Reismilch, z. B. Dünne Reiscashewmilch 7350
- Butter für die Form
- 1 Portion Schokogussversuch Nr. 6; 7358

Stützcreme, 260 g Honig, vorgeschnittenen Apfel, 40 g Wasser und Bohnen im Hochleistungsmixer pürieren. Getreide zusammen fein mahlen, mit Vanille, Salz, Natron und Backpulver mischen. Das Stützcremegemisch hinzugießen. Mit dem Handrührgerät, Rührbesen, zu einem Rührteig verarbeiten, der Teig fällt schwer reißend herunter. Eine Napfkuchenform großzügig mit Butter einpinseln. Etwa zwei Drittel des Teigs hineingeben. Den Restteig mit Kakao, Kakaonibs, 60 g Honig, Rum und Reismilch verrühren. Er sollte etwas flüssiger sein als der Hauptteig. Den dunklen Teig auf dem hellen verteilen. Um ein Marmormuster zu erzielen, eine Gabel spiralförmig durch die beiden Teigschichten ziehen. Form in den kalten Ofen einschieben (das habe ich von Helga übernommen) und 60 Min. bei 170 °C backen, noch 10 Min. im ausgestellten Ofen stehen lassen.

Am nächsten Tag mit dem Schokoguss überziehen (hatte abends gebacken).

7358. Schokogussversuch Nr. 6, Juni 2015
- 35 g Kakaobutter
- 20 g Cashewnussmus mit Kokoshauch
- 5 g Kakaopulver (Rohkost)
- 5 g Carob (Rohkost
- 60 g Stützcreme, z. B. Riesenstützcreme
- 60 g dünnflüssiger Honig

Kakaobutter und Cashewnussmus in einer Pfanne zerlassen, mit einem Schneebesen verquirlen. Restliche Zutaten mit einem Löffel verrühren, die warme Kakaobutter mit dem Schneebesen unterschlagen.

Wird bei Raumtemperatur nicht ganz so fest wie Nr. 5, obwohl ja etwas mehr Butter drin ist.

7359. Kuchenmilch „Marmorkuchen", Juni 2015

Vorbereitung:

- 250 g Stützcreme, z. B. Riesenstützcreme 7356
- 260 g Honig
- 1 Apfel (130 g)
- 200 g gekochte weiße Bohnen
- 40 g Wasser

Im Vitamix verschlagen und im Kühlschrank aufbewahren.

- 60 g Rest vom obigen Gemisch mit
- 200 g Wasser

7360. Aprikosencreme curryfarben, Juni 2015

2 Desserts

- 4 Aprikosen entsteint (190 g netto)
- 10 g Zitronenfleisch
- 65 g Datteln entsteint
- 100 g Pflanzenmilch, z. B. Kuchenmilch „Marmorkuchen" 7359
- 20 g Chiasamen

Eine halbe Dattel beiseitelegen. Die restlichen Zutaten im Mixer schlagen, bis die Samen nicht mehr sichtbar sind (im Vitamix ca. 40 Sek.). Auf zwei Schüsselchen verteilen, die Dattel längs halbieren und 3 Mal quer durchschneiden = 8 Stückchen. Die Creme damit dekorieren.

7361. Mediterrane Kartoffelpfanne, Juni 2015

2 Portionen

Gemüse:

- 75 g Wasser
- 310 g Kartoffeln
- 120 g Zucchini (netto)
- 2 Tomaten (195 g)
- 130 g Süßkartoffel
- 4 Knoblauchzehen (17 g netto)

Soße:

- 1 TL Salz
- 1 MS Kreuzkümmel
- 20 g Zitronenfleisch
- 25 g Wasser

75 g Wasser in eine Pfanne (24 cm) geben. Kartoffeln unter fließendem Wasser abbürsten und in Scheiben schneiden. Enden der Zucchini abschneiden, ebenfalls in Scheiben schneiden. Tomaten würfeln, Süßkartoffel stifteln. Das Gemüse in die Pfanne geben. Knoblauchzehen abziehen, in dünne Scheiben schneiden und auf dem Gemüse verteilen. Als Gemüsepfanne 15-16 Min. Die Soßenzutaten verquirlen und unterrühren.

7362. Obstduo auf Mangocreme, Juni 2015

2 x Frühstück.

Abends siehe 7344.

Morgens:

- 2 EL Leinsamen
- 25 g geschälte Mandeln
- 40 g getr. Mango
- 3 cm Vanillestange
- 275 g Wasser
- 1 kleine Banane geschält (75 g netto)
- 230 g Ananas geschält (netto)
- 2 Aprikosen entsteint (130 g netto)
- 15 g wilde Erdnüsse

Leinsamen flocken, auf das eingeweichte Getreide geben. Mandeln, Mango, Vanille und Wasser im Hochleistungsmixer pürieren, auf dem Getreide verteilen. Banane in Scheiben schneiden, auf die Schüsselchen verteilen. Ananas klein schneiden und so auf die Schüsseln geben, dass die Bananenstücke bedeckt sind. Aprikosen würfeln, hinzufügen. In die Mitte die Erdnüsse streuen.

7363. Chia-Kakao, Juni 2015

Im Hochleistungsmixer, je nach Gerät, 4,5 bis 8 Min. auf höchster Stufe schlagen:

- 15 g Kakaonibs
- 20 g Chiasamen
- 2 Datteln entsteint (30 g netto)
- 5 g frischer Ingwer
- 100 g „Milch", z. B. Kuchenmilch „Marmorkuchen" 7359
- auf 500 ml (Markierung im Becher) mit Wasser auffüllen

7364. Buchweizengerstenfladen auf dem Blech, Juni 2015

Vorläufer 7265

- 125 g Buchweizen
- 125 g Nacktgerste
- 2 gestr. TL Backpulver
- 1 TL Salz
- 40 g geschälte Mandeln
- 200 g gekochte weiße Bohnen
- 3 TL Gute Laune Kräuter (maiersgenuss.de)
- 30 g Riesenstützcreme 7356 o. Ä.
- 205 + 40 g Wasser

Buchweizen und Gerste sehr fein schroten (2 von 9, Hawos Novum). Mit Backpulver, Salz und Kräutern vermischen. Mandeln mahlen, mit Bohnen, 205 g Wasser und Stützcreme im Vitamix glatt schlagen. Becher mit 40 g Wasser nachspülen, ebenfalls in die Schüssel geben und mit einem Löffel verrühren. Abgedeckt 10-15 Min. quellen lassen. Mit einem Spatel auf ein Backblech (PerfectClean, Dauerbackfolie oder Backpapier) bis zum Rand verstreichen, eventuell den Spatel zwischendurch in Wasser tauchen. Mit dem Spatel Stücke vorzeichnen. Ofen (Klimagaren, 1 Dampfstoß Auto) auf 220 °C stellen, 25 Min. backen und 5 Min. im ausgestellten Ofen nachbacken. Wer es gerne knusprig mag, sollte noch etwas länger backen.

7365. Sommerkartoffelsalat fruchtig, Juni 2015

2 Portionen

7366. Kartoffelsalatsoße fruchtig

2 Portionen

Im kleinen Mixer verquirlen:

- 12 g Zitronenfleisch
- 1 Aprikose entsteint (60 g netto)
- 1 geh. TL Salz
- 10 g Cashewnüsse
- 8 g Senf
- 50 g Wasser

Gemüse:

- 380 g gleichgroße Kartoffeln (bei mir 4 Stück)
- 1 Stück grüne Paprika (60 g)
- 2 Tomaten (215 g)
- 1 Stück Schlangengurke (75 g)
- 12 g Zwiebel

Kartoffeln im Schnellkochtopf 10 Min. Stufe II kochen, langsam abdampfen lassen. Noch heiß pellen, in Scheiben schneiden und in die Soße geben. Zudecken und 15 Min. ziehen lassen. Gemüse kleinschneiden, vorsichtig mit den Kartoffeln mischen, bis zum Essen im Kühlschrank aufbewahren.

7367. Kuchencreme mit Frucht, Juni 2015

2 Desserts

- 1 Stück Kuchen (50 g) oder 50 g Plätzchen, hier: Streuselkuchen 7333
- 60 g Obst, hier: 1 Aprikose entsteint
- 75 g Stützcreme, hier Riesenstützcreme 7356
- 10 g Honig
- 1 dünne Scheibe Ananas (75 g netto)
- 1/2-1 TL Kakaonibs

Kuchen / Plätzchen klein schneiden, Obst würfeln. Beides zusammen mit Stützcreme und Honig zu einer Creme schlagen (Zerkleinerer des Pürierstabs), auf zwei kleine Schüsselchen verteilen. Ananas 4 Mal längst durchschneiden, sodass sich 8 Ecken ergeben. Je 4 Ecken mit der Spitze nach oben als Deko an den Rand der Creme stecken, in die Mitte die Kakaonibs streuen.

7368. Mango-Erdbeer-FKG, Juni 2015

2 x Frühstück

- 2 EL Leinsamen
- 6 EL Nackthafer
- 10 g Zitronenfleisch
- 35 g frische Ananas
- 270 g Mangofleisch
- 280 g geputzte Erdbeeren (netto)
- 15 g getr. Ananas

Leinsamen mit dem Getreide flocken, auf zwei Schüsselchen verteilen.

Das frische Obst im Hochleistungsmixer pürieren, über das Getreide geben. Mit den getrockneten Ananasstückchen dekorieren.

Beobachtung: *Die Mango war sehr aromatisch und lecker, die Erdbeeren waren nicht so arg geschmacksintensiv. Trotz fast gleicher Mengen schmeckte das Obstpüree aber deutlich stärker nach aromatischen Erdbeeren!*

7369. Kuchenkakao, Juni 2015

Im Hochleistungsmixer, je nach Gerät, 4,5 bis 8 Min. auf höchster Stufe schlagen:

- 15 g Kakaonibs
- 25 g Tarpa-Quittenmus
- 35 g Kuchen, hier: Streuselkuchen 7333
- 1 Dattel entsteint (16 g netto)
- 5 g frischer Ingwer
- auf 500 ml (Markierung im Becher) mit Wasser auffüllen

Hinweis: Streuselkuchen war jetzt wirklich „genug", das Quittenmus von Tarpa schmeckt uns auch nicht besonders, in Gegensatz zu den anderen Fruchtmusen. Also: Ab damit in die Resteküche. :-)

7370. Dünne Reismandelmilch, Juni 2015

Im Hochleistungsmixer 5 Min. 30 Sek. schlagen:

- 10 g geschälte Mandeln
- 10 g Rundkorn-Naturreis
- 1 Dattel entsteint (16 g netto)
- 505 g Wasser

Ohne Hochleistungsmixer: *Nüsse in einem Teil des Wassers einweichen, Dattel ebenfalls. Getreide fein mahlen und im restlichen Wasser aufkochen, abkühlen lassen. Alles im Mixer mischen. – Im Vergleich zur üblichen Nussmilch ist das hier herrlich fettfrei!*

7371. Erdbeersommerstimmung, Juni 2015

2 x Frühstück

- 2 EL Leinsamen
- 6 EL Nackthafer
- 10 g Zitronenfleisch
- 400 g geputzte Erdbeeren (netto)
- 3 kleine Bananen geschält (230 g netto)
- 20 g Kokosstreifen.

Leinsamen mit dem Getreide flocken, auf zwei Schüsselchen verteilen. Das Obst im Hochleistungsmixer pürieren, über das Getreide geben. Mit Kokosstreifen dekorieren.

7372. Chiakakao Nr. 2, Juni 2015

Im Hochleistungsmixer, je nach Gerät, 4,5 bis 8 Min. auf höchster Stufe schlagen:

- 15 g Kakaonibs
- 5 g Carob
- 15 g Chiasamen
- 2 Datteln entsteint (32 g netto)
- 5 g frischer Ingwer
- 15 g Cashewkerne
- auf 500 ml (Markierung im Becher) mit Wasser auffüllen

Hinweis: Fast Puddingkonsistenz, das kann vom Chia alleine nicht sein. Ich werde die Menge weiter absenken.

7373. Sauerteigbuchweizenbrot Wildhefe 2015/21, Juni 2015

Stufe 1 (12 Std. vorher):

- 400 g Roggen
- 430 g Wasser
- 150 g Sauerteig
- 200 g Weizen
- 200 g Hefewasser

Stufe 2 (Backen, bei mir am Morgen):

Etwa 150 g vom Sauerteig, Stufe 1 abnehmen und in einem gut schlie-ßenden Schraubglas in den Kühlschrank stellen für das nächste Backen.

- 75 g Roggen
- 100 g Weizen
- 125 g Buchweizen
- Wildhefeansatz Stufe 1
- Sauerteigansatz Stufe 1 (ohne die 150 g)
- 2 EL Rum
- 125 g lauwarmes Wasser
- 1 EL Salz
- 20 g Butter für die Form

Stufe 1: Roggen fein mahlen, mit Wasser und altem Sauerteig mischen. In einer ausreichend großen (für den ganzen Teig passenden) Pengdose über Nacht stehen lassen. Weizen fein mahlen, mit dem Hefewasser verrühren und ebenfalls in einer passenden Pengdose über Nacht stehen lassen.

Stufe 2: Getreide mischen und fein mahlen. Restliche Zutaten (außer der Butter) hinzufügen und mit einem großen Löffel gründlich verrühren, bis kein Mehl mehr sichtbar ist. Eine 30-cm-Brotform, Profi-Email von Dr. Oetker, gut einfetten. Teig hineingeben, mit der nassen Hand herunterdrücken und glattstreichen. Mit einem scharfen Messer dreimal schräg einschneiden. Form in eine Plastiktüte geben und ca. 1 3/4 Std. bei Raumtemperatur gehen lassen. Brot in den kalten Ofen einschieben, auf 190 °C (Heißluft) 60 Min., Klimagaren (auto) backen und ca. 5 Min. (Zeit weiß ich nicht genau, ich war spazieren) im ausgestellten Ofen nachbacken.

Hinweis: *Das Brot ist im Ofen noch schön gegangen!*

7374. Hoisin mit Garten, Juni 2015

Vorläufer: 7346. – Freunde hatten mich reich versorgt mit schönen Dingen aus ihrem Garten.

Im Vitamix pürieren:

- 20 g Essigpeperoni 7/4573
- 20 g Tamari
- 150 g Apfelessig
- 100 g Cashewnüsse
- 50 g Mandeln
- 100 g grüne Rosinen
- 25 g in Essig eingelegter Knoblauchschnittlauch (Geschenk)
- 1 g gem. schwarzer Pfeffer
- 10 g Salz
- 4 g frischer vietnamesischer Koriander (Geschenk)
- 25 g frischer Liebstöckel (Geschenk)

In einem Schraubglas im Kühlschrank aufbewahren.

7375. Gazpacho à la Familie & Ich, Juni 2015

2 kleine Portionen; Juni 2015 aus Facebook

- 1 Knoblauchzehe
- 1/2 Zwiebel (33 g netto)
- 35 g Gerste (2 EL)
- 1 TL getr. gem. Suppengemüse
- 60 g grüne Paprikaschote
- 250 g + 250 g Wasser
- 220 g Tomate
- 135 g Schlangengurke
- 1 EL Apfelessig
- 1 TL Salz
- 4 Blättchen Basilikum

Knoblauchzehe und Zwiebel abziehen, würfeln. Gerste flocken. Paprika klein schneiden. Diese Zutaten mit 250 g Wasser in eine kleine Pfanne geben und 4-5 Min. köcheln. Mit den restlichen Zutaten im Mixer pürieren, auf 2 (Frühstücks-)Schüsselchen verteilen und mit Basilikum dekorieren. Im Kühlschrank kalt werden lassen. Wir haben sie lauwarm gegessen, war sehr lecker!

7376. Roter Pizzabelag Nr. 12, Juni 2015

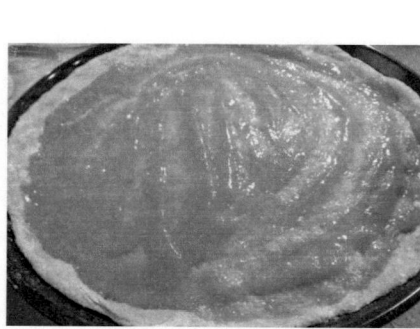

- 1 TL Salz
- 1/2 TL Paprika edelsüß
- 15 g Tomatenmark
- 20 g Wasser
- 20 g gekochte rote Linsen (50 g Linsen / 125 g Wasser 15 Min.)
- 20 g Riesenstützcreme 7356 o. Ä.

Im Mixer 30 Sek. pürieren.

7377. Weißer Pizzabelag Nr. 14, Juni 2015

- 80 g Stützcreme, z. B. Riesenstützcreme 7356
- 1 TL Salz
- 1 Prise Schabziegerklee
- 100 g gekochte rote Linsen (50 g Linsen / 125 g Wasser 15 Min.)
- 10 g Apfelessig
- 10 g Cashewnüsse
- 75 g Wasser

Alle Zutaten in den kleinen Becher des Mixers geben. 45 Sek. mit dem flachen Messer mischen. Der Belag ist ein wenig zu flüssig, offensichtlich haben die Linsen „mehr Flüssigkeit". Demnächst würde ich das Ganze einmal ganz ohne Wasser versuchen.

7378. Süßkartoffelpizza, Juni 2015

Teig reicht für vier Pizzen, ich habe die Hälfte eingefroren.

Teig:

- 100 g Nacktgerste
- 265 g Dinkel
- 35 g Weizen
- 1 gestr. TL Salz
- 42 g frische Bio-Hefe (1 Würfel)
- 200 g Wasser
- 100 g Riesenstützcreme 7356 o. Ä.
- Etwas Wasser, um die Hände zu benetzen
- Roter Belag 7376
- Weiße Schicht 7377

Gemüse:

- 250 g Süßkartoffel
- 1 Zwiebel (55 g netto)
- 1 große Tomate (145 g)
- 1 TL Pizzagewürz

Teig: Getreide mischen und fein mahlen und mit Salz mischen. Hefe im Wasser auflösen, zum Mehl geben, ebenso die Stützcreme. Gründlich verkneten, in diesem Fall mit der Braun Küchenmaschine. Mit nassen Händen nochmals durchkneten und in eine Pengdose legen, Kugel unter Spannung formen, Deckel schließen. Warten bis es ploppt (das erste Mal nach 35 Min.) und mit nassen Händen durchkneten und erneut in die Pengdose geben. Dies wiederholen, bis es Zeit ist, die Pizza vorzubereiten. Hälfte des Teigs abwiegen und einfrieren. Restteig mit Hilfe von Streumehl in der Pizzaform (Durchmesser 28 cm) auseinanderdrücken. Einen Rand hochdrücken. Stehen lassen.

Gemüse: Süßkartoffeln und Zwiebeln mit dem Einsatz für dünne Scheiben in der Küchenmaschine schneiden. Kartoffeln dachziegelartig auf der Tomatenmasse auslegen. Darüber die Zwiebeln streuen. Die Tomate so dünn wie möglich schneiden. Über die Zwiebeln legen und mit Pizzagewürz (zwischen den Fingern zerreiben, damit das Aroma freigesetzt wird) bestreuen. Den weißen Guss darüber gießen.

Pizza in den kalten Ofen schieben, 25 Min. bei 225 °C backen. Bei ausgeschaltetem Ofen 5 Min. nachbacken.

7379. Mangopudden, Juni 2015

2 Portionen

- 125 g + 50 g Mango (netto)
- 120 g Stützcreme, hier: Riesenstützcreme 7356
- 1 Aprikose entsteint (50 g netto)

125 g Mango mit der Stützcreme pürieren (Zerkleinerer vom Pürierstab z. B.). Auf zwei Schüsselchen verteilen. 50 g Mango und Aprikose würfeln, auf den Pudding legen.

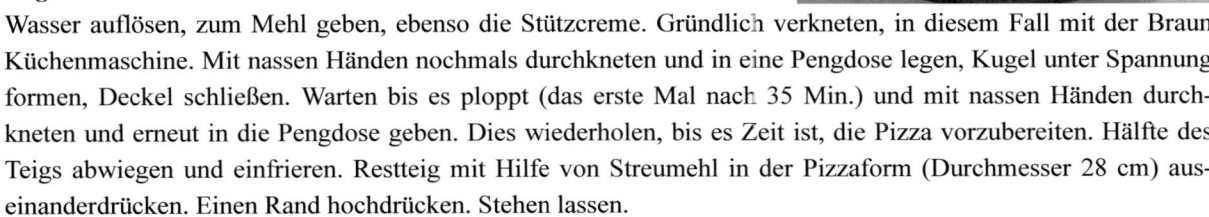

7380. Wuppertaler Allerlei im Frühsommer, Juni 2015

2 x Frühstück

Abends siehe 7344.

Morgens:

- 10 g Zitronenfleisch
- 125 g Erdbeeren geputzt (netto)
- 10 g Zitronenfleisch
- 1 Birne (205 g)
- 1 Apfel (120 g)
- 1 Banane geschält (85 g netto)
- 105 g Mangofleisch (netto)
- 15 g Pekannüsse

Erdbeeren mit Zitronenfleisch, Birne, Apfel und Banane im Hochleistungsmixer pürieren und auf dem Getreide verteilen. Mangofleisch würfeln, an den Rand legen, in die Mitte jeweils ein paar Pekannüsse schütten.

7381. Ku(c)henmilchkakao, Juni 2015

Im Hochleistungsmixer, je nach Gerät, 4,5 bis 8 Min. auf höchster Stufe
schlagen:

- 15 g Kakaonibs
- 5 g Chiasamen
- 23 g Kuchenrest hier: Streuselkuchen 7333
- 2 Datteln entsteint (32 g netto)
- 5 g frischer Ingwer
- 100 g Dünne Reismandelmilch 7370 o. Ä.
- auf 500 ml (Markierung im Becher) mit Wasser auffüllen

7382. Hülsenfrüchte ohne Einweichen, Juni 2015

Hier: Sojabohnen

- 170 g Sojabohnen (Biohof Lex)
- Viel Wasser

Sojabohnen eine halbe Std., wenn möglich, noch in Wasser einweichen.
Im Schnellkochtopf 30 Min. auf Stufe II kochen lassen, sehr langsam
abdampfen lassen.

Sind gut geworden, etwas fester als sonst, aber nicht im negativen Sinne.

7383. Neonpudding, Juni 2015

2 Portionen

- 170 g Mangofleisch
- 10 g Zitronenfleisch
- 65 g Avocadofleisch
- 10 g Agavensirup (oder dünnflüssiger Honig)
- 1 Erdbeere

Mango-, Zitronen- und Avocadofleisch würfeln. Im großen Becher des
kleinen Mixers mit dem hochstehenden Messer zu einer glatten Creme
schlagen. Dafür muss man den Becher ab und zu vom Motorblock
nehmen und durchschütteln. Auf zwei kleine Schüsselchen verteilen und mit je einer halben Erdbeere dekorieren.

7384. Kohlrabigrün in bunter Pfanne, Juni 2015

2 Portionen

Gemüse:
- 100 g Sojabohnenkochflüssigkeit oder Wasser
- 300 g Kartoffeln
- 120 g Möhren
- 75 g Kohlrabigrün
- 105 g Süßkartoffel

Soße:
- 50 g Sojabohnenkochflüssigkeit oder Wasser
- 1 TL Salz
- 1 MS Kreuzkümmel
- 4 g Essigpeperoni 7/4573
- 50 g Wasser

Gemüse: Flüssigkeit in die Pfanne geben. Kartoffeln unter fließendem Wasser abbürsten und in Scheiben schneiden. Kohlrabigrün ggf. waschen. Das Gemüse klein schneiden und schichtweise in die Pfanne geben. Als
Gemüsepfanne 16 Min. dünsten. **Soßenzutaten** im Mixer verquirlen und unter das Gemüse rühren. Den Becher
mit 50 g Wasser nachspülen. Dieses Wasser ebenfalls zum Gemüse geben, verrühren und aufkochen. Kurz aufkochen.

7385. Mangoapfel-Frühstück mit Erdbeeren, Juni 2015

2 x Frühstück

Abends

- 6 EL Sechskorngetreide grob schroten & auf zwei Schüsseln verteilen. Mit insgesamt
- 160 g Wasser übergießen. Abgedeckt bei Raumtemperatur stehen lassen.

Morgens

- 10 g Zitronenfleisch
- 145 g Mangofleisch
- 3 Äpfel (355 g)
- 200 g geputzte Erdbeeren

Mango und Äpfel in grobe Stücke teilen und im Hochleistungsmixer pürieren, über das Getreide gießen. Erdbeeren je nach Größe halbieren oder vierteln und auf der Oberfläche verteilen.

7386. Braunmilchkakao, Juni 2015

Im Hochleistungsmixer, je nach Gerät, 4,5 bis 8 Min. auf höchster Stufe schlagen:

- 10 g Kakaonibs
- 4 g Carobpulver
- 20 g Braunhirse
- 130 g Pflanzenmilch, z. B. Dünne Reismandelmilch 7370
- 2 getr. Feigen (25 g netto)
- 5 g frischer Ingwer
- auf 500 ml (Markierung im Becher) mit Wasser auffüllen

7387. Mangoschichtcreme, Juni 2015

2 Desserts

- 295 g Mangofleisch (1 größere Mango)
- 10 g Zitronenfleisch
- 1 große Banane (120 g netto)
- 10 g Kakaonibs
- 1 Dattel entsteint (17 g netto)
- 5 g Zitronat (wie Orangeat, z. B. 9/6460)

Mango, Zitronenfleisch und Banane pürieren (z. B. im Vitamix, 0,9-Liter-Becher). Etwas mehr als die Hälfte auf zwei Glasgefäße (z. B. Whiskey-Gläser) verteilen. Den Rest mit Kakaonibs und Dattel nochmals pürieren, auf die gelbe Schicht löffeln. Mit etwas Zitronat dekorieren.

7388. Sojanussmilch, Juni 2015

Im Vitamix 2 Min. pürieren:

- 15 g Cashewnüsse
- 30 g gekochte Sojabohnen
- 1 kleine Prise Salz
- 10 g grüne Rosinen
- 680 g Wasser

Schäumt stark, ist beim Befüllen des Aufbewahrungsgefäßes zu beachten (warten, bis sich der Schaum gesetzt hat, dann weiter auffüllen usw.)

7389. Süßsauer-marinierte Kartoffeln, Juni 2015

2 Portionen

- 450 g Kartoffeln
- 80 g Pflanzenmilch, hier: Sojanussmilch 7388
- 3 g Salz
- 20 g Kiwi-Essig 9/6578 oder Apfelessig
- 10 g Honig

Kartoffeln unter fließendem Wasser abbürsten und in (etwa 1 cm) dicke Scheiben schneiden und in eine passende Schüssel geben. Restliche Zutaten mit dem Schneebesen mixen und über die Kartoffeln gießen.

Schüssel dicht verschließen, so dass man sie auch auf den Kopf drehen kann. Etwa eine Std. durchziehen lassen, dabei gelegentlich die Schüssel auf den Kopf stellen und umdrehen usw.

In einer 28-cm-Pizzaform (PerfectClean) Kartoffeln und Marinade verteilen. In den Ofen geben, auf 220 °C aufheizen. 20 Min. bei 220 °C backen und 5 Minç im ausgestellten Backofen nachbacken.

7390. Blumenkohl in Würzzitronensoße, Juni 2015

2 Portionen

Gemüse:

- 50 g Wasser
- 470 g Blumenkohl netto

Soße:

- 100 g Wasser
- 15 g Zitronenfleisch
- 50 g gekochte Sojabohnen
- 1 TL Salz
- 2 TL Gute-Laune-Gewürzmischung o. Ä.

Wasser in eine 24-cm-Pfanne geben. Blumenkohl grob in Röschen teilen, bei Insektenbefall eine Weile in Salzwasser legen. Abtropfen lassen, in die Pfanne geben. Als Gemüsepfanne 15 Min. Alle Soßenzutaten, bis auf die Gewürzmischung, im kleinen Mixer mischen. Gewürzmischung mit dem Löffel unterrühren. Soße zum Gemüse geben, einmal aufkochen.

Tipp: *Bei mir gab es dazu marinierte Ofenkartoffeln.*

7391. Fermentierte Mango, Juni 2015

2 x Frühstück

Abends

- 6 EL Sechskorngetreide grob schroten & auf zwei Schüsseln verteilen. Mit insgesamt
- 160 g Wasser übergießen. Abgedeckt bei Raumtemperatur stehen lassen.

Morgens

- 10 g Zitronenfleisch
- 290 g Mangofleisch (netto)
- 1 Apfel (195 g)
- 45 g fermentierte Rosinen (Rest aus einem Wildhefeansatz)
- 1 Banane geschält (85 g netto)
- 20 g Zitronat (hergestellt wie Orangeat, z. B. 9/6460)
- 10 g Pekannüsse

Obst wenn nötig in grobe Stücke teilen und mit den Rosinen im Hochleistungsmixer pürieren. Obst auf das Getreide geben. In die Mitte Zitronat und Pekannüsse geben.

7392. Soyanussmilchkakao, Juni 2015

Im Vitamix o. Ä. ca. 4,5 Min. auf höchster Stufe schlagen:

- 10 g Kakaonibs
- 20 g Honig
- 20 g Braunhirse
- 5 g frischer Ingwer
- 200 g Sojamilch, hier: Sojanussmilch 7388
- auf 500 ml (Markierung im Becher) mit Wasser auffüllen

7393. Lemon Curd flüssig, Juni 2015

- 225 g Bio-Zitronen (das waren 2 Stück, gewogen ohne Kerne)
- 315 g Honig

Zitronen in dünne Scheiben schneiden und dabei die Kerne entfernen, Schale aber lassen. Mit dem Honig in den Vitamix geben und so lange schlagen, bis die Masse glatt ist. Wird flüssig.

Tipp: Agnes' hat zuerst die Zitronen so lange gemixt, bis es nicht mehr ging, dann festen, milden Blütenhonig zugefügt und nicht mehr allzu lange gemixt. Im Kühlschrank aufbewahrt, ist die Masse stichfest geworden.

7394. Lindgrüne Bananencreme, Juni 2015

2 x Dessert

- 100 g Lemon Curd flüssig 7393
- 1 größere Banane geschält (125 g)
- Avocadofleisch von 1/2 Frucht (60 g netto)
- 10 g Kokosmus 7074 o. Ä
- 2 Gojibeeren

Lemon Curd, Banane und Avocado im Mixer schlagen, bis es eine Creme ist (Avocado geliert, im Vitamix zeigt sich die „Eis"-Raute). Auf 2 Schüsselchen verteilen. In die Mitte einen Klecks Kokosmus setzen, jeweils eine Beere hineinstecken.

Tipp: Möglichst nicht länger als 30 Min. kalt stellen, beginnt dann sich zu verfärben.

7395. Brokkoli-Vorratsdressing, Juni 2015

- 300 g Wasser
- 125 g Kiwi-Essig 9/6578 oder Apfelessig
- 20 g Tamari / Sojasoße
- 20 g Salz
- 1 g gem. schw. Pfeffer
- 115 g Sonnenblumenkerne
- 35 g Mandeln
- 20 g Senf
- 5 g fein gem. getr. Gemüse o. Ä.
- 75 g grüne Rosinen
- 65 g Brokkolistrunk

Alle Zutaten zusammen im Vitamix gut durchschlagen, bis die Masse lauwarm, aber nicht heiß ist. In ein großes Schraubglas füllen und im Kühlschrank aufbewahren.

7396. Basmatireis gewürzt gekocht, Juni 2015

- 200 g Basmatireis
- 50 g Brokkoli-Vorratsdressing 7395 o. Ä.
- 175 g Sojanussmilch 7392 o. Ä.
- 125 g Wasser

Im Schnellkochtopf 12 Min. auf Stufe II kochen, dann je 10 Min. auf Stufe 2 und Stufe 1 von 14, Induktion, abdampfen lassen.

7397. Brokkoli mit dezenter Kichererbse, Juni 2015

2 Portionen

Gemüse:

- 50 g Kichererbsenkochwasser oder Wasser
- 300 g Brokkoli (ohne Strunk)

Soße:

- 10 g Cashewnüsse
- 10 g Essig
- 1 TL Salz
- 50 g Kichererbsen
- 100 g + 30 g Wasser

Wasser in eine 20-cm-Pfanne geben. Brokkoli in Röschen teilen, hinzufügen. Als Gemüsepfanne 12 Min. Soßenzutaten bis auf 30 g Wasser im Mixer mischen, zum Gemüse geben. Den Becher mit 30 g Wasser nachspülen. Dieses Wasser ebenfalls zum Gemüse geben, vorsichtig unterrühren und aufkochen.

Tipp: Bei mir gab es dazu Basmatireis dezent gewürzt.

7398. Lemon Curd in Action, Juni 2015

2 x Frühstück

- 2 EL Leinsamen
- 6 EL Nacktgerste
- 25 g Lemon Curd flüssig
- 200 + 90 g geputzte Erdbeeren
- 1 Banane geschält (85 g)
- 1 Birne (160 g)
- 1 Apfel (175 g)
- 10 g Cashewnüsse

Leinsamen mit dem Getreide flocken, auf zwei Schüsselchen verteilen. Lemon Curd, 200 g Erdbeeren, Banane, geviertelte Birne und Apfel in Achtel in den Hochleistungsmixer geben und pürieren, über das Getreide gießen. 8 Erdbeeren (ca. 90 g) halbieren, je 8 Hälften mit der Spitze zur Mitte hin am Schüsselrand entlang legen. In die Mitte ein paar Cashewnüsse streuen.

7399. Soyanussmilchkakao II, Juni 2015

Vorläufer 7392

Im Hochleistungsmixer, je nach Gerät, 4,5 bis 8 Min. auf höchster Stufe schlagen:

- 10 g Kakaonibs
- 2 Datteln entsteint (40 g netto)
- 20 g Erdmandeln
- 5 g frischer Ingwer
- 200 g Sojamilch, hier: Sojanussmilch 7388
- auf 500 ml (Markierung im Becher) mit Wasser auffüllen

7400. Mango Curd, Juni 2015

2 x Dessert

- 305 g Mangofruchtfleisch, frisch
- 30 g Lemon Curd flüssig 7393 o. Ä.
- 55 g Sojanussmilch 7388 o. Ä.
- 4 Kokosstreifen

Mango, Lemon Curd und Sojanussmilch im Vitamix schlagen, bis sich eine glatte Creme ergibt. Auf zwei Schüsselchen verteilen. Mit je zwei Kokosstreifen (schräg übereinandergelegt) dekorieren.

Tipp: Das geht mit einer Nussmilch sicher auch in Rohkost. Das lohnt, denn es ist supersuperlecker und ganz „glatt".

7401. Gerste im Schnellkochtopf mit Strunk, Juni 2015

2 Portionen

- 200 g Nacktgerste
- Reichlich Wasser zum Einweichen
- 45 g Brokkolistrunk
- 1 Lorbeerblatt

Gerste 10-12 Std. im Wasser einweichen. Strunk fein würfeln. Lorbeerblatt und 180 g vom Einweichwasser in einen kleinen Schnellkochtopf (Mindestwassermenge: 150 g) geben. 12 Min. auf Stufe II kochen, dann auf kleine Einstellung reduzieren und langsam abdampfen lassen (ca. 6-8 Min.). Lorbeerblatt herausnehmen, evtl. leicht salzen (unterrühren).

7402. Cheitlinge, Juni 2015

2 Portionen. – Der Bioladen hatte Kräuterseitlinge im Angebot laut Internet. Nach der Bestellung aber erfuhr ich: Sie wurden nicht geliefert.

- 5 EL Wasser (z. B. Einweichwasser von Gerste)
- 1/2 Gemüsezwiebel geschält (112 g netto)
- 1 MS Curry
- 1 Stück rote Paprika ohne Innenwände (80 g netto)
- 250 g Champignons
- 60 g Wasser (Einweichwasser)
- 15 g Zitronenfleisch
- 1 TL Salz
- 10 g Cashewnüsse
- 50 g Wasser (Einweichwasser)
- 5 g Dinkelmehl

2 EL Wasser in einer Pfanne erhitzen. Zwiebel würfeln und in dem Wasser „anbraten", d. h. immer dann ein wenig Wasser esslöffelweise zugeben, wenn sie kurz davor sind anzusetzen. Nach dem ersten Wasser nachfüllen (insgesamt brauchte ich 5 Esslöffel) Curry mit „anbraten".
Paprika würfeln, ebenfalls kurz miterhitzen. Champignons in Scheiben schneiden, mit 60 g Wasser hinzufügen. Als Gemüsepfanne 12 Min. Die restlichen Zutaten im kleinen Mixbecher mit dem Mixer verquirlen, unterrühren und aufkochen.

Tipp: *Bei mir gab es dazu „Gerste im Schnellkochtopf mit Strunk".*

7403. Mango-Tango, Juni 2015

2 x Frühstück

- 2 EL Leinsamen
- 6 EL Nackthafer
- 40 g getr. Mango
- 30 g Cashewnüsse
- 3 cm Vanillestange
- 275 g Wasser
- 20 g Lemon Curd flüssig 7393 o. Ä.
- 300 g Mangofleisch, frisch
- 1 Birne (190 g)
- 2 TL getr. Gojibeeren

Leinsamen mit dem Getreide flocken, auf zwei Schüsselchen verteilen. Getrocknete Mango, Nüsse, Vanille, Lemon Curd und Wasser im Vitamix zu einer lauwarmen glatten Creme verarbeiten und auf das Getreide gießen. Mangofleisch und Birne in grobe Stücke teilen und im Hochleistungsmixer pürieren, über die Mangocreme geben. Mit Gojibeeren dekorieren.

7404. Rich Friday, Juni 2015

Im Hochleistungsmixer, je nach Gerät, 4,5 bis 8 Min. auf höchster Stufe schlagen:

- 15 g Kakaonibs
- 20 g Braunhirse
- 15 g Cashewnüsse
- 2 getr. Feigen (30 g netto)
- 5 g frischer Ingwer
- auf 500 ml (Markierung im Becher) mit Wasser auffüllen

7405. Erdbeer-Erdbeer-Curd, Juni 2015

- 170 g + 50 g Erdbeeren
- 1 EL Agavensirup
- 70 g Pflanzenmilch, z. B. Sojanussmilch 7388
- 10 g Chiasamen
- 20 g Lemon Curd flüssig 7393

170 g Erdbeeren, Agavensirup und Pflanzenmilch im Vitamix glatt schlagen. Chiasamen hinzufügen, noch einmal durchschlagen und auf zwei Schüsselchen verteilen. Mit Lemon Curd und den restlichen Erdbeeren dekorieren.

7406. Kartoffelsuppe 3 Musketiere, Juni 2015

Für 2 Personen; Aufgabe: Suppe aus 3 Zutaten, Salz und Wasser zählen nicht.

- 315 g Kartoffeln
- 110 g Zwiebel geschält (netto)
- 100 g tiefgekühlter Mais
- 750 g Wasser
- 2 TL Salz

Kartoffeln unter fließendem Wasser abbürsten und in Scheiben schneiden. Zwiebel würfeln. Als Gemüsepfanne zusammen 16 Min. dünsten.

Prüfen ob die Kartoffeln gar sind. Den Topfinhalt pürieren (bei mir: Vitamix großer Becher) und wieder in den Topf geben. Mais hinzufügen und heiß halten, bis der Mais aufgetaut ist.

7407. Erdbeersommer, Juni 2015

2 x Frühstück

- 2 EL Leinsamen
- 4 EL Kamut
- 2 EL Hirse
- 15 g Zitronenfleisch
- 350 g + 25 g geputzte Erdbeeren
- 1 große Banane geschält (145 g)

Leinsamen mit dem Getreide flocken, auf zwei Schüsselchen verteilen. Zitrone, 350 g Erdbeere und Banane im Hochleistungsmixer pürieren, über das Getreide geben. Je eine Erdbeere mit der Spitze nach oben in die Mitte setzen.

7408. Reissonnenmilch, Juni 2015

Im Vitamix, großer Becher, 2 Min. pürieren:

- 10 g Sonnenblumenkerne
- 15 g Rundkorn-Naturreis
- 1 Dattel (16 g)
- 940 g Wasser

Schäumt stark, ist beim Befüllen des Aufbewahrungsgefäßes zu beachten. Die Kerne verfärben unschön.

7409. Paranoide Stützcreme groß, Juni 2015

Im Hochleistungsmixer bis zum Stocken schlagen:

- 15 g Reissonnenmilch 7408 o. Ä.
- 100 g Rundkornnaturreis
- 50 g Paranüsse
- 270 g Gersteneinweichwasser (oder Wasser)
- 380 g Wasser

*Diese Creme ist viel zu flüssig. **Ohne Hochleistungsmixer:** Nüsse in einem Teil des Wassers einweichen, Trockenfrüchte - wenn verwendet - ebenfalls. Getreide fein mahlen und im restlichen Wasser aufkochen, abkühlen lassen. Alles zusammen in einem Mixer zu einer Creme schlagen.*

7410. Großerbecherkakao, Juni 2015

Im Hochleistungsmixer, je nach Gerät, 4,5 bis 8 Min. auf höchster Stufe schlagen:

- 10 g Kakaonibs
- 70 g Stützcreme, hier: Paranoide Stützcreme groß 7409
- 1 TL Carob (5 g)
- 20 g Mochireis
- 2 Datteln entsteint (40 g netto)
- 5 g frischer Ingwer
- auf 500 ml (Markierung im Becher) mit Wasser auffüllen

7411. Hirsequiche mit Blumenkohl, Juni 2015

Hirse

- 150 g Hirse
- 450 g Wasser
- 1-2 Prisen Salz

Blumenkohl

- 50 g Wasser
- 105 g rote Paprika netto
- 400 g Blumenkohl

Soße und Belag

- 150 g Stützcreme, hier: Paranoide Stützcreme groß 7409
- 150 g Wasser
- 15 g Zitronenfleisch
- 1 geh. TL Salz
- 5 g Essigpeperoni 7/4573
- 20 g Cashewnüsse
- 30 g Nackthafer, geflockt
- 15 g Sonnenblumenkerne

Hirse und Wasser in einen kleinen Topf geben. 3-4 Std. quellen lassen. Zum Kochen bringen und auf sehr kleiner Einstellung 20 Min. quellen lassen (Induktion 3 von 14). Salz unterrühren. Hirse in eine viereckige Form geben (Keramikform, ca. 25 x 35 cm). *Blumenkohl:* Wasser in eine 24-cm-Pfanne geben. Paprika würfeln, Blumenkohl klein schneiden und beides in die Pfanne geben. Als Gemüsepfanne 5 Min.. Gemüse vorsichtig mischen und auf der Hirse verteilen. *Soße und Fertigstellung:* Alle Zutaten außer den Sonnenblumenkernen im Hochleistungsmixer mixen, die Nüsse dürfen nicht mehr stückig sein. Über das Gemüse gießen und mit Sonnenblumenkernen bestreuen. In den kalten Backofen schieben und 25 Min. bei 200 °C backen.

7412. Soße zum Überbacken, Juni 2015

- 150 g Stützcreme, hier: Paranoide Stützcreme groß 7409
- 150 g Wasser
- 15 g Zitronenfleisch
- 1 geh. TL Salz
- 5 g Essigpeperoni 7/4573
- 20 g Cashewnüsse
- 30 g Nackthafer, geflockt

Alle Zutaten im Hochleistungsmixer mixen, die Nüsse dürfen nicht mehr stückig sein.

7413. Zitronige Erdbeeren, Juni 2015

- 200 g Erdbeeren
- 100 g Stützcreme, hier: Paranoide Stützcreme groß 7409
- 20 g Lemon Curd flüssig 7393
- 10 g Zitronat (wie Orangeat, z. B. 9/6460)

Erdbeeren auf 2 Schüsselchen verteilen. Stützcreme und Lemon Curd mit einem Löffel verrühren und auf den Erdbeeren verteilen. In die Mitte je einen Klecks Zitronat setzen.

7414. Roter Pizzabelag Nr. 13, Juni 2015

- 30 g Tomatenmark
- Etwas Salz
- Etwas Pfeffer
- 25 g Wasser

Mit einem TL verrühren und auf dem Teig verteilen.

7415. Weißer Pizzabelag Nr. 15, Juni 2015

- 20 g roter Emmer gemahlen
- 80 g gekochte Sojabohnen oder weiße Bohnen
- 15 g Cashewnussmus
- 10 g Sonnenblumenöl
- 10 g Apfelessig
- 40 g Wasser
- 1 gute Prise Salz

Im Mixer zu einer glatten Masse verarbeiten.

7416. Altrosa Frühstück, Juni 2015

2 x Frühstück

Abends

- 6 EL Sechskorngetreide grob schroten & auf zwei Schüsseln verteilen. Mit insgesamt
- 160 g Wasser übergießen. Abgedeckt bei Raumtemperatur stehen lassen.

Morgens

- 7 g Zitronenfleisch
- 2 Bananen geschält (220 g netto)
- 1 Birne (180 g)
- 100 g + 100 g geputzte Erdbeeren (netto)

Bananen und Birne in grobe Stücke teilen und mit Zitronenfleisch und 100 g Erdbeeren im Hochleistungsmixer pürieren. Auf das Getreide gießen. Die restlichen Erdbeeren als Dekoration auf die Oberfläche setzen.

7417. Marzipanrolle mit Wildhefe 2015/22, Juni 2015

Samstag Mittag
- 100 g Dinkel + 100 g Hefewasser

Samstagabend
- 200 g Dinkel + 200 g Wasser
- 1/2 TL Salz
- 1 TL Honig (22 g)
- Ansatz vom Mittag

Sonntagmorgen = Backtag
- Ansatz vom Samstagabend
- 550 g Dinkel
- 75 g Honig
- 110 g Quittenmus (Tarpa) oder ein anderes Fruchtmus, kann auch selbstgemacht sein
- 250 g Honigmarzipan (hier: gekauftes)

Samstag: Dinkel fein mahlen. Mit dem Honig unter den Ansatz vom Samstagabend kneten (Küchenmaschine 3 Min.). In eine Pengdose geben und 4 Std. gehen lassen.

(Entweder schluckt dieser Dinkel besonders wenig Wasser oder die Wildhefe ist die Ursache dafür, dass trotz der recht geringen Wasserzugabe der Teig mit 500 g Dinkel viel zu weich war. Selbst mit 550 g Dinkel ist er noch „kritisch".)

Mit bemehlten Händen einmal durchkneten. Auf die Arbeitsfläche ein feuchtes Spültuch legen, darauf eine glatte Unterlage (ein ganz dünnes Schnittbrett). Die Unterlage gut mit Streumehl bestreuen, das ist wichtig, damit die Rolle, die recht klebrig ist, sich dann vom Untergrund löst.

Sonntag: Teig auf die Unterlage geben, mit Hilfe von Streumehl in Größe des Schneidbretts ausrollen. Dünn mit Fruchtmus bestreichen. Marzipan in dünne Streifen schneiden und gleichmäßig auf dem Teig verteilen, am besten mit einem kleinen Spatel. Die Rolle von der längeren Seite her aufrollen. Dabei die Hände bemehlen und, wenn es doch auf der Unterlage klebt, immer wieder ein bisschen Mehl unterschieben. Wenn die Rolle fertig ist, wieder Streumehl „dahinter" verteilen und die Rolle einmal drehen, sodass die Unterseite oben liegt, noch einmal vorsichtig auf das Mehl drehen, sodass sie nun „frei beweglich ist". Zu einem Hufeisen formen und auf das Backblech schieben. Dabei kommt (oder kam bei mir) Streumehl mit auf das Backblech, das ich mit einem feuchten Tuch weggewischt habe.

Mit Wasser einsprühen. In den kalten Backofen schieben. Bei mir: Klimagaren automatisch, 45 Min., 175 °C und im ausgestellten Ofen 5 Min. nachbacken lassen.

Da Wildhefeteige dazu neigen, in die Breite zu „fallen", habe ich die Rolle vor dem Backen nicht mehr gehen lassen. Sie ist aber dennoch im Ofen etwas gegangen. Das ist nie so viel wie bei gekaufter Hefe, aber wenigstens deutlich.

7418. Mungspaghetti, Juni 2015

- 40 g Mungbohnen geschält (oder gelbe Linsen)
- 120 g Kamut
- 75 g Wasser

Kamut und Mungbohnen fein mahlen, mit der Flüssigkeit gründlich verkneten, erst mit der Küchenmaschine, dann mit der Hand. In eine Plastikfolie wickeln und 3-4 Std. ruhen lassen.

Mit der Nudelmaschine Atlas Marcato die Sorte Spaghetti herstellen:

In Stücke teilen, jedes Stück 1-2 Mal zusammenfalten und 10 x durch Stufe 1 und ungefaltet je 1 x durch die Stufen 2-4 laufen lassen.

Auf einem Küchentuch eine halbe Std. ruhen lassen und in Spaghetti schneiden. Bis zur Verwendung offen auf einem Küchentuch liegen lassen.

Reichlich Salzwasser zum Kochen bringen, die frischen Nudeln 3-4 Min. ziehen lassen. Sie sind schön fest und sehen überhaupt nicht aus wie Vollwertnudeln!

7419. Sonnenmilchkakao, Juni 2015

Im Hochleistungsmixer, je nach Gerät, 4,5 bis 8 Min. auf höchster Stufe schlagen:

- 15 g Kakaonibs
- 2 Datteln entsteint (36 g netto)
- 5 g frischer Ingwer
- 465 g Pflanzenmilch mit Sonnenblumenkernen, hier: Reissonnen-milch 7408 (aufgefüllt mit Wasser auf 500 g)
- 10 g Chiasamen

7420. Schokoladen-Chia-Pudding mit Honig, Juni 2015

Vorläufer 7299

- 250 g Pflanzenmilch, hier: Reissonnenmilch 7408
- 1 große geschälte, sehr reife Banane (115 g netto)
- 50 g Honig
- 30 g Chiasamen
- 10 g Kakaopulver (Rohkostqualität)
- 5 g Carobpulver
- 1 Prise Salz
- 1/2 TL gem. Vanille
- 2 Stückchen getr. Ananas
- 2 getr. Gojibeeren

Milch, Banane, Honig, Samen, Kakao- und Carobpulver, Salz und Vanille je nach Mixer etwa 1 Min. pürieren, bis die Samen nicht mehr erkennbar sind. Im Vitamix reichen 50 Sek.

Mischung auf zwei Schüsselchen verteilen und mit Ananasstücken und Gojibeeren dekorieren.

Fazit: Auch lecker, aber für 2 Personen sind 50 g Honig plus Banane schon heftig. Dabei ist der Pudding nicht einmal besonders süß geworden. Auch bei weitem nicht so fest wie sonst. Da müssen die Honigenzyme die Pflanzenmilch „bearbeitet" haben? Natürlich haben Datteln auch mehr Substanz.

7421. Kohlrabibolognese, Juni 2015

- 1 Kohlrabi (netto 275 g)
- 1 Dose Tomatenstücke (400 g Inhalt)
- 1 Tomate (100 g)
- 3 Knoblauchzehen (netto 8 g)
- 1 Zwiebel (netto 65 g)

Soße:

- 1 geh. TL Salz
- 1/2 TL Paprika edelsüß
- 5 g Essigpeperoni 7/4573
- 75 g Stützcreme, hier: Paranoide Stützcreme groß 7409
- 50 g Wasser
- 10 g Tomatenmark
- 10 g Mandeln
- 5-10 g Honig

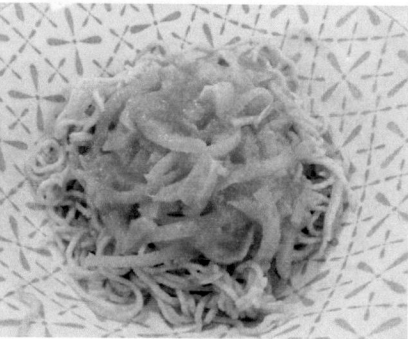

Kohlrabi schälen und in der Maschine in grobe Streifen schneiden. Tomate klein schneiden und mit den Tomatenstücken in eine Pfanne (24 cm) geben. Knoblauchzehen und Zwiebel abziehen, würfeln oder in Scheiben schneiden und ebenfalls in die Pfanne geben. Deckel auflegen, auf höchster Einstellung zum Kochen bringen, bis Dampf unter dem Deckel austritt. Auf kleinste Einstellung drehen und 12 Min. dünsten, ohne den Deckel abzuheben. Die Soßenzutaten mit einem kleinen Mixer pürieren. Unter das Gemüse rühren und aufkochen.

Tipp: Bei mir gab es dazu Mungspaghetti 7418.

7422. Kröpfchen-Töpfchen, Juni 2015

2 x Frühstück

- 2 EL Leinsamen
- 6 EL Gerste
- 15 g Zitronenfleisch
- 400 g geputzte Erdbeeren
- 1 Apfel (100 g)
- 1 geschälte Banane (95 g netto)
- 10 g Kokosraspeln

Leinsamen mit dem Getreide flocken, auf zwei Schüsselchen verteilen.

Die Hälfte der Erdbeeren, die vielleicht nicht mehr so richtig schön aussehen und stärker geputzt werden müssen mit Zitronenfleisch, gevierteltem Apfel und der Banane pürieren. Über das Getreide geben. Die restlichen Erdbeeren klein schneiden und auf der Oberfläche verteilen. Mit Kokosraspeln bestreuen.

7423. Braunhirse-Ade, Juni 2015

Im Hochleistungsmixer, je nach Gerät, 4,5 bis 8 Min. auf höchster Stufe schlagen:

- 10 g Kakaonibs
- 95 g Paranoide Stützcreme groß 7409 o. Ä.
- 1 getr. Feige (12 g)
- 1 entsteinte Dattel (17 g netto)
- 20 g Braunhirse
- 5 g frischer Ingwer
- auf 500 ml (Markierung im Becher) mit Wasser auffüllen

7424. Schokoladen-Chia-Pudding mit Nibs, Juni 2015

Vorläufer 7420

- 250 g Pflanzenmilch, hier: Reissonnenmilch 7408
- 50 g Honig
- 2 entsteinte Datteln (35 g netto)
- 30 g Chiasamen
- 17 g Kakaonibs
- 1 Prise Salz
- 1/2 TL gem. Vanille
- 6 Cashewnüsse

Milch, Honig, Datteln, Samen, Kakaonibs, Salz und Vanille je nach Mixer etwa 1 Min. pürieren, bis die Samen nicht mehr erkennbar sind. Im Vitamix reichen 50 Sek. Mischung auf zwei Schüsselchen verteilen und mit Cashewnüssen dekorieren.

Hinweis: Endlich habe ich gemacht, was ich die ganze Zeit schon probieren wollte - den leckeren Pudding mit Nibs statt mit Kakaopulver herstellen. Ich weiß zwar, dass Pulver intensiver ist, als es die Kakaonibs sind, aber so groß hatte ich mir den Unterschied nicht vorgestellt. Lecker war es wohl, aber nicht so schokoladig und - für mich - doch grenzwertig süß. Eric fand das nicht :-) Es war etwas fester als gestern.

7425. Lasagnesauce weiß Nr. 2, Juni 2015

2 Portionen

- 500 g Wasser
- 100 g Cashewnussmus
- 50 g Nackthafer
- 1,5 TL Salz
- 1 gestr. TL Schabziegerklee
- eine Prise Muskat

Wasser und Cashewnussmus auf kleiner Einstellung erhitzen, bis das Nussmus weich ist. Hafer fein mahlen, mit dem Rührblitz unterziehen.

Zum Kochen bringen und abschmecken. Auf dem Herd stehen lassen, immer wieder rühren.

7426. Mexikanische Blumenkohl-Kartoffelpfanne, Juni 2015

- 55 g Reissonnenmilch 7408 (oder Wasser)
- 315 g Kartoffeln
- 1 große Tomate (130 g)
- 3 Knoblauchzehen abgezogen (10 g netto)
- 220 g Blumenkohl
- 150 g gekochte Kidneybohnen

Soße:

- 10 g Peperoniessig 7/4573
- 10 g Sonnenblumenöl
- 4 g Essigpeperoni 7/4573
- 1/2 TL Paprika edelsüß
- 1 TL Salz
- 1 Pr. schw. gem. Pfeffer
- 7 g Honig
- 30 g Wasser

Flüssigkeit in eine Pfanne, 24 cm, geben. Kartoffeln unter fließendem Wasser abbürsten und in Scheiben schneiden. Tomate würfeln, Knoblauch in Scheiben schneiden, Blumenkohl klein schneiden. Das frische Gemüse in die Pfanne geben. Als Gemüsepfanne 15 Min. dünsten. **Soßenzutaten** im Mixer verquirlen, unterrühren und heiß werden lassen.

7427. Lasagnesoße rot Nr. 2, Juni 2015

2 Portionen

- 140 g Zwiebeln netto
- 1 Knoblauchzehe
- 2 Esslöffel Olivenöl
- 100 g Roggen
- 100 g Möhre
- 310 g Tomaten
- 2 TL Paprika gem. mild

- 250 g Wasser
- 70 g (1 geh. EL) Tomatenmark
- 2 TL Kräutersalz
- 1/4 TL Muskat
- 1/2 TL gem. Kümmel
- für Nichtveganer: 1 TL Honig

Zwiebel und Knoblauch schälen, im Zerkleinerer zerhacken. Roggen flocken. Öl erhitzen, Zwiebeln und Roggen darin anbraten. Möhren ebenfalls möglichst klein hacken, mit anbraten. Dann die kleingeschnittenen Tomaten untermischen. Wasser und Paprika hinzugeben und etwa 30 Min. auf kleinster Einstellung köcheln (ab und zu umrühren). Flocken und Möhren geben der Soße so ein bisschen den „Hackfleischtouch". Mit Salz, Gewürzen und Honig abschmecken und das Tomatenmark unterrühren.

7428. Nektarine-auf-Mango, Juni 2015

2 x Frühstück

- 2 EL Leinsamen
- 4 EL Nackthafer
- 2 EL Dinkel
- 20 g Zitronenfleisch
- 240 g Mangofleisch
- 2 Bananen geschält (150 g netto)
- 1 Apfel (120 g)
- 25 g Kokosraspeln
- 1 Nektarine entsteint (100 g netto)

Leinsamen mit dem Getreide flocken, auf zwei Schüsselchen verteilen. Das Obst bis auf die Nektarine in grobe Stücke teilen und mit den Kokosraspeln im Hochleistungsmixer pürieren, über das Getreide geben. Nektarinenfleisch in Stücke schneiden und auf die Oberfläche legen.

7429. Erdmandel-Chia-Kakao, Juni 2015

Im Hochleistungsmixer, je nach Gerät, 4,5 bis 8 Min. auf höchster Stufe schlagen:

- 20 g Kakaonibs
- 25 g Erdmandeln
- 10 g Chiasamen
- 2 Datteln entsteint (40 g netto)
- 5 g frischer Ingwer
- auf 500 ml (Markierung im Becher) mit Wasser auffüllen

7430. Melonenkaltschale, Juni 2015

- 15 g Zitronenfleisch
- 100 g Paranoide Stützcreme groß 7409 o. Ä.
- 170 g + 70 g Wassermelone geschält (netto)
- 20 g Lemon Curd flüssig 7393
- 10 g Agavendicksaft oder Honig (nach Geschmack)

70 g Melone beiseitelegen, die restlichen Zutaten im Mixer zu einer Suppe pürieren. Auf zwei Schüsseln verteilen. Den Rest Melone würfeln und in die Kaltschale geben.

7431. Italienisierte Grüne Erbsen, Juni 2015

2 Portionen

Erbsen:
- 200 g grüne Erbsen
- (Einweichwasser)
- 275 g Wasser

Gemüse:
- 30 g Wasser
- 2 Tomaten (280 g)
- 220 g Kartoffeln
- 120 g Spitzpaprika rot (netto)

Soße:
- 1 geh. TL Salz
- 1 gestr. TL Paprika edelsüß
- 10 g Peperoniessig 7/4573
- 1 MS schwarzer gem. Pfeffer
- 20 g Cashewnüsse
- Kochwasser aus der Pfanne

Erbsen in reichlich Wasser ca. 10 Std. lang einweichen. Einweichwasser abgießen und Erbsen mit 275 g in den Schnellkochtopf geben. Im Schnellkochtopf, Stufe II, 16 Min. garen. Langsam abdampfen lassen. Wasser abgießen (für andere Gerichte verwahren). *Ich habe die Befürchtung, dass ich mich bei dem Kochwasser verwogen habe - es war gänzlich aufgesogen nach Ende der Kochzeit. Außerdem waren die Erbsen nach 16 Min. schon fast zerfallen, während ein Eintopf aus derselben Packung letztlich 20 Min. Kochzeit hatte.* **Gemüse:** Wasser in eine kleine Pfanne mit hohem Rand geben. Tomaten in Scheiben schneiden, hinzufügen. Kartoffeln unter fließendem Wasser abbürsten und in Scheiben schneiden, ebenfalls in die Pfanne geben, genau wie die in Streifen geschnittene Spitzpaprika. Als Gemüsepfanne 15 Min. dünsten. Erbsen hinzufügen.

Soße: Im kleinen Mixer verquirlen, unter das Gemüse rühren. Den Becher mit 20 g Wasser nachspülen. Dieses Wasser ebenfalls zum Gemüse geben, verrühren und aufkochen.

7432. Wasserröggeli, Juni 2015

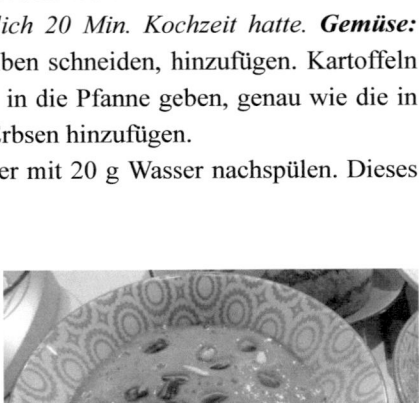

2 x Frühstück.

- 2 EL Leinsamen
- 6 EL Roggen
- 10 g Zitronenfleisch
- 2 kleine geschälte Bananen (145 g netto)
- 230 g Melonenfleisch (netto)
- 2 entsteinte Nektarinen (100 g netto)
- 3 g Ingwer
- 30 g wilde Erdnüsse

Leinsamen mit dem Getreide flocken, auf zwei Schüsselchen verteilen. Das Obst in grobe Stücke teilen und im Hochleistungsmixer pürieren, über das Getreide geben. Mit Erdnüssen dekorieren.

7433. 450 g-Sauerteigbrot für M. mit Rum, Juni 2015

Vorläufer 7260

Stufe 1 (12 Std. vorher):

- 450 g Roggen
- 460 g Wasser
- 150 g Sauerteig

Abends schon vorbereiten:

- 100 g Roggen
- 200 g Dinkel
- 1 EL Salz
- 2 EL Brotgewürz
- 75 g Sonnenblumenkerne

Stufe 2 (Backen, bei mir am Morgen):

- 1 P Trockenhefe (9 g)
- 125 g lauwarmes Wasser
- Getreidemischung vom Vorabend
- 50 g Paranoide Stützcreme groß 7409
- 2 EL Apfelessig (20 g)
- 1 EL Rum
- Etwa 900 g Sauerteigansatz (s.o.)
- 20 g Butter für die Form

Stufe 1: Roggen fein mahlen, mit Wasser und altem Sauerteig mischen. In einer Plastiktüte über Nacht stehen lassen. 150 g von der Stufe 1 abnehmen und in einem gut schließenden Schraubglas in den Kühlschrank stellen für das nächste Backen. **Abends** Getreide fein mahlen, mit den restlichen Zutaten mischen und in einer gut schließenden Plastikdose verwahren. **Stufe 2:** Alle Zutaten (außer der Butter) mit einem großen Löffel gründlich verrühren, bis kein Mehl mehr sichtbar ist. Eine 30-cm-Brotform, Profi-Email von Dr. Oetker, gut einfetten. Teig hineingeben, mit der nassen Hand herunterdrücken und glatt streichen. Mit einem scharfen Messer dreimal schräg einschneiden. Form in eine Plastikdose stecken und 1 3/4 Std. gehen lassen. In den kalten Ofen schieben. 60 Min. bei 190 °C backen und 5 Min. im ausgestellten Ofen nachbacken.

7434. Schokogussversuch 2014, Juni 2015

- 45 g Kakaobutter
- 45 g Honig
- 20 g Kakaopulver, schwach entölt, gesiebt
- 15 g Carobpulver-gesiebt
- 1/2 TL Vanille
- 50 g Süßer Stützbrei à la Barbara (s.u.)

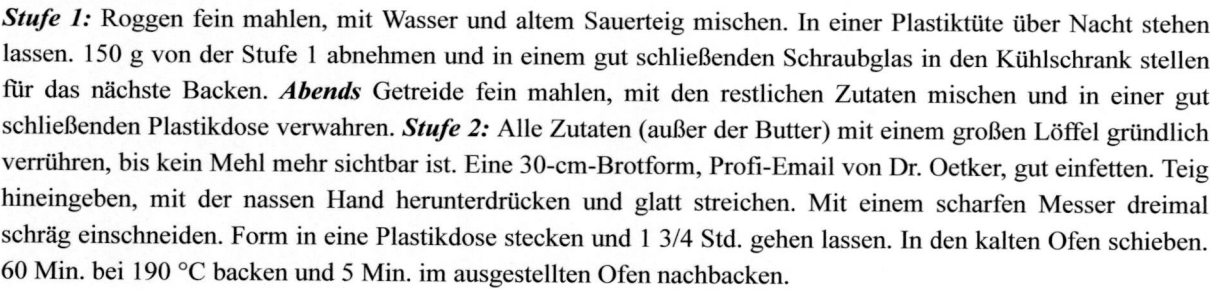

Kakaobutter und Honig vorsichtig in einer Pfanne schmelzen lassen (ich habe eine Induktionsplatte, bei der die Stufe 1 sehr niedrig ist). Die trockenen Zutaten sieben und mit einem Schneebesen in die Buttermasse rühren. Mit dem Stützbrei verrühren. Im Kühlschrank fest werden lassen.

Süßer Stützbrei à la Barbara

- 30 g Kichererbsen
- 50 g Rundkorn-Naturreis
- 1 Pr Salz
- 100 g Feigen
- 50 g Datteln
- 400 g Wasser

Erbsen und Reis nacheinander feinmahlen. Trockenobst in Stücke schneiden (z. B. mit der Schere). Alles im Vitamix auf der Höchststufe bis zum Stocken laufen lassen (4-4,5 Min.).

7435. Kokoskakao, Juni 2015

Im Hochleistungsmixer, je nach Gerät, 4,5 bis 8 Min. auf höchster Stufe schlagen:

- 15 g Kakaonibs
- 100 g Paranoide Stützcreme groß 7409
- 2 Datteln entsteint (40 g netto)
- 5 g frischer Ingwer
- auf 500 ml (Markierung im Becher) mit Wasser auffüllen

7436. Nektabeeren-FKG, Juni 2015

2 x Frühstück

Abends

- 6 EL Sechskorngetreide grob schroten & auf zwei Schüsseln verteilen. Mit insgesamt
- 160 g Wasser übergießen. Abgedeckt bei Raumtemperatur stehen lassen.

Morgens

- 10 g Zitronenfleisch
- 2 kleine Bananen geschält (150 g netto)
- 2 Nektarinen entsteint (180 g netto)
- 215 g + 2 Stück Erdbeeren
- 15 g Kokosnussmus 7074 o. Ä

Zitronenfleisch, Bananen, Nektarinen und 215 g Erdbeeren im Hochleistungsmixer pürieren. Auf das Getreide gießen. In die Mitte jeweils 1 Erdbeere und 1 TL Kokosnussmus geben.

7437. Marzipanrollenkakao, Juni 2015

Im Hochleistungsmixer, je nach Gerät, 4,5 bis 8 Min. auf höchster Stufe schlagen:

- 15 g Kakaonibs
- 35 g Marzipanrolle mit Wildhefe (oder anderer Kuchen mit Marzipan)
- 25 g Erdmandeln
- 1 Dattel entsteint (20 g netto)
- 5 g frischer Ingwer
- auf 500 ml (Markierung im Becher) mit Wasser auffüllen

7438. Mochimilch, Juni 2015

Im Hochleistungsmixer auf der höchsten Stufe 6 Min. schlagen:

- 10 g Mochireis
- 10 g Cashewnüsse
- 1 Dattel (20 g)
- 500 g Wasser

7439. Sommerfruchtsalat, Juni 2015

2 Portionen

Gewichte geschält bzw. entsteint angegeben.

- 195 g Wassermelone
- 115 Ananas
- 1 Nektarine (95 g)
- 10 g Lemon Curd flüssig 7393
- 2 Erdbeeren

Obst in kleine Stücke schneiden. In eine passende Peng-Schüssel geben, dicht verschließen und 2 Std. im Kühlschrank aufbewahren. Ab und an umdrehen, damit die Früchte gut durchziehen. Auf zwei Schüsselchen verteilen und mit je 1 Erdbeere dekorieren.

7440. Kompaktstütze, Juni 2015

Im Hochleistungsmixer bis zum Stocken schlagen:

- 60 g Rundkorn-Naturreis
- 40 g Cashewnüsse
- 1 sehr kleine Prise Salz
- 325 g Wasser

Ohne Hochleistungsmixer: Nüsse in einem Teil des Wassers einweichen, Trockenfrüchte - wenn verwendet - ebenfalls. Getreide fein mahlen und im restlichen Wasser aufkochen, abkühlen lassen. Alles zusammen in einem Mixer zu einer Creme schlagen.

7441. Dünne Kompaktmilch, Juni 2015

Im Hochleistungsmixer gut durchmixen:

- 30 g Kompaktstütze 7440
- 300 g Wasser

Warum, so fragt sich der eine oder andere, wird das hier als Rezept vorgestellt? Das ist doch lächerlich. Wer so denkt, hat vielleicht noch nicht erfahren, was dies ist: Es ist meine Sammlung aller Rezepte, die ich in den letzten Jahren zusammengestellt habe. Und wenn ich mal einen Liebling entdeckt habe, mache ich eben viele Varianten.

7442. Blumenkohlcreme à la Del Sroufe, Juni 2015

1 Teil Blumenkohl zu 1 Teil Wasser, hier:

- 138 g Blumenkohl
- 135 g Wasser

Blumenkohl zerkleinern, im Wasser aufkochen. 10 Min. lang köcheln. Kochwasser abgießen und auffangen. Gekochten Blumenkohl mit 3 EL der Kochflüssigkeit im kleinen Becher eines Mixers zu einer glatten Creme schlagen.

Ich hatte etwa 5 EL Kochwasser übrig. Beim nächsten Mal würde ich 3 Teile Blumenkohl zu 2 Teilen Wasser nehmen.

7443. Cuminblumenkohlwürze, Juni 2015

Im 2-Liter-Becher des Vitamix zu einer glatten Masse schlagen:

- 485 g Blumenkohlgrün, gewaschen und grob abgetropft; klein geschnitten
- 100 g Rucola
- 40 g Salz
- 200 g Apfelessig
- 105 g eingelegter Bärlauch (Salz/Bärlauch)
- 50 g in Essig eingelegter Schnittknoblauch (die Knollen und stärkeren Enden)
- 60 g Honig
- 1 TL gem. Cumin

7444. Sprenkelreis, Juni 2015

2 Portionen

- 160 g roter Vollkornreis
- 40 g Vollkorn-Mochireis
- 340 g Wasser

Alle Zutaten in den Schnellkochtopf geben, 11 Min. auf Stufe II, Herdplatte auf 2 von 14 stellen, 10 Min. Herdplatte auf 1 stellen, 6 Min. Den Rest schnell abdampfen.

7445. Kräuterseitlinge in Pseudocremesoße, Juni 2015

2 Portionen

- 55 g Wasser
- 300 g Kräuterseitlinge
- 1 rote Paprikaschote, ohne Innenwände oder Kerne (150 g netto)
- 3 Zehen Knoblauch (10 g brutto), abgezogen

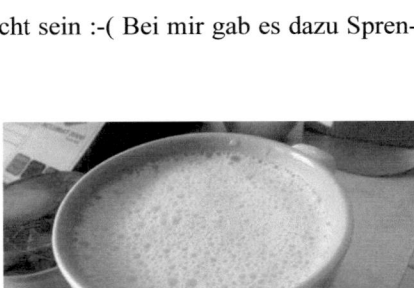

Wasser in eine Pfanne, 24 cm, geben. Pilze und Knoblauch in Scheiben, Paprika in Streifen schneiden. In die Pfanne geben. Als Gemüsepfanne 15 Min. Die Pilze ziehen Wasser.

Soße:

- 1 Portion Blumenkohlcreme à la Del Sroufe 7442
- 1 TL Salz
- Etwas schw. gem. Pfeffer

Creme mit Salz und Pfeffer verrühren, unter das Gemüse rühren. Enttäuscht sein :-(Bei mir gab es dazu Sprenkelreis.

7446. Erdmandel-Kokos-Genuss, Juni 2015

Im Hochleistungsmixer, je nach Gerät, 4,5 bis 8 Min. auf höchster Stufe schlagen:

- 25 g Erdmandeln
- 25 g Kokosraspeln
- 2 Datteln entsteint (37 g)
- 350 g Dünne Kompaktmilch 7441
- auf 500 ml (Markierung im Becher) mit Wasser auffüllen

7447. Mang-Erd-Ana-Freitags-FKG, Juni 2015

2 x Frühstück.

- 2 EL Leinsamen
- 2 EL Nackthafer
- 4 EL Nacktgerste
- 30 g Cashewnüsse
- 40 g getr. Mango
- 20 g Kakaonibs
- 300 g Wasser
- 125 g Erdbeeren geputzt (netto)
- 2 kleine geschälte Bananen (155 g netto)
- 125 g Ananas geschält (netto)

Leinsamen mit dem Getreide flocken, auf zwei Schüsselchen verteilen. Cashewnüsse, Mango, Kakaonibs und Wasser im Vitamix zu einer glatten, lauwarmen Creme schlagen. Auf dem Getreide verteilen. Erdbeeren und Bananen im Vitamix pürieren, auf die Schokocreme gießen, sodass noch ein Rand sichtbar ist. Ananas in Stückchen schneiden und am Rand verteilen.

7448. Erdmandel-Kokos-Kakao, Juni 2015

Im Hochleistungsmixer, je nach Gerät, 4,5 bis 8 Min. auf höchster Stufe schlagen:

- 15 g Kakaonibs
- 25 g Erdmandeln
- 25 g Kokosraspeln
- 2 Datteln entsteint (37 g)
- 5 g Ingwer
- auf 500 ml (Markierung im Becher) mit Wasser auffüllen

Fazit: *War bei weitem nicht so lecker wie die kakaolose Variante (7446). Liegt's an der fehlenden Milch oder am Kakao mit Ingwer?*

7449. Linsencreme, Juni 2015

- 100 g rote Linsen
- 250 g Wasser

Linsen mit Wasser zum Kochen bringen, 15 Min. köcheln und 30 Min. nachquellen lassen. Im kleinen Mier pürieren. Aus der Not geboren, da ich etwas mit gekochten Bohnen backen wollte, aber keine Bohnen hatte. Ob sich das auch für Süßes eignet, muss ich einmal vorsichtig austesten.

7450. Brownies à la Wikipedia, Juni 2015

https://de.wikibooks.org/wiki/Kochbuch/_Brownies
Für eine 20-cm-Springform

- 60 g Kompaktstütze 7440 o. Ä.
- 200 g Agavensirup oder dünnflüssigen Honig
- 1/2 TL gem. Vanille
- 1 Apfel klein geschnitten (125 g)
- 50 g Dinkel
- 35 g Kakaopulver (Rohkostqualität)
- 1 Prise Salz
- 2 TL Weinstein-Backpulver
- 50 g Walnüsse
- 10 g Kakaonibs

Kompaktstütze in eine Rührschüssel geben. Süßmittel, Vanille und Apfel pürieren, auch in die Schüssel gießen. Dinkel mahlen, mit Kakao, Salz und Backpulver hinzufügen. Walnüsse mit den Kakaonibs im Zerkleinerer hacken (die Kakaonibs bleiben intakt). Mit dem Handrührgerät, Rührbesen, sehr gut vermischen.

Backpapier passend für eine 20-cm-Push-Springform (Woll) ausschneiden, auf den Boden legen. Teig in die Form geben und in den kalten Ofen schieben (Gitterrost). 30 Min. bei 160 °C backen und 5 Min. bei ausgestelltem Ofen nachbacken.

7451. Barbecuesoße, Juni 2015

Nach einem Rezept von Meine Familie & Ich

- 100 g Cocktailtomaten
- 20 g Tomatenmark
- 6 g Salz
- Etwas gem. schw. Pfeffer
- 1 Prise Zimt
- 1/2 TL Paprikapulver edelsüß
- 1 EL Apfelessig
- 1 EL Honig (45 g)

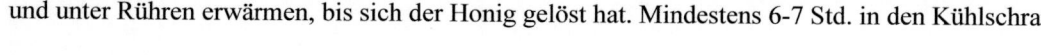

Tomaten halbieren. Mit den anderen Zutaten, außer Honig, vermischen. Zusammen in einen kleinen Topf geben und unter Rühren erwärmen, bis sich der Honig gelöst hat. Mindestens 6-7 Std. in den Kühlschrank stellen.

7452. Gerstenfladen mit Linsen, Juni 2015

Vorläufer 7265

- 125 g Nacktgerste
- 1 gestr. TL Backpulver
- 1 gestr. TL Salz
- 25 g Cashewnüsse
- 100 g Linsencreme 7449
- 50 g Mochimilch 7438
- 50 + 25 g Wasser

Nacktgerste fein mahlen. Mit Backpulver und Salz vermischen. Cashewnüsse im Mixer mit Linsencreme, Mochimilch und 50 g Wasser mahlen, zum Mehl geben. Becher mit 50 g Wasser nachspülen, ebenfalls in die Schüssel geben und mit einem Löffel verrühren. Mit einem Spatel in einer 28-cm-Pizzaform (PerfectClean, Dauerbackfolie oder Backpapier) bis zum Rand verstreichen, eventuell den Spatel zwischendurch in Wasser tauchen. Mit dem Spatel 6 Stücke vorzeichnen. In den kalten Ofen schieben und 30 Min. bei 200 °C backen.

7453. Schokoguss 2014 Nr. 2, Juni 2015

Vorläufer 7434.

- 45 g Kakaobutter
- 45 g Honig (flüssig)
- 15 g Cashewnüsse
- 5 g Sonnenblumenöl
- 20 g Kakaopulver, schwach entölt, gesiebt
- 15 g Carobpulver, gesiebt
- 1/2 TL Vanille
- 1/2 TL Zimt

Kakaobutter vorsichtig in einer Pfanne schmelzen lassen (ich habe eine Induktionsplatte, bei der die Stufe 1 sehr niedrig ist). Cashewnüsse mit Öl und Honig mahlen. Die trockenen Zutaten sieben, mit einem Schneebesen in die flüssigen Zutaten rühren und dann gut mit der flüssigen Butter verrühren. Im Kühlschrank fest werden lassen.

7454. Kartoffelecken kümmelerig, Juni 2015

- 450 g Kartoffeln brutto
- 1 TL Salz
- 1 TL Kümmel ganz
- 50 g Wasser

Kartoffeln unter fließendem Wasser abbürsten und in Spalten schneiden (ca. 1 cm dick). Salz, Kümmel und Wasser verrühren, bis das Salz gelöst ist. Kartoffeln in einer Dose mit der Flüssigkeit übergießen, Deckel gut schließen und 1/2 Std. stehen lassen, dabei ab und an umdrehen.

Abtropfen lassen und nebeneinander auf eine 28-cm-Pizzaform (Perfect-Clean, oder mit Dauerbackfolie / Backpapier) legen. In den kalten Ofen schieben und 30 Min. bei 220 °C backen.

Hinweis: Bei mir gab es dazu Bratlinge (TK) und Barbecuesoße.7451.

7455. Erdelbeerencreme, Juni 2015

2 Portionen.

- 150 g Stachelbeeren
- 90 g Erdbeeren geputzt
- 10 g Chiasamen
- 2 EL Ahornsirup
- 1 dünne Scheibe Ananas geschält (110 g netto)

Stachelbeeren, Erdbeeren, Chiasamen und Ahornsirup im Vitamix pürieren, bis keine Samen mehr sichtbar sind. Ananas in 8 spitzzulaufende Ecken schneiden. Jede Creme mit 4 Spitzen dekorieren.

Hinweis: Ich liebe Stachelbeeren. Und einmal im Jahr versuche ich, halbwegs vernünftige zu ergattern. Meist schmecken sie nicht so recht, also zumindest nicht so gut wie damals aus dem Garten meiner Großeltern, der nun unter dem Sonnborner Kreuz begraben ist.

7456. Süßer Stützbrei à la Barbara, Juni 2015

- 30 g Kichererbsen
- 50 g Rundkorn-Naturreis
- 1 Prise Salz
- 100 g Feigen
- 50 g Datteln
- 400 g Wasser

Erbsen und Reis nacheinander feinmahlen. Trockenobst in Stücke schneiden (z. B. mit der Schere). Alles im Vitamix auf der Höchststufe bis zum Stocken laufen lassen (4-4,5 Min.).

7457. Stacheliger Unterbau, Juni 2015

2 x Frühstück

- 2 EL Leinsamen
- 6 EL Nackthafer
- 375 g Stachelbeeren (nur Blätter entfernt)
- 2 Bananen geschält (60 g netto)
- 220 g Erdbeeren, geputzt (netto)

Leinsamen mit dem Getreide flocken, auf zwei Schüsselchen verteilen. Stachelbeeren und Bananen im Hochleistungsmixer pürieren, über das Getreide geben. Erdbeeren in Stücke teilen und auf den Oberflächen verteilen.

7458. Marzipanrollenkakao Nr. 2, Juni 2015

Im Hochleistungsmixer, je nach Gerät, 4,5 bis 8 Min. auf höchster Stufe schlagen:

- 10 g Kakaonibs
- 40 g Kuchen, hier: Marzipanrolle mit Wildhefe 7417
- 1 Dattel entsteint (19 g netto)
- 5 g frischer Ingwer
- 100 g Mochimilch 7483
- auf 500 ml (Markierung im Becher) mit Wasser auffüllen

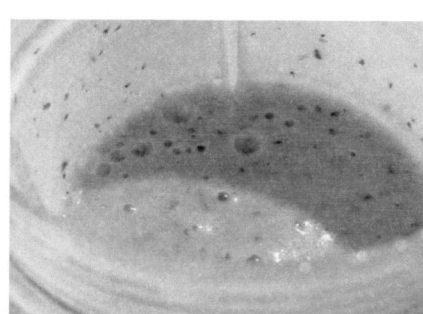

7459. Nektardressing, Juni 2015

Zwei reichliche Portionen

Im kleinen Mixer zu einer glatten Soße mixen:

- 1 entsteinte Nektarine (95 g netto)
- 10 g Zitronenfleisch
- 7 g Rucola
- 1 TL Salz
- 1 MS schwarzer gem. Pfeffer
- 10 g Cashewnüsse
- 75 g Wasser

7460. Gurken-Ananas-Salat, Juni 2015

2 Portionen

Gemüse ggf. waschen, „trocknen" und klein schneiden:

- 125 g Salatherzen Romana
- 4 Cocktailtomaten (85 g)
- 120 g Salatgurke
- 1 dünne Scheibe Ananas geschält (90 g netto)

Ich habe Nektardressing 7459 dazu gegessen.

7461. Rote-Linsen-Nudeln, Juni 2015

2 Portionen

- 120 g Kamut
- 40 g rote Linsen
- 70 g Wasser

Getreide mit den Linsen fein mahlen, mit der Flüssigkeit gründlich erst einmal in der Küchenmaschine, dann mit der Hand verkneten. In eine Plastikfolie wickeln und 3-4 Std. ruhen lassen.

Mit der Nudelmaschine Atlas Marcato die Sorte Tagliatelle herstellen: In Stücke teilen, jedes Stück 1-2 Mal zusammenfalten und 10 x durch Stufe 1 und ungefaltet je einmal durch 2-6 laufen lassen. Auf einem Küchentuch eine halbe Std. ruhen lassen und in Tagliatelle schneiden. Bis zur Verwendung offen auf einem Küchentuch liegen lassen.

In kochendes Salzwasser geben und 3 Min. köcheln. In einem Sieb abtropfen lassen.

Hinweis: *Trotz des geringen Wasseranteils war dieser Teig einfach noch zu feucht. Ich habe dann mit viel Streumehl gearbeitet. Die Nudeln sind prima geworden, die Farbe ist schön gelb und man schmeckt die Linsen nicht.*

7462. Anacciatella, Juni 2015

2 Desserts

- 2 dünne Scheiben Ananas (zusammen 220 g brutto)
- 100 g Kompaktstütze 7440
- 1/2 TL Vanille
- 20 g Lemon Curd flüssig 7393
- 10 g Kakaonibs
- 1 EL Agavensirup oder flüssiger Honig
- 15 g getr. Gojibeeren

Ananas schälen und in Stücke schneiden, auf zwei Glasteller mit Rand verteilen. Kompaktstütze, Vanille, Lemon Curd, Kakaonibs und Süßmittel im kleinen Becher des kleinen Mixers, hochstehendes Messer, verschlagen - die Kakaonibs sollen noch „bissig" sein. Auf die Ananasstücke gießen. In der Mitte mit Gojibeeren dekorieren.

7463. Gefüllte Paprikaschoten, Juni 2015

2 Portionen

Gemüse:

- 2 Paprikaschoten, 360 g brutto
- 50 g Nacktgerste
- 1 TL Salz
- 1 MS gem. schw. Pfeffer
- 1 TL gemischte getr. Kräuter
- 180 g Blumenkohl
- 30 g Kompaktstütze
- 30 g Cuminblumenkohlwürze 7443
- 40 g Kichererbsenkochwasser oder Wasser
- 130 g Wasser

Soße:

- 20 g Cashewnüsse
- 1 TL Salz
- 13 g Zitronenfleisch
- 1 Tomate (125 g), vorgeschnitten
- 65 g Kichererbsenkochwasser oder Wasser
- 20 g Linsencreme
- 7449 o. Ä.

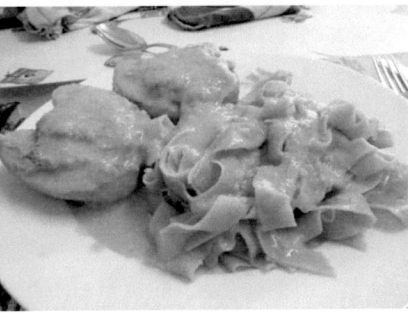

Gemüse: Paprikaschoten halb durchschneiden, Stiel, Innenwände und Kerne herausnehmen. Mit der Schnittfläche nach oben aufstellen. Gerste flocken. Blumenkohl fein raspeln (Zerkleinerer). Beides mit Salz, Pfeffer, Kräutern, Stützcreme, Würze und Wasser verrühren. Die Paprikahälften damit füllen. Paprika nebeneinander in eine 24-cm-Pfanne setzen, vorsichtig 130 g Wasser hinzugießen. Deckel auflegen, Wasser zum Kochen bringen und sobald es kocht, 25 Min. köcheln. Soßenzutaten im Mixer, hochstehendes Wasser, pürieren. In die Pfanne geben, vorsichtig unter das Wasser rühren und aufkochen.

Tipp: *Bei mir gab es dazu Rote-Linsen-Nudeln 7461.*

7464. Nektarinendurchschlag, Juni 2015

2 x Frühstück.

- 2 EL Leinsamen
- 6 EL Nackthafer
- 10 g Zitronenfleisch
- 1 Birne (140 g)
- 1 entsteinte Nektarine (95 g netto)
- 145 + 60 g geputzte Erdbeeren (netto)
- 1 geschälte Banane (90 g netto)
- 30 g Kokosstreifen.

Leinsamen mit dem Getreide flocken, auf zwei Schüsselchen verteilen. Birne in grobe Stücke teilen und mit Zitrone, Nektarine, 145 g Erdbeeren und Banane im Hochleistungsmixer pürieren, über das Getreide geben. Die 60 g Erdbeeren als Dekoration gleichmäßig auf den Oberflächen verteilen, dazwischen die Kokosstreifen legen.

Hinweis: *Auch wenn nur 95 g Nektarine im Frühstück waren auf insgesamt 480 g Frucht, das entspricht knapp 20 % ,war der Geschmack stark davon dominiert.*

7465. Marzipanrollenkakao Nr. 3 mit Hanf, Juni 2015

Im Hochleistungsmixer, je nach Gerät, 4,5 bis 8 Min. auf höchster Stufe schlagen:

- 15 g Kakaonibs
- 3 cm Vanillestange
- 30 g Marzipanrolle mit Wildhefe 7417 o. Ä.
- 1 Dattel entsteint (21 g netto)
- 5 g frischer Ingwer
- 20 g Hanf ungeschält
- auf 500 ml (Markierung im Becher) mit Wasser auffüllen

7466. 450 g-Sauerteigbrot zum Test mit Rum, Juni 2015

Vorläufer 7433

Stufe 1 (12 Std. vorher):	Stufe 2 (Backen, hier am Morgen):
- 450 g Roggen	- 1 P Trockenhefe (9 g)
- 460 g Wasser	- 175 g lauwarmes Wasser
- 150 g Sauerteig	- Getreidemischung vom Vorabend
Abends schon vorbereiten:	- 50 g Kompaktstütze 7440 o. Ä.
- 100 g Roggen	- 2 EL Apfelessig (20 g)
- 200 g Dinkel	- 1 EL Rum
- 1 EL Salz	- Etwa 900 g Sauerteigansatz (s.o.)
- 2 EL Brotgewürz	- 20 g Butter für die Form
- 75 g Sonnenblumenkerne	

Stufe 1: Roggen fein mahlen, mit Wasser und altem Sauerteig mischen. In einer Plastiktüte über Nacht stehen lassen. 150 g von der Stufe 1 abnehmen und in einem gut schließenden Schraubglas in den Kühlschrank stellen für das nächste Backen. **Abends:** Getreide fein mahlen, mit den restlichen Zutaten mischen und in einer gut schließenden Plastikdose verwahren.

Stufe 2: Alle Zutaten (außer der Butter) mit einem großen Löffel gründlich verrühren, bis kein Mehl mehr sichtbar ist. Eine 30-cm-Brotform, Profi-Email von Dr. Oetker, gut einfetten. Teig hineingeben, mit der nassen Hand herunterdrücken und glatt streichen. Mit einem scharfen Messer dreimal schräg einschneiden. Form in eine Plastikdose stecken und 90 Min. (= 1,5 Std.) gehen lassen.

Ofen auf 250 °C vorheizen. Brot einschieben und 50 Min. bei 190 °C backen und 5 Min. im ausgestellten Ofen nachbacken.

7467. Meer Ananasdressing, Juni 2015

2 Portionen

Im kleinen Mixer mixen:

- 3 g Zitronenfleisch
- 65 g Ananas (netto)
- 1 gestr. TL Salz
- 1 MS gem. schw. Pfeffer
- 3 g Meerrettich (von mir eingelegt)
- 55 g Wasser

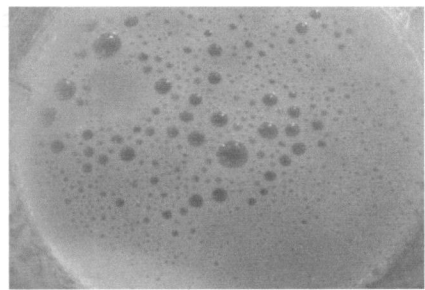

7468. Kleine Salatplatte, Juni 2015

2 Portionen

Die folgenden Gemüse in Abschnitten auf einem Teller (kleiner als ein Essteller, größer als ein Dessertteller) nebeneinander legen, Dressing (hier: Meer Ananasdressing 7467) darüber gießen, die Sprossen abschließend in die Mitte streuen:

- 1 kleines Salatherz Romana (120 g gewaschen und leicht ausgedrückt)
- 1 rote Spitzpaprika, ohne Kerne / Stiel (60 g netto)
- 3 Cocktailtomaten (55 g)
- 140 g Schlangengurke
- 20 g Gerstenkeime

7469. Marzipanrolle mit gekaufter Hefe, Juni 2015

Vergleich mit 7418 (Wildhefe)

- 425 g Dinkel
- 125 g Kamut
- 1/2 TL gem. Vanille
- 1/2 Würfel Hefe (21 g)
- 300 g Wasser
- 100 g Honig
- 85 g Quittenmus (Tarpa), weniger als letztes Mal, da nicht mehr vorhanden
- 250 g Honigmarzipan (ich habe gekauftes genommen, Rest von Weihnachten)

Dinkel und Kamut fein mahlen. Mit Vanille mischen. Hefe in der Hälfte des Wassers auflösen. Mit Honig und Getreide in der Küchenmaschine kneten (90 Sek.). Mit der nassen Hand gründlich durchkneten, zu einer Kugel unter Spannung formen, in eine Pengdose geben und 85 Min. gehen lassen.

Mit nassen Händen einmal durchkneten. Nochmals 20 Min. wie oben beschrieben gehen lassen (das passt nicht ganz für den Test, aber ich

hatte 20 Min. lang keine Zeit, mich mit dem Teig zu beschäftigen, außerdem reagiert ein Wildhefeteig in 20 Min. sowieso nicht). Da war der Pengdeckel schon wieder abgesprungen. Auf die Arbeitsfläche ein feuchtes Spültuch legen, darauf eine glatte Unterlage (ein ganz dünnes Schnittbrett). Die Unterlage gut mit Streumehl bestreuen (ich habe das mit einem Sieb gemacht, wird gleichmäßiger), das ist wichtig, damit die Rolle sich dann vom Untergrund löst.

Teig auf die Unterlage geben, mit Hilfe von Streumehl in Größe des Schneidbretts ausrollen. Dünn mit Fruchtmus bestreichen. Marzipan in dünne Streifen schneiden und gleichmäßig auf dem Teig verteilen. Die Rolle von der längeren Seite her aufrollen. Dabei die Hände bemehlen und, wenn es doch auf der Unterlage klebt, immer wieder ein bisschen Mehl unterschieben. Wenn die Rolle fertig ist, zu einem Hufeisen formen und auf das Backblech schieben. Es kam kein Streumehl auf das Blech. Mit Wasser einsprühen. In den kalten Backofen schieben. Bei mir: Klimagaren automatisch, 45 Min., 175 °C und im ausgestellten Ofen 5 Min. nachbacken lassen.

7470. Spinatpizza Del Sroufe, Juni 2015

Teig:

- 100 g Einkorn
- 100 g Dinkel
- 1/2 gestr. TL Salz
- 20 g frische Bio-Hefe (1/2 P)
- 100 g Wasser
- 50 g Kompaktstütze 7440 o. Ä

Zum Belegen:

- 25 g getr. Tomaten
- 1 rote Zwiebel (55 g)
- 1 weiße Zwiebel (85 g netto)
- 3 Knoblauchzehen (7 g brutto)
- 6-8 EL Wasser
- 245 g gefrorener Spinat (gehackt)
- 180 g Linsencreme 7449 o. Ä.
- 65 g Kompaktstütze 7440 o. Ä
- 75 g Mochimilch 7483 (nicht nötig)
- 1 TL Pizzakräuter
- 1 TL Salz
- 1 MS schw. gem. Pfeffer

Teig: Getreide mischen und fein mahlen und mit Salz mischen. Hefe im Wasser auflösen, zum Mehl geben, ebenso die Stützcreme. Gründlich verkneten, in diesem Fall mit der Braun Küchenmaschine. Der Teig war innerhalb einer Min. fertig. Mit nassen Händen nochmals durchkneten und eine Kugel unter Spannung formen. Teig in eine Pengdose legen. Deckel schließen. Warten, bis es ploppt, und immer wieder mit nassen Händen durchkneten und erneut in die Pengdose geben, bis es Zeit ist, die Pizza vorzubereiten.

Teig mit Hilfe von Streumehl in der Pizzaform (Durchmesser 28 cm) auseinanderdrücken. Einen Rand hochdrücken. Mit einer Gabel mehrmals einstechen. Stehen lassen.

Belag: Tomaten in Wasser mindestens 30 Min. einweichen. Abtropfen lassen (Wasser für andere Mahlzeiten auffangen) und in Streifen schneiden. Rote Zwiebel schälen und würfeln.

Weiße Zwiebel und Knoblauchzehen schälen und würfeln. 2 EL Wasser in einer Pfanne erhitzen, Zwiebel und Knoblauch darin 5 Min. garen, wenn das Wasser verdampft ist, esslöffelweise weiter Wasser hinzugeben. Spinat in die Pfanne geben. Linsencreme, Kompaktstütze und Mochimilch im Mixer verquirlen, über den Spinat gießen. Alles erhitzen, bis der Spinat aufgelöst ist. Dann noch offen 15 Min. köcheln lassen, weil die Spinatmasse zu nass ist. Mit Pizzakräutern, Salz und Pfeffer abschmecken. Auf den Teig gießen. Mit Tomatenstreifen und Zwiebelwürfeln bestreuen.

Pizza in den kalten Ofen schieben, 25 Min. bei 225 °C backen. Bei ausgeschaltetem Ofen 5 Min. nachbacken.

Hinweis: Eher eine Spinattorte als eine Pizza.

7471. Ananas unter Melonensoße, Juni 2015

2 Portionen

- 120 g Ananas geschält (netto)
- 185 g Wassermelone geschält und in Stücken (netto)
- 7 g Zitronenfleisch
- 10 g Ahornsirup oder dünnflüssiger Honig
- 10 g Chiasamen

Ananas würfeln, auf zwei Schüsselchen verteilen. Zwei Stückchen Melone beiseitelegen. Den Rest mit Zitronenfleisch, Süßungsmittel und Samen im Mixer gut verquirlen. Über die Ananas gießen und jeweils ein Stück Melone als Dekoration auflegen.

7472. Ananashauch, Juni 2015

2 x Frühstück

Abends:

- 6 EL Sechskorngetreide grob schroten & auf zwei Schüsseln verteilen. Mit insgesamt
- 160 g Wasser übergießen. Abgedeckt bei RT stehen lassen.

Morgens:

- 10 g Zitronenfleisch
- 20 g Ananasfleisch
- 2 Äpfel (270 g)
- 2 geschälte Bananen (155 g)
- 15 g Kokosraspeln
- 2 Stückchen getr. Ananas

Obst in grobe Stücke teilen und im Hochleistungsmixer pürieren. Auf das Getreide gießen. Mit Kokosraspeln bestreuen und in die Mitte jeweils ein Stückchen getrocknete Ananas legen.

7473. Hanferdelkakao, Juni 2015

Im Hochleistungsmixer, je nach Gerät, 4,5 bis 8 Min. auf höchster Stufe schlagen:

- 10 g Kakaonibs
- 10 g Hanfsamen ungeschält
- 20 g Erdmandeln
- 10 g Carobpulver
- 2 Datteln entsteint (35 g netto)
- 5 g frischer Ingwer
- auf 500 ml (Markierung im Becher) mit Wasser auffüllen.

7474. Grünzeugdressing, Juni 2015

Vorlage: 7305

- 125 g „Grünzeug" (mein interner Name für Cuminblumenkohlwürze 7443)
- 300 g Wasser
- 130 g Kiwiessig
- 20 g Tamari
- 20 g Salz
- 1 g gem. schw. Pfeffer
- 1 gestr. TL Garam Masala (3 g)
- 150 g Sonnenblumenkerne
- 25 g Senf
- 140 g grüne Rosinen

Alle Zutaten zusammen im Vitamix gut durchschlagen, bis die Masse lauwarm, aber nicht heiß ist. In ein großes Schraubglas füllen und im Kühlschrank aufbewahren. Verdünnen für den Gebrauch 1:2 bis 1:3.

7475. Leicht gehanfte Stützcreme, Juni 2015

Im Hochleistungsmixer bis zum Stocken schlagen:

- 60 g Rundkorn-Naturreis
- 30 g Erdmandeln
- 20 g Hanfsamen ungeschält
- 375 g Wasser

Ohne Hochleistungsmixer: Nüsse in einem Teil des Wassers einweichen, Trockenfrüchte - wenn verwendet - ebenfalls. Getreide fein mahlen und im restlichen Wasser aufkochen, abkühlen lassen. Alles zusammen in einem Mixer zu einer Creme schlagen. Kommen Erdmandeln im Rezept vor, ohne Hochleistungsmixer besser durch Cashewnüsse (halbe Menge) ersetzen.

7476. Dünne Hanfstützmilch, Juni 2015

Im Hochleistungsmixer gut durchmixen:

- 55 g Leicht gehanfte Stützcreme 7475 o. Ä.
- 300 g Wasser
- 1 Prise Salz

7477. Ananas mit Aprikosensoße, Juni 2015

2 Desserts

- 2 Scheiben Ananas (200 g netto)
- 3-4 Aprikosen entsteint (135 g netto)
- 20 g Lemon Curd flüssig 7393
- 5 g Kakaonibs
- 4 Walnusshälften

Ananas in Stückchen schneiden, auf zwei Teller verteilen. Aprikosen vorschneiden, mit Lemon Curd im Mixer mixen und über die Ananasstücke gießen. Mit Kakaonibs und Nusshälften dekorieren.

7478. Blumenkohl mit weißen Bohnen, Juni 2015

- 1 rote Zwiebel (60 g netto)
- 6 EL Einweichwasser von getr. Tomaten (oder Wasser)
- 1 rote Paprikaschote (140 g netto)
- 380 g Blumenkohl
- 55 g Bohnenkochwasser (oder Wasser)
- 375 g gekochte weiße Bohnen
- 25 g Petersilie
- 1 TL Salz
- 2 TL Zitronensaft

Zwiebel schälen und würfeln. 2 EL Einweichwasser in einer Pfanne (24 cm) erhitzen, Zwiebel darin erhitzen, noch 2 EL nachgießen, wenn nötig. Kerne und Innenwände aus der Paprikaschote entfernen, klein schneiden und ebenfalls in die Pfanne geben, unter gelegentlichem Rühren miterhitzen, nochmals 2 EL Einweichwasser nachfüllen. Blumenkohl klein schneiden, hinzufügen, darüber das Bohnenkochwasser gießen. Deckel auflegen, auf höchster Einstellung zum Kochen bringen, bis Dampf unter dem Deckel austritt. Auf kleinste Einstellung drehen und 12 Min. dünsten, ohne den Deckel abzuheben.

Bohnen hinzufügen, erhitzen. Klein geschnittene Petersilie, Salz und Zitronensaft vorsichtig unterrühren.

7479. Schnelle Schokodröhnung, Juni 2015

Mit einem Löffel verrühren:

- 105 g Stützcreme, hier: Leicht gehanfte Stützcreme 7475 o. Ä.
- 25 g Ahornsirup oder fl. Honig
- 5 g Kakao (Rohkostqualität)
- 30 g grüne Rosinen

7480. Ananasblüte, Juni 2015

2 x Frühstück.

- 2 EL Leinsamen
- 4 EL Nackthafer
- 2 EL Nacktgerste
- 10 g Zitronenfleisch
- 130 g Ananasfleisch (netto)
- 165 g + 2 Stück geputzte Erdbeeren (netto)
- 1 geschälte Banane (105 g netto)
- 3 Aprikosen

Leinsamen mit dem Getreide flocken, auf zwei Schüsselchen verteilen. Zitronen- und Ananasfleisch mit 165 g Erdbeeren und Banane mit der Maschine mixen und über das Getreide gießen. Aprikosen vierteln, je 6 Hälften im Kreis an den Rand auf das Müsli legen, in die Mitte je eine Erdbeere setzen.

7481. Haha-Milchkakao, Juni 2015

Im Hochleistungsmixer, je nach Gerät, 4,5 bis 8 Min. auf höchster Stufe schlagen:

- 15 g Kakaonibs
- 120 g Mochimilch 7483 o. Ä.
- 15 g Nackthafer
- 2 Datteln entsteint (35 g netto)
- 5 g frischer Ingwer
- 10 g Hanf
- 5 g Carobpulver
- auf 500 ml (Markierung im Becher) mit Wasser auffüllen

7482. Schwarzbären-Nachtisch, Juni 2015

- 175 g schwarze Johannisbeeren abgezupft (netto)
- 50 g Ahornsirup
- 2 TL Flohsamenschalen (8 g)
- 5 g Kokosstreifen

Beeren, Sirup und Schalen im kleinen Mixer mit dem hochstehenden Messer gut verschlagen. Auf zwei kleine Schüsselchen verteilen und mit Kokosstreifen dekorieren.

Hinweise: Die nötige Menge an Süßungsmitteln ist horrend - das würde ich nicht noch einmal machen! Dabei schmeckten die Beeren für sich gar nicht so sauer. Ich hatte mit 20 g Ahornsirup angefangen. – Nach Fertigstellung wurde mir auch klar, dass es natürlich ein völlig idiotischer Test für Flohsamen ist, da Beeren von alleine gelieren.

7483. Flohsamenschalentest, Juni 2015

- 110 g Dünne Hanfstützmilch 7476 o. Ä.
- 10 g Ahornsirup
- 1 geh. TL Flohsamenschalen (4 g)

Alle Zutaten im kleinen Mixer gut verquirlen. Das Produkt ist leicht gefärbt, weil ich vorher im Becher Johannisbeeren püriert hatte.

7484. Sommerremoulade, Juni 2015

Im Mixer gut verquirlen:

- 10 g Zitronenfleisch
- 15 g Cashewnüsse
- 1 TL Salz
- 1 Prise schw. gem. Pfeffer
- 60 g Wasser
- 20 g Wasser
- 45 g Stützcreme, hier: Leicht gehanfte Stützcreme 7476

7485. Kichererbsensalat, Juni 2015

2 Portionen, evtl. mit etwas Brot

- 410 g gekochte Kichererbsen (ca. 180 g rohe Kichererbsen)
- 1/2 rote und 1/2 gelbe Paprikaschote, ohne Innenwände, Kerne usw. (150 g netto)
- 160 g Schlangengurke
- 15 g Petersilie
- Dressing, z. B. Sommerremoulade 7484

Remoulade in eine ausreichend große Schüssel geben, Kichererbsen hinzugeben. Gemüse klein schneiden, aber nicht zu fein. Petersilie grob hacken. Alles gut miteinander mischen und ca. 30 Min. in den Kühlschrank geben. Eventuell nachsalzen und etwas Essig hinzugeben.

7486. Schwarze Tropfen, Juli 2015

2 x Frühstück

Abends

- 6 EL Sechskorngetreide grob schroten & auf zwei Schüsseln verteilen. Mit insgesamt
- 160 g Wasser übergießen. Abgedeckt bei RT stehen lassen.

Morgens

- 10 g Zitronenfleisch
- 250 g + 2 Stück geputzte Erdbeeren
- 1 geschälte Banane (105 g netto)
- 40 g schwarze Johannisbeeren
- 5 g Kokosstreifen

Zitrone, 250 g Erdbeeren und Banane im Hochleistungsmixer pürieren. Auf das Getreide gießen. Johannisbeeren darauf verteilen, in die Mitte gebröckelte Kokosstreifen legen.

7487. Degletnour-Kakao, Juli 2015

Im Hochleistungsmixer, je nach Gerät, 4,5 bis 8 Min. auf höchster Stufe schlagen:

- 10 g Kakaonibs
- 3 cm Vanille
- 15 g Nackthafer
- 4 Datteln Deglet Nour entsteint (27 g)
- 5 g frischer Ingwer
- 245 g Dünne Hanfstützmilch 7476 o. Ä.
- auf 500 ml (Markierung im Becher) mit Wasser auffüllen

7488. 500 g-Sauerteigbrot mit Tomaten, Juli 2015

Vorläufer 7466

Stufe 1 (12 Std. vorher):

- 500 g Roggen
- 520 g Wasser
- 150 g Sauerteig

Abends schon vorbereiten:

- 100 g Roggen
- 150 g Dinkel
- 1 EL Salz
- 35 g getr. Tomaten

Stufe 2 (Backen, bei mir am Morgen)

- 1 P Trockenhefe (9 g)
- 125 g Bohnenkochflüssigkeit
- 50 g Wasser
- Getreidemischung vom Vorabend
- 2 EL Apfelessig (20 g)
- Etwa 1000 g Sauerteigansatz (s.o.)
- 20 g Butter für die Form

Stufe 1: Roggen fein mahlen, mit Wasser und altem Sauerteig mischen. In einer Plastiktüte über Nacht stehen lassen. 150 g von der Stufe 1 abnehmen und in einem gut schließenden Schraubglas in den Kühlschrank stellen für das nächste Backen. *Abends:* Getreide fein mahlen, mit den Salz mischen und in einer gut schließenden Plastikdose verwahren. Getrocknete Tomaten in feine Streifen schneiden, getrennt verschlossen aufbewahren.

Alle Zutaten der *Stufe 2* (außer der Butter) mit einem großen Löffel gründlich verrühren, bis kein Mehl mehr sichtbar ist. Eine 30-cm-Brotform, Profi-Email von Dr. Oetker, gut einfetten. Teig hineingeben, mit der nassen Hand herunterdrücken und glatt streichen. Mit einem scharfen Messer dreimal schräg einschneiden. Form in eine Plastikdose stecken und 90 Min. (= 1,5 Std.) gehen lassen. Brot in den kalten Ofen einschieben und 60 Min. bei 190 °C backen und 5 Min. im ausgestellten Ofen nachbacken.

7489. Pflanzennussmilch, Juli 2015

Im Hochleistungsmixer auf der höchsten Stufe 6 Min. schlagen:

- 10 g Cashewnüsse
- 25 g Rundkorn-Naturreis
- 750 g Wasser

7490. Schokoladen-Floh-Pudding, Juli 2015

2 Desserts; Vorläufer u. a. 7424

- 245 g Pflanzennussmilch 7489 o. Ä.
- 85 g Datteln Deglet Nour (Demeter-Qualität)
- 25 g Flohsamenschalen
- 35 g Kakaopulver (sollten 15 sein!!)
- 1 Prise Salz
- 1/2 TL gem. Vanille
- 2 Aprikosen entsteint (80 g)

Milch, Datteln, Flohsamenschalen, Kakaopulver, Salz und Vanille je nach Mixer etwa 1 Min. pürieren. Im Vitamix reicht diese Ze9t. Auf zwei Schüsselchen verteilen. Mit gewürfelter Aprikose dekorieren.

7491. Kartoffel-Linsen-Salat, Juli 2015

2 Portionen

- 340 g Kartoffeln brutto, 275 g netto
- 100 g Tellerlinsen (von den Linsen bleiben nach Dressingherstellung ca. 25 g übrig)
- 2 Tomaten (210 g)
- 140 g Schlangengurke
- 1/2 rote Zwiebel (35 g netto)
- 15 g Petersilie

7492. Linsenremoulade

Ausreichend für 2 Portionen Kartoffelsalat

Im Mixer verquirlen:

- 75 g gekochte Linsen
- 75 g Kochwasser von Hülsenfrüchten oder Wasser
- 20 g Zitronenfleisch
- 1 TL Salz
- 1 MS gem. schw. Pfeffer

Kartoffeln mit 200 g Wasser im Schnellkochtopf 10 Min. garen, Tellerlinsen in ca. 250 g Wasser ebenfalls 10 Min. Beide langsam abdampfen lassen. Kartoffeln pellen, wenn sie lauwarm sind. Kartoffeln, 100 g gekochte Linsen, gewürfeltes Gemüse und fein gehackte Petersilie mischen. Die Soße zum Gemüse geben, untereinander heben und 15 Min. im Kühlschrank ziehen lassen.

7493. Schokoladen-Floh-Pudding Nr. 2

2 Desserts; Vorläufer 7490.

- 245 g Pflanzennussmilch 7489 o. Ä.
- 85 g Datteln Deglet Nour (Demeter-Qualität)
- 10 g Flohsamenschalen
- 15 g Kakaopulver
- 1 Prise Salz
- 1/2 TL gem. Vanille
- 85 g rote kernlose Trauben

Milch, Datteln, Flohsamenschalen, Kakaopulver, Salz und Vanille je nach Mixer etwa 1 Min. pürieren. Im Vitamix reicht eine Min.. Auf zwei Schüsselchen verteilen. Am Rand mit Trauben belegen.

7494. Erdbeerfloh, Juli 2015

2 x Dessert.

- 165 g Kompaktstütze 7440 o. Ä.
- 200 g + 1 Stück geputzte Erdbeeren
- 20 g Lemon Curd flüssig 7393
- 1 EL Ahornsirup
- 1 TL Flohsamenschalen

Stützcreme, 200 g Erdbeeren und Lemon Curd im Vitamix verquirlen. Ahornsirup und Flohsamenschalen hinzugeben, gut vermischen. Auf zwei Schüsselchen verteilen, Erdbeere halbieren und je eine Hälfte als Dekoration auflegen.

7495. Blumenkohldressing FoK, Juli 2015

Im Mixer zu einer glatten Creme schlagen:

- 80 g vorgeschnittenen Blumenkohl
- 30 g gekochte Linsen
- 13 g Zitronenfleisch
- 1 TL Salz
- 1 Prise Cumin gem.
- 1 Prise schw. gem. Pfeffer
- 75 g Wasser

Hinweis: *Es waren nicht mal Nüsse erforderlich!*

7496. Kicherreissalat, Juli 2015

- 150 g Kichererbsen
- Reichlich Wasser
- 100 g roter Reis
- 180 g Wasser
- 175 g Salatgurke
- 190 g Kopfsalat
- Blumenkohldressing FoK 7495

Kichererbsen 8-10 Std. in Wasser einweichen. Im Schnellkochtopf garen (bei mir: 25 Min). Reis in 180 g Wasser im Schnellkochtopf garen. Beide abkühlen lassen und zusammen in eine Schüssel geben. Gurke und Salat klein schneiden, unterziehen. Dressing mit dem Salat mischen und 15-30 Min. durchziehen lassen.

7497. Brownies à la Wikipedia 24 cm, Juli 2015

Vorläufer 7450; konzipiert für eine 24-cm-Springform.

- 120 g Kompaktstütze 7440 o. Ä.
- 375 g Agavensirup oder dünnflüssigen Honig
- 1 TL gem. Vanille
- 2 kleine Äpfel vorgeschnitten (220 g)
- 125 g Dinkel
- 20 g Carobpulver
- 50 g Kakaopulver
- 2 Prisen Salz
- 1 P Weinstein-Backpulver
- 100 g Walnüsse
- 20 g Kakaonibs

Kompaktstütze in eine Rührschüssel geben. Süßmittel, Vanille und Apfel im Vitamix pürieren, auch in die Schüssel gießen. Dinkel mahlen, mit Kakao, Carob, Salz und Backpulver hinzufügen. Walnüsse mit den Kakaonibs im Zerkleinerer hacken (die Kakaonibs bleiben intakt). Mit dem Handrührgerät, Rührbesen, sehr gut vermischen.

Boden der Springform mit Backpapier überziehen. Teig in die Form geben und in den kalten Ofen schieben (Gitterrost). 35 Min. bei 160 °C backen und 5 Min. bei ausgestelltem Ofen nachbacken. Erst schneiden, wenn sie ganz ausgekühlt ist, am besten nach 2-3 Std. im Kühlschrank, es klebt sonst sehr.

Bei einem nächsten Mal würde ich das Süßmittel weiter in kleinen Schritten reduzieren und den Getreideanteil erhöhen. Kakao und Carob ergänzen sich gut.

7498. Schwarze Bohnen (Reishunger), Juli 2015

- 100 g Schwarze Bohnen von Reishunger
- Wasser

Bohnen über Nacht in reichlich Wasser einweichen. Mit Einweichwasser, so dass es gut über den Bohnen steht, im Schnellkochtopf auf Stufe II kochen. Ich habe den Erfahrungswert 16 Min. genommen, das war deutlich zu lang! Ein nächstes Mal probiere ich 13 Min (Ergebnis: Das ist gut!)

7499. Gekühlte Gurkensuppe mit Pseudojoghurt, Juli 2015

2 Portionen; nach einem Rezept aus „Einkaufen aktuell"

- 85 g Blumenkohl
- 80 g Wasser
- 10 g Zitronenfleisch
- 15 g Cuminblumenkohlwürze 7443
- 40 g Petersilie (gemischt Stängel und Blätter)
- 260 g Schlangengurke (1/2)
- 275 g Wasser
- 1 TL Salz
- 1 MS schw. gem. Pfeffer
- 1 Cocktailtomate
- 1-2 TL Kokosraspel

Klein geschnittenen Blumenkohl, 80 g Wasser und Zitronenfleisch im Mixer mit dem hochstehenden Messer zu einer Creme schlagen. Beiseitestellen.

Im Mixer die Würze mit Petersilie und Gurke (jeweils vorgeschnitten), Wasser, Salz und Pfeffer pürieren. Blumenkohlcreme kurz mit pürieren. Auf zwei Schüsselchen verteilen, mit der in Scheiben geschnittenen Tomate und den Kokosraspeln dekorieren.

Fazit: Ist natürlich einmal wieder völlig anders als das Foto in der Zeitschrift, nämlich deutlich grüner - und ich hatte noch nicht einmal so viele Kräuter, also keinen Dill.

7500. Salatnudeln, Juli 2015

Diese Nudeln walze ich etwas dicker, weil sie in einen Nudelsalat sollen.

- 50 g Kamut
- 50 g Dinkel
- 45-50 g Kichererbsenkochflüssigkeit

Getreide fein mahlen, mit der Flüssigkeit gründlich verkneten. In eine Plastikfolie wickeln und 3-4 Std. ruhen lassen. Mit der Nudelmaschine Atlas Marcato die Sorte Bandnudeln herstellen:

In Stücke teilen, jedes Stück 1-2 Mal zusammenfalten und 10 x durch Stufe 1 und ungefaltet je einmal durch 2-4 laufen lassen. Auf einem Küchentuch eine halbe Std. ruhen lassen und in Bandnudeln schneiden. Bis zur Verwendung offen auf einem Küchentuch liegen lassen.

In kochendem Salzwasser 3-4 Min. kochen lassen. Mit kaltem Wasser abbrausen, damit sie nicht zusammenkleben.

7501. Nudelsalat mit Bohnen im Quadrat, Juli 2015

2 Personen

- 100 g schwarze Bohnen (s. 7498)
- Wasser
- 300 g grüne flache Bohnen (290 g netto)
- 50 g Wasser
- Salatnudeln 7501
- 245 g Cocktailtomaten
- 5 g Rucola
- 10 g Petersilie
- 15 g Zitronensaft
- 1/2 rote Zwiebel (35 g netto)
- 1 geh. TL Salz

Von den grünen Bohnen die Spitzen abschneiden und mit dem Wasser in einen Topf geben. Als Gemüsepfanne 12 Min. dünsten. Nudeln kochen.

Bohnen und abgekühlte Nudeln (leicht klein geschnitten) in eine Schüssel geben. Tomaten je nach Größe vierteln oder noch kleiner schneiden, aber nicht in Scheiben. Zwiebel schälen, ganz fein würfeln. Kräuter ebenfalls möglichst klein schneiden. Frisches Gemüse in die Schüssel geben. Zitronensaft darüber geben, mit Salz bestreuen und vorsichtig, damit die Bohnen und Nudeln nicht zu klein gestoßen werden, miteinander mischen. 20-30 Min. in den Kühlschrank stellen.

Tipp: Das Tolle an dem Salat und DIE Entdeckung für mich: Der schmeckte ohne Dressing, nur mit Zitronensaft und Salz so lecker, dass ich mich frage, ob solche Salate allgemein überhaupt ein Dressing benötigen. Ich werde es austesten!

7502. Der schnelle Schokofix, Juli 2015

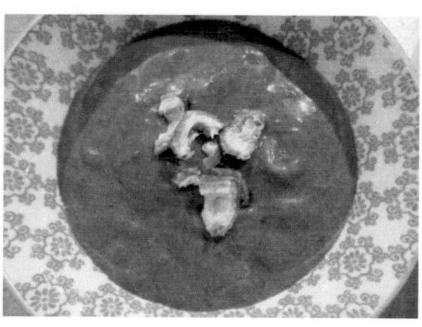

2 Portionen; wenn die Stützcreme einmal fertig ist, geht der Rest in wenigen Sekunden! Und ist lecker.

Mit einem Löffel verrühren:

- 170 g Stützcreme, hier: Kompaktstütze 7440 o. Ä.
- 25 g Ahornsirup oder fl. Honig
- 1/2 TL Vanillepulver
- 10 g Kakao (Rohkostqualität)
- 1 TL Flohsamenschalen (2 g); geht auch ohne, war nur ein Test
- 50 g Pflanzenmilch, hier: Pflanzennussmilch 7489
- 50 g grüne Rosinen
- 1 Dattel Deglet Nour

Alle Zutaten bis auf Rosinen und Dattel mit einem Löffel gut verrühren. Rosinen einrühren und auf zwei Schüsselchen verteilen. Die Dattel in Ringe schneiden und als Deko auf den Pudding legen. 1-2 Std. kaltstellen.

7503. Pflanzennussmilch groß, Juli 2015

Im Hochleistungsmixer auf der höchsten Stufe 6 Min. schlagen:

- 10 g Cashewnüsse
- 30 g Rundkorn-Naturreis
- 1 Prise Salz
- 1000 g Wasser

7504. Kompaktstütze groß, Juli 2015

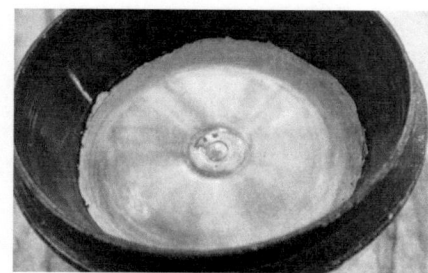

Im Hochleistungsmixer bis zum Stocken schlagen:

- 110 g Rundkorn-Naturreis
- 10 g Basmati-Vollkornreis
- 60 g Cashewnüsse
- 1 Dattel Deglet Nour (7 g)
- 675 g Wasser

Ohne Hochleistungsmixer siehe 7475.

7505. Dünne Kompaktmilch Nr. 2, Juli 2015

Im Hochleistungsmixer gut durchmixen:

- 100 g Kompaktstütze groß 7505
- 400 g Wasser

7506. Spitzkohl-Kichererbsen-Pizza, Juli 2015

2 Portionen

Teig tiefgekühlt vor 3 Wochen (7378).

Belag (Prinzip von 7470 nach Del Sroufe):

- 115 g gekeimte Kichererbsen (Rohgewicht 50 g; Keimzeit ca. 3 Tage)
- 25 g getr. Tomaten
- Wasser
- 1 weiße Zwiebel (100 g netto)
- 200 g Spitzkohl
- 180 g Linsencreme II; 7507 o. Ä.
- 65 g Kompaktstütze groß 7504 o. Ä.
- 1 TL Salz
- 1 MS schw. gem. Pfeffer
- 1 TL Pizzakräuter
- 2 Tomaten (200 g)

Teig: Morgens aus dem Tiefkühlfach nehmen, sobald er weich ist, bis ca. 15 Uhr in den Kühlschrank setzen. Herausnehmen, gründlich durchkneten und in einer Pengdose zum „Plopp" bringen, evtl. 2 oder 3-Mal. Teig mit Hilfe von Streumehl in der Pizzaform (Durchmesser 28 cm) auseinanderdrücken. Einen Rand hochdrücken. Mit einer Gabel mehrmals einstechen. Stehen lassen.

Rest: Kichererbsen rechtzeitig keimen lassen. Tomaten in Wasser mindestens 30 Min. einweichen (bei mir war es ein halber Tag). Abtropfen lassen (Wasser für andere Mahlzeiten auffangen) und in Streifen schneiden. Weiße Zwiebel schälen und würfeln.

Abgetropfte Kichererbsen, Zwiebelwürfel und 40 g der Tomateneinweichflüssigkeit in eine Pfanne geben. 10 Min. lang köcheln. Das Wasser ist dann verbraucht, evtl. sogar vorher noch 1-2 EL der Flüssigkeit nachgeben. Spitzkohl klein schneiden, 40 g Einweichflüssigkeit (evtl. aufgefüllt mit Wasser) hinzufügen. Als Gemüsepfanne 12 Min..

Linsencreme, Kompaktstütze, Salz und Pfeffer im Mixer verquirlen, zu dem Gemüse geben. Mit Pizzakräutern (zwischen den Händen verrieben) abschmecken. Die abgetropften Tomaten in Streifen schneiden, untermischen. Die Gemüsemischung auf den Teig gießen. Die frischen Tomaten in Scheiben schneiden und auf die Pizza legen. Pizza in den kalten Ofen schieben, 25 Min. bei 225 °C backen. Bei ausgeschaltetem Ofen 5 Min. nachbacken. Der Teig hat mich überhaupt nicht zufrieden gestellt. War er mit 3 Wochen im Tiefkühlschrank zu alt (mein 1. Tiefkühlteig war nur 1 Woche dort)? Wäre es besser gewesen, ihn allmählich über Nacht im Kühlschrank aufzutauen?

7507. Linsencreme II, Juli 2015, Juli 2015

Diese Version ist noch einfacher, weil die Creme nicht im Mixer geschlagen wird, es sackt nach einem halben Tag in sich zusammen und kann einfach weiterverarbeitet werden.

- 100 g rote Linsen
- 250 g Wasser

Linsen mit Wasser zum Kochen bringen, 15 Min. köcheln und z. B. in einen kleinen Becher geben. Mit Deckel verschließen. Sobald die Masse kalt ist, in den Kühlschrank stellen.

7508. Erdtrauben in Pudding, Juli 2015

2 Desserts

- 200 g geputzte Erdbeeren (netto)
- 200 g blaue kernlose Trauben (netto)
- 100 g Pflanzenmilch, hier Dünne Kompaktmilch Nr. 2; 7505
- 7 g Zitronenfleisch
- 1 TL Flohsamenschalen

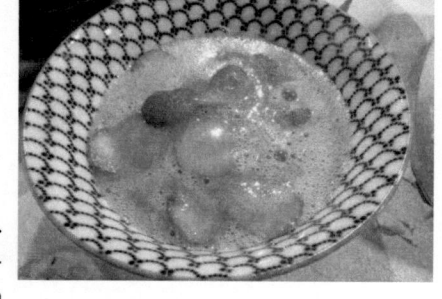

Erdbeeren je nach Größe halbieren und auf 2 Schüsselchen verteilen. Die restlichen Zutaten (so wäre der optimale Weg) im Vitamix gut verquirlen und über die Erdbeeren gießen. Im Kühlschrank fester werden lassen.

Da die Weintrauben ziemlich süß waren, war kein Süßungsmittel erforderlich. – Ich habe den Fehler gemacht, zuerst die Weintraubencreme herzustellen, aber ohne Flohsamen. Sie war dann leicht gedickt, ich musste sie dann aber wieder mit den Flohsamen verrühren, da war sie wieder flüssig.

7509. Spitzkohlallerlei, Juli 2015

2 Personen

- 75 g Kichererbsenkochwasser oder Wasser
- 350 g Kartoffeln, gebürstet & in Scheiben geschnitten
- 3 Tomaten (205 g), klein geschnitten
- 115 g Blumenkohl, klein geschnitten
- 205 g Spitzkohl klein geschnitten

Soße

- 100 g Linsencreme II 7507 o. Ä.
- 1 TL Salz
- 13 g Zitronenfleisch
- 1 MS gem. schw. Pfeffer
- 1/2 TL Paprika edelsüß
- 25 g Kichererbsenkochwasser

Gemüse: Wasser in eine Pfanne geben, das Gemüse in der angegebenen Reihenfolge hinzufügen. Als Gemüsepfanne 15 Min. **Soße**: Im Magic verquirlen, unter das Gemüse rühren und aufkochen. Die Soße blieb ein wenig dünn.

7510. Schokoladen-Chia-Pudding mit Carob, Juli 2015

2-3 Portionen; Vorläufer 7424

- 5 g Carobpulver
- 10 g Kakaopulver
- 30 g Chiasamen
- 80 g Datteln (Deglet Nour Demeter)
- 100 g Stützcreme, hier: Kompaktstütze groß 7504 o. Ä.
- 200 g Pflanzenmilch, hier: Pflanzennussmilch groß 7503 o. Ä.
- 8 Haselnüsse (Deko)
- 2 Cashewnüsse (Deko)

Alle Zutaten außer der Deko im Vitamix pürieren, bis keine Samen mehr sichtbar sind. Auf zwei Schüsselchen verteilen und mit den Nüssen dekorieren.

Tipp: *Schon letztlich bei den Brownies habe ich festgestellt, dass man bis zu einem Drittel Kakao durch Carob ersetzen kann, ohne dass der Schokogeschmack leidet.*

7511. Sesam-Vanillemilch, Juli 2015

- 50 g Sesam ungeschält
- 3 cm Vanillestange
- 45 g Datteln (Deglet Nour)
- 1000 g Wasser

6 Min. Vitamix

7512. Obstsalat mit Krönchen, Juli 2015

2 Portionen

- 100 g geputzte Erdbeeren, halbiert oder geviertelt + 2 kleine Erdbeeren zur Dekoration
- 50 g blaue kernlose Trauben, halbiert
- 1-2 Aprikosen entsteint, gewürfelt (80 g netto)
- 150 g Kompaktstütze groß 7504 o. Ä.
- 25 g Lemon Curd flüssig 7393
- 1 TL flüssiger Honig oder Agavensirup
- 1 gestr. TL Flohsamen

Obst mischen und auf zwei Schüsselchen verteilen. Die restlichen Zutaten mit einem TL verrühren und in die Mitte auf das Obst geben. In die Mitte des Puddings je eine Erdbeere (wahlweise eine Nuss) setzen.

7513. Zucchini-Nudeln, Juli 2015

2 Personen (nicht sehr reichlich)

- 1 große Zucchini, davon verwendet 250 g
- 2 EL Wasser
- 1 Prise Salz

Zucchini mit einem Kartoffelschälmesser in lange dünne Streifen schneiden. Wasser und Salz in die Pfanne geben. Wenn die Streifen sehr lang sind, einmal quer durchschneiden, in die Pfanne legen. Zum Aufkochen bringen, ab und an durchrühren und 5 Min. garen.

7514. Linsensprossen-Bolognese, Juli 2015

Als Gemüsepfanne 15 Min.:

- 40 g Kichererbsenkochwasser oder einfach Wasser
- 1 große Knoblauchzehe, abgezogen und in Scheiben geschnitten
- 1 Zwiebel, abgezogen und gewürfelt, netto 70 g
- 4 Tomaten (480 g), in Stücke geschnitten
- 110 g Sprossen von roten Linsen (ca. 60 Std. gekeimt), ersatzweise andere Linsen

Soße:

- 60 g Linsencreme II 7507 o. Ä.
- 20 g Kompaktstütze groß 7504 o. Ä.
- 1 geh. TL Salz
- 1 Stück Essigpeperoni 7/4573
- 10 g Peperoniessig
- 1 gestr. TL Paprika edelsüß
- 1 MS schw. gem. Pfeffer
- 1 TL Honig
- (1/2 Becher gekochte Tomaten aus der Pfanne oben)

Alle Soßenzutaten mit dem Mixer, hochstehendes Messer, pürieren und unterrühren Mir war das zu flüssig, deshalb habe ich eine Weile einkochen lassen.

Ich hätte zu Beginn bessere Nerven haben sollen und auf das Wasserziehen der Tomaten vertrauen. – Bei mir gab es dazu Zucchini-Nudeln.

7515. Sesam-Feigenmilch, Juli 2015

- 50 g Sesam ungeschält
- 1 TL Chiasamen (5 g)
- 50 g getr. Feigen
- 1000 g Wasser

6 Min. im Vitamix schlagen, bis es leicht stockt.

7516. Sesamkakao, Juli 2015

Im Vitamix 4,5 bis 8 Min. auf höchster Stufe schlagen:

- 15 g Kakaonibs
- 20 g Sesam ungeschält
- 10 g Mochireis
- 2 Datteln, Medjool, entsteint (32 g netto)
- 5 g frischer Ingwer
- auf 500 ml (Markierung im Becher) mit Wasser auffüllen

7517. Stachelbeerpudding, Juli 2015

2 Portionen

- 250 g rote Stachelbeeren, komplett
- 90 g Sesam-Feigenmilch oder andere Pflanzenmilch
- 3 Datteln entsteint (45 g)
- 20 g Chiasamen
- 5 g Kokosraspeln als Dekoration

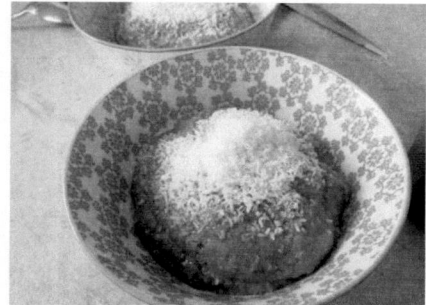

Alle Zutaten bis auf die Dekoration im Vitamix schlagen, bis keine Chiasamen mehr sichtbar sind. Auf zwei Schüsselchen verteilen, in der Mitte mit Kokosraspeln bestreuen.

7518. Wirsing-muss-weg-Pfanne, Juli 2015

- 50 g Wasser
- Ca. 110 g Kichererbsensprossen (von 50 g Rohware, 2,5 Tage gekeimt)
- 110 g Lauchzwiebeln
- 3 Tomaten (190 g)
- 100 g Buchweizen
- 20 g Chiasamen
- 225 g Wasser
- 300 g Wirsingblätter (von außen)

Kichererbsensprossen 13 Min. in 50 g Wasser in einer Pfanne köcheln. In dieser Zeit die anderen Gemüse vorbereiten: Wurzeln der Lauchzwiebeln abtrennen, die Zwiebeln in Ringe schneiden; Tomaten würfeln und den Wirsing gründlich waschen und in feine Streifen schneiden. Zwiebeln und Tomaten, Buchweizen, Chiasamen und Wasser in die Pfanne geben. Mit den Wirsingstreifen abschließen. Als Gemüsepfanne 16 Min. Salzen und 1 EL Öl unterrühren.

7519. FKG Rosarot, Juli 2015

Abends

- 6 EL Sechskorngetreide grob schroten & auf zwei Schüsseln verteilen. Mit insgesamt
- 160 g Wasser übergießen. Abgedeckt bei Raumtemperatur stehen lassen.

Morgens

- 40 g getr. Mango
- 30 g Cashewnüsse
- 200 g Wasser
- 105 g abgezupfte rote Johannisbeeren
- 205 g + 2 Stück geputzte Erdbeeren
- 1 geschälte Banane 160 g
- 1/2 Apfel (105 g)

Mango in kleine Stücke zupfen und mit den Cashewnüssen 30 Min. einweichen. Johannisbeeren hinzufügen und im Vitamix zu einer glatten Creme schlagen. Über das Getreide geben.

205 g Erdbeeren, Banane und den halben Apfel im Vitamix pürieren, auf der rosa Creme verteilen. In die Mitte jeweils eine Erdbeere setzen.

7520. 550 g-Sauerteigbrot mit Chia, Juli 2015

Vorläufer 7488

Stufe 1 (12 Std. vorher):

- 550 g Roggen
- 570 g Wasser
- 150 g Sauerteig
- Abends schon vorbereiten:
- 100 g Roggen
- 100 g Dinkel
- 50 g Kamut
- 1 EL Salz
- 75 g Chiasamen

Stufe 2 (Backen, bei mir am Morgen)

- 1 P Trockenhefe (9 g)
- 175 g Wasser
- Getreidemischung vom Vorabend
- 2 EL Apfelessig (20 g)
- Etwa 1100 g Sauerteigansatz (s.o.)
- 20 g Butter für die Form

Stufe 1: Roggen fein mahlen, mit Wasser und altem Sauerteig mischen. In einer Plastiktüte über Nacht stehen lassen. 150 g von der Stufe 1 abnehmen und in einem gut schließenden Schraubglas in den Kühlschrank stellen für das nächste Backen. **Abends:** Getreide fein mahlen, mit Salz und Chiasamen mischen und in einer gut schließenden Plastikdose verwahren.

Stufe 2: Alle Stufe-2-Zutaten (außer der Butter) mit einem großen Löffel gründlich verrühren, bis kein Mehl mehr sichtbar ist. Eine 30-cm-Brotform, Profi-Email von Dr. Oetker, gut einfetten. Teig hineingeben, mit der nassen Hand herunterdrücken und glatt streichen. Mit einem scharfen Messer dreimal schräg einschneiden. Form in eine Plastikdose stecken und 90 Min. (= 1,5 Std.) gehen lassen. Brot in den kalten Ofen einschieben und 60 Min. bei 190 °C, Klimagaren backen.

7521. Chiakakao Nr. 3, Juli 2015

Im Hochleistungsmixer, je nach Gerät, 4,5 bis 8 Min. auf höchster Stufe schlagen:

- 17 g Kakaonibs
- 20 g Chiasamen
- 2 Datteln entsteint (36 g netto)
- 7 g frischer Ingwer
- 100 g „Milch", z. B. Sesam-Feigenmilch 7515
- auf 500 ml (Markierung im Becher) mit Wasser auffüllen

Schöne Konsistenz.

7522. Haferfladen mit Chia, Juli 2015

Vorlage: 6630

- 70 g Nackthafer mit
- 55 g Nacktgerste schroten (3/9, Hawos), mit
- 1 TL Backpulver und
- 1 gestr. TL Salz mischen.
- 25 g Chiasamen im Mixer mahlen, mit
- 100 g gekochten Sojabohnen
- 1 MS schw. gem. Pfeffer und
- 90 g Wasser mixen, zum Getreide geben. Becher mit
- 50 g Wasser nachspülen, ebenfalls zum Hafer geben.

Mit einem Silikonteigspatel oder den Händen (nass) in einer 28-cm-Perfect-Clean-Pizzaform (oder auf einem mit Dauerbackfolie/Backpapier ausgelegten Backblech) auseinanderdrücken. 8 Tortenstücke vorzeichnen.

In den kalten Backofen einschieben. 30 Min. auf 200 °C backen und 5 Min. bei ausgeschaltetem Ofen nachbacken.

7523. Chia-gestützte Stützcreme, Juli 2015

Im Hochleistungsmixer bis zum Stocken schlagen:

- 75 g Langkorn-Naturreis
- 75 g Cashewnüsse
- 750 g Wasser.

Dann nochmals kurz

- 20 g Chia

einmixen, bis die Samen sich aufgelöst haben. *Die Zugabe von Chia war eher aus der Not geboren, da ich mich bei den Zutaten verrechnet hatte, es war einfach noch zu flüssig.*

Ohne Hochleistungsmixer: Nüsse in einem Teil des Wassers einweichen, Getreide fein mahlen und im restlichen Wasser aufkochen, abkühlen lassen. Alles zusammen mit den Chiasamen in einem Mixer zu einer Creme schlagen.

7524. Dünne Chiamilch, Juli 2015

Im Hochleistungsmixer gut durchmixen:

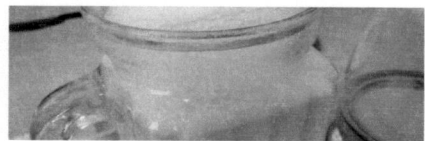

- 120 g Chia-gestützte Stützcreme
- 1010 g Wasser

7525. Schokoladen-Chia-Pudding mit Soße, Juli 2015

2 Desserts
Pudding:

- 40 g Kakaonibs
- 83 g entsteinte Datteln
- 1 Prise Salz
- 1/2 gestr. TL gem. Vanille
- 30 g Chiasamen
- 260 g Pflanzenmilch, hier: Dünne Chiamilch 7524

Vanillesoße im Mixer:

- 75 g Dünne Chiamilch 7524 o. Ä.
- 1 MS gem. Vanille
- 1 EL Agavendicksaft
- 2 TL Flohsamenschalen (4 g)

Pudding: Kakaonibs kurz im Vitamix mixen, aber nicht zu lange, sonst bilden sie eine feste, kompakte Schicht am Boden. Die restlichen Zutaten hinzufügen und je nach Mixer etwa 1 Min. pürieren, bis die Samen nicht mehr erkennbar sind. Im Vitamix reichen 50 Sek. Mischung auf zwei Schüsselchen verteilen.

Hinweis: *Die Soße begeistert mich nicht. Sie wurde ein zäher Gummilappen. :-)*

7526. Grünzeugdressing Nr. 2, Juli 2015

Vorlage: 7474

- 125 g „Grünzeug" (mein Name für Cuminblumenkohlwürze 7443)
- 200 g Wasser
- 125 g Kiwiessig 9/6578 oder Apfelessig
- 20 g Tamari oder Sojasoße
- 20 g Salz
- 1 g gem. schw. Pfeffer
- 1 gestr. TL Garam Masala (3 g)
- 125 g Sonnenblumenkerne
- 25 g Senf
- 125 g grüne Rosinen
- 20 g Petersilie (vorwiegend Stängelreste)
- 1 roter Rettich (85 g)

Alle Zutaten zusammen im Vitamix gut durchschlagen, bis die Masse lauwarm, aber nicht heiß ist. In Schraubgläser füllen und im Kühlschrank aufbewahren. Verdünnen für den Gebrauch 1:2 bis 1:3.

7527. Neue Kartoffeln, Juli 2015

2 Personen

- 60 g Sojabohnenkochwasser oder Wasser
- 20 g Sonnenblumenöl
- 525 g Kartoffeln, gut abgebürstet unter fließendem Wasser
- 1 roter Rettich (135 g)
- 125 g Frühlingszwiebeln, Wurzeln entfernt
- 1 TL Salz

Wasser und Öl in eine Pfanne (Durchmesser 24 cm) mit hohem Rand geben. Kartoffeln in dicke Scheiben (ca. 1,5 cm) schneiden, eng nebeneinander in die Pfanne setzen. Rettich in Scheiben, Frühlingszwiebeln mit dem Grün in Ringe schneiden und auf die Kartoffeln legen. Als Gemüsepfanne 20 Min. dünsten, Salz darüber streuen und vorsichtig unterheben.

Fazit: War nicht so genial, wie ich erwartet hatte, weil die Kartoffeln nicht sooooo toll waren. Aber ich kann nicht jedes Kilogramm Kartoffeln beim Demeterhof Schwab bestellen.

7528. Flohkakao, Juli 2015

Im Hochleistungsmixer, je nach Gerät, 4,5 bis 8 Min. auf höchster Stufe schlagen:

- 7 g Kakaopulver
- 2 getr. Feigen (ca. 40 g)
- 25 g Erdmandeln
- 7 g Ingwer
- 400 g Pflanzenmilch, hier: Dünne Chiamilch 7524
- 1 TL Flohsamen
- auf 500 ml (Markierung im Becher) mit Wasser auffüllen

7529. Schnelle Schokodröhnung für Zwei, Juli 2015

Mit einem Löffel verrühren:

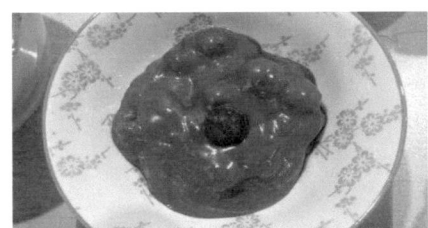

- 130 g Stützcreme, hier: Chia-gestützte Stützcreme 7523
- 35 g Ahornsirup oder fl. Honig
- 8 g Kakao (Rohkostqualität)
- 100 g kleine kernlose blaue Weintrauben

Mögliche Dekoration: Je eine Weintraube in die Mitte stecken.

7530. Chia-Gel, Juli 2015

Angeregt von http://naduria.de/ [habe die genaue Webseite nicht mehr gefunden, 2024].

Verrühren:

- 30 g Chiasamen
- 90 g Wasser

Das soll 2 große Eier ersetzen. Laut Vorgabe auf der Webseite, wo mit Löffeln gerechnet wird, wären es 30 g Chiasamen auf 75 g Wasser. Das war mir zu fest. Außerdem bindet Chia vielleicht, aber der Teig wird absolut klitschig!

7531. Hafercashewmilch, Juli 2015

Im Hochleistungsmixer auf der höchsten Stufe 6 Min. (Vitamix) schlagen:

- 15 g Cashewnüsse
- 1 Prise Salz
- 25 g Nackthafer
- 1000 g Wasser

Schäumt stark auch schon beim Zubereiten!

7532. Nektarinenkuchen, sehr fein, Juli 2015

Nach einem Rezept aus dem Buch „Backen macht Freude“, Dr. Oetker, 1963, S. 32

- 150 g Dinkel
- 50 g Kamut
- 1 Prise Salz
- 2 gestr. TL Weinstein-Backpulver (5 g)
- 125 g Honig
- 125 g Stützcreme, hier: Chia-gestützte Stützcreme 7523 o. Ä.
- Chia-Gel für 2 große Eier 7530
- 2 TL Rum
- 2 EL Pflanzenmilch, hier: Dünne Chiamilch 7524
- 630 g Nektarinen brutto

Dinkel und Kamut fein mahlen, mit Salz und Backpulver vermischen. Honig, Creme, Chia-Gel und Rum hinzufügen und mit den Rührbesen eines Handrührgeräts vermischen. Wenn der Teig fester wird, so viel Pflanzenmilch hinzugeben, dass er schwer reißend vom Löffel fällt. Den Boden einer Springform mit Backpapier überziehen, die Form mit dem Teig füllen und glattstreichen.

Für den Belag die Nektarinen in Spalten vom Kern lösen und kranzförmig auf den Teig legen. Form in den kalten Ofen schieben, 50 Min. bei 160 °C backen und 5 Min. im ausgestellten Ofen nachbacken.

Da bin ich mit dem Chia mal wieder Opfer meiner Gutgläubigkeit geworden. Ein Hersteller behauptet nämlich, Chia-Gel sei ein toller Ei-Ersatz. Der Kuchen ist nicht 1 mm gegangen, von locker keine Spur! Dass er schmeckt, liegt an den Nektarinen.

7533. Minicalzone, Juli 2015

Nach einem Rezept aus „Meine Familie & Ich“, August 2015.

Teig:

- 1/2 P Bio-Hefe (21 g)
- 100 g Wasser
- 150 g Dinkel
- 50 g Kamut
- 20 g Stützcreme, hier: Chia-gestützte Stützcreme 7523
- 1/2 TL Salz

Füllung 1:

- 75 g gekochte Sojabohnen (Biohof Lex)
- 50 g Stützcreme, hier: Chia-gestützte Stützcreme 7523
- 1/2 TL Salz
- 1 MS schw. gem. Pfeffer
- 1 Prise Bockshornklee

Füllung 2:

- 1 Tomate (100 g)
- 1 TL Apfelessig
- 1 TL Tomatenmark
- 60 g Möhre
- 4 EL Wasser
- 50 g Roggen
- 1/2 TL Pizzagewürz
- Salz
- etwas Honig

Fertigstellen:

- 1 EL Sonnenblumenöl
- 1 Tomate (ca. 100 g)
- Etwas Salz

Teig: Hefe in Wasser auflösen. Getreide mahlen. Salz unterrühren. Mit Hefewasser und Stützcreme 1,5 Min. in der Küchenmaschine kneten, mit der Hand nachkneten. Zu einer Kugel unter Spannung formen, in eine Pengdose geben. 2-3 Mal bis zum „Plopp“ bringen, dann jeweils durchkneten. Hat ca. 1 3/4 Std. insgesamt gedauert.

In der Zwischenzeit die Füllungen vorbereiten: Teigkugel etwa im Verhältnis 130 g zu 200 g aufteilen. Mit etwas Streumehl ausrollen. Mit einer entsprechenden Form Kreise von ca. 10 cm Durchmesser ausstechen (Deckel von 2 kg-Honiggläsern z. B.), den letzten Kreis „geschätzt" ausrollen. Nebeneinander auf ein Backblech oder eine 28-cm-Pizzaform (PerfectClean) setzen.

Den restlichen Teig in Portionen zu 50 g aufteilen, zu Kreisen von etwa 12 cm-Durchmesser ausrollen, auf einen Gitterrost legen.

Füllung 1: De Zutaten im kleinen Becher des kleinen Mixers mit dem hochstehenden Messer zu einer Creme schlagen. ***Füllung 2:*** Tomate würfeln, Möhre möglichst klein schneiden (bei dieser Menge lohnt der Einsatz der Maschine nicht), mit Essig, Tomatenmark und 2 EL Wasser zum Kochen bringen und auf kleiner Einstellung 15 Min. köcheln lassen. Bei mir waren die Möhren sonst noch hart. Roggen flocken, mit Salz, Gewürz und Honig unterrühren, wenn es zu trocken ist, das restliche Wasser (2 EL) unterrühren.

Fertigstellung: Füllung 1 auf den kleineren Kreisen verstreichen, ein Teigrand sollte aber leer bleiben. Füllung 2 mit einem TL darauf häufeln. Die größeren Kreise auflegen und fest auf die unteren Teigplatten drücken, den Rand etwas ineinander kneten.

Die zwei runden Seiten der Tomate abschneiden und als Rohkost essen. Die restliche Tomate in 4 Scheiben schneiden. Die Calzone mit Öl bestreichen (mit einem Pinsel), Tomatenscheiben auflegen, leicht salzen und ebenfalls mit Öl einpinseln. In den kalten Ofen schieben und 25 Min. bei 200 °C backen.

7534. Einfachster Aufstrich der Welt, Juli 2015

- 100 g rote Linsen
- 250 g Wasser
- 1 TL Salz
- 1/2 gestr. TL Ras-el-Hanout (oder anderes Gewürz)
- 3 TL Peperoniessig 7/4573 o. Ä.
- 1 Prise Pfeffer

Linsen mit Wasser zum Kochen bringen, 15 Min. köcheln und mit den restlichen Zutaten verrühren. Die Linsen lösen sich auf. Beispielsweise in einen kleinen Becher vom Mixer geben. Mit Deckel verschließen.
Sobald die Masse kalt ist, in den Kühlschrank stellen. Hält sich mindestens eine Woche.

Beim Herstellen von Linsencreme II hatte ich sehr viel Überschuss produziert, weil ich zwei Linsensorten vergleichen wollte. Die Linsen sind, da ich sie recht weich gekocht hatte, in sich „zusammengesunken". Ich habe kurzerhand einen Esslöffel aufs Brot gestrichen, teils mit Salz bestreut: Ich fand's enorm lecker! Heute habe ich mir dann die Linsen absichtlich für einen Aufstrich hergestellt und ein bisschen gewürzt. Außer einem Topf und einem Löffel habe ich kein einziges Gerät benötigt.

7535. Banana Crema mit Erdbeeren, Juli 2015

2 Desserts

- 200 g Stützcreme, hier: Chia-gestützte Stützcreme 7523
- 40 g Pflanzen- oder Nussmilch, hier: Hafercashewmilch 7531
- 30 g Honig
- 10 g Kakaonibs
- 20 g Chiasamen
- 1 Banane geschält und in Stücken (100 g netto)
- 50 g Erdbeeren geputzt

Creme, Milch, Honig, Kakaonibs, Chia und Banane im Vitamix pürieren. Auf zwei Schüsselchen verteilen. Die Erdbeeren quer in Scheiben schneiden und im Kreis auf die Creme legen. In die Mitte eine Erdbeerspitze setzen.

7536. Wildes Kartoffelbrot, Juli 2014

Wildhefe vorbereiten, 13 Uhr am Vortag:

- 100 g Dinkel gemahlen mit
- 100 g Wasser verrühren, in einer Pengdose bis abends ca. 20:30 Uhr stehen lassen

20:30 Uhr am Vortag:

- Ansatz vom Mittag mit
- 300 g Dinkel gemahlen und
- 300 g Wasser verrühren, in einer Pengdose bis zum nächsten Morgen ca. 8:30 Uhr stehen lassen (Dose ploppt)

Sauerteig vorbereiten, 20:30 Uhr am Vortag:

- 150 g Sauerteigansatz mit
- 150 g Roggen gemahlen und
- 160 g Wasser verrühren, in einer Pengdose bis zum nächsten Morgen ca. 8:30 Uhr stehen lassen; 150 g abnehmen und in einem Schraubglas bis zum nächsten Backen im Kühlschrank aufbewahren.

Kartoffeln vorbereiten am Vortag:

- Ca. 350-400 g mittelgroße Kartoffeln im Schnellkochtopf 10 Min. auf Stufe II kochen, langsam abdampfen lassen. Kalt abbrausen, schälen und in einer geschlossenen Dose oder Schüssel im Kühlschrank aufbewahren.

Brot:

- Wildhefeansatz
- Ca. 300 g Sauertag
- 100 g Roggen, gemahlen
- 200 g Dinkel, gemahlen
- 1 EL Salz
- 1/2 TL gem. Kümmel
- 50 g Chia-gestützte Stützcreme 7523 o. Ä.
- 50 g Wasser
- 300 g Pellkartoffel, geschält gewogen
- Ca. 20 g Butter für die Form

Wildhefeansatz, Sauerteig, gemahlenes Getreide, Salz, Kümmel, Creme und Wasser mit der Hand ca. 5 Min. kneten. Eine 30-cm-Brotbackfrom (Profi-Email, Dr. Oetker) mit der Butter einfetten. Dann erst die Pellkartoffeln fein würfeln und vorsichtig unter den Teig kneten. Teig in die Form geben, mit der nassen Hand glatt streichen, drei mal mit einem Messer schräg einschneiden. In einer großen Plastiktüte 3,5 Std. gehen lassen. In den kalten Ofen schieben und 60 Min. bei 190 °C backen, 5 Min. im ausgestellten Ofen nachbacken..

7537. Vitamixbecher klein maximal, Juli 2015

Ich habe nun endlich mal die Verhältnisse für eine Creme ausgerechnet. Mittelfest:

- 1 Teil Reis
- 1 Teil Cashewnüsse
- 7 Teile Wasser

Dies war die Grundlage für die folgende Stützcreme. Mehr würde ich im 0,9-Liter-Becher auch nicht machen.

Im Hochleistungsmixer bis zum Stocken schlagen:

- 60 g Langkorn-Naturreis
- 60 g Cashewkerne
- 420 g Wasser
- 20 g grüne Rosinen
- 1 Prise Salz

Ohne Hochleistungsmixer: Nüsse in einem Teil des Wassers einweichen, Trockenfrüchte - wenn verwendet - ebenfalls. Getreide fein mahlen und im restlichen Wasser aufkochen, abkühlen lassen. Alles zusammen in einem Mixer zu einer Creme schlagen. Kommen Erdmandeln im Rezept vor, ohne Hochleistungsmixer besser durch Cashewnüsse (halbe Menge) ersetzen.

7538. Spinatpizza Del Sroufe in lecker, Juli 2015

Vorläufer 7470.

Teig:
- 100 g Einkorn
- 100 g Dinkel
- 1/2 gestr. TL Salz
- 20 g frische Bio-Hefe (1/2 P)
- 100 g Wasser
- 20 g Chia-gestützte Stützcreme 7523 o. Ä.
- Etwas Wasser, um die Hände zu benetzen

Spinatmasse:
- 10 g getrocknete Tomaten
- 1 geschälte rote Zwiebel (75 g)
- 2 Knoblauchzehen (3 g netto)
- 4 EL Wasser
- 200 g gefrorener Spinat (gehackt)
- 40 g Linsencreme II 7507 o. Ä
- 75 g gekochte Sojabohnen
  1. 20 g Chia-gestützte Stützcreme 7523 o. Ä.
- 2 EL Hafercashewmilch 7531 o. Ä.
- 1 TL Salz
- 1 MS schw. gem. Pfeffer

Belag:
- 2 Tomaten, 170 g, in Scheiben
- 1-2 TL Pizzagewürz

7539. Weißer Pizzabelag Nr. 16 (mit Öl)

Die Zutaten im Mixer, flaches Messer, zu einer Creme schlagen und auf die Pizza auftragen.
- 30 g Cashewnüsse
- 1 Prise Bockshornkleesaat gem.
- 2 Prisen Salz
- 50 g gekochte Sojabohnen
- 25 g Sonnenblumenöl
- 10 g Peperoniessig 7/4573
- 35 g Wasser

Teig: Getreide mischen und fein mahlen und mit Salz mischen. Hefe im Wasser auflösen, zum Mehl geben, ebenso die Stützcreme. Gründlich verkneten, in diesem Fall mit der Braun Küchenmaschine. Der Teig war innerhalb einer Min. fertig. Mit nassen Händen nochmals durchkneten und eine Kugel unter Spannung formen. Teig in eine Pengdose legen. Deckel schließen. Warten bis es ploppt und immer wieder mit nassen Händen durchkneten und erneut in die Pengdose geben, bis es Zeit ist, die Pizza vorzubereiten. (In der Zwischenzeit Spinat und Belag vorbereiten.)

Teig mit nassen Händen in der Pizzaform (Durchmesser 28 cm) auseinanderdrücken. Einen Rand hochdrücken.

Spinatmasse: Tomaten in feine Streifen schneiden. Rote Zwiebel würfeln, Knoblauch in Streifen schneiden. Mit 2 EL Wasser in eine Pfanne geben, Deckel auflegen, auf höchster Einstellung zum Kochen bringen, bis Dampf unter dem Deckel austritt. Auf kleinste Einstellung drehen und 10 Min. dünsten, ohne den Deckel abzuheben. Zwischendurch 2 EL Wasser nachgeben. Spinat in die Pfanne geben und auf mittlerer Hitze langsam auftauen. Linsencreme, Stützcreme, Sojabohnen und Milch im Mixer verquirlen, zu dem Spinat gießen. Mit Salz und Pfeffer abschmecken. Auf den Teig gießen.

Belag: Tomatenscheiben auf dem Spinat verteilen und mit Pizzagewürz (zwischen den Händen verrieben) bestreuen. Weißen Belag zwischen den Tomaten verteilen.

Pizza in den kalten Ofen schieben, 25 Min. bei 225 °C backen. Bei ausgeschaltetem Ofen 5 Min. nachbacken.

Hinweis: Die Spinatmasse war diesmal gut geworden, nicht zu flüssig. Außerdem habe ich heute meinen rebellischen Anti-FoK-Tag und will mal wieder so eine richtig cremige Soße auf der Pizza.

7540. Weißer Pizzabelag Nr. 17, Juli 2015

- 25 g Sonnenblumenkernmus
- 100 g heißes Wasser
- 1 TL Salz
- 1 TL Pizzakräuter
- 2 TL Dinkelmehl

Zutaten mit einer Gabel verquirlen und gleichmäßig auf der Pizza verteilen.

7541. Käseversuch, Juli 2015

Nach einem Chat mit S. M., die vom berühmten veganen Mozzarella sprach, musste ich mir den mal anschauen. Ich finde ihn zu nusslastig, denn die Zutaten sind:

- *400 ml Wasser*
- *2 EL gem. Flohsamenschalen*
- *Saft 1/2 Zitrone*
- *1 Becher Cashewkerne (auch 400 ml), 2 h eingeweicht*
- *Salz, Gewürze nach Belieben*

1 Becher Cashewkerne sind locker 400 g. Das ist mir zu viel, egal wie das schmeckt. Wofür gibt es Stützcreme? Ob es wirklich schmeckt, weiß ich erst morgen.

- 200 g Stützcreme, hier: Vitamixbecher klein maximal 7537
- 20 g Zitronenfleisch
- 1 g Salz
- 1 Prise Bockshornkleesat
- 1 MS Paprika Edelsüß
- 1 EL Flohsamenschalen (7 g)

Zutaten im Vitamix gründlich mixen, in eine Schüssel füllen und im Kühlschrank fest werden lassen. Vom ungekühlten Geschmack her war's nicht schlecht, aber ein bisschen zu zitronig.

Fazit: Am nächsten Tag: Das „zu zitronig" ist weg. Die Konsistenz ist ein bisschen zu weich. Für einen ersten Versuch bin ich sehr zufrieden!

7542. Käsewasser, Juli 2015

- 30 g Käseversuch 7541
- 370 g Wasser

Im Hochleistungsmixer 3-4 Min. schlagen. Abkühlen lassen und im Kühlschrank aufbewahren.

7543. Mokkacreme, Juli 2015

2 Desserts

- 200 g Stützcreme, hier: Vitamixbecher klein maximal 7537
- 5 g Instant Getreidekaffee
- 65 g Datteln
- 30 g Chiasamen
- 100 g Pflanzenmilch, hier: Hafercashewmilch 7531
- 1-2 TL getr. Gojibeeren als Dekoration

Im Vitamix alles außer den Gojibeeren erst langsam, dann auf der Höchststufe mixen, bis die Chia-Samen nicht mehr zu erkennen sind. Auf 2 Schüsselchen verteilen, in die Mitte ein paar Gojibeeren streuen.

7544. Milchkaffee kühl, Juli 2015

Im Vitamix 2-3 Min. schlagen, dann kühl stellen:

- 65 g Mokkacreme 7543
- 100 g Pflanzennussmilch, z. B. Hafercashewmilch 7531
- 300 g Wasser

7545. Schwarzkartoffelsing, Juli 2015

2 Portionen

- 100 g Wasser, hier: Käsewasser
- 310 g Kartoffeln
- 350 g Wirsing netto
- 175 g gekochte schwarze Bohnen

Soße:

- 1 TL Salz
- 1 MS gem. Kümmel
- 15 g Peperoniessig 7/4573 oder Apfelessig
- 20 g Cashewnüsse
- 20 g Sonnenblumenöl
- 60 g Wasser, hier: Käsewasser 7542

Wasser in eine 24-cm-Pfanne geben. Kartoffeln unter fließendem Wasser abbürsten und in Scheiben schneiden. Wirsing klein schneiden, Strunk entfernen. Als Gemüsepfanne 15 Min. Bohnen unterrühren. Im Mixer die Soßenzutaten verquirlen, in die Pfanne einrühren.

7546. Erdkosencremes, Juli 2015

2 Desserts

Creme 1:

- 100 g feste Stützcreme, hier: Vitamixbecher klein maximal 7537
- 20 g cremiger Honig
- 100 g geputzte Erdbeeren

Creme 2:

- 25 g feste Stützcreme (s.o.)
- 75 g Aprikosen
- 1 kleine Erdbeere als Dekoration

Creme 1: Mit dem Mixer, hochstehendes Messer, zu einer glatten Creme schlagen und auf zwei Schüsselchen verteilen. **Creme 2:** Aprikosen halbieren, mit der Stützcreme mit dem Mixer wie oben beschrieben pürieren. *Da ich eine süße Aprikosensorte hatte, war Nachsüßen nicht notwendig.* In die Mitte der Erdbeercreme löffeln, die Deko-Erdbeere längst durchschneiden und als Dekoration in die Mitte legen.

7547. Möhrengemüse, Juli 2015

Gemüse als Gemüsepfanne 15 Min.:

- 50 g Käsewasser 7542 (oder Wasser) in eine 24-cm-Pfanne geben.
  Dazu:
- 1 weißer Rettich, 75 g netto, in Scheiben (alternativ eine Zwiebel) und
- 400 g Möhren in Scheiben (netto).

Soße (im Mixer verquirlen und unter das Gemüse rühren):

- 20 g Sonnenblumenkerne
- 1 TL Salz
- 1/2 gestr. TL Paprika edelsüß
- 1 MS gem. Kümmel
- 2 g Essigpeperoni 7/4573
- 10 g Peperoniessig
- 20 g Sonnenblumenöl
- 5 g Honig
- 25 g gekochte Linsen, hier: Linsencreme II 7507 o. Ä
- 50 g Käsewasser 7542 oder Wasser

Bei mir gab es dazu Ofenkartoffeln.

7548. Sechskorngetreide mit Kamut, Juli 2015

900 g insgesamt

- 150 g Hirse
- 150 g Dinkel
- 150 g Buchweizen
- 150 g Roggen
- 100 g Nacktgerste
- 150 g Kamut

In einer großen Schüssel mit den Händen vermischen und in ein passendes Glas abfüllen.

Früher hatte Davert eine sehr schöne Sechskornmischung, die war auch bezahlbar. Dann gab's die nicht mehr und ich habe lose im Bioladen gekauft. Jetzt hat mich aber endgültig der Preis geärgert. Für über 3 Euro kann ich mir das wirklich auch mal selbst machen. Auch ist dies eine gute Gelegenheit, Getreide loszuwerden, das ich nicht so häufig esse (wie Hirse und Buchweizen). – Ich will die Mischung in 2-Liter-Gläsern aufbereiten, da geht 1 kg gerade rein. Meine Menge war definitiv zu wenig.

7549. Hafersesammilch, Juli 2015

Im Vitamix auf der höchsten Stufe 6 Min. schlagen:

- 15 g Sesam ungeschält
- 1 Prise Salz
- 25 g Nackthafer
- 1000 g Wasser

Schäumt stark auch schon beim Zubereiten!

7550. 560 g-Wasser-Creme, Juli 2015

Im Hochleistungsmixer auf der höchsten Stufe bis zum Stocken schlagen (Vitamix großer Becher etwas mehr als 5 Min.):

- 80 g Langkorn-Naturreis
- 65 g Cashewnüsse
- 15 g Mandeln
- 1 kleine Prise Salz
- 25 g grüne Rosinen
- 560 g Wasser

7551. Schokocreme intensiv, Juli 2015

2 Desserts

- 200 g Stützcreme, z. B. 560 g-Wasser-Creme 7550.
- 15 g Kakaopulver (Fair Trade)
- 35 g Ahornsirup
- 10 g Mandeln
- 2 Mandeln für die Dekoration

Stützcreme mit Kakao, Sirup und 10 g Mandeln kurz mixen, die Mandeln sind noch stückig. Auf zwei Schüsselchen verteilen, jeweils eine Nuss in die Mitte stecken.

Hinweis: *Den Rest im Becher habe ich mit 310 g Wasser saubergespült, kommt morgen in meinen Kakao.*

7552. Bohnensprossen für Salat, Juli 2015

Bohnen, die nicht roh für Salate verwendet werden können, kann man trotzdem keimen lassen und dann kochen. Die Kochzeit verkürzt sich.

- 50 g schwarze Bohnen
- Wasser

Bohnen 4 Tage lang keimen lassen. In einen kleinen Topf geben, mit etwas Wasser übergießen (so dass sie knapp bedeckt sind). Als Gemüsepfanne 15 Min.

7553. Wachsbohnen mit Roggenflocken, Juli 2015

2 Portionen.

- 150 g Wasser (bei mir davon 50 g Bohnenkochwasser)
- 250 g Wachsbohnen, Enden abgeschnitten, halbiert (quer durch-geschnitten) (netto)
- 100 g Zwiebel, geschält & gewürfelt (netto)
- 1/2 rote Paprika ohne Kerne & Innenwände (60 g netto)
- 3 Knoblauchzehen, abgezogen und in Scheiben geschnitten (12 g netto)
- 50 g Roggen, geflockt

Soße:

- 15 g Zitronenfleisch
- 2 EL Öl (keine 20 g)
- 1 TL Salz
- 1 MS gem. schwarzer Pfeffer
- 40 g Wasser

Die Zutaten in der angegebenen Reihenfolge in eine 24-cm-Pfanne geben. Als Gemüsepfanne 15 Min. *Soße:* Im Mixer verquirlen, unter das fertige Essen rühren.

7554. Reis halb und halb, Juli 2015

2 Portionen

- 100 g roter Vollkorn-Reis
- 100 g Basmatinaturreis
- 340 g Wasser

Reis und Wasser in den Schnellkochtopf geben. 11 Min. auf Stufe II garen. Langsam abdampfen lassen (10 Min. auf Herdstufe 2/14 und 6 Min. auf 1/14).

7555. Mangokango-FKG, Juli 2015

Abends

- 6 EL Sechskorngetreide grob schroten & auf zwei Schüsseln ver-teilen. Mit insgesamt
- 160 g Wasser übergießen. Abgedeckt bei Raumtemperatur stehen lassen.

Morgens

- 40 g getr. Mango
- 20 g Kokosraspeln
- 280 g Wasser
- 15 g Zitronenfleisch
- 1 größere Banane geschält (120 g netto)
- 1 größerer Apfel (205 g)
- 4 Aprikosen entsteint (160 g brutto)

Mango, Kokosraspeln und Wasser im Hochleistungsmixer mixen, bis eine glatte Creme entstanden ist. (Ohne Hochleistungsmixer Mango und Kokosraspeln abends in 280 g Wasser einweichen und morgens in einem Mixer mischen.) Auf dem Getreide verteilen. Zitronenfleisch, Banane und Apfel in Stücken hinzufügen, ebenfalls pürieren und auf die Mangocreme geben. Die Aprikosen achteln und im Kreis oben auf das Obst geben.

7556. Hummuswasser, Juli 2015

Im Vitamix mixen (1,5-2 Min.):

- 50 g Hummus, hier: Möhren-Hummus 7579
- 125 g Sojabohnenkochwasser oder Wasser
- 125 g Wasser

7557. Creme mit Obst, Juli 2015

2 Desserts

- 125 g feste Stützcreme, z. B. 560 g-Wasser-Creme 7550
- 25 g Lemon Curd flüssig 7393
- 50 g Pflanzenmilch, z. B. Hafersesammilch 7549
- 1 geh. TL Flohsamenschalen
- 2 Aprikosen entsteint, fein gewürfelt (65 g netto)
- 50 g Heidelbeeren
- 1 TL Ahornsirup

Stützcreme mit Lemon Curd und Pflanzenmilch mit einem Schneebesen glatt schlagen. Flohsamenschalen ebenfalls unterrühren. Aprikosenwürfel und Heidelbeeren vorsichtig unterziehen. Evtl. noch etwas nachsüßen. Auf zwei Schüsselchen verteilen und jeweils eine Heidelbeere in die Mitte legen.

7558. Heiß-Wetter-Kartoffeln, Juli 2015

2 Portionen; neue Kartoffeln schmecken auch bei heißem Wetter.

- 20 g Kokosöl
- 50 g Wasser (z. B. Bohnenkochwasser)
- 500 g Kartoffeln, sauber gebürstet und in Scheiben
- 220 g Cocktailtomaten
- 165 g Lauchzwiebeln, Wurzeln abgeschnitten und den Rest in Ringe geschnitten
- 1 TL Salz
- 1 Prise schw. gem. Pfeffer
- 1 TL Apfelessig (oder Zitronensaft)

Öl und Wasser in eine Pfanne geben. Gemüse in der angegebenen Reihenfolge in die Pfanne geben. 15 Min. als Gemüsepfanne dünsten. Mit Salz, Pfeffer und Essig abschmecken.

7559. Lasagnesauce weiß Nr. 4, Juli 2015

- 65 g Stützcreme, z. B. Cremige Reiscreme (s. u.)
- 125 g gekochte Sojabohnen
- 10 g Essig
- 1 TL Salz (6 g)
- 150 g Wasser

Cremige Reiscreme:

- 50 g Naturreis
- 15 g Mandeln geschält
- 85 g Cashewnussbruch
- 400 g Wasser
- 1 kleine Prise Salz

7560. Derzeitidealkakao, Juli 2015

Ist nicht so süß, Konsistenz und Schokoladigkeit für mich derzeit gerade richtig.

Im Hochleistungsmixer, je nach Gerät, 4,5 bis 8 Min. auf höchster Stufe schlagen:

- 10 g Kakaonibs
- 5 g Kakaopulver
- 2 Datteln entsteint (40 g netto)
- 300 g Hafersesammilch 7549 o. Ä.
- 7 g frischer Ingwer
- 35 g Erdmandeln
- auf 500 ml (Markierung im Becher) mit Wasser auffüllen

7561. Johannisbeertorte, Juli 2015

Boden:

- 125 g Nackthafer, geflockt
- 125 g Nackthafer, fein gemahlen (2,5/9, Hawos Novum)
- 50 g Dinkel, fein gemahlen
- 1 Prise Salz
- 1 gestr. TL Vanille
- 2 TL Backpulver
- 1/2 Apfel (50 g)
- 75 g gekochte weiße Bohnen
- 125 g Agavendicksaft oder flüssiger Honig
- 50 g Wasser
- 5 g Apfelessig

Belag:

- 30 g Hirse
- 30 g Reis
- 390 g Stützcreme Verhältnis 1:1:7, z. B. 560 g-Wasser-Creme 7550
- 225 g Agavendicksaft
- 30 g Wasser
- 1 Prise Salz
- 325 g Johannisbeeren, abgezupft (netto gewogen)

Boden: Getreide, Salz, Vanille und Backpulver in einer Rührschüssel verrühren. Die restlichen Zutaten im Vitamix gut pürieren (aufpassen, dass der Apfel nicht noch stückig ist) und mit einem Löffel unter die festen Zutaten rühren. Den Boden einer Springform mit Backpapier überspannen und den Teig gleichmäßig darin verteilen.

Belag: Getreide fein mahlen, mit Creme, Süßungsmittel, Wasser und Salz verrühren (Rührhaken eines Handrührgeräts). Die Johannisbeeren unterziehen. Belag auf den Teig gießen. In den kalten Backofen einschieben und 55 Min. bei 175 °C backen und 10 Min. im ausgestellten Ofen nachbacken. Der Belag ist, wenn der Kuchen aus dem Ofen kommt, noch komplett flüssig. Also gut abkühlen lassen, bevor man den Ring entfernt!

7562. 460 g-Wasserstützcreme herb, Juli 2015

Im Hochleistungsmixer bis zum Stocken schlagen:

- 60 g Langkornreis
- 60 g Sonnenblumenkerne
- 1 Dattel entsteint (20 g netto)
- 420 g Wasser

Wird durch die Sonnenblumenkerne etwas grau.

Ohne Hochleistungsmixer: Nüsse in einem Teil des Wassers einweichen, Trockenfrüchte - wenn verwendet - ebenfalls. Getreide fein mahlen und im restlichen Wasser aufkochen, abkühlen lassen. Alles zusammen in einem Mixer zu einer Creme schlagen.

7563. 460 g-Wasserstützcreme-Milch, Juli 2015

- 125 g Stützcreme 1:1:7, z. B. 460 g-Wasserstützcreme herb 7561
- 325 g Wasser

2 Min. im Vitamix. Dann ist der Becher fast sauber.

7564. Bärenpunch, Juli 2015

2 Desserts

- 50 g Blaubeeren
- 50 g Johannisbeeren
- 50 g Stachelbeeren
- 50 g Erdbeeren
- 50 g Pflanzenmilch, z. B. Hafersesammilch 7549
- 10 g Lemon Curd flüssig 7393
- 1 gestr. TL Flohsamenschalen (2 g)

Beeren zu je 25 g auf 2 Schüsselchen verteilen. Die restlichen Zutaten mit einem Löffel verrühren und darüber gießen. Bei mir standen die Schüsselchen etwa 30 Min. bei Raumtemperatur, da hatten die Flohsamenschalen nur eine sehr geringe bindende Wirkung.

7565. Ingwerbeerencreme, Juli 2015

- 250 g Pflanzenmilch, z. B. Hafersesammilch 7549
- 90 g entsteinte Datteln
- 5 g frischer Ingwer
- 10 g Kakaopulver
- 30 g Chiasamen
- 95-100 g Stachelbeeren
- 2 kleinere Erdbeeren

Pflanzenmilch mit Datteln und Ingwer kurz mit dem Vitamix durchmischen (ca. 5-10 Sek.). Kakao und Chia hinzufügen, einmal mit dem Löffel durchrühren. Becher wieder aufsetzen, mit langsam steigender Geschwindigkeit bis zur Höchststufe hochfahren und solange mixen, bis die Chiasamen nicht mehr sichtbar sind und die Creme recht schaumig. Auf zwei Schüsselchen verteilen. Stachelbeeren quer halbieren, am Rand entlang legen. Die Erdbeeren jeweils mit der Spitze nach oben in die Mitte stecken.

Tipp: Ich beschreibe das Vorgehen beim Mixen deshalb so detailliert, weil es mir so zum ersten Mal gelungen ist, Chiasamen so einzumischen, dass sie nicht im Deckel und am Rand kleben.

7566. Linsencreme III, kleine Portion, Juli 2015

Vorläufer: 7507

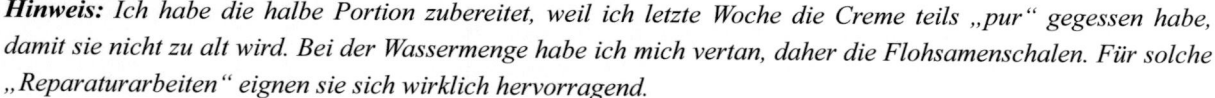

- 50 g rote Linsen
- 150 g Wasser
- 1 TL Kräuterdip-Mischung o. Ä.
- 1/4 TL Salz
- 1/2 TL Flohsamenschalen.

Linsen mit Wasser zum Kochen bringen, 15 Min. köcheln und z. B. in einen kleinen Becher eines Mixer geben. Mit einem kleinen Schneebesen glatt schlagen und die restlichen Zutaten ebenfalls unterrühren. Ergibt einen halben Becher voll.

Hinweis: Ich habe die halbe Portion zubereitet, weil ich letzte Woche die Creme teils „pur" gegessen habe, damit sie nicht zu alt wird. Bei der Wassermenge habe ich mich vertan, daher die Flohsamenschalen. Für solche „Reparaturarbeiten" eignen sie sich wirklich hervorragend.

7567. Gnocchi, Juli 2015

2 Portionen

- 190-200 g Kartoffeln = 175 g Pellkartoffeln geschält
- 105 g Dinkel
- 45 g Nacktgerste
- 20 g Stützcreme z. B. 460 g-Wasserstützcreme herb 7561
- 5 g Pflanzenmilch, z. B. Hafersesammilch 7549
- 1/2 TL Salz

2 mittelgroße Kartoffeln (200 g brutto bei mir) mit 1,5 cm Höhe Wasser im Schnellkochtopf 10 Min. Stufe II garen. Langsam abdampfen lassen. In einem Sieb einige Min. stehen lassen, Schale abziehen. In eine ausreichend große Plastikschüssel geben und mit einem Kartoffelstampfer zu Brei verarbeiten. Was bei mir gut ging, trotz festkochender Kartoffeln.

Getreide mischen und fein mahlen. Alle Zutaten zusammengeben und zu einem glatten Teig verkneten, ich habe das mit der Hand gemacht, ging prima & klebte kaum. Wer weder Stützcreme noch Pflanzenmilch hat, kann sicher auch Wasser nehmen, dann empfehle ich aber, erst einmal nur mit 15 g anzufangen.

Den Teig in drei gleiche Teile teilen, jeweils zu Rollen mit einem Durchmesser von ca. 3 cm rollen. Mit einem scharfen Messer 7-8 mm breite Scheiben abschneiden.

Dabei die Rolle immer ein wenig drehen vor dem nächsten Schnitt, damit die Stücke nicht allzu eckig werden. Jedes Stück mit einer Gabel flachdrücken, sodass sich das Zinkenmuster in den Nudeln eindrückt. Nebeneinander auf einen Kuchenrost legen. Die Gabel ab und an in Wasser tauchen, damit sie nicht am Teig klebt.

Wasser mit Salz zum Kochen bringen. Gnocchi hineingeben und Herdplatte soweit herunterstellen, dass zwar Luftperlen hochsteigen, dass Wasser ab nicht kocht. Wenn alle Gnocchi nach oben gestiegen sind, noch 3-4 Min. ziehen lassen. Auf einem Sieb kurz abtropfen lassen.

Tipp: Wenn der Rest des Essens noch nicht fertig ist, lassen sich die Gnocchi einige Min. warmhalten, indem man das Sieb in den noch heißen Kochtopf einhängt und den Deckel auflegt.

7568. Wirsing mit Rettich, Juli 2015

2 Portionen (mit Gnocchi)

Gemüse:
- 55 g Wasser (bei mir: 30 g Bohnenkochwasser + 20 g Hafersesammilch)
- 315 g Wirsing, klein geschnitten
- 115 g Rettich, rot und weiß, ohne die „Köpfe", in Scheiben (netto)

Soße:
- 75 g gekochte weiße Bohnen
- 5 g Salz
- 20 g Stützcreme, bei mir: 460 g-Wasserstützcreme herb
- 1 TL Paprika edelsüß
- 1 MS gem. schwarzer Pfeffer
- 10 g Zitronenfleisch
- 60 g (+ 50) g Wasser (bei mir 25 g davon Hafersesammilch 7549)
- 1 knapper TL Honig
- 5 g Zitronenfleisch
- 20 g Sonnenblumenöl

*Gemüse*zutaten in der angegebenen Reihenfolge in eine 24-cm-Pfanne geben. 15 Min. als Gemüsepfanne. Alle *Soßenzutaten* im Mixer verquirlen, zum Gemüse geben und unterrühren. Den Becher mit 45 g Wasser nachspülen. Dieses Wasser ebenfalls zum Gemüse geben, verrühren und aufkochen.

Tipp: Bei mir gab es dazu Gnocchi.

7569. Brot ohne Mich jetzt für Mich 2015/24, Juli 2015

Vorläufer 4/2908

Stufe 1a Samstagmorgen 9 Uhr:
- 50 g Dinkel - 50 g Wildhefe

Stufe 1b Samstagnachmittag 15.30 Uhr:
- Stufe 1a + 200 g Dinkel + 200 g Wildhefe

Stufe 2 Samstagabend 22:30 Uhr (geploppt):
- Stufe 1b + 250 g Dinkel + 125 g Wasser + 1 TL Salz + 1 TL Honig

Stufe 3 Sonntagmorgen 9:15 Uhr (geploppt):
- Ansatz Stufe 2

- 150 g Dinkel
- 100 g Nacktgerste
- 2 TL Bode Brotgewürz
- 1 gestr. EL Salz
- 50 g Sesam
- 50 g Wasser

Stufe 1a + b: Samstagmorgen Dinkel fein mahlen und mit dem Hefe-wasser verrühren. In eine kleine Pengdose geben und bis abends stehen lassen. Es hat nicht geploppt, es zeigten sich nur wenig Blasen. Samstagnachmittag Dinkel fein mahlen, mit Wildhefe und Stufe 1a verrühren. In einer größeren Pengdose bis abends stehen lassen. Um 22.15 Uhr ist der Deckel abgesprungen.

Stufe 2: Dinkel fein mahlen, mit Wasser, Salz, Honig und Stufe 1b verrühren. In einer Pengdose der nächsten Größe (1,5 Liter?) bis zum nächsten Morgen stehen lassen. Ich gebe immer noch eine Plastiktüte um die Pengdosen - dann trocknet der Teig nicht aus, wenn der Deckel eher abspringt als erwartet.

Stufe 3: Dinkel und Gerste mischen, fein mahlen. Mit Brotgewürz, Salz und Stufe 2 mischen und kneten. Sobald die Masse einigermaßen zusammenhängt, auf einer glatten Fläche weiterkneten und dabei 50 g Wasser einarbeiten. Insgesamt ca. 15 Min. kneten. Eine Kugel unter Spannung formen. Wie beschrieben einpacken und 4 Std. gehen lassen.

Teig nochmals durchkneten. Zu einer Kugel unter Spannung formen und dem Teigling eine Längsform geben. Dreimal schräg einschneiden. Auf dem Backblech in den kalten Ofen schieben. Backen: Klimagaren, 190 °C, 45 Min.. Mit Wasser einsprühen und auf einem Kuchengitter auskühlen lassen. Von innen nicht so schön wie erwartet, doch recht kompakt.

Hinweis: *Dies ist ein Rezept von mir selbst von 2008 (4/2903) aus einer Rohkostphase. Ich hatte 3 kleine Brote aus dem Teig gemacht und alle verschenkt. Jetzt habe ich die Mengen halbiert und ein großes Brot daraus gemacht und Wildhefe genommen und entsprechende Änderungen in der Bearbeitung vorgenommen. Ich brauchte außerdem Wasser, weil ich nicht noch einmal in das Rezept geguckt und daher übersehen hatte, dass die Gerste geflockt, nicht gemahlen wird. Die ehemalige Stufe 1 habe ich in 1a und 1b unterteilt, um den Unterschied zu zeigen.*

7570. Grünzeugdressing Nr. 3, Juli 2015

Vorlage: 7526

- 125 g „Grünzeug" (Cuminblumenkohlwürze 7443)
- 200 g Wasser
- 125 g Apfelessig
- 20 g Tamari oder Sojasoße
- 20 g Salz
- 1 g gem. schw. Pfeffer
- 1 gestr. TL Garam Masala (3 g)
- 125 g Sonnenblumenkerne
- 125 g grüne Rosinen
- 1 roter Rettich (40 g)
- 100 g Radieschen

Alle Zutaten zusammen im Vitamix gut durchschlagen, bis die Masse lauwarm, aber nicht heiß ist. In Schraubgläser füllen und im Kühlschrank aufbewahren. Verdünnen für den Gebrauch 1:2 bis 1:3.

7571. Kokosnussmus Bounty, Juli 2015

Vorlage 7075

- 300 g Kokosraspeln
- 30 g Kakaonibs
- 40 g Agavendicksaft

Kokosraspeln und Kakaonibs in den Trockenbecher des Vitamix geben. Einige Male pulsen, d. h. auf der Höchststufe an- und wieder ausschalten, bis sich das Messer „komisch anhört", also sich nichts mehr bewegt. Mit dem Stößel weiterarbeiten. Ich habe solange gemixt auf der Höchststufe, bis das Mus von alleine lief, auch ohne Stößel. Dann habe ich den Agavendicksaft hinzugefügt und nochmals kurz laufen lassen, da war es mit dem Flüssigen vorbei. Schmeckt aber gut.

7572. Heidelbeerenmeuterei auf der Bounty, Juli 2015

2 Desserts

- 60 g Kokosnussmus Bounty 7570 o. Ä.
- 125 g Stützcreme, hier: 460 g-Wasserstützcreme herb 7561
- 20 g Agavendicksaft oder Honig
- 75 g Pflanzenmilch, hier: 460 g-Wasserstützcreme-Milch 7562
- 15 g Chiasamen
- 40 g Heidelbeeren

Alle Zutaten außer den Heidelbeeren im Vitamix gründlich mixen, bis die Samen nicht mehr als solche erkennbar sind. Auf zwei Schüsselchen verteilen, die Heidelbeeren am Rand entlang verteilen.

7573. Weißer Pizzabelag Nr. 17 (mit Öl), Juli 2015

Vorläufer: 7539

- 20 g Cashewnüsse
- 1 Prise gem. Schabziegerklee
- 2 Prisen Salz
- 50 g gekochte weiße Bohnen
- 25 g Sonnenblumenöl
- 13 g Zitronenfleisch
- 40 g Wasser

Zutaten im Mixer zu einer Creme schlagen.

7574. Erdmandelreismilch II, Juli 2015

Vorläufer: 7297

Im Hochleistungsmixer 6 Min. schlagen:

- 10 g Rundkornnaturreis
- 20 g Erdmandeln
- 1 Dattel entsteint (18 g)
- 1000 g Wasser

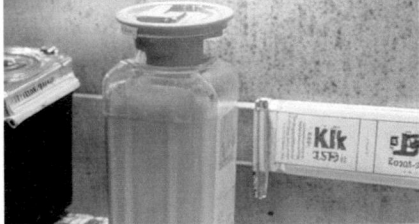

7575. Schokoladencreme, leicht herb, Juli 2015

2 Desserts

- 175 g 460 g-Wasserstützcreme herb
- 10 g Kakaopulver
- 35 g Honig
- 10 g Kakaonibs
- 15 g wilde Erdnüsse
- 1 TL getr. Gojibeeren

Creme, Kakao und Honig mit einem Löffel verrühren. Kakaonibs und Erdnüsse unterrühren. Auf zwei Schüsselchen verteilen, mit Gojibeeren dekorieren.

7576. Wirsingpizza, Juli 2015

2 Portionen

Teig:

- 50 g Roggen
- 150 g Dinkel
- 1/2 gestr. TL Salz
- 20 g frische Bio-Hefe (1/2 P)
- 100 g Wasser
- 20 Stützcreme, hier: 460 g-Wasserstützcreme herb 7561
- Etwas Wasser, um die Hände zu benetzen

Wirsingmasse

- 35 g Wasser
- 10 g getrocknete Tomaten
- 1 geschälte Zwiebel (35 g)
- 2 Knoblauchzehen (5 g netto)
- 35 g gefrorener Spinat (oder insgesamt 200 g Wirsing nehmen)
- 175 g Wirsing
- 40 g gekochte Sprossen von schwarzen Bohnen (oder 100 g weiße Bohnen)
- 60 g gekochte weiße Bohnen
- 20 g 460 g-Wasserstützcreme herb 7561 o. Ä.
- 2 EL(Bohnenkoch)Wasser
- 1 TL Salz
- 1 MS schw. gem. Pfeffer

Belag:

- 1 Tomate, 100 g, in Scheiben
- 1-2 TL Pizzagewürz
- 20 g Cashewnüsse
- 1 Prise Schabziegerklee gem.
- 2 Pr Salz
- 50 g gekochte weiße Bohnen
- 25 g Sonnenblumenöl
- 13 g Zitronenfleisch
- 40 g Wasser

Teig: Getreide mischen und fein mahlen und mit Salz mischen. Hefe im Wasser auflösen, zum Mehl geben, ebenso die Stützcreme. Gründlich verkneten, in diesem Fall mit der Braun Küchenmaschine. Der Teig war innerhalb einer Min. fertig. Mit nassen Händen nochmals durchkneten und eine Kugel unter Spannung formen. Teig in eine Pengdose legen. Deckel schließen. Warten bis es ploppt und immer wieder mit nassen Händen durchkneten und erneut in die Pengdose geben, bis es Zeit ist, die Pizza vorzubereiten. (In der Zwischenzeit Spinat und Belag vorbereiten.) Teig mit nassen Händen in der Pizzaform (Durchmesser 28 cm) auseinanderdrücken. Einen Rand hochdrücken.

Gemüse: Tomaten in feine Streifen schneiden. Zwiebel würfeln, Knoblauch und Wirsing in Streifen schneiden. Mit Spinat und 2 EL Wasser in eine Pfanne geben, Deckel auflegen, auf höchster Einstellung zum Kochen bringen, bis Dampf unter dem Deckel austritt. Auf kleinste Einstellung drehen und 10 Min. dünsten, ohne den Deckel abzuheben. Weiße Bohnen, Stützcreme, Wasser, Salz und Pfeffer im Magic verquirlen, zu dem Gemüse geben und unterrühren. Den Becher mit ca. 20 g Wasser nachspülen, ebenfalls zum Gemüse geben. Auf den Teig gießen.

Belag: Tomatenscheiben auf dem Spinat verteilen und mit Pizzagewürz (zwischen den Händen verrieben) bestreuen. Die restlichen Zutaten im Mixer zu einer Creme schlagen und zwischen den Tomaten verteilen.

Pizza in den kalten Ofen schieben, 25 Min. bei 225 °C backen. Bei ausgeschaltetem Ofen 5 Min. nachbacken.

7577. Buschbohnenpfanne, Juli 2015

2 Personen

Gemüsepfanne, 24 cm, 15 Min.:

- 10 g Sonnenblumenöl
- 40 g Wasser
- 1 mittelgroße Zwiebel, abgezogen und gewürfelt (95 g netto)
- 2 Knoblauchzehen, abgezogen und in Scheiben (5 g netto)
- 390 g Kartoffeln, unter fließendem Wasser abgebürstet und in Scheiben (netto)
- 280 g Buschbohnen, Enden abgeschnitten und halbiert (netto)
- 1 rote Paprikaschote, Stiel, Kerne und Innenwände entfernt, gewürfelt (140 g netto)

Soßenzutaten mit einem kleinen Mixer verquirlen und unter das Gemüse rühren:

- 10 g Zitronenfleisch
- 10 g Sonnenblumenöl
- 1 TL Salz
- 1 MS Pfeffer
- 1 Teelöffelspitze gem. Kümmel

7578. 350 g-Wasserstützcreme, Juli 2015

Vorläufer 7561; Verhältnis: 2:1:14 (1:0,5:7)

Im Hochleistungsmixer bis zum Stocken schlagen:

- 50 g Langkornreis
- 25 g Cashewnüsse
- 1 kleine Prise Salz
- 350 g Wasser

Ohne Hochleistungsmixer: *Nüsse in einem Teil des Wassers einweichen, Trockenfrüchte - wenn verwendet - ebenfalls. Getreide fein mahlen und im restlichen Wasser aufkochen, abkühlen lassen. Alles zusammen in einem Mixer zu einer Creme schlagen.*

7579. Pflaumencreme, Juli 2015

2 Desserts

- 160 g 350 g-Wasserstützcreme 7577 o. Ä.
- 120 g entsteinte, klein geschnittene Pflaumen
- 35 g Agavendicksaft
- 1 Prise Zimt
- 1 Aprikose
- 1 Pflaume

Stützcreme mit Pflaumenstücken, Agavendicksaft und Zimt im Vitamix pürieren. Auf zwei Schüsselchen verteilen. Aprikose und Pflaume entsteinen, in 8 Streifen schneiden und je 4 abwechselnd auf die Creme legen. Kalt stellen.

7580. Mangopudding, Juli 2015

2 x Dessert

Im Vitamix zu einer glatten Creme schlagen, u.U. mit Hilfe des Stößels:

- 115 g frische Mango
- 100 g Stützcreme 1 : 0,5 : 7 (hier: 350 g-Wasserstützcreme 7577)
- 50 g gekochte Sojabohnen (oder weiße Bohnen, sehr weich gekocht)
- 30-35 g Lemon Curd flüssig 7393

Für die Dekoration

- 4 kleine Erdbeeren

Erdbeeren putzen, je eine in die Mitte setzen, die anderen vierteln und mit der Spitze in eine Richtung an den Rand (Uhrzeiten) legen. Jedes andere Saisonobst geht auch.

7581. Möhren-Hummus, Juli 2015

Nach einem Rezept aus „Lisa Kochen und Backen", 7/2015, S. 49; angeblich sind dies 2 Portionen, ich würde eher sagen 3.

- 25 g + ca. 35 g Sojabohnen-Kochwasser (oder Wasser)
- 150 g Möhren in dickeren Scheiben, netto
- 2 Knoblauchzehen, abzogen und in Scheiben, 5 g netto
- 150 g gekochte Sojabohnen
- 1 EL Sesam ungeschält (15 g)
- 10 g Zitronenfleisch
- 1 gestr. TL Paprika edelsüß
- 1 gute Prise Cumin
- 1 gestr. TL Salz

25 g Kochwasser, Möhren und Knoblauchzehen in eine 20-cm-Pfanne geben. Zutaten in der angegebenen Reihenfolge in eine 24-cm-Pfanne geben. Deckel auflegen, auf höchster Einstellung zum Kochen bringen, bis Dampf unter dem Deckel austritt. Auf kleinste Einstellung drehen und 20 Min. dünsten, ohne den Deckel abzuheben. Aus dem Kochwasser nehmen, mit Sojabohnen, Sesam, Zitrone, Gewürzen und Salz in den Vitamix geben. Möhrenkochwasser (bei mir 7 g) mit Wasser auf 40 g auffüllen, ebenfalls in den Vitamix geben und zu einer glatten Creme schlagen.

7582. Zucchini-Paprika-Beilage, Juli 2015

2 Personen

Gemüse 15 Min. als Gemüsepfanne:
- 70 g Hummuswasser 7580 o. Ä.
- 1 gelbe Paprika, gewürfelt; Innenwände, Stiel und Kerne entfernt; 180 g netto
- 200 g Zucchini, in Stücke geschnitten, etwa 1 cm dick
- 2 Knoblauchzehen, abgezogen und in Scheiben, 7 g netto
- 1 kleine Zwiebel, abgezogen und gewürfelt, 30 g netto

Die folgenden Zutaten zum Gemüse geben und einmal vorsichtig alles vermischen:
- 1 EL Sonnenblumenöl
- 1 EL Peperoniessig 7/4573 oder Apfelessig
- 1 gestr. TL Salz

Dazu gab es Ofenkartoffeln aus 480 g Kartoffeln und zwei Drittel des Möhren-Hummus 7581.

7583. Buschbohnen in Senfsoße, Juli 2015

2 Portionen.

Gemüse als Gemüsepfanne 15 Min.:
- 85 g Hummuswasser 7580 o. Ä.
- 200 g Buschbohnen, Enden abgeschnitten, halbiert (netto)
- 125 g Möhren, Enden abgeschnitten, in Scheiben (netto)

Soße:
- 1 Aprikose, entsteint, in Stücken (50 g netto)
- 10 g Senf (etwa 1 TL)
- 5 g Salz
- 1 MS gem. schwarzer Pfeffer
- 15 g Sonnenblumenöl
- 50 g Hummuswasser s.o.

Zutaten im kleinen Becher mit dem Mixer verquirlen. Unter das Gemüse rühren.

Hinweis: *Bei mir gab es dazu roten Reis.*

7584. Flohcremewasser, Juli 2015

Im Vitamix mixen (1,5-2 Min.):
- 60 g Stützcreme mit Flohhilfe 7588
- 285 g Wasser

7585. Wassermelonenschlaffi, Juli 2015

2 x Dessert

- 400 g Wassermelone, geschält, aber mit Kernen
- 13 g Zitronenfleisch
- 20 g Honig
- 20 g Chiasamen
- 1 gestr. EL Flohsamenschalen
- 20 g Kokosnussmus Bounty 7571 o. Ä.

Melone, Zitrone, Honig und Chia im Vitamix gut mixen. Blieb komplett flüssig (wegen des Honigs?), daher habe ich noch Flohsamenschalen zugegeben. Auf 2 Schüsseln verteilt, in die Mitte jeweils ein Klecks Kokosnussmus. Frisch aus dem Vitamix schmeckte es gar nicht schlecht.

Im Kühlschrank wurde es etwas fester und verlor fast jeglichen Geschmack. :-(

7586. Gerste in einem Topf mit Bohnen, Juli 2015

2 Portionen.

Gerste:
- 200 g Gerste
- Reichlich Wasser zum Einweichen
- 200 g Wasser

Bohnen:
- 75 g Kichererbsenkochwasser
- 175 g Brechbohnen, Enden abgeschnitten, halbiert (netto)
- 255 g Bundzwiebeln, in Ringe geschnitten, jeweils die untere Hälfte von drei Stück (netto)

Soße:
- 60 g Linsencreme III, kleine Portion 7566 o. Ä.
- 55 g Möhren-Hummus 7581 o. Ä.
- 15 g Sonnenblumenöl
- 18 g Zitronenfleisch
- 50 g Kichererbsenkochwasser
- 1 TL Salz
- 1 MS gem. schw. Pfeffer
- 20 g Wasser zum Nachspülen

Gerste in einer Pengdose in reichlich Wasser 24 Std. einweichen. Wasser abgießen (verwende ich sonst, wegen der warmen Temperaturen schien mir das aber leicht zu gären). Gerste mit 200 g Wasser im Schnellkochtopf 11 Min. auf Stufe II garen. 10 Min. auf Stufe 2 quellen lassen und auf der Induktionsplatte stehen lassen. Das Wasser war dann komplett aufgesogen. *Gemüse:* Zutaten in der angegebenen Reihenfolge in eine 24-cm-Pfanne geben. Als Gemüsepfanne 15 Min. Gerste unter das Gemüse rühren.

Soße: Außer den 20 g Wasser die *Soßenzutaten* mit dem Mixer, kleiner Becher, gut mixen. Unter das Gemüse rühren, solange erhitzen, bis alles durchgehend wieder heiß genug ist.

7587. Johannisbeeren in Creme, Juli 2015

2 Desserts

- 140 g Stützcreme, hier: 350 g-Wasserstützcreme 7577 o. Ä.
- 20 g Lemon Curd flüssig 7393
- 15 g Ahornsirup
- 100 g abgezupfte rote Johannisbeeren

Die ersten drei Zutaten mit einem Löffel verrühren, dann die Johannisbeeren unterrühren. Auf zwei Schüsselchen verteilen. Ich habe nicht dekoriert, Kakaonibs oder frische Minze würden sich anbieten.

7588. Chia-Milch, Juli 2015

Im Hochleistungsmixer auf der höchsten Stufe bis zum Stocken schlagen:

- 12 g Langkorn-Naturreis
- 12 g Cashewnüsse
- 12 g Chiasamen
- 1000 g Wasser

Dass die Flüssigkeit einen Grauschimmer erhält, war zu erwarten. Was mir gar nicht gefällt: Die Chiasamen ergeben dunklere „Schichten". Damit ist Chia für mich für eine Milch weniger geeignet. Nur mit Chiasamen wird sie sowieso zu dunkel.

7589. Stützcreme mit Flohhilfe, Juli 2015

Im Hochleistungsmixer auf der höchsten Stufe bis zum Stocken schlagen:

- 50 g Langkorn-Naturreis
- 25 g Cashewnüsse
- 1 TL Flohsamenschalen (3 g)
- 355 g Wasser

Bei einem zweiten Versuch würde ich die Flohsamenschalen deutlich später hinzufügen. Die Masse stockte nämlich schon nach nicht einmal zwei Min., da war sie lauwarm. Da sind mir aber Reis und Nüsse noch nicht fein genug gemahlen. Ich würde das aber gerne doch noch einmal testen. Vielleicht bekommt man so eine Fastrohkoststützcreme?

Ich habe weiterlaufen lassen. Dann wurde es wieder flüssiger und das endgültige Stocken kam aber auch 30 bis 60 Sekunden früher als sonst.

7590. Chocolat Chip Cookies, Juli 2015

- 250 g Nackthafer
- 75 g Hirse
- 1 EL (= 15 g) Leinsamen
- 1 Prise Salz
- 1 TL Weinstein-Backpulver
- 1 gestr. TL gem. Vanille
- 1 kleiner Apfel (100 g)
- 50 g Mandeln
- 125 g Agavendicksaft (oder Honig)
- 25 g Chia-Milch 7588 o. Ä.
- 65 g Kakaonibs

Hafer fein mahlen (2/9, Hawos Novum). Hirse und Leinsamen mischen, fein mahlen (Stufe 1). Kakaonibs erst ganz zum Schluss unterkneten. Die trockenen Zutaten miteinander mischen. Apfel, Mandeln und Agavendicksaft im Vitamix solange mischen, bis alles wirklich zerkleinert ist. Zu den trockenen Zutaten geben, Vitamixbecher mit 25 g Chia-Milch nachspülen. Dieses Wasser ebenfalls zum Teig geben, gründlich verkneten.

Mit einem Esslöffel Häufchen auf ein Backblech (PerfectClean, oder mit Dauerbackfolie / Backpapier) setzen, mit den nassen Händen flach drücken und den Keksen eine runde Form geben. Ofen auf 160 °C vorheizen. Blech einschieben und 22 Min. bei 160 °C backen.

Nach Forks over Knives, https://www.forksoverknives.com/recipes/vegan-desserts/vegan-chocolate-chip-cookies/ [2024]. – Da ich keine Lust hatte, wieder alle Cup-Angaben im Internet nachzuschlagen, habe ich mich an die Angabe 1 Cup = 240 ml gehalten, die Zutaten in etwa in ml in einem Messbecher abgeschätzt und dann in Gramm gewogen. – Die Flüssigkeitsmenge erschien mir sehr gering. Deshalb habe ich Agavendicksaft genommen.

7591. Chianudeln, Juli 2015

2 Portionen

- 10 g Chiasamen
- 95 g Kamut
- 65 g Dinkel
- 80 g Wasser

Getreide fein mahlen. Chiasamen mit dem Mixer mahlen. Wasser zum Chia geben, mit einem Löffel kurz unterrühren und auf das Getreide schütten. Mit der Hand ca. 5 Min. verkneten. In eine Plastikfolie wickeln und 3-4 Std. ruhen lassen.

Mit der Nudelmaschine Atlas Marcato die Sorte Bandnudeln herstellen: In Stücke teilen, jedes Stück 1-2 mal zusammenfalten und 10 x durch Stufe 1 und ungefaltet je einmal durch 2-6 laufen lassen. Auf einem Küchentuch eine halbe Std. ruhen lassen und in Bandnudeln schneiden. Bis zur Verwendung offen auf einem Küchentuch liegen lassen. In kochendem Salzwasser 3-4 Min. kochen lassen.

Die Verwendung von Chia hat keinen großen Vorteil gebracht. Der Teig wurde nicht elastischer.

7592. Träubleskuchen, Juli 2015

Boden:

- 250 g Dinkel
- 1 P Weinstein-Backpulver
- 1 Prise Salz
- 1 TL gem. Vanille
- 125 g Stützcreme, hier Stützcreme mit Flohhilfe 7589
- 50 g gekochte weiße Bohnen
- 75 + 25 g „Apfelperle" (perlendes Apfelgetränk ohne Alkohol, oder Mineralwasser
- 105 g Agavendicksaft oder dünnflüssiger Honig

Belag:

- 350 g rote Johannisbeeren, abgezupft (netto)
- 235 g Stützcreme, hier Stützcreme mit Flohhilfe 7598
- 50 g Apfelperle oder Mineralwasser
- 75 g Sonnenblumenkernsprossen (2 Tage gekeimt, 50 g Rohware)
- 105 g Agavendicksaft oder Honig
- 50 g Nackthafer

Boden: Dinkel fein mahlen. Backpulver sieben und mit den anderen trockenen Zutaten hinzufügen und durchmischen. Die restlichen Zutaten für den Boden hinzugeben und mit den Rührhaken eines Handrührgeräts zu einem Rührteig (sollte schwer reißend von den Haken fallen) verarbeiten. Eine 24-cm-Springform mit Backpapier überspannen. Den Teig mit einem in Wasser getauchten Esslöffel in der Form verteilen.

Belag: Johannisbeeren dem Boden verteilen. Stützbrei, 50 g Apfelperle und Agavendicksaft mit dem Handrührgerät verrühren. Hafer flocken und mit den Sonnenblumenkernsprossen unter den aufbereiteten Stützbrei rühren und gleichmäßig auf den Beeren verteilen.

In den kalten Ofen auf dem Gitterrost einschieben. 55 Min. bei 175 °C backen und 10 Min. bei ausgestelltem Ofen nachbacken lassen. Auf einem Kuchengitter abkühlen lassen und erst, wenn der Kuchen lauwarm ist, den Springformrand entfernen.

7593. Stütze mit Milch, Juli 2015

Im Hochleistungsmixer (ohne: 7578) bis zum Stocken schlagen:

- 25 g Cashewnüsse
- 50 g Langkorn-Naturreis
- 1 Prise Salz
- 1 entsteinte Dattel (18 g netto)
- 330 g Pflanzenmilch, hier: Flohcremewasser 7584
- 15 g Wasser

7594. Apricot Sweetie, Juli 2015

2 Desserts.

- 105 g Stützcreme, hier Stütze mit Milch 7593
- 4 Aprikosen entsteint, 165 g netto
- 30 g Lemon Curd flüssig 7393
- 10 g Ahornsirup
- 1 TL Kakaonibs zur Dekoration
- 2 Erdbeeren zur Dekoration

Die Zutaten außer der Dekoration mixen, auf zwei Schüsselchen verteilen, mit Kakaonibs bestreuen und in die Mitte je eine kleinere Erdbeere setzen.

7595. Kohlrabi thailändisch, Juli 2015

2 Portionen

Gemüse als Gemüsepfanne (24 cm) 15 Min:
- 55 g Kichererbsenkochwasser (oder Wasser)
- 205 g Kohlrabi geschält, in kurzen Streifen (1 cm dick)
- 150 g Grün von Bundzwiebeln, in 1,5-cm-Stücken
- 1 Knoblauchzehe, mittelgroß, abgezogen und gewürfelt

Für die Soße die folgenden Zutaten 2 x 30 Sek. mit dem Mixer mixen:

- 55 g Erdnüsse, geröstet & gesalzen
- 10 g Zitronenfleisch
- 58 g Apfelperle siehe 7592 (oder Wasser)
- 52 g Wasser
- 1 TL Salz
- Etwas schwarzer gem. Pfeffer
- 4 g Essigpeperoni 7/4573
- Zum Nachspülen: 20 g Wasser

Soße unter das Gemüse rühren, einmal kurz aufkochen. Den Becher mit 20 g Wasser nachspülen. Dieses Wasser ebenfalls zum Gemüse geben, verrühren und aufkochen.

Tipp: *Bei mir gab es dazu Chia-Nudeln.*

7596. Kartoffelbrot, Juli 2015

Nach einem Rezept von „Lisa Kochen und Backen", 7/2015, Seite 32 (400 g geriebene Kartoffeln auf 400 g Mehl, PLUS 130 g Flüssigkeit).

- 400 g vorwiegend fest kochende Kartoffeln
- 100 g kochendes Wasser
- 30 g Stützcreme, hier: Stütze mit Milch 7593
- 320 g Dinkel
- 230 g Einkorn
- 1 geh. TL Salz
- 1 P Trockenhefe

Kartoffeln waschen, fein reiben. 100 g kochendes Wasser im Mixer mit der Stützcreme und nicht geriebenen Kartoffelstücken mixen, zum Kartoffelmus geben und verrühren. Getreide mischen, fein mahlen und mit Salz und Trockenhefe verrühren. Zu den Kartoffeln geben und verkneten (Maschine). Mit nassen Händen durchkneten, zu einer Kugel unter Spannung formen. In einer Pengdose im Ofen bei 35 °C Ober-/Unterhitze 45 Min. gehen lassen. Der Teig ist dann sehr gut gegangen.

Mit der Hand durchkneten und zu einem Laib formen. Auf eine Pizzaform (PerfectClean, oder mit Dauerbackfolie / Backpapier) legen, mit Mehl bestäuben. Ofen auf 205 °C (Umluft) vorheizen, 30 Min. backen. Temperatur auf 180 °C reduzieren und noch weitere 15 Min. backen. Die Backzeit ist definitiv zu lang.

7597. Bärlauchaufstrich, Juli 2015

Im Mixer verquirlen (Flohsamenschalen erst zum Schluss extra hinzu-geben):

- 100 g gekochte weiße Bohnen
- 45 g Bohnenkochflüssigkeit
- 10 g in Öl eingelegter Bärlauch
- 1/2 TL Salz
- 1 gestr. TL Flohsamenschalen

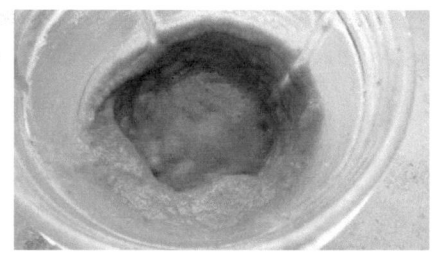

7598. Paprikapizza, Juli 2015

2 Portionen

Teig:

- 100 g Einkorn
- 100 g Weizen
- 1/2 gestr. TL Salz
- 20 g frische Bio-Hefe (1/2 Würfel)
- 100 g Wasser
- 20 Stützcreme, hier: Stütze mit Milch 7593
- Etwas Wasser, um die Hände zu benetzen

7599. Roter Pizzabelag Nr. 14 (im Mixer):

- 65 g Tomate
- 30 g gekochte weiße Bohnen
- 1/2 TL Salz
- Etwas schw. gem. Pfeffer
- 1 TL Tomatenmark (15 g)

Gemüse:

- 1 gelbe Paprikaschote, ohne Innenwände, Kerne oder Stiel, in feine Streifen geschnitten (165 g netto)
- 1 kleine Zwiebel, geschält, in dünnen Scheiben (20 g netto)
- 2 Knoblauchzehen, abgezogen, in Scheiben (8 g netto)
- 1-2 Tomaten (200 g) in Scheiben
- 1-2 TL Pizzagewürz

7600. Weißer Pizzabelag Nr. 18 (im Mixer):

30 g Cashewnüsse

- 1 Prise Schabziegerklee gem.
- 2 Prisen Salz
- 50 g gekochte weiße Bohnen
- 25 g Sonnenblumenöl
- 15 g Apfelessig
- 40 g Stützcreme, hier: Stütze mit Milch 7593
- 20 g Bohnenkochwasser oder Wasser (40 g wäre besser gewesen)

Teig: Getreide mischen und fein mahlen und mit Salz mischen. Hefe im Wasser auflösen, zum Mehl geben, ebenso die Stützcreme. Gründlich verkneten, in diesem Fall mit der Braun Küchenmaschine. Der Teig war innerhalb einer Min. fertig. Mit nassen Händen nochmals durchkneten und eine Kugel unter Spannung formen. Teig in eine Pengdose legen. Deckel schließen. Warten, bis es ploppt und immer wieder mit nassen Händen durchkneten und erneut in die Pengdose geben, bis es Zeit ist, die Pizza vorzubereiten. (In der Zwischenzeit Belag vorbereiten.) Teig mit nassen Händen in der Pizzaform (Durchmesser 28 cm) auseinanderdrücken, ohne vorher noch einmal zu kneten. Einen Rand hochdrücken.

Fertigstellung: Paprika, Zwiebeln und Knoblauch in der angegebenen Reihenfolge auf den Teig geben. Mit Tomatenscheiben abdecken und mit Pizzagewürz (zwischen den Händen verrieben) bestreuen. Den weißen Belag gleichmäßig verteilen. Pizza in den auf 225 °C vorgeheizten Ofen schieben und 20 Min. bei 225 °C backen.

7601. Obstsalat mit Melonensoße, Juli 2015

2 Desserts.

- 300-350 g gemischtes Obst, hier:
  - 1 Banane (90 g netto)
  - 2 Pflaumen (60 g netto)
  - 100 g Erdbeeren (netto)
  - 1/2 kleiner Apfel (60 g)
- 110 g Wassermelone
- 50 g Stützcreme, hier Stütze mit Milch 7593
- 10 g Zitronenfleisch
- 1/2 TL Vanille
- 20 g Honig

Obst putzen und kleinschneiden, auf zwei Schüsseln verteilen. Die restlichen Zutaten im Hochleistungsmixer mischen und über das Obst gießen. Gut kalt stellen.

7602. Zwetschgenpudding, Juli 2015

2 Desserts.

- 20 g Chiasamen
- 200 g Zwetschgen, entsteint (netto)
- 60 g Datteln, entsteint (netto)
- 1 TL Kokosraspeln (Dekoration)
- 10-15 getr. Gojibeeren (Dekoration)

Zutaten außer der Dekoration im Vitamix mit steigender Geschwindigkeit pürieren, bis die Creme ganz glatt ist. Auf zwei Schüsselchen verteilen, in die Mitte Kokosraspeln streuen und ein paar Gojibeeren senkrecht in den weißen Fleck stecken.

7603. Buschbohnen leicht scharf, Juli 2015

2 Portionen

Gemüsepfanne (24 cm, 15 Min.:
- 15 g Sonnenblumenöl Premiumqualität
- 70 g Bohnenkochwasser oder Wasser
- 370 g Frühkartoffeln, abgebürstet, in Scheiben geschnitten
- 265 g Buschbohnen, Spitzen abgeschnitten, halbiert
- 1 große Tomate, in Stücke geschnitten (150 g)
- 1 große Möhre, in Scheiben (115 g)

Soße (im Mixer; unter Gemüse und aufkochen):
- 30 g gekochte weiße Bohnen
- 60 g Stützcreme, hier: Stütze mit Milch 7593
- 15 g Peperoniessig
- 5 g Essigpeperoni 7/4573
- 1 TL Salz

7604. Kokosmilchreis, Juli 2015

2-4 Personen (wenn er pur gegessen wird, 2 Portionen)

- 10 g Kokosraspeln
- 300 g Wasser
- 100 g Rundkorn-Naturreis
- 1 Prise Salz
- 2-3 cm Vanillestange
- 2 TL Honig (oder Ahornsirup, Agavensirup)

Wasser mit Kokosraspeln im Vitamix 1-2 Min. mixen. Reis mit dem Kokoswasser, Salz und Vanille im Schnellkochtopf 12 Min. auf Stufe II kochen. Langsam abdampfen: 10 Min. Platte auf 2 (von 14), 10 Min. auf 1 (von 14) und 10 Min. geschlossen stehen lassen. Topf öffnen und Süßungsmittel unterrühren.

7605. Pflaumensoße, Juli 2015

2 Portionen

Im Mixer gut mischen:

- 100 g Pflaumen, entsteint (netto)
- 1 MS gem. Zimt
- 1 MS gem. Vanille
- 35 g Honig (die Honigmenge richtet sich nach dem Säuregrad der Pflaumen und danach, wozu die Soße gereicht wird)

7606. Milchreis mit Fruchtsoße, Juli 2015

2 Personen

- Milchreis von 50 g Reis, hier: Kokosmilchreis 7604
- Fruchtsoße aus frischen Früchten mit Honig, hier: Pflaumensoße 7605
- 2 Cashewnüsse (oder andere Nüsse)

Milchreis auf zwei Schüsselchen verteilen. Fruchtsoße darüber gießen und in die Mitte jeweils eine Cashewnuss setzen.

7607. Porröö möt Möhrön önd Cörrö, Juli 2015

2 Personen

Gemüsepfanne (24 cm, 15 Min.):

- 50 g Wasser *
- 270 g Porree (1 größere Stange), ohne Wurzelende, gewaschen, in Ringe von 1 cm geschnitten
- 25 g grüne Rosinen
- 200 g Möhren, in Scheiben geschnitten

Soßenzutaten (im Mixer verquirlen):

- 30 g gekochte Kichererbsen
- 30 g Stützcreme, hier Stütze mit Milch 7593
- 1 TL Salz
- 1/4 - 1/2 TL Curry (je nach Sorte und Geschmack)
- 10 g Sonnenblumenöl Premiumqualität
- 10 g Sonnenblumenkerne
- 50 g Wasser *
- 25 g Wasser zum Nachspülen *

* Bei mir: Kichererbsenkochwasser

Soße unter das Gemüse rühren, Becher mit 25 g Wasser nachspülen. Dieses Wasser ebenfalls zum Gemüse geben, verrühren und aufkochen.

Tipp: *Bei mir gab es dazu Ofenkartoffeln.*

7608. Fünfkorngetreide, Juli 2015

1000 g insgesamt

- 200 g Hirse
- 200 g Weizen
- 200 g Buchweizen
- 200 g Roggen
- 200 g Nacktgerste

In einer großen Schüssel mit den Händen vermischen und in ein passendes Glas abfüllen.

7609. Kokosstütze, Juli 2015

Im Hochleistungsmixer bis zum Stocken schlagen:

- 50 g Kokosraspeln
- 55 g Langkorn-Naturreis
- 350 g Wasser

Ohne Hochleistungsmixer: *Kokosraspeln fein mahlen, Reis fein mahlen und im Wasser aufkochen, abkühlen lassen. Alles zusammen in einem Mixer zu einer Creme schlagen.*

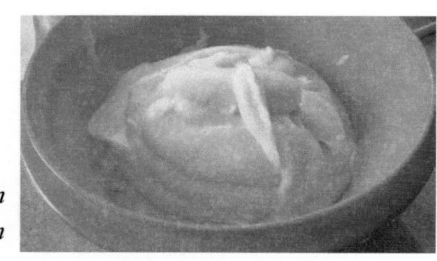

7610. Knusprige Pflaumen-Kokos-Creme; Juli 2015

2 Desserts; nach: Knusprige Apfel-Kokos-Creme, Apotheken-Umschau 15. Juli 2015, B-Ausgabe, Seite 81

- 10 g Kokosraspeln
- 50 g Nackthafer, geflockt
- 110 g Kokosstütze 7609 o. Ä.
- 230 g entsteinte Pflaumen, halbiert
- 2 EL Wasser
- 1 Messerspitze gem. Vanille
- 60 g Honig (je nach Obst auch weniger)
- 15 g Zitronenfleisch

Kokosraspeln ohne Fett in einer kleinen Pfanne hellbraun rösten. Auf eine Untertasse geben. Haferflocken rösten, bis sie duften, vom Herd nehmen. Pflaumen mit Wasser köcheln, bis sie weich sind. Zwei intakte Hälften beiseitelegen.

Restliche Pflaumen aus dem Topf heben und mit Flocken, Stützcreme, Vanille, Honig (ich habe mit 35 g angefangen) und Zitronenfleisch pürieren. Auf zwei Schüsselchen verteilen. Den verbliebenen Saft vorsichtig an den Rand gießen. Seitlich jeweils eine Pflaumenhälfte auflegen, auf der anderen Seite mit Raspeln bestreuen.

7611. Buschbohnen mit Linsen, Juli 2015

2 Portionen.

Gemüsepfanne (24 cm, 15 Min.):

- 150 g rote Linsen
- 400 g Wasser
- 100 g Bananenschalotten (oder Zwiebeln), geschält und in Scheiben geschnitten
- 325 g Buschbohnen, Enden abgeschnitten und Bohnen halbiert

Soße (im Mixer verquirlen, unter das Gemüse rühren):

- 20 g Sonnenblumenöl Premiumqualität
- 1 TL Salz
- 15 g Zitronenfleisch
- 50 g Kokosstütze 7609 o. Ä.

7612. Kokosmilch, Juli 2015

Im Hochleistungsmixer 2 Min. laufen lassen:

- 25 g Kokosraspeln
- 500 g Wasser

7613. Knusper-Heidelbeer-Creme, Juli 2015

2 Desserts.

- 10 g Kokosraspeln
- 25 g Nackthafer, geflockt
- 100 g Kokosstütze
- 25 g Honig
- 1 MS gem. Vanille
- 100 g Blaubeeren
- 25 g rote Johannisbeeren

Kokosraspeln mit den Flocken in einer trockenen Pfanne rösten, bis die Raspeln leicht gebräunt sind. Kokosstütze mit Honig und Vanille verrühren. Wenn die Flockenmischung kalt ist, 2 TL beiseitelegen, mit dem Obst in die Creme rühren. Auf zwei Schüsselchen verteilen. Mit den restlichen Flocken und ein bisschen Obst dekorieren.

Hinweis: Die Knusprige Pflaumen-Kokos-Creme (7610) gestern war mir zu aufwändig. Also habe ich heute eine vereinfachte Variante gemacht. Vorteil: Die Creme stand schon bereit. Ich fand's sogar auch noch leckerer als gestern.

7614. Kartoffeln auf Zwiebelsonnenbett, Juli 2015

2 Portionen bzw. 1 Hauptmahlzeit

- 15 g Sonnenblumenöl Premiumqualität
- 40 g Kichererbsenkochwasser bzw. Wasser
- 15 g Sonnenblumenkerne
- 1 kleine Zwiebel, geschält, in dünnen Scheiben (25 g netto)
- 450 g Kartoffeln, unter fließendem Wasser abgebürstet, Schadstellen entfernt und in Scheiben geschnitten

Öl und Wasser in eine 20-cm-Pfanne mit hohem Rand geben. Zutaten in der angegebenen Reihenfolge in eine 24-cm-Pfanne geben. Als Gemüsepfanne 15 Min. dünsten.

Salzen und mit Gemüse servieren.

7615. Wirsing mit Kokoshauch, Juli 2015

2 Portionen

Gemüse (24 cm Gemüsepfanne, 16 Min.):

- 50 g Kichererbsenkochwasser / Wasser
- 350 g Wirsing, frisch gewaschen, ausgeschüttelt, in feinen Streifen

Soße im Mixer verquirlen:
- 120 g Kokosmilch (mit 70 g beginnen, richtet sich danach, wie viel nach dem Kochen noch in der Pfanne ist)
- 1 TL Salz
- 1 MS Cumin
- 1 kleine Prise Zimt
- 2 TL Peperoniessig
- 1 kleines Stück Essigpeperoni (2 g) 7/4573
- 1 geh. TL Dinkelmehl (9 g)

Unter das gegarte Gemüse rühren und einmal aufkochen. Bei mir gab es dazu Kartoffeln auf Zwiebelsonnenbett.

7616. Grünzeugdressing Nr. 4, Juli 2015

Vorlage: 7570

- 100 g „Grünzeug" (Cuminblumenkohlwürze 7443)
- 210 g Wasser
- 75 g Essig mit eingelegtem jungen Knoblauch
- 10 g in Essig eingelegter grüner Knoblauch
- 25 g Senf
- 50 g Apfelessig
- 20 g Tamari
- 25 g Salz
- 1 g gem. schw. Pfeffer
- 1 gestr. TL Garam Masala (3 g)
- 125 g Sonnenblumenkerne
- 125 g grüne Rosinen
- 100 g Grünes vom Porree

Alle Zutaten zusammen im Vitamix gut durchschlagen, bis die Masse lauwarm, aber nicht heiß ist. In Schraubgläser füllen und im Kühlschrank aufbewahren. Verdünnen für den Gebrauch 1:2 bis 1:3.

7617. Ananascreme mit Nekwürfeln, Juli 2015

2-3 Desserts

- 90 g Stützcreme 1:1:7 z. B. 460 g-Wasserstützcreme herb 7561
- 40 g getrocknete Ananas
- 25 g Cashewnüsse
- 1 getr. Feige (20 g)
- 200 g Wasser
- 1 Nektarine, ohne Stein, gewürfelt (100 g netto)

Die ersten fünf Zutaten im Vitamix zu einer Creme schlagen, auf zwei Schüsselchen verteilen. Die Nektarinenwürfel darüber streuen, kalt stellen.

7618. Linsenstreich Knofi, Juli 2015

- 50 g rote Linsen
- 2 Knoblauchzehen abgezogen
- 105 g Wasser
- 50 g Kichererbsenkochwasser (oder Wasser)
- 1 TL Aioli (Gewürzmischung von maiersgenuss.de)
- 1 TL Salz
- 1 TL Flohsamen

Linsen und Knoblauch in der Flüssigkeit 15 Min. kochen. Mit einer Gabel zerdrücken. Die restlichen Zutaten hinzufügen und mit einem Teelöffel unterrühren.

7619. Sommersuppe, Juli 2015

2 Personen

- 140 g Kartoffeln abbürsten und in Scheiben schneiden
- 145 g Möhren in Scheiben schneiden
- 80 g geschälte Kohlrabi würfeln
- 200 g Wirsing in Streifen schneiden
- 1/2 rote Paprikaschote netto (75 g) in feine Streifen schneiden
- 2 Knoblauchzehen, abgezogen (7 g netto)
- 35 g rote Linsen
- 600 g Wasser (davon 250 g Kichererbsenkochwasser)
- 2 TL Salz
- 1 EL Apfelessig
- 1 TL getr. Kräuter (hier: Kräuterdip von maiersgenuss.de)

Gemüse und Flüssigkeiten in einen passend großen Topf geben. Deckel auflegen, auf höchster Einstellung zum Kochen bringen, bis Dampf unter dem Deckel austritt. Auf kleinste Einstellung drehen und 20 Min. köcheln, ohne den Deckel abzuheben. Mit Salz, Essig und Kräutern würzen.

7620. Heidelbeercreme-FKG, Juli 2015

2 Personen

- 2 EL Leinsamen
- 6 EL Nackthafer
- 200 g Blaubeeren
- 25 g Cashewnüsse
- 1 Dattel entsteint, 20 g
- 1 Nektarine, ohne Stein (125 g netto)
- 1 Banane geschält (80 g)
- Dekoration 80 g Blaubeeren
- Dekoration 2 Erdbeeren

Leinsamen mit dem Getreide flocken, auf zwei Schüsselchen verteilen. Das Obst in grobe Stücke teilen und mit den Cashewnüssen im Hochleistungsmixer pürieren, über das Getreide geben. Mit Blaubeeren und Erdbeeren dekorieren (s. Foto)

7621. Cashewreismilch Nr. II, August 2015

Im Hochleistungsmixer 5 Min. schlagen:
- 20 g Cashewnüsse
- 10 g Rundkorn-Naturreis
- 500 g Wasser

Ohne Hochleistungsmixer: Nüsse in einem Teil des Wassers einweichen, Reis fein mahlen und im restlichen Wasser aufkochen, abkühlen lassen.

Tipp: *Ein Versuch wert wäre: 15 Cashew, 20 Reis, 1 Dattel + 500 H2O + 1 Paar Salzkörner.*

7622. Chocolat Raisin Cookies, August 2015

Vorläufer: 7590

- 175 g Nackthafer
- 75 g Nacktgerste (oder auch Hafer)
- 75 g Hirse
- 1 EL (= 15 g) Leinsamen
- 1 Prise Salz
- 2 TL Weinstein-Backpulver
- 1 gestr. TL gem. Vanille
- 1 kleiner Apfel (100 g)
- 50 g Cashewnüsse
- 125 g Agavendicksaft (oder Honig)
- 1 EL Haselnusslikör (Geschenk, das weg muss; sonst einfach 25 g Pflanzenmilch)
- 15 g Pflanzenmilch, Cashewreismilch Nr. II
- 50 g Kakaonibs
- 50 g grüne Rosinen
- 25 g getr. Gojibeeren

Hafer mit der Gerste fein mahlen (1,5/9, Hawos Novum). Hirse und Leinsamen mischen, fein mahlen (Stufe 1). Kakaonibs, Rosinen und Gojibeeren erst ganz zum Schluss unterkneten. Die anderen trockenen Zutaten miteinander mischen. Apfel, Cashewnüsse, Haselnusslikör, Pflanzenmilch und Agavendicksaft im Vitamix solange mischen, bis alles wirklich zerkleinert ist. Zu den trockenen Zutaten geben, mit den Rührbesen eines Handrührgeräts mischen. Trockenfrüchte etc. zum Schluss einarbeiten.

Mit einem Esslöffel Häufchen auf ein Backblech (PerfectClean, oder mit Dauerbackfolie / Backpapier) setzen, mit den nassen Händen flach drücken und den Keksen eine runde Form geben. Ofen auf 160 °C vorheizen. Blech einschieben und 22 Min. bei 160 °C backen.

7623. Bären im gelben Mantel, August 2015

2 Desserts.
- 4 entsteinte, geviertelte Aprikosen (175 g netto)
- 50 g Stützcreme (1:1:7) z. B. 560 g-Wasser-Creme 7550
- 25 g Honig
- 50 g rote Johannisbeeren
- 55 g Blaubeeren
- 1/2 TL Flohsamen

Aprikosen, Creme und Honig mit einem Pürierstab pürieren. Beeren und Flohsamenschalen unterrühren und auf zwei Schüsselchen verteilen.

Frisch schmeckte das ganz gut. Ich habe wieder einmal den Eindruck, dass Flohsamenschalen über längere Zeit den Geschmack „aussaugen".

7624. Tomatenlinsenstreich, August 2015

- 50 g rote Linsen
- 125 g Wasser
- 1/2 TL Salz
- 1 Prise schw. gem. Pfeffer
- 10 g Peperoniessig (2 TL) 7/4573
- 15 g Tomatenmark (1 geh. TL)

Linsen im Wasser 16 Min. garen. Mit den anderen Zutaten in den kleinen Becher eines Mixer geben, mit dem hochstehenden Messer 1 Min. schlagen. Wird sehr schön glatt!

7625. Reisverhältnis Schnellkochtopf ideal, August 2015

Anleitung, Reis ein für alle Mal im Schnellkochtopf in jeder Menge richtig hinzukriegen (richtig für mich).

Menge Reis = A Gramm

Wasser = 2 x A Gramm minus 20 %

Das lässt sich einfach im Kopf ausrechnen:

Beispiel 200 g Reis

- 200 g Reis
- 400 g Wasser minus 80 g (= 20 %) = 320 g

Beispiel 165 g Reis

- 165 g Reis
- 330 g Wasser minus 65 g (= 20 % aufgerundet) = 265 g

Dann: 12 Min. im Schnellkochtopf auf Stufe 2; 10 Min. Herd schalten auf 2 von 14; 10 Min. Herd auf 1 von 14.

7626. Süßkartoffel mit Spitzkohl, August 2015

Der Spitzkohl ist sehr dunkel und fest. Ich kenne ihn sonst hellgrün und weich. Schmeckte auch etwas herber, aber lecker. – 2 Portionen

Gemüse als Gemüsepfanne (24 cm; 15 Min.):

- 50 g Wasser
- 1 Süßkartoffel in kurzen Stiften (215 g)
- 1 Bananenschalotte (oder Zwiebel), abgezogen und in Scheiben (35 g netto)
- 175 g Spitzkohl, in feine Streifen geschnitten

Soße im Mixer, hochstehendes Messer, 2 x 30 Sek.:

- 50 g Linsenstreich Knofi 7618 oder helle Hülsenfrüchte
- 15 g Zitronenfleisch
- 25 g Mandeln
- 10 g Sonnenblumenöl Premiumqualität
- 1,5 TL Salz
- 1 MS gem. schw. Pfeffer
- 60 g Wasser
- (Zum Nachspülen: 225 g Wasser (bei mir war alles verkocht))

Unter das Gemüse rühren. Den Becher mit 225 g Wasser nachspülen. Dieses Wasser ebenfalls zum Gemüse geben, verrühren und aufkochen. Ich habe das Wasser zum Nachspülen in 50 g Portionen genommen, aber erst bei 225 g war die Soße okay.

Bei mir gab es dazu Basmatireis (165 g für 2 Personen)

7627. Sauerteig-Wildhefe-Brot 2015/25

Stufe 0 (Samstagmittag 13 h)

- 100 g Wildhefe
- 100 g Weizen

Weizen fein mahlen, mit Wildhefe verrühren. In einer Pengdose bis ca. 22 Uhr stehen lassen.

Stufe 1a (12 Std. vorher):

- 300 g Roggen
- 310 g Wasser
- 150 g Sauerteig

Stufe 1b (12 Std. vorher)

- 300 g Weizen
- 200 g Wasser
- 1 TL Honig
- 1 TL Salz

Roggen fein mahlen, mit Wasser und altem Sauerteig mischen. In einer ausreichend großen (für den ganzen Teig passenden) Pengdose über Nacht stehen lassen. Weizen fein mahlen, mit dem Hefewasser verrühren und ebenfalls in einer passenden Pengdose über Nacht stehen lassen (der Teig schien wegen des wenigen Wassers kaum gegangen zu sein, war auch etwas schwierig weiterzuverarbeiten, da würde ich empfehlen, hier 300 g Wasser zu nehmen und in Stufe 2 nur noch 60 g).

Stufe 2 (Backen, bei mir am Morgen):

Etwa 150 g vom Sauerteig, Stufe 1 abnehmen und in einem gut schließenden Schraubglas in den Kühlschrank stellen für das nächste Backen.

- 50 g Roggen
- 150 g Einkorn
- 1 EL Salz
- 75 g Chiasamen
- 160 g Wasser
- Sauerteigansatz Stufe 1a (ohne die 150 g)
- Wildhefeansatz Stufe 1b
- 20 g Butter für die Form
- 1 EL Chiasamen zum Bestreuen

Getreide mischen und fein mahlen. Restliche Zutaten (außer der Butter) hinzufügen und mit einem großen Löffel gründlich verrühren, bis kein Mehl mehr sichtbar ist. Eine 30-cm-Brotform, Profi-Email von Dr. Oetker, gut einfetten. Teig hineingeben, mit der nassen Hand herunterdrücken und glattstreichen. Mit einem scharfen Messer dreimal schräg einschneiden. Form in eine Plastiktüte geben und ca. 3 Std. bei Raumtemperatur gehen lassen. Mit Wasser einsprühen, mit Chiasamen bestreuen. Brot in den kalten Ofen einschieben, auf 190 °C (Heißluft) 60 Min., Klimagaren (auto) backen und 10 Min. im ausgestellten Ofen nachbacken. Im Ofen noch schön gegangen!

7628. Heidelbeereis nach FoK, August 2015

2 x Portionen
- 2 Bananen mittelgroß, in Scheiben (205 g) 24 Std. eingefroren
- 125 g Heidelbeeren, mit den Bananen eingefroren
- 1/2 TL gem. Vanille
- 10-75 g Pflanzenmilch, hier: Cashewreismilch Nr. II 7621
- 2 TL Kakaonibs

Gefrorenes Obst mit Vanille in die Küchenmaschine (Hackmesser) geben. Laufen lassen, bis die Masse cremig ist, dabei und nach und nach esslöffelweise die Pflanzenmilch hinzugeben. Auf zwei Gläser verteilen und mit Kakaonibs bestreuen.

7629. Träublis mit Beerlies, August 2015

2 Desserts
- 150 g grüne kernlose Trauben, netto
- 50 g Stützcreme (1:1:7 Reis:Cashews:Wasser)
- 25 g grüne Rosinen
- 1 TL Flohsamenschalen
- 2 Erdbeeren, ohne Stiel, ca. 35 g

Trauben mit Stützcreme und Rosinen im Zerkleinerer eines Pürierstabs möglichst glatt schlagen. Da die Masse deutlich flüssiger war, als ich unlogischerweise erwartete, habe ich noch die Flohsamen untergeschlagen. Dafür sind die echt prima zu gebrauchen. Auf 2 Schüsselchen verteilen, die Erdbeeren vierteln und auf die Creme legen. In den Kühlschrank stellen.

7630. Dünne Reiscashewmilch Nr. 2, August 2015

Im Hochleistungsmixer 2 Min. schlagen:
- 20 g Cashewnüsse
- 20 g Rundkorn-Naturreis
- 1 Dattel entsteint (20 g netto)
- 1000 g kochendes Wasser
- 1 kleine Prise Salz

7631. Schummelpizza, August 2015

2 Portionen; eine Schnellversion.

Teig:

- 125 g Nackthafer, geflockt
- 75 g Weizen, fein gemahlen
- 1 P Trockenhefe (9 g)
- 1 gestr. TL Salz
- 50 g Stützcreme
- 125 g Wasser
- 10 g Chiasamen

Belag:

- 175 g Möhre, im Zerkleinerer (Speedy) geraffelt
- 60 g gekochte Kidneybohnen (andere Bohnen oder Mais gehen genauso gut)
- 1 kleine Zwiebel geschält und in Scheiben geschnitten (Ringe), 30 g netto
- 3 Knoblauchzehen, abgezogen, in feinen Scheiben, 7 g netto
- Pizzagewürz 1 TL

7632. Weißer Pizzabelag Nr. 19 (mit Öl)

- 20 g Cashewnüsse
- 20 g Sonnenblumenöl Premiumqualität
- 45 g Linsenstreich Knofi 7618 (oder gekochte Linsen)
- 50 g Stützcreme
- 1/4 TL Salz
- 1 Prise Schabziegerklee
- 70 g Pflanzenmilch, hier: Cashewreismilch Nr. II
- 20 g Zitronenfleisch

Teig: Hafer, Weizen, Hefe und Salz verrühren. Stützcreme und Wasser gut einrühren. Erst zum Schluss die Chiasamen unterrühren. In einer Pengdose bei 35 °C 15 Min. gehen lassen. In dieser Zeit Belag und Soße vorbereiten. Da Möhren rasch braun werden bei Kontakt mit Sauerstoff, habe ich sie erst geraffelt, als die 15 Min. um waren.

Die *Soßenzutaten* mit dem Mixer, hochstehendes Messer, 1 Min. schlagen. Es ist vorteilhaft, wenn die Soße noch etwas stehen kann, weil sie dann ein wenig dickt.

Den Teig mit einem Teigschaber in einer 28-cm-Pizzaform (PerfectClean, oder mit Dauerbackfolie / Backpapier) verteilen, einen kleinen Rand hochziehen (wenn möglich). Die Möhren mit einem Esslöffel gleichmäßig auf dem Teig verteilen. Mit Kidneybohnen, Zwiebeln und Knoblauch belegen. Pizzagewürz darüber streuen (zwischen den Händen verreiben). Ofen (Heißluft) auf 225 °C vorheizen. Sobald der Ofen heiß ist, die Soße mit einem Esslöffel auf der Pizza verteilen. In den heißen Ofen geben und 20 Min. backen, bei ausgestelltem Ofen 5 Min. nachbacken.

7633. Tomatenwirsing, August 2015

2 Portionen.

Als Gemüsepfanne 20 cm, 18 Min.

- 1 EL Sonnenblumenöl Premiumqualität
- 3 Tomaten (315 g) in dicken Scheiben (ca. 1-1,5 cm)
- 215 g Wirsing, in feine Streifen geschnitten

Soße im Mixer mixen:

- 20 g Zitronenfleisch
- 40 g Wasser
- 1/2 TL Salz / und
- 1 EL Liebstöckel frisch, gehackt (oder ein anderes Kraut nach Wahl)

Die Soße mit dem klein gehackten Liebstöckel unter das Gemüse ziehen. Bei mir gab es dazu Ofenkartoffeln.

180

7634. Blitztrifle, August 2015

2 Portionen; ich habe nichts extra zubereitet!.

Obstschicht (unten):

*   160 g Obst netto, bei mir:
    - 1 Nektarine, ohne Stein, vorgeschnitten (100 g netto)
    - 60 g Heidelbeeren
*   10 g Chiasamen

Kuchenschicht (mitte):

*   40 g Kuchen oder Plätzchen, bei mir: Chocolat Raisin Cookies

Puddingschicht:

*   90 g Stützcreme
*   1/4 gestr. TL gem. Vanille
*   25 g dünnflüssiger Honig (Veganer: Agavendicksaft)
*   1 geh. TL Flohsamenschalen (3 g)

Obstschicht: Nektarinenstücke und Heidelbeeren mit dem Mixer, hohes Messer, pürieren. Kurz überprüfen, ob die Masse süß genug ist, denn je nach Obst kann da noch etwas fehlen. Zum Schluss die Chiasamen untermixen, sie sollen möglichst alle zerschlagen sein. Auf zwei Gläser oder Glasschalen verteilen.

Kuchenschicht: Im Mixer, hochstehendes Messer mixen, bis die Plätzchen zerschlagen sind. Es können ruhig kleine Stückchen übrig bleiben. Gleichmäßig auf die Gläser verteilen. Wer keine Kekse oder Kuchen hat, nimmt Brot und mixt es mit Honig, Schokostreuseln und Rosinen.

Puddingschicht: Creme, Vanille und Honig mixen. Wegen des unterschiedlichen Süßeempfindens, erst einmal mit 15 g Süßmittel anfangen. Flohsamenschalen untermixen, bis sie zermahlen sind. Auf die Keksschicht geben.

Dekoration: z. B. 2 kleine Aprikosen (jede Hälfte in 4 Streifen schneiden); Gojibeeren geben auch Farbe.

7635. Erdnüssesoße auf Kartoffelgemüse, August 2015

2 Portionen

Gemüsepfanne (24 cm; 16 Min.):

*   90 g Wasser
*   290 g neue Kartoffeln, in Scheiben
*   1 mittelgroße Süßkartoffel, in Scheiben und Halbscheiben (175 g)
*   220 g Wirsing, in Streifen

Soße:

*   35 g Erdnüsse, geröstet und gesalzen
*   10 g Peperoniessig
*   1 Essigpeperoni (5 g) 7/4573
*   1 geh. TL Salz
*   1 Knoblauchzehe geschält, netto 3 g
*   4 kleine Aprikosen, entsteint, 70 g
*   50 g Wasser
*   50 g Wasser zum Nachspülen

Soßenzutaten bis auf den letzten Posten im Mixer zu einer glatten Soße schlagen. Unter das Gemüse rühren und mit dem noch vorhandenen Kochwasser mischen. Den Becher mit 45 g Wasser nachspülen. Dieses Wasser ebenfalls zum Gemüse geben, verrühren und aufkochen.

7636. Floh-gestützte Stützcreme 10:10:100; 1, August 2015

*   50 g Langkorn-Naturreis
*   50 g Cashewnüsse
*   500 g kochendes Wasser
*   5 g Flohsamenschalen

Reis und Cashewnüsse kurz mahlen. Achtung, kompaktiert schnell in den Ecken! Kochendes Wasser hinzugießen und 2 Min. auf der Höchststufe laufen lassen. Dann nochmals kurz Flohsamenschalen einmixen.

Hinweis: *Wieder einmal aus der Not heraus geboren, habe mich beim Wasser vertan. Mit wenig Flohsamenschalen war das zu beheben!*

7637. Fruchttrifle, August 2015

2 Desserts.

Dunkle, untere Schicht:
- 1 Nektarine, entkernt, 90 g netto
- 60 g Blaubeeren
- 10 g Chia

Orangefarbene, mittlere Schicht:
- 110 g Aprikosen (bei mir: Zuckeraprikosen)
- 1 TL Agavendicksaft oder Honig
- 10 g Zitronenfleisch
- 1 knapper TL Flohsamenschalen

Grüne, obere Schicht:
- 125 g kernlose, grüne Trauben
- 8 g Zitronenfleisch
- 1 g frischer, geschälter, fein gewürfelter Ingwer
- 1 geh. TL Flohsamenschalen

Die Schichtzutaten jeweils im Mixer mit dem hochstehenden Messer pürieren. Auf zwei Gläser oder Glasschalen verteilen. Größere Mengen lassen sich bestimmt auch in einem Mixer / Hochleistungsmixer einfach herstellen. Nach Wunsch mit Frucht dekorieren.

7638. Erdnüssesoße auf Kartoffelgemüse Nr. 2

2 Portionen. – Diesmal mehr Soße vor allem.

Gemüsepfanne (24 cm; 16 Min.):
- 95 g Kichererbsenkochwasser / Wasser
- 300 g neue Kartoffeln, in Scheiben
- 1 mittelgroße Süßkartoffel, in Scheiben und Halbscheiben (195 g)
- 195 g Spitzkohl, in Streifen

Soße:
- 70 g Erdnüsse, geröstet und gesalzen
- 20 g Peperoniessig 7/4573)
- 1-2 Essigpeperoni (5 g)
- 1 geh. TL Salz
- 2-3 Knoblauchzehen geschält, netto 8 g
- 7 kleine Aprikosen, entsteint, 130 g netto
- 20 g Honig
- 150 g Kichererbsenkochwasser / Wasser
- 50 g Wasser zum Nachspülen

Die Soßenzutaten bis auf den letzten Posten im Mixer erst mit dem hochstehenden Messer (wegen der Aprikosen), dann mit dem flachen Messer zu einer glatten Soße schlagen. Unter das Gemüse rühren und mit dem noch vorhandenen Kochwasser mischen. Den Becher mit 45 g Wasser nachspülen. Dieses Wasser ebenfalls zum Gemüse geben, verrühren und aufkochen.

7639. Chia-Flocken-FKG, August 2015

2 x Frühstück

Vorabend:
- 2 gestr. EL Chiasamen (20 g)
- 6 EL Nackthafer
- Ca. 180 g Wasser

Morgens:
- 2 entsteinte Nektarinen, 190 g netto
- 1 Banane geschält, 120 g netto
- 8 Zuckeraprikosen, entsteint, 145 g netto
- 60 g kernlose Weintrauben, halbiert
- 50 g Blaubeeren
- 15 g Mandeln (20 Stück)

Abends: Hafer flocken, mit Chiasamen mischen und auf zwei Schüsselchen verteilen. Mit dem Wasser mischen und abgedeckt über Nacht stehen lassen.

Morgens: Nektarinen, Banane und Aprikosen in grobe Stücke teilen und Hochleistungsmixer pürieren, über das Getreide geben. Oberfläche mit Weintrauben, Blaubeeren und Mandeln dekorieren.

7640. Sommerobstsalat mit Vanillesauce, August 2015

2 x Dessert.

Obstsalat:
- 75 g Zuckeraprikosen, entsteint (netto)
- 1 Nektarine, entsteint (85 g netto)
- 75 g grüne kernlose Trauben
- 20 g Lemon Curd flüssig 7393

Vanillesauce:
- 125 g Pflanzenmilch, hier Dünne Reiscashewmilch Nr. 2; 7630
- 1 MS gem. Vanille
- 30 g dünnflüssiger Honig
- 1 knapper TL (1 g) Flohsamenschalen

Obst klein schneiden, mit Lemon Curd mischen und in den Kühlschrank stellen.

Soßenzutaten mit einem Teelöffel, dann kurz mixen. In den Kühlschrank stellen.

Fazit: *Optisch nicht umwerfend, Geschmack geht. Hier sind mir die Flohsamen wieder zu glitschig, ich hatte aber keine Lust, noch mal eine Soße zu kochen.*

7641. Romanesco in Tomatensoße, August 2015

2 Portionen.

Romanesco
- 60 g Wasser
- 1 kleiner Romanesco, ohne Blätter, in Röschen gebrochen, also nicht zu klein (380 g netto)

Soße
- 1 Tomate (105 g)
- 5 g Zitronenfleisch
- 20 g Sonnenblumenöl
- 20 g Sonnenblumenkerne
- 10 g Tomatenmark
- 50 g gek. Kichererbsen
- 50 g Wasser

Wasser und **Romanesco** in eine 24-cm-Pfanne geben. Als Gemüsepfanne 12 Min.

Im **Soßenzutaten** gut mixen. Soße unter das Gemüse rühren, den Becher mit 30-50 g Wasser nachspülen. Dieses Wasser ebenfalls zum Gemüse geben, verrühren und aufkochen.

Hinweis: *Bei mir gab es dazu Nudeln aus grünen Linsen. Das war mal ein Geschenk von Freunden. Roh sehen sie interessant aus, dunkelgrün. (Eric verzog das Gesicht, als ich sie ihm zeigte). Gekocht aber sind sie GRAU. Das ist ziemlich scheußlich. Und auch vom Geschmack her bin ich nicht wirklich beeindruckt. Sie sind nicht schlecht, aber andere Nudeln schmecken mir besser.*

7642. Grünzeugdressing Nr. 5, August 2015

Vorlage: 7616

- 35 g Rucola-Salzvorrat 7646
- 100 g „Grünzeug" 7443
- 200 g Wasser
- 25 g Senf
- 125 g Apfelessig
- 20 g Tamari oder Sojasoße
- 30 g Salz
- 1 g gem. schw. Pfeffer
- 125 g Sonnenblumenkerne
- 125 g grüne Rosinen

Alle Zutaten zusammen im Vitamix gut durchschlagen, bis die Masse lauwarm, aber nicht heiß ist. In Schraubgläser füllen und im Kühlschrank aufbewahren. 1:2 verdünnen.

7643. Chia-Schrot-FKG, August 2015

2 x Frühstück

Abends

- 6 EL Sechskorngetreide grob schroten & auf zwei Schüsseln verteilen. Mit
- 20 g Chiasamen (2 gestr. EL) vermischen und mit insgesamt
- 200 g Wasser übergießen. Abgedeckt bei Raumtemperatur stehen lassen.

Morgens

- 40 g getr. Mango
- 30 g Cashewnüsse
- 3 cm Vanillestange
- 280 g Wasser
- 1 Nektarine entsteint, 90 g netto
- 1 Banane geschält, 110 g netto
- 1 Apfel, 120 g
- 5 Zuckeraprikosen, entsteint, halbiert, 70 g netto

Mango in kleinere Stücke reißen. Mit Nüssen, Vanille und Wasser im Vitamix zu einer lauwarmen Creme schlagen. Auf das Getreide gießen. Nektarine, Banane und Apfel in grobe Stücke teilen und im Hochleistungsmixer pürieren. Auf die Mangocreme gießen. Mit den Aprikosenhälften dekorieren.

7644. Mangoisierte Milch, August 2015

- 50 g einer Mangocreme (s. u.)
- 10 g Rundkorn-Naturreis
- 10 g Cashewnüsse
- 500 g kochendes Wasser

Im Hochleistungsmixer 2 Min. schlagen.

Mangocreme:

- 40 g getr. Mango
- 30 g Cashewnüsse
- 3 cm Vanillestange
- 280 g Wasser

Im Hochleistungsmixer zu einer glatten Creme schlagen.

7645. Trausinen-Creme, August 2015

2 Desserts

- 200 g Floh-gestützte Stützcreme 7636 o. Ä.
- 35 g grüne Rosinen
- 100 g kernlose grüne Trauben
- Für den Kollegen 15 g Honig

Creme mit einem Teelöffel durchrühren, Rosinen und halbierte Trauben unterziehen. Auf zwei Schüsselchen verteilen. Auf das zweite Schüsselchen 15 g flüssigen Honig geben.

7646. Rucola-Salzvorrat, August 2015

- 110 g Apfelessig
- 50 g Sonnenblumenkerne
- 45 g Salz
- 150 g Rucola

Im Vitamix mit dem Stößel zu einer glatten Soße verarbeiten. Etwa 1 Honigglas voll. Im Kühlschrank aufbewahren.

7647. Rucola-Knoblauch-Aufstrich, August 2015

- 130 g Grünzeugdressing Nr. 5; 7642 o. Ö.
- 80 g grüne Rosinen
- 100 g Sonnenblumenkerne
- 15 g Knoblauch, nur grob geschält (mit der Hand abgezogen; 3 Knollen).

Im Vitamix zu einer ganz glatten Creme mischen.

7648. Kartoffelsalat ohne Fett, August 2015

2 Portionen

Soße:

- 65 g Stützcreme, hier: Floh-gestützte Stützcreme 7636 o. Ä.
- 10 g Apfelessig
- 10 g Senf
- 1 TL Salz
- 1 MS Pfeffer
- 25 g Wasser

Im Mixer verquirlen. *Meine Soße war sehr salzig, möglicherweise habe ich 2 x Salz hinzugegeben. Aber nach einer halben Std. war das von den Kartoffeln komplett aufgesogen.*

Feste Zutaten:

- 280 g Kartoffeln, brutto, 20 Min. gekocht, lauwarm gepellt und in Scheiben geschnitten
- 200 g Cocktailtomaten, halbiert
- 90 g gekochte Kichererbsen
- 115 g Zucchini, in Stücke geschnitten
- 7-10 g sehr dünne Porreeringe

Feste Zutaten mit der Soße mischen und ca. 30 Min. im Kühlschrank durchziehen lassen.

7649. Stützcreme 1:1:7 kochend, August 2015

Ich versuche, im Moment herauszufinden, ob ich Stützcreme auch herstellen kann, ohne den Vitamix so lange laufen zu lassen. Heute habe ich kochendes Wasser genommen und gewartet, bis die Creme stockte. So deutlich wie sonst tut sie das nicht. Nach 2 1/2 Min. habe ich den Vitamix abgeschaltet. Da blubberte die Creme noch kräftig. Wenn ich aber Reis & Cashews vorher mahle, setzen die sich kompakt in die Ecken. Alternative wäre, im kleinen Mixer zu mahlen und in das kochende Wasser laufen zu lassen. Umständlich. Noch eines werde ich probieren: Nur den Reis im Vitamix vormahlen, dann alle anderen Zutaten hinzufügen. Sie ist im Übrigen sehr schön glatt geworden.

Im Hochleistungsmixer auf der höchsten Stufe bis zum Stocken schlagen:

- 50 g Rundkorn-Naturreis
- 50 g Cashewnüsse
- 1 Prise Salz
- 350 g gerade aufgekochtes Wasser

7650. Flohmilch, August 2015

2 Min. im Vitamix:

- 35 g Stützcreme 1:1:7 kochend 7649 o. Ä.
- 1/2 Dattel (10 g netto)
- 500 g Wasser
- 1 ganz flach gestr. TL Flohsamenschalen

Hinweis: *Ich habe den Eindruck, die Flohsamenschalen haben nur den Schaum verfestigt.*

7651. Chia-Haferschrot-FKG, August 2015

2 x Frühstück

Abends

- 6 EL Nackthafer grob schroten & auf zwei Schüsseln verteilen. Mit insgesamt
- 200 g Wasser übergießen. Abgedeckt bei Raumtemperatur stehen lassen.

Morgens

- 220 g Erdbeeren, geputzt (netto)
- 1/2 Apfel (70 g)
- 1 Nektarine ohne Stein (65 g netto)
- 1 Banane geschält (120 g netto)
- 35 g Pekannüsse
- 65 g kernlose Trauben
- 15 g Kokosnussmus Bounty 7571 o. Ä.

Obst außer den Trauben in grobe Stücke teilen und im Hochleistungsmixer pürieren. Auf das Getreide gießen. Mit Nüssen, Trauben und Kokosnussmus (kommt in die Mitte) dekorieren.

7652. Raisin Cookies, August 2015

Vorläufer: 7622

- 125 g Nackthafer
- 125 g Einkorn
- 75 g Hirse
- 25 g Chiasamen
- 1 Prise Salz
- 3 TL Weinstein-Backpulver
- 1 gestr. TL gem. Vanille
- 1 kleiner Apfel (100 g)
- 50 g Cashewnüsse
- 125 g Agavendicksaft (oder Honig)
- 2 EL Haselnusslikör (Geschenk, das weg muss; sonst einfach 25 g Pflanzenmilch)
- 45 g Pflanzenmilch, hier: Flohmilch 7650 o. Ä.
- 110 g grüne Rosinen

Hafer mit Einkorn fein mahlen (1,5 von 9, Hawos Novum). Hirse fein mahlen (Stufe 1). Chiasamen mit einem kleinen Mixer mahlen. Rosinen erst ganz zum Schluss unterkneten. Die anderen trockenen Zutaten miteinander mischen. Apfel, Cashews, Haselnusslikör, Pflanzenmilch und Agavendicksaft im Vitamix solange mischen, bis alles wirklich zerkleinert ist. Zu den trockenen Zutaten geben, mit den Rührbesen eines Handrührgeräts mischen. Rosinen zum Schluss einarbeiten.

Mit einem Esslöffel Häufchen auf ein Backblech (PerfectClean, oder mit Dauerbackfolie / Backpapier) setzen, mit den nassen Händen flach drücken und den Keksen eine runde Form geben. Ofen auf 160 °C vorheizen. Blech einschieben und 25 Min. bei 160 °C backen.

7653. Fermentierte Melonencreme, August 2015

2 Desserts

- 285 g Honigmelone ohne Schale (netto)
- 60 g fermentierte Rosinen aus Wildhefeansatz
- 20 g Honig
- 3 g Flohsamenschalen (1 TL)
- 1-2 TL getr. Gojibeeren

Honigmelone in Stücke schneiden. Mit Rosinen und Honig im Vitamix so lange mixen, bis keine Rosinenstückchen mehr sichtbar sind. Flohsamenschalen nochmals kurz und kräftig unterrühren. Auf zwei Schüsselchen verteilen, mit Gojibeeren bestreuen und mindestens 1 Std. in den Kühlschrank stellen.

7654. Bataten-Champignon-Bolognese, August 2015

2-3 Portionen

Gemüsepfanne (24 cm; 15 Min.):

- 60 g Wasser
- 115 g braune Champignons, in Scheiben
- 40 g Schalotte, abgezogen und in Ringe geschnitten (netto)
- 1 Tomate (120 g)
- 240 g Süßkartoffeln (Bataten), ohne die Enden, geraffelt mit dem groben Einsatz (Küchenmaschine)

Soße (im Vitamix glatt rühren):

- 1 geh. TL Salz
- 1 Pr gem. schw. Pfeffer
- 1 gestr. TL Paprika edelsüß
- 15 g Tomatenmark
- 2 Knoblauchzehen, abgezogen (netto 9 g)
- 4 g Essigpeperoni 7/4573
- 20 g Peperoniessig
- 50 g gekochte Sojabohnen
- 1 Nektarine ohne Stein (90 g netto) (oder 1/2 Apfel + 1 TL Honig)
- 20 g Sonnenblumenkerne
- 20 g Sonnenblumenöl Premiumqualität
- 200 g Wasser

Soße unter das Gemüse rühren und erhitzen.

Bei mir gab es dazu normalen Vollkornreis. Wer die Soße roter möchte, nimmt 200 g passierte Tomaten statt der 200 g Wasser.

7655. 400 g-Sauerteigbrot für Ariane, August 2015

Vorläufer 7488

Stufe 1 (12 Std. vorher):

- 400 g Roggen
- 420 g Wasser
- 150 g Sauerteig

Abends schon vorbereiten:

- 250 g Roggen
- 150 g Dinkel
- 1 EL Salz
- 2 TL Brotgewürz
- 75 g Leinsamen

Stufe 2 (Backen, bei mir am Morgen)

- 250 g Wasser
- Getreidemischung vom Vorabend
- 2 EL Apfelessig (20 g)
- Etwa 800 g Sauerteigansatz (s.o.)
- 20 g Butter für die Form

Stufe 1: Roggen fein mahlen, mit Wasser und altem Sauerteig mischen. In einer Plastiktüte über Nacht stehen lassen. 150 g von der Stufe 1 abnehmen und in einem gut schließenden Schraubglas in den Kühlschrank stellen für das nächste Backen. **Abends:** Getreide fein mahlen, mit Salz, Leinsamen und Brotgewürz mischen und in einer gut schließenden Plastikdose bis zum nächsten Morgen aufbewahren.

Stufe 2: Alle Zutaten (außer der Butter) mit einem großen Löffel gründlich verrühren, bis kein Mehl mehr sichtbar ist. Eine 30-cm-Brotform, Profi-Email von Dr. Oetker, gut einfetten. Teig hineingeben, mit der nassen Hand herunterdrücken und glatt streichen. Mit einem scharfen Messer dreimal schräg einschneiden. Form in eine Plastikdose stecken und 3 Std. gehen lassen.

Brot in den kalten Ofen einschieben und 65 Min. bei 190 °C backen und 10 Min. im ausgestellten Ofen nachbacken. (Back- und Nachzeitbackzeit sind jeweils 5 Min. länger, weil ich ein zweites Brot mit gebacken habe.)

7656. Wildhefebrot mit Fermentierung 2015/26, August 2015

Samstagmittag 13 Uhr:
*   100 g Weizen / 100 g Hefewasser

Samstagabend 20:30 Uhr
*   500 g Weizen
*   1 TL Salz
*   1 TL Honig
*   350 g Wasser
*   Ansatz vom Morgen

Getreide fein mahlen und mit den restlichen Zutaten verrühren bzw. verkneten. In einer Pengdose auf der Heizung bis zum nächsten Morgen stehen lassen.

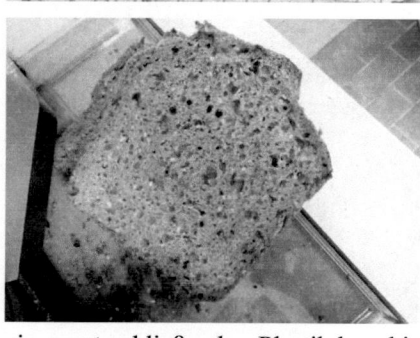

Abends schon vorbereiten:
*   200 g Einkorn
*   200 g Weizen
*   1 EL Salz
*   40 g Sesam ungeschält
*   40 g Leinsamen
*   1 gestr. EL Brotgewürz

Getreide fein mahlen, mit Salz, Saaten und Brotgewürz mischen und in einer gut schließenden Plastikdose bis zum nächsten Morgen aufbewahren.

Sonntagmorgen (Backtag) 8:15 Uhr:
*   Ansatz vom Vorabend
*   Vorbereitetes Getreide vom Vorabend
*   220 g Wasser
*   20 g Butter für die Form

Morgens war der Deckel gewölbt, aber nicht offen. Der Teig war deutlich verändert, ich dachte erst, ich hätte die Sauerteigdose geöffnet. Auch beim Kneten später fühlte er sich sehr gut an, klebte kaum.

Ansatz, Getreide und Wasser mit der Hand 5-7 Min. kneten. Form (30 cm Dr. Oetker Profi-Emaille-Brotform) mit Butter einfetten. Den Teig hineingeben, mit der nassen Hand in der Form glatt verteilen. Kreuzweise schräg einschneiden.

Die Form in eine große Plastiktüte geben und auf der warmen Fensterbank 5 Std. gehen lassen. Der Teig war gegangen, etwa bis 0,5 cm unter der Kante der Form. Brot (mit einem Sauerteigbrot) in den kalten Ofen schieben (Klimagaren, ein Dampfstoß auto) und 65 Min. bei 190 °C backen. 10 Min. im ausgestellten Ofen nachbacken. Ist im Ofen phantastisch aufgegangen.

7657. Pfannkuchen nach Video mit Füllung, August 2015

Reicht gut für 2 Personen, evtl. auch 3. Video https://you-tu.be/12-uzbmzQTc?feature=shared

Die Mengenangaben aus dem Video:
*   200 g oder 1,5 Tassen Haferflocken, -mehl oder ganzes korn
*   50 g oder 0,5 Tassen Dinkelvollkornmehl (oder glutenfreies mehl)
*   450 ml oder 2 Tassen wasser (oder mehr)
*   nach Belieben eine Dattel, 1/2 Banane oder 1 EL Zucker

Das klingt mir verdächtig nach geklautem Rezept, wegen der „Tassen" (cups), dann aber falsch umgerechnet. Ich habe die halben Mengen genommen und noch 1/3 TL Natron hinzugegeben.

*   100 g Nackthafer, geflockt
*   25 g Dinkel, fein gemahlen
*   225 g Wasser
*   1 Dattel entsteint (17 g)
*   1/3 gestr. TL Natron

Alle Zutaten im Vitamix mixen. Eine ATM-Pfanne auf mittlerer Hitze heiß werden lassen (Stufe 9 von 14, Induktion). Teig für einen Pfannkuchen in die Pfanne gießen und warten, bis die Oberfläche fest ist. Dann vorsichtig vom Boden lösen und drehen. Der Teig war zu dick! 5 Min. gebacken und auf einen Teller gegeben.

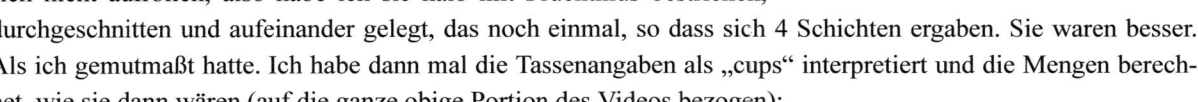

Bei den nächsten beiden Pfannkuchen habe ich nur die Hälfte Teig in die Pfanne gegeben und mit dem Teigheber dünner verstrichen. Ansonsten dieselbe Prozedur.

- Füllung: 1/3 Glas Tarpa-Fruchtmus Aprikose

Kalt schmeckten die Pfannkuchen mir besser als heiß. Leider ließen sie sich nicht aufrollen, also habe ich sie halb mit Fruchtmus bestrichen, durchgeschnitten und aufeinander gelegt, das noch einmal, so dass sich 4 Schichten ergaben. Sie waren besser. Als ich gemutmaßt hatte. Ich habe dann mal die Tassenangaben als „cups" interpretiert und die Mengen berechnet, wie sie dann wären (auf die ganze obige Portion des Videos bezogen):

- 135 g Haferflocken
- 60 g Dinkel
- 470-480 g Wasser
- 1 Dattel

7658. Milchreis recht klassisch, Big Portion, August 2015

Da ich keine Pflanzenmilch hatte, habe ich Wasser genommen. Eine Pflanzenmilch wäre einen weiteren Versuch wert!

- 200 g Rundkorn-Naturreis
- 600 g Wasser
- 3 cm Vanillestange
- 1/2 Zimtstange
- 1 kleine Prise Salz

Alle Zutaten in einen Schnellkochtopf geben. Sobald das Ventil anfängt, sich nach oben zu drücken, auf 12 Min. stellen. Danach: 10 Min. auf Stufe 2 (von 14), 10 Min. auf Stufe 1 (von 14), 30 Min. geschlossen auf der Induktionsplatte stehen lassen.

7659. Traubendoppel in Milchreis, August 2015

2 Desserts.

- 150 g Milchreis, z. B. Milchreis recht klassisch, Big Portion 7658
- 100 g Stützcreme, z. B. Stützcreme 1:1:7 kochend 7649
- 1 EL Agavendicksaft oder flüssiger Honig (20 g)
- 1 gestr. TL Flohsamenschalen (3 g)
- 20 g grüne Rosinen
- 75 g grüne kernlose Trauben, halbiert
- 1 TL Kakaonibs

Milchreis mit Stützcreme und Süßungsmittel verrühren, Flohsamenschalen einarbeiten. Rosinen und Trauben hinzufügen, unterrühren. Auf zwei Schüsselchen verteilen. Mit Kakaonibs (oder Gojibeeren, Maulbeeren) dekorieren. Im Kühlschrank aufbewahren. Es ist gut, wenn der Nachtisch noch 2 Std. ruhen kann, damit die Rosinen Feuchtigkeit ziehen.

7660. Melone mit Reishut, August 2015

2 Desserts

- 1/4 nicht zu kleine Honigmelone (300 g netto)
- 150 g Milchreis recht klassisch, Big Portion 7658
- 30-40 g Tarpa Fruchtmus Aprikose
- 1-2 TL getr. Gojibeeren

Honigmelonenviertel quer in ca. 1-1,5 cm dicke Scheiben schneiden. Die Scheiben schälen und in handliche Stücke schneiden. Auf zwei Suppenteller verteilen. Reis mit Fruchtmus (oder pürieren Früchten mit etwas Honig) verrühren, in die Mitte der Melonenstücke geben. Mit einigen Gojibeeren bestreuen.

7661. Schummelpizza mit Tomaten, August 2015

2 Portionen

Teig:

- 1/2 Würfel Biohefe (21 g)
- 125 g Wasser
- 80 g Nackthafer, geflockt
- 45 g Nacktgerste, geflockt
- 75 g Weizen, fein gemahlen
- 1 gestr. TL Salz
- 50 g Stützcreme (1:1:7) 7649 o. Ä.
- 10 g Chiasamen

Hefe im Wasser auflösen. Hafer, Weizen und Salz verrühren. Stützcreme und Hefewasser gut einrühren. Erst zum Schluss die Chiasamen unterrühren. In einer Pengdose bei 35 °C 15 Min. gehen lassen. In dieser Zeit Belag und Soße vorbereiten.

Belag:

- 5 g Rucola
- 60 g tiefgekühlter Mais
- 1 Schalotte geschält und in Scheiben geschnitten (Ringe), 125 g netto
- 3 Knoblauchzehen, abgezogen und in feine Scheiben geschnitten, 10 g netto
- 3 Tomaten (280 g) in etwa 5-6 mm dicke Scheiben geschnitten
- Pizzagewürz 1 TL

7662. Weißer Pizzabelag mit Öl (Nr. 20)

- 20 g Cashewnüsse
- 20 g Sonnenblumenöl Premiumqualität
- 50 g gekochte Sojabohnen (Lex) oder weiße Bohnen
- 50 g Stützcreme (1:1:7) 7649 o. Ä.
- 1/2 TL Salz
- 1 Prise Schabziegerklee
- 75 g Pflanzenmilch, hier: Dünne Reiscashewmilch Nr. 3; 7663
- 25 g Zitronenfleisch

Die Soßenzutaten im Vitamix gut durchschlagen (geht auch mit dem Mixer, hochstehendes Messer, 1 Minute) Es ist vorteilhaft, wenn die Soße noch etwas stehen kann, weil sie dann ein wenig dickt.

Den Teig mit einem Teigschaber in einer 28-cm-Pizzaform (PerfectClean, oder mit Dauerbackfolie / Backpapier) verteilen, einen kleinen Rand hochziehen (wenn möglich). Die Belagzutaten in der angegebenen Reihenfolge auf den Teig geben, die Tomatenscheiben sollten möglichst alles abdecken. Pizzagewürz darüber streuen (zwischen den Händen verreiben).

Ofen (Heißluft) auf 225 °C vorheizen. Sobald der Ofen heiß ist, die Soße mit einem Esslöffel auf der Pizza verteilen.

In den heißen Ofen geben und 20 Min. backen, bei ausgestelltem Ofen 5 Min. nachbacken. Beim nächsten Mal vielleicht doch 25 Min. backen, damit der Teig noch knuspriger wird.

7663. Dünne Reiscashewmilch Nr. 3, August 2015

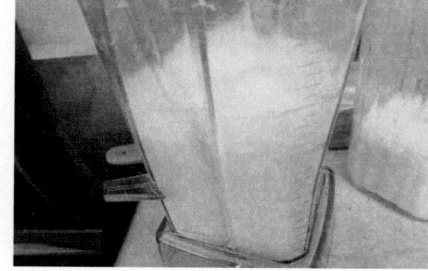

- 20 g Cashewnüsse
- 20 g Rundkorn-Naturreis
- 5 g Agavendicksaft oder Honig
- 1 kleine Prise Salz
- 1000 g kochendes Wasser

Reis im Mixer grob mahlen. Ich wollte es im Vitamix machen, aber die Menge ist zu klein! Alle Zutaten in den 1-Liter-Becher geben und 2 Min. auf der Höchststufe mixen. Verhältnis: 1 : 1 : 0,4 : 50

Ohne Hochleistungsmixer: Cashewnüsse in einem Teil des Wassers einweichen. Getreide fein mahlen und im restlichen Wasser aufkochen, abkühlen lassen. Alles im Mixer mischen.

Hinweis: Im Vergleich zur Nr. 2 habe ich den Reis vorher gemahlen und statt einer Dattel für die Farbe Agavendicksaft genommen. Warm schmeckte sie schon hervorragend, auch scheint sich unten weniger abzusetzen.

7664. Fenchel mit Süßkartoffel, August 2015

2 Portionen

Gemüse:

- 50 g Wasser
- 2 kleine Zwiebeln, geschält und gewürfelt (50 g netto)
- 1 Batate, Enden abgeschnitten, in Streifen geschnitten (190 g netto)
- 1 Fenchel, Schnittkante unten abgeschnitten, klein geschnitten (260 g netto)

Soße:

- 30 g Sonnenblumenkerne
- 10 g Sonnenblumenöl, Premiumqualität
- 1 geh. TL Salz
- 1 MS schw. gem. Pfeffer
- 20 g Zitronenfleisch
- 50 g gekochte Sojabohnen
- 50 g Stützcreme 1:1:7; 7649 o. Ä.
- 75 g Wasser

Gemüsezutaten als Gemüsepfanne (24 cm) 15 Min. dünsten. Soßenzutaten im Mixer verquirlen, unter das Gemüse rühren. Den Becher mit ca. 30 g Wasser nachspülen. Dieses Wasser ebenfalls zum Gemüse geben, verrühren und aufkochen. Bei mir gab es dazu Ofenkartoffeln.

7665. Melonenfeuerwerk, August 2015

2 x Frühstück

- 2 EL Leinsamen
- 6 EL Nackthafer
- 15 g Zitronenfleisch
- 1/4 größere Honigmelone, ohne Kerne, geschält, in Stücken (330 g netto)
- 1 Nektarine, geviertelt, ohne Stein (95 g netto)
- 1 Banane geschält (110 g netto)
- 4 TL Kokosraspeln (= 13 g)
- 15 g Kokosnussmus Bounty 7571 o. Ä.

Leinsamen mit dem Getreide flocken, auf zwei Schüsselchen verteilen. Das Obst in grobe Stücke teilen und im Hochleistungsmixer pürieren, über das Getreide geben. Mit Kokosraspeln am Rand und Kokosnussmuss in der Mitte dekorieren.

7666. Erdbeerrreis „Frieda", August 2015

2 Desserts

- 110 g Erdbeeren geputzt (netto)
- 30 g Honig (Menge je nach Erdbeeraroma)
- 125 g Milchreis recht klassisch, Big Portion 7658 o. Ä.
- 1 gestr. TL Flohsamenschalen
- 1 geschälte gelbe Kiwi (105 g brutto)

Erdbeeren mit Honig im kleinen Becher des Mixers pürieren, mit dem Reis verrühren und zum Schluss die Flohsamenschalen unterziehen. Auf zwei Schüsselchen verteilen. Kiwi längs halbieren, jede Hälfte in 8 Scheiben schneiden, diese leicht überlappend an den Rand stecken, mit der Schnittkante nach unten.

7667. Chia-Abenddrink, August 2015

Im Vitamix 1,5 Min. mixen:

- 1 EL Nackthafer = 18 g
- 1 gestr. EL Chiasamen = 10 g
- 1 Dattel entsteint (20 g)
- 2 cm Vanillestange
- 450 g kochendes Wasser

7668. Curry-Spitzkohl, August 2015

2 Portionen

Gemüsepfanne (24 cm, 15 Min.):

- 60 g Wasser
- 385 g Spitzkohl in Streifen
- 40 g Porree (Grün) in feinen Streifen
- 30 g grüne Rosinen
- 30 g Walnüsse

Soße im Mixer (erst hochstehendes, dann flaches Messer) 1 Min.:

- 40 g Cashewnüsse
- 10 g Peperoniessig
- 5 g Essigpeperoni 7/4573
- 1 TL Salz
- 1 MS gem. schw. Pfeffer
- 70 g Wasser

Unter das Gemüse rühren. Den Becher mit 30-50 g Wasser nachspülen. Dieses Wasser ebenfalls zum Gemüse geben, verrühren und aufkochen. *Bei mir gab es dazu gekochte Gerste.*

7669. Milchreisdrink, August 2015

- 40 g Milchreis, hier: Milchreis recht klassisch, Big Portion 7658 o. Ä.
- 1 Dattel, 20 g ohne Stein
- 10 g Chiasamen
- Auf 500 g mit kochendem Wasser auffüllen und 2 Min. im Vitamix schlagen.

7670. Walnussbrot mit wilder Hilfe 2015/27, August 2015

Sauerteig am Vorabend ansetzen:

- 400 g Roggen fein gemahlen
- 420 g Wasser
- 150 g Sauerteig

Wildhefeteig am Vorabend ansetzen:

- 130 g Weizen fein gemahlen
- 130 g Hefewasser

Abends mahlen bzw. vorbereiten (mischen):

- 100 g Roggen fein gemahlen mit
- 1 TL Koriander
- 1 TL Kümmel
- 250 g Weizen
- 75 g Walnusskerne, zwischen den Händen in grobe Stücke gebrochen
- 20 g Salz

Backtag morgens:

- Sauerteig vom Vorabend, wovon 150 g Sauerteig fürs nächste Backen abgenommen wurden
- Wildhefeansatz
- Vorbereitetes Getreide
- 250 g Wasser

Alle Zutaten gut miteinander verrühren.

- 20 g Butter für die Form

Form (30 cm) mit Butter einfetten, Teig hineingeben. Dreimal rautenförmig einschneiden und mit Wasser einsprühen. In einen Plastiksack stecken und 3 Std. gehen lassen. In den kalten Ofen auf den Gitterrost geben, 60 Min. bei 190 °C backen und 10 Min. im ausgeschalteten Ofen nachbacken lassen.

7671. Schokoreis mit Kiwi, August 2015

- 10 g Kakaopulver
- 35 g dünnflüssiger Honig oder Agavendicksaft
- 100 g Milchreis, hier: Milchreis recht klassisch, Big Portion 7658 o. Ä.
- 1/3 - 1/2 gestr. TL Flohsamenschalen
- 1 gelbe Kiwi, brutto 105 g

Kakao mit Süßmittel verrühren, bis kein Pulver mehr zu sehen ist. Reis unterrühren, gefolgt von Flohsamenschalen einrühren. Kiwi schälen, 2 Scheiben aus der Mitte schneiden und beiseitelegen. Den Rest würfeln und unter den Reis ziehen. In eine dekorative Schüssel umfüllen, die Kiwi-Scheiben versetzt auflegen und bis zum Essen in den Kühlschrank stellen.

7672. Schwache Stützcreme, August 2015

Diesmal haben die Flohsamenschalen nicht so gut geholfen. Das heißt für mich, die Nüsse sind für das Festwerden schon wichtig, ich muss sonst den Reisanteil erhöhen.

Im Hochleistungsmixer ca. 2 Min. bis zum Stocken schlagen:
- 50 g Rundkorn-Naturreis, im Vitamix grob gemahlen
- 25 g Cashewnüsse
- 485 g Wasser
- 1 geh. TL Flohsamenschalen (3 g), erst nach 1,5 Min. zugeben

7673. Heidelbeeren in Reiscremesoße, August 2015

2 Desserts. Geht sehr schnell, wenn Milchreis und Stützcreme schon im Kühlschrank stehen.

- 190 g Heidelbeeren
- 60 g Milchreis, hier Milchreis recht klassisch, Big Portion 7658 o. Ä.
- 100 g Schwache Stützcreme 7672 o. Ä.
- 20 g Agavendicksaft oder dünnflüssiger Honig

Heidelbeeren auf zwei Schüsselchen verteilen. Reis, Creme und Süßungsmittel mit einem Teelöffel verrühren, über die Beeren verteilen. Mindestens eine Stunde in den Kühlschrank stellen.

7674. Reissalat nach FoK, August 2015

2 Portionen; nach: Hollywood Bowl Brown Rice Salad:
https://www.forksoverknives.com/recipes/vegan-salads-sides/hollywood-bowl-brown-rice-salad-recipe/

- 190 g Langkorn-Naturreis
- 305 g Wasser
- 130 g Zucchini, fein gehackt (etwa eine halbe)
- 160 g Salatgurke, ein gehackt (etwa 1/3 einer großen Gurke)
- 2 Tomaten, fein gehackt (175 g, etwa 1 Tasse)
- 75 g Lauchzwiebel, fein gehackt (etwa 1/2 Tasse)
- 30 g großblättrige Petersilie, fein geschnitten (1 Tasse)
- 4 EL Zitronensaft
- 1-1,5 TL Salz
- 1 Prise schw. gem. Pfeffer (1/4 TL wäre mir zu viel)
- 2 EL Sonnenblumenöl, Premiumqualität

Reis garen wie folgt: 12 Min. im Schnellkochtopf auf Stufe 2; 10 Min. Herd schalten auf 2 von 14; 10 Min. auf 1 von 14. Dann etwa 45 Min. im geschlossenen Topf stehen lassen. In eine Schüssel umfüllen. Gehacktes Gemüse hinzufügen und miteinander mischen, ich habe dazu zwei Gabeln genommen. Zitronensaft, Salz und Pfeffer untermischen. Mir schmeckte das dann zu fad, obwohl ich merkte, dass genug Salz drin war. Daraufhin, wie oben schon erwähnt, noch 2 EL Sonnenblumenöl hinzugegeben. Ich fand den Salat dann sowohl vom Mundgefühl als auch vom Geschmack her deutlich besser.

7675. Freitägliche Heidelbären, August 2015 aaa

2 x Frühstück.

- 2 EL Leinsamen
- 6 EL Einkorn
- 20 g getr. Mango
- 20 g getr. Ananas
- 25 g Cashewnüsse
- 3 cm Vanillestange
- 275 g Wasser
- 1 Apfel unzerteilt, ohne Stiel (130 g)
- 1 Banane geschält und in Stücken (100 g)
- 225 g Heidelbeeren

Leinsamen mit dem Getreide flocken, auf zwei Schüsselchen verteilen. Mango und Ananas in kleinere Stücke reißen. Mit Nüssen, Vanille und Wasser im Vitamix zu einer lauwarmen Creme schlagen. Auf das Getreide gießen. Apfel, Banane und 100 g Heidelbeeren im Hochleistungsmixer pürieren, über das Getreide geben, in die Mitte der Mangocreme. Mit je 60-65 g Heidelbeeren bestreuen.

7676. Coconut Cookies, August 2015

Vorläufer: 7652

- 125 g Nacktgerste
- 125 g Einkorn
- 75 g Rundkornnaturreis
- 100 g Kokosraspeln
- 25 g Chiasamen
- 1 Prise Salz
- 1 P Weinstein-Backpulver
- 1 gestr. TL gem. Vanille
- 1 kleiner Apfel (110 g)
- 25 g Cashewnüsse
- 25 g Mandeln
- 135 g Agavendicksaft (oder Honig) (eigentlich 125 g, mir ist das Glas ausgerutscht)
- 1 EL Rum
- 40 g Stützcreme, hier Schwache Stützcreme 7672

Gerste mit 125Einkorn fein mahlen (1,5/9, Hawos Novum). Reis fein mahlen (Stufe 1). Chiasamen (diesmal ungemahlen) und Kokosraspeln hinzufügen. Die trockenen Zutaten miteinander mischen. Apfel, Nüsse, Rum, Stützcreme und Agavendicksaft im Vitamix solange mischen, bis alles wirklich zerkleinert ist. Zu den trockenen Zutaten geben, mit den Knethaken eines Handrührgeräts mischen.

Mit feuchten Händen Taler auf ein Backblech (PerfectClean, oder mit Dauerbackfolie / Backpapier) setzen, mit den nassen Händen flach drücken. Ofen auf 160 °C vorheizen. Blech einschieben und 25 Min. bei 160 °C backen.

7677. Käsecreme, August 2015

Im Vitamix die Zutaten gut miteinander mixen, Flohsamenschalen aber erst ganz zum Schluss mit mischen:

- 90 g gekochte weiße Bohnen
- 160 g Stützcreme, hier: Schwache Stützcreme 7672
- 20 g Cashewnüsse
- 20 g Zitronenfleisch
- 1 TL Salz
- 1 MS schw. gem. Pfeffer
- 10 g Sonnenblumenöl
- 2 g Flohsamenschalen

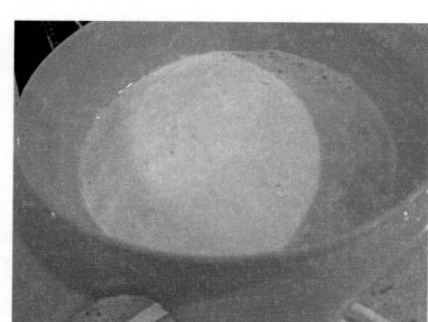

Könnte fester sein, 2 TL Flohsamenschalen könnten da hilfreich sein.

7678. Stützcreme heiß mit wenig Nüssen, Augst 2015

Direkt nach Herstellung war sie viel zu flüssig! Abwarten ... Ich tue mich schwer mit den Cremes, bei denen kochendes Wasser zugegeben wird, sie stocken bei mir nicht, obwohl die Flüssigkeit Blasen wirft, und zwar jede Menge.

Im Vitamix 2,5 Min. mixen:
- 55 g Rundkorn-Naturreis, im Vitamix vorgemahlen
- 25 g Cashewnüsse
- 355 g kochendes Wasser

7679. Obstsalat mit Fruchtsoße, August 2015

2 Portionen – geht extrem schnell, braucht keinerlei Vorbereitung und nur einen kleinen Mixer.

- 60 g Erdbeeren, geputzt und klein geschnitten
- 60 g grüne kernlose Trauben, halbiert
- 60 g Blaubeeren
- 1 gelbe Kiwi (100 g netto)
- 10 g Agavendicksaft oder Honig

Erdbeeren, Trauben und Blaubeeren mischen. Kiwi schälen und im Mixer mit dem Süßungsmittel mixen. Zum Obst geben, mischen und kalt stellen. Kurz vor dem Servieren noch einmal durchmischen und auf zwei Schüsselchen verteilen.

7680. Tomaten-Petersilien-Tarte, August 2015

2 Portionen

Teig:
- 125 g Nackthafer
- 50 g Brot
- 145 g Wasser
- 15 g Stützcreme, hier: Schwache Stützcreme 7672
- 2 Prisen Salz

Belag:
- 125 g Käsecreme 7677 o. Ä.
- 150 g Tomaten
- 10 g großblättrige Petersilie
- 15 g Grünes von Lauchzwiebeln

Teig: Hafer flocken. Brot in kleine Stücke brechen, mit Wasser, Creme und Salz im Vitamix zu einer glatten Flüssigkeit schlagen. Mit dem Hafer verkneten. Eine Springform mit Backpapier überspannen, Teig gleichmäßig dünn ausstreichen. Ofen auf 175 °C vorheizen (Heißluft), 20 Min. bei 175 °C backen und 5 Min. im ausgestellten Ofen nachbacken. Abkühlen lassen und den Springformrand abnehmen.

Fertigstellen: Papier vom Boden abziehen und Boden auf einen großen Teller legen.

Mit einem Messer in vier Viertel teilen, aber zusammen liegen lassen. Käsecreme darauf verstreichen. Tomaten in Scheiben schneiden und die Käsecreme damit belegen. Petersilie hacken, Zwiebelgrün in Röhrchen schneiden und die Tomaten damit bestreuen. Kann direkt serviert werden.

Hinweis: Agnes und ich hatten ein „Normal"-Rezept diskutiert (Webseite nicht mehr vorhanden). Sie hat es dann vor mir schon gemacht, ich hatte eigentlich schon aufgegeben. Als ich ihr schönes Foto sah und die tolle Bewertung durch die Familie hörte (alle 9 von 10!), wollte ich dann doch nicht etwas Leckeres verpassen. Gut so, denn es war wirklich sehr lecker und sehr praktisch vorzubereiten. Wenn Gäste kommen zum Beispiel!

7681. Pfannkuchen Improved Version, August 2015

Reicht für 3 Portionen.

- 70 g Nackthafer, geflockt
- 30 g Weizen, gemahlen
- 230 g Wasser
- 1/4 TL Natron
- 1 Dattel, Medjool, entsteint (18 g)
- Füllung: 6 TL Tarpa-Fruchtmus Aprikose (nur Aprikose und Honig).

Alle Zutaten bis auf die Füllung im Vitamix mixen. Eine Pfanne auf mittlerer Hitze heiß werden lassen (Stufe 9-10 von 14, Induktion). Teig für einen Pfannkuchen in die Pfanne gießen und warten, bis die Oberfläche fest ist. Dann vorsichtig vom Boden lösen und drehen. Die Rückseite auch 1-2 Min. braten.

Pfannkuchen dünn mit Fruchtmus bestreichen und aufrollen. Zwei nebeneinanderlegen.

Hinweis: *Da ich den ersten vergeigt hatte und den letzten zwischendurch gegessen, hatten wir jeder zwei, das reicht gut. Mit frischen Früchten dekorieren. Einen Stützcremeversuch halte ich nicht mehr für nötig. Ich würde aber gerne wissen, ob es auch mit Handrührgerät und gemahlenem Getreide geht, oder auch gemahlenes Getreide mit Pürierstab.*

7682. Rucola-Nudeln dezent, August 2015

- 80 g Kamut
- 80 g Weizen
- 70 g Wasser
- 20 g Rucola-Salzvorrat 7646

Getreide fein mahlen, mit der Flüssigkeit gründlich verkneten. In eine Plastikfolie wickeln und ca. 2 Std. ruhen lassen. Mit der Nudelmaschine Atlas Marcato die Sorte Linguine herstellen:

In Stücke teilen, jedes Stück 1-2 Mal zusammenfalten und 10 x durch Stufe 1 und ungefaltet je einmal durch 2-6 laufen lassen. In Linguine schneiden. Die Zeit war leider zu knapp, um sie bis zum Schneiden 30 Min. liegen zu lassen. In kochendem Salzwasser 3-4 Min. kochen lassen. Das war schon etwas zu lang.

Sie sind nicht sehr grün geworden. Bei einem nächsten Versuch würde ich noch mehr Wasser durch Rucola-Extrakt ersetzen.

7683. Grünzeugdressing Nr. 6, August 2015

Vorlage: 7642

- 100 g Rucola-Salzvorrat 7646
- 100 g „Grünzeug" (7443)
- 200 g Wasser
- 100 g Apfelessig
- 10 g Tamari
- 15 g Salz
- 1 g gem. schw. Pfeffer
- 1 geh. TL Garam Masala (4 g)
- 6 g Essigpeperoni
- 125 g Sonnenblumenkerne
- 135 g grüne Rosinen

Alle Zutaten zusammen im Vitamix gut durchschlagen, bis die Masse lauwarm, aber nicht heiß ist. In Schraubgläser füllen und im Kühlschrank aufbewahren. Verdünnen für den Gebrauch 1:2 bis 1:3.

7684. Schoko-Chia-Pudding mit Creme, August 2015

2 Portionen; vorher: 7299

- 200 g Stützcreme, hier: Stützcreme heiß mit wenig Nüssen 7678
- 50 g Wasser
- 85 g entsteinte Datteln
- 25 g Chiasamen
- 15 g Kakaopulver (Rohkostqualität)
- 1 Prise Salz
- 1 TL gem. Vanille
- 2 TL Orangeat z. B. 9/6460

Creme, Wasser, Datteln, Samen, Kakaopulver, Salz und Vanille im Vitamix pürieren, bis die Samen nicht mehr erkennbar sind. Mischung auf zwei Schüsselchen verteilen. Mit je 1 TL Orangeat dekorieren und 2 Std. kalt stellen.

7685. Champignons in Cremesoße, August 2015

2 Portionen

Gemüsepfanne (24 cm, 15 min.):
- 20 g Sonnenblumenöl
- 35 g Wasser
- 120 g Zwiebel geschält und gewürfelt (netto)
- 5 g Knoblauch, abgezogen und in Scheiben (netto)
- 200 g Champignons, in Scheiben
- 120 g Bundzwiebeln, klein geschnitten, ohne Wurzelstück (netto)

Soße:
- 50 g Brot, klein geschnitten
- 110 g Käsecreme 7677 o. Ä.
- 110 g Stützcreme heiß mit wenig Nüssen 7678 o. Ä.
- 1 TL Salz
- 1 MS schw. gem. Pfiffer
- 1 gute Prise gem. Bockshornkleesaat
- 50 g Wasser
- 100 g Wasser zum Nachspülen

Zutaten bis auf 100 g Wasser im Vitamix glatt schlagen, bis kein Brot mehr zu spüren ist. Zum Gemüse geben. Becher mit 100 g Wasser nachspülen. Dieses Wasser ebenfalls zum Gemüse geben, verrühren und aufkochen. Die Soße wäre sicher auch ohne Brot sehr lecker gewesen, aber ich hatte noch einen Rest.

Bei mir gab es dazu Rucola-Nudeln dezent.

7686. Stützcreme kalt mit wenig Nüssen, August 2015

Im Vitamix bis zum Stocken mixen:
- 55 g Rundkorn-Naturreis
- 25 g Cashewnüsse
- 355 g (nicht erhitztes) Wasser

Die Creme wird fest wie gewohnt!

7687. Banane dick und lauwarm, August 2015

Im Vitamix mixen, bis es dicklich und lauwarm ist:
- 1 geh. TL Flohsamenschalen
- 1 Dattel entsteint, 20 g netto
- 120 g Stützcreme, hier: Stützcreme kalt mit wenig Nüssen 7686
- 1 Banane (110 g netto)
- Auffüllen auf 500 g mit Wasser

7688. Kartoffelbrot zum Zweiten, August 2015

Vorläufer 7596

- 400 g fest kochende Kartoffeln
- 100 g kochendes Wasser
- 2 EL Sonnenblumenöl
- 400 g Weizen
- 1 geh. TL Salz
- 1 P Trockenhefe

Kartoffeln waschen, fein reiben. Grobe Stücke im kleinen Mier mit dem hochstehenden Messer zerkleinern und zu den anderen Kartoffeln geben. Kartoffeln mit 100 g kochendem Wasser übergießen und umrühren. Weizen fein mahlen, mit Salz und Hefe verrühren. Kartoffelmasse und Öl hinzugeben und mit der Hand verkneten. Obwohl der Teig sehr weich ist, geht das in einer Schüssel erstaunlich gut.

45 Min. ruhen lassen. Mit der Hand durchkneten und mit nassen Händen zu einem Laib formen. Auf ein Backblech (PerfectClean, oder mit Dauerbackfolie / Backpapier) legen, mit Mehl bestäuben. Ofen auf 200 °C (Umluft) vorheizen, 30 Min. backen. Temperatur auf 180 °C reduzieren und noch weitere 10 Min. backen. Die Backzeit könnte evtl. noch kürzer sein.

7689. Dünne Reiscashewmilch Nr. 4, August 2015

Vorläufer 7663

- 10 g Cashewnüsse
- 10 g Rundkorn-Naturreis
- 1 kleine Prise Salz
- 500 g Wasser

Alle Zutaten in den 0,9-Liter-Becher des Vitamix geben und 4 Min. auf der Höchststufe mixen. Die schlichteste Version soweit, da keine Datteln enthalten sind. (Verhältnis: 1 : 1 : 50).

Ohne Hochleistungsmixer: Cashewnüsse in einem Teil des Wassers einweichen. Getreide fein mahlen und im restlichen Wasser aufkochen, abkühlen lassen. Alles im Mixer mischen.

7690. Heidelbeer-Barbie-Dessert, August 2015

2 Portionen; ich habe mir hier das natürliche Geliervermögen der Heidelbeeren zunutze gemacht.

Heidelbeerschicht (im kleinen Mixer schlagen und auf 2 Schüsselchen verteilen.)
- 150 g Heidelbeeren
- 3 TL Agavensirup

Rosa Schicht (im Mixer schlagen und auf dem gelierten Pudding verteilen.)
- 80 g Stützcreme kalt mit wenig Nüssen 7686 o. Ä.
- 2 TL Agavensirup
- 1 Erdbeere, geputzt und in Stücken (25 g)

Dekoration
- 16 Heidelbeeren (ca. 20-25 g)

7691. Käseversuch Numero II, August 2015

Vorläufer 7541

- 220 g Stützcreme kalt mit wenig Nüssen, 7686 o. Ä.
- 17 g Zitronenfleisch
- 1 g Salz
- 40 g gekochte Linsen
- 2-3 Prisen Schabzeigerklee
- 1 MS Paprika edelsüß
- 2 geh. EL Flohsamenschalen (20 g)

Zutaten im Vitamix gründlich mixen, in eine Schüssel füllen und im Kühlschrank fest werden lassen. Nach drei Std. noch streichfähig.

Hinweis: Von den Linsen versprach ich mir eine bessere Farbgebung. Bei den Flohsamenschalen ist mir leider die Hand ausgerutscht, es sollen 15 g sein! Trotzdem ist es nicht fest geworden und schmeckt auch nicht besonders.

7692. Schummelpizza mit Zucchini, August 2015

2 Portionen

Teig:
- 125 g Wasser
- 1/2 Würfel Bio-Hefe (21 g)
- 125 g Nacktgerste, geflockt
- 75 g Weizen, fein gemahlen
- 1 gestr. TL Salz
- 50 g Stützcreme kalt mit wenig Nüssen 7686 o. Ä.
- 10 g Chiasamen

Belag:
- 170 g Zucchini, im Zerkleinerer (Speedy) geraffelt
- 1 Zwiebel geschält und in Scheiben geschnitten (Ringe), 65 g netto
- 1 Knoblauchzehe, abgezogen und in feine Scheiben geschnitten
- 1 Tomate 120 g, in Halbscheiben

7693. Weißer Pizzabelag Nr. 21 (mit Öl):
- 20 g Sonnenblumenkerne
- 20 g Sonnenblumenöl Premiumqualität
- 50 g gekochte Linsen (50 g Linsen / 125 g Wasser / 16 Min. garen)
- 50 g Stützcreme, hier Stützcreme kalt mit wenig Nüssen 7686
- 1/2 TL Salz
- 1-2 Prisen Schabziegerklee
- 85 g Pflanzenmilch, hier: Käsewasser II 7693
- 20 g Zitronenfleisch

Teig: Hefe im Wasser auflösen. Gerste, Weizen und Salz verrühren. Stützcreme und Hefewasser gut einrühren. Erst zum Schluss die Chiasamen unterrühren. In einer Pengdose bei 35 °C 45 Min. gehen lassen. In dieser Zeit Belag und Soße vorbereiten. Die *Soßenzutaten* im Vitamix mixen. Es ist vorteilhaft, wenn die Soße noch etwas stehen kann, weil sie dann ein wenig dickt.

Den Teig mit einem Teigschaber in einer 28-cm-Pizzaform (PerfectClean, oder mit Dauerbackfolie / Backpapier) verteilen, einen kleinen Rand hochziehen (wenn möglich). Zucchini mit einem Esslöffel gleichmäßig auf dem Teig verteilen. Mit Tomatenscheiben, Zwiebeln und Knoblauch belegen. Ofen (Heißluft) auf 225 °C vorheizen. Sobald der Ofen heiß ist, die Soße mit einem Esslöffel auf der Pizza verteilen. Pizzagewürz darüber streuen (zwischen den Händen verreiben) (eigentlich auf die Tomaten, ich hab's verpennt). In den heißen Ofen geben und 20 Min. backen, bei ausgestelltem Ofen 5 Min. nachbacken.

7694. Käsewasser II, August 2015

Vorläufer 7642

- 45 g Käseversuch Numero II, 7691
- 385 g Wasser

Im Hochleistungsmixer 3-4 Min. schlagen. Abkühlen lassen und im Kühlschrank aufbewahren. Wird „glibberig" durch den hohen Floh-samenschalenanteil im „Käse".

7695. KKM-Pfanne, August 2015

2 Portionen.

Gemüsepfanne (24 cm; 15 Min.):

- 85 g Wasser
- 345 g Kartoffeln, unter fließendem Wasser abgebürstet, Schadstellen entfernt und in Scheiben geschnitten
- 1 Kohlrabi, geschält, gewürfelt (345 g netto)
- 3 Möhren in Scheiben (200 g)

Soße:

- 1/2 TL Ras el Hanout (Gewürzmischung)
- 100 g Käseversuch Numero II 7691 o. Ä.
- 40 g Trauben
- 1 TL Salz
- Etwas schw. gem. Pfeffer
- 15 g Cashewnüsse
- 40 g Trauben
- 10 g Sonnenblumenöl
- 5 g Essigpeperoni 7/4573
- 200 g Käsewasser II (keine gute Idee!) 7694
- Ca. 200 g Wasser

Im Vitamix mischen, unter das Gemüse rühren. Erhitzen bis zum Kochen und immer wieder Wasser nachschüt-ten, die 200 g sind eine Schätzung.

Ich wollte mit dem Käseversuch Numero II einen kleinen Käseeffekt erreichen, dabei gleichzeitig den „Käse" aufbrauchen. Ein absoluter Reinfall! Zwar reichten die zwei Esslöffel Flohsamenschalen im Käserezept nicht aus, um den Käse festzumachen, aber sie verglupschten die Soße perfekt. Ich habe so viel Wasser nachgegeben - half alles nichts. Die Konsistenz fand ich wirklich grenzwertig. Schade um das leckere Gemüse!

7696. Heidelpudding, August 2015

2 Desserts

- 2 Datteln entsteint (40 g netto)
- 125 g Stützcreme kalt mit wenig Nüssen 7686 o. Ä.
- 200 g Heidelbeeren
- 1 goldene Kiwi (brutto 100 g)
- 1-2 TL getr. Gojibeeren

Datteln mit Stützcreme und Heidelbeeren im Vitamix glatt schlagen, auf 2 Schüsselchen verteilen. Kiwi schälen und in 6 Scheiben schneiden, versetzt übereinander oben auf die Creme legen, mit Gojibeeren bestreuen und 15-30 Min. kalt stellen.

7697. Bananenfrüsterchen, August 2015

Im Mixer, hochstehendes Messer, mixen:

- 1 geschälte Banane, in mehrere Stücke gebrochen (105 g netto)
- 5 g Kakao (schwach entölt, Fair Trade)
- 15 g Agavendicksaft
- 30 g dünne Reiscashewmilch Nr. 4; 7689 o. A.

Gierig aus dem Becher löffeln ...

7698. Stützcreme kalt mit 10 g Cashew, August 2015

Im Vitamix bis zum Stocken mixen:

- 60 g Rundkorn-Naturreis
- 10 g Cashewnüsse
- 350 g Wasser

Scheint genau zu sein wie sonst, das hieße, weniger Cashews bedeutet mehr Reis. Richtig sehe ich das erst morgen.

7699. Dünne Vanillesauce, August 2015

Verleiht zarten Geschmack, ist aber keine „Soße" im herkömmlichen Sinn, denn für sich alleine schmeckt sie nicht so toll. Gibt aber Süßes und Vanillearoma an frisches Obst ab.

Im Vitamix 30-40 Sekunden schlagen:

- 60 g Stützcreme, hier: Stützcreme kalt mit 10 g Cashew 7698
- 1 LS gem. Vanille
- 20 g Agavendicksaft oder Honig
- 150 g Wasser

7700. Salat mit Kartoffelhaube, August 2015

2 Portionen (nach Agnes)

- 280 g Kartoffeln
- 135 g gekochte Kidneybohnen
- 60 g gelbe Paprika
- 240 g Tomaten (2 Stück)
- 115 g Salatgurke
- 65 g Kopfsalat
- 10 g Petersilie
- 10 g Rucola-Salzvorrat 7646
- 60 g kochendes Wasser

Kartoffeln würfeln und in eine Pizzaform (PerfectClean, oder mit Dauerbackfolie / Backpapier) geben, gleichmäßig verteilen. In den kalten Ofen (Heißluft) schieben, 25 Min. bei 220 °C backen und 5 Min. im ausgestellten Ofen nachbacken. In der Zwischenzeit den Salat zubereiten:

Gemüse würfeln, Kopfsalat waschen, ausschleudern und in Streifen schneiden, Petersilie in Wunschgröße hacken. Bohnen hinzugeben, vorsichtig miteinander mischen. Rucola-Salzvorrat mit kochendem Wasser mischen und mit dem Gemüse mischen. Auf zwei Teller verteilen. Kartoffeln salzen und auf dem Gemüse verteilen.

Hinweis: *Rucola-Salzvorrat war irgendwie zu dezent. Ein nächstes Mal würde ich etwas Salzigeres nehmen oder eine saure Note geben. Die Kartoffelwürfel sind eine tolle Idee, weil ich die Garzeit prima nutzen kann, um den entsprechenden Salat herzustellen. Kartoffeln sind immer lecker und schmecken zu jedem Salat.*

7701. Obstteller, August 2015

2 Portionen

- 400 g Zuckermelone
- 100 g Heidelbeere
- 130 g Erdbeeren
- 80 g grüne Trauben

Reifes Obst putzen, mundgerecht zubereiten und in kleinen Gruppen nebeneinander auf Teller legen.

Tipp: *Sehr gut schmeckt dazu die Dünne Vanillesauce 7699; die Menge der Soße reicht für 4-6 Portionen. – Alle Gewichtsangaben sind brutto.*

7702. Sechskorngetreide mit Knack, August 2015

1000 g insgesamt

- 250 g Weizen
- 250 g Roggen
- 230 g Nacktgerste
- 170 g Buchweizen
- 30 g Hirse
- 60 g Rundkorn-Naturreis

In einer großen Schüssel mit den Händen vermischen und in ein passendes Glas abfüllen.

7703. Traubendickschale, August 2015

2 x Dessert

- 200 g Trauben mit Kernen (die müssen natürlich nicht sein)
- 10 g flüssiger Honig
- 12 g Zitronenfleisch
- 50 g Stützcreme kalt mit 10 g Cashew
- 3 g Flohsamenschalen
- 2 Erdbeeren
- 1-1,5 TL Pampelmusat (Herstellung wie Orangeat z. B. 9/6460)

Trauben, Honig, Zitronenfleisch und Creme im Vitamix so lange schlagen, bis keine Kerne mehr vorhanden sind. Flohsamenschalen dazu geben und mixen. Auf zwei Schüsselchen verteilen und mit geviertelten Erdbeeren und Pampelmusat dekorieren.

7704. Bohnen versaut, August 2015

2 Portionen. War nicht meins ...

Gemüsepfanne (24 cm; 15 Min.):

- 55 g Wasser
- 200 g Brechbohnen, ohne Enden, in 2 cm Stücken (netto)
- 1 Zwiebel, geschält und gewürfelt (60 g netto)
- 1 kleiner Apfel, gewürfelt (85 g)
- 1 rote Paprikaschote, ohne Kerne oder Innenwände, klein geschnitten (150 g netto)

Soße:

- 50 g Käsecreme 7677 o. Ä.
- 50 g gekochte Linsen
- 1 geh. TL Salz
- 1-2 Prisen schw. gem. Pfeffer
- 10 g Apfelessig
- 10 g Cashewnüsse

- 1 Knoblauchzehe, abgezogen und in Scheiben
- 150 g Wasser
- (90 g Wasser zum Nachspülen)

Zutaten im großen Becher eines kleinen Mixers gut durchmischen. Unter das Gemüse rühren. Den Becher mit 90 g Wasser nachspülen. Dieses Wasser ebenfalls zum Gemüse geben, verrühren und aufkochen.

7705. Heidelbeer-Erdbeer-Marmor-FKG, August 2015

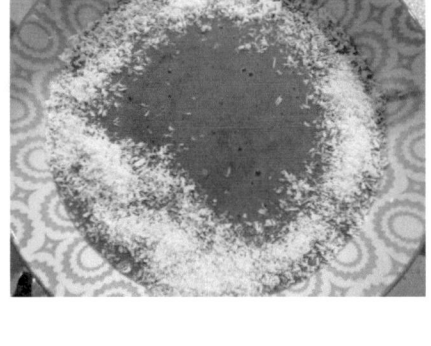

2 x Frühstück.

Abends

- 6 EL Sechskorngetreide grob schroten & auf zwei Schüsseln verteilen. Mit insgesamt
- 160 g Wasser übergießen. Abgedeckt bei Raumtemperatur stehen lassen.

Morgens

- 20 g getr. Ananas
- 200 g Heidelbeeren
- 25 g Cashewnüsse
- 125 g Wasser
- 200 g Erdbeeren, geputzt (netto)
- 1 Banane, geschält (115 g netto)
- 10 g Kokosraspeln

Ananas in kleinere Stücke reißen. Mit Heidelbeeren, Nüssen und Wasser im Vitamix zu einer lauwarmen Creme schlagen. Auf das Getreide gießen. Erdbeeren und Banane im Hochleistungsmixer pürieren. Auf die Heidelbeercreme gießen. Mit einer Gabel Spiralen ziehen (lässt sich deutlich besser machen, als ich das getan habe; wer vor Herstellung der Erdbeercreme den Becher spült, bekommt einen deutlicheren Effekt). Am Rand mit Kokosraspeln bestreuen.

7706. Stützcreme mittelheiß, August 2015

Im Vitamix bis zum Stocken mixen:

- 50 g Rundkorn-Naturreis
- 40 g Cashewnüsse
- 175 g Wasser Raumtemperatur
- 175 g kochendes Wasser

Am besten werden die Stützcremes mit Wasser Zimmertemperatur oder darunter. Aber da quält sich halt der Vitamix fast 5 Min., gefällt mir nicht. Mit kochend heißem Wasser wird die Creme bei mir nicht so schön. Im Austausch mit Agnes habe ich erfahren, dass sie gar kein kochendes Wasser nimmt, sondern Wasser 60 °C. Aha. Also war ein neuer Test fällig, halb „normales", halb kochendes Wasser. Und siehe da, das ging prima in einer Zeit unter 3 Min.

7707. Reiscashewmilch mittelheiß, August 2015

Wie bei der entsprechenden Stützcreme klappt das mit dem halbe-halbe auch für eine Milch sehr gut. Ich habe knapp 3 Min. laufen lassen.

- 20 g Cashewnüsse
- 20 g Rundkorn-Naturreis
- 1 kleine Prise Salz
- 500 g Wasser Raumtemperatur
- 500 g kochendes Wasser
- 60 g Stützcreme mittelheiß 7707 o. ä.

Im 2-Liter-Becher des Vitamix 2.5 Min. auf der Höchststufe mixen.

7708. Chia-Bohnen-Kakao, August 2015

Im Hochleistungsmixer, je nach Gerät, etwa 3 Min. auf höchster Stufe schlagen:

- 20 g Kakaobohnen
- 10 g Chiasamen
- 2 Datteln entsteint (40 g netto)
- 7 g frischer Ingwer
- 3 TL Carob
- 160 g Wasser von Raumtemperatur
- auf 500 ml (Markierung im Becher) mit kochendem Wasser auffüllen

7709. Schokoladen-Chia-Pudding in Frucht, August 2015 aaa

2 Desserts.

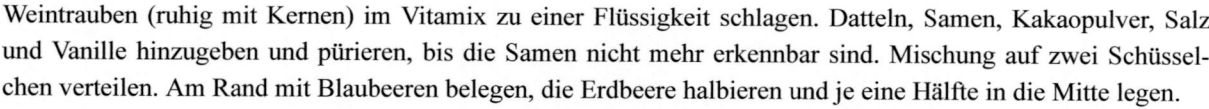

- 260 g grüne Weintrauben
- 90 g entsteinte Datteln
- 30 g Chiasamen
- 15 g Kakaopulver
- 1 Prise Salz
- 1/2 TL gem. Vanille
- Etwa 30 g Blaubeeren
- 1 Erdbeere

Weintrauben (ruhig mit Kernen) im Vitamix zu einer Flüssigkeit schlagen. Datteln, Samen, Kakaopulver, Salz und Vanille hinzugeben und pürieren, bis die Samen nicht mehr erkennbar sind. Mischung auf zwei Schüsselchen verteilen. Am Rand mit Blaubeeren belegen, die Erdbeere halbieren und je eine Hälfte in die Mitte legen.

Hinweis: „Problem" mit dem Chia-Pudding ist die Pflanzenmilch. Nun hatte ich Weintrauben mit Kern im Haus, die wir so kaum essen (wir essen Obst selten einfach „so"). Im Vitamix gemixt, wird das wunderbar, kein Kern mehr zu sehen. Daher habe ich mal Weintrauben statt Pflanzenmilch in diesem Pudding verarbeitet. Die Trauben machen den Pudding noch natürlicher, weil eine Pflanzenmilch - zumindest bei mir - immer stark erhitzt ist.

7710. KKM Pfanne lecker, August 2015

2 kleinere Portionen

Gemüsepfanne (24 cm, 16 Min.):

- 80 g Wasser
- 1 TL Rucola-Salzvorrat 7646 (15 g; statt Gemüsebrühextrakt)
- 380 g Kartoffeln, unter fließendem Wasser abgebürstet, Schadstellen entfernt und in Scheiben geschnitten
- 1 Möhre in Scheiben (110 g)
- 1/2 Kohlrabi, geschält, gewürfelt (175 g netto)

Soße:

- 1 TL Salz
- 12 g Käseversuch Numero II 7691 o. Ä.
- Etwas schwarzer gem. Pfeffer
- 12 g Cashewnüsse
- 18 g Zitronenfleisch (relativ trockene Zitrone)
- 13 g Sonnenblumenöl
- 85 g Wasser
- (40-50 g Wasser)

Mit dem Mixer mischen, unter das Gemüse rühren. Becher mit 45 g Wasser nachspülen. Dieses Wasser ebenfalls zum Gemüse geben, verrühren und aufkochen.

Hinweis: Diesmal habe ich nur sehr wenig von dem Käseversuch genommen und auch ansonsten weniger Zutaten in der Soße, der Kartoffelanteil war zufällig auch deutlich größer. Da hat mir das jetzt ausgezeichnet geschmeckt, weil die Soße hinter dem Gemüse zurücktrat.

7711. Magerschokolade 2015, August 2015

Da ich von der kompletten Fettfreiheit weg bin, kann ich mich ja auch einmal wieder an Schokolade versuchen. Im Vergleich mit früheren Rezepten (Nüsse habe ich als 50 % Fett angesetzt):

- Standard mit Kakaobutter, Kokosöl und Nüssen: 42 % Fett

- Rezept 9/6888: 26 % Fett

- Rezept 9/5676: 22 % Fett (Urteil damals: lecker, Konsistenz und Farbe nicht zufriedenstellend)

- Rezept 9/5735: 35 % Fett

- vorliegendes Rezept: 24,2 % (keine Nüsse, nur Kakaobutter).

- 40 g Kakaobutter
- 10 g Chiasamen
- 1/2 TL gem. Vanille
- 1 Prise Salz
- 20 g Kakaopulver (Fair Trade, keine Rohkostqualität)
- 40 g Honig
- 55 g Stützcreme, hier: Stützcreme mittelheiß 7706

Kakaobutter in einem Topf auf kleiner Hitze zerlassen. Chiasamen im kleinen Mixer fein mahlen. Die trockenen Zutaten mit einem Löffel verrühren. Honig und Stützcreme hinzugeben, glatt rühren. Zerlassene Kakaobutter hinzufügen und rasch in Silikonformen streichen. Evtl. eine Weile in den Tiefkühlschrank geben.

Mit Kakaopulver geht es unkomplizierter. Mit Kakaonibs ließe sich, da man mindestens 50 % braucht, der Fettanteil noch reduzieren auf z. B. 19,5 %! Ist auszutesten. Geschmacklich gut bis okay (frisch schmeckt sie besser), aber matt und brüchig. Wenn ich nicht bald eine geniale Eingebung habe, wird es wohl doch bei 40%-Fett-Schokolade bleiben.

7712. Tomaten-Erdnuss-Dressing, August 2015

2 Portionen

Mit dem kleinen Mixer glatt schlagen:

- 1/2 Tomate, gewürfelt (35 g)
- 20 g Erdnüsse, gesalzen und geröstet
- 10 g Ahornsirup / dünnflüssiger Honig
- 10 g Essig
- 1 TL Salz
- 1 MS schwarzer gem. Pfeffer
- 75 g Wasser

Bei mir gab es dazu kleine Salatplatten.

7713. Rucola-Nudeln Nr. 2, August 2015

Vorläufer 7682.

- 50 g Kamut
- 50 g Weizen
- 35-40 g Wasser
- 15 g Rucola-Salzvorrat 7646

Getreide fein mahlen, mit der Flüssigkeit gründlich verkneten. Wenn der Teig rissig ist, noch in sehr kleinen Mengen (1/2 TL) Wasser einkneten, bis er geschmeidig ist. In eine Plastikfolie wickeln und einige Std. ruhen lassen.

Bei der kleinen Menge lohnt sich die Maschine nicht. Also habe ich den Teig portionsweise mit der Hand dünn ausgerollt, das ging sehr gut. Mit einem Teigrädchen in Bahnen und quer in Stücke schneiden. In einem Auflauf habe ich die Nudeln 25 Min. im Backofen mit erhitzt.

7714. Nektarinenreis, August 2015

2 Desserts

- 30 g Stützcreme, hier: Stützcreme mittelheiß Nr. 2; 7720
- 110 g Milchreis, hier: Milchreis mit P-Milch; 7715
- 15 g Honig
- 1 Nektarine (135 g netto), fein gestiftelt
- 1 Erdbeere, längs halbiert

Stützcreme, Milchreis und Honig verrühren. Nektarine unterziehen. Auf zwei Schüsselchen verteilen. In die Mitte je eine Erdbeerhälfte legen.

7715. Milchreis mit P-Milch, August 2015

- 100 g Rundkorn-Naturreis
- 300 g Pflanzenmilch, hier Reiscashewmilch mittelheiß 7707
- 3 cm Vanillestange
- 1/2 Zimtstange
- 3 cm Zitronenschale
- 1 kleine Prise Salz

Alle Zutaten außer dem Honig in einen Schnellkochtopf geben. Sobald das Ventil anfängt, sich nach oben zu drücken, auf 12 Min. stellen. Danach: 10 Min. auf Stufe 2 (von 14), 10 Min. auf Stufe 1 (von 14), 30 Min. geschlossen auf der Induktionsplatte stehen lassen. Noch heiß mit dem Honig verrühren. In eine gut schließende Plastikdose geben, damit er ruhig noch weiter nachquellen kann.

7716. Carobananen-Chia-Creme, August 2015

2 Desserts

Außer Deko im Vitamix schlagen, bis es glatt ist und sich eine Raute gebildet hat:

- 200 g Pflanzenmilch, hier Reiscashewmilch mittelheiß 7707
- 2 Bananen geschält (195 g netto)
- 2 Datteln, entsteint (40 g netto)
- 25 g Chiasamen
- 15 g Carob Rohkostqualität
- Deko: 10 g getr. Babybananen

Creme auf 2 Schüsselchen verteilen. Die Bananen in Streifen schneiden; am Rand der Schüsselchen entlang legen. Ist recht viel, würde auch für drei reichen.

7717. Nudelauflauf Tomato, August 2015

2 Portionen. – Nach einem Rezept von „Kochrezept": https://www.das-kochrezept.de/rezepte/nudelauflauf-tomato

- 1 x Rucola-Nudeln Nr. 2; 7713
- 75 g Roggen, geflockt
- 2 Tomaten, gewürfelt (235 g)
- 1 rote Paprikaschote, gewürfelt (brutto 200 g, netto 170 g)
- 1 geh. EL Stützcreme, hier Stützcreme mittelheiß (50 g) 7707
- 2 geh. TL Tomatenmark (20 g)
- 150 g Reiscashewmilch mittelheiß (besser 250 g bei frischen Nudeln)
- 1 TL Ahornsirup
- 10 g Apfelessig
- 1 geh. TL Salz
- 1 MS schw. gem. Pfeffer
- 1 EL Öl
- 6-8 Blättchen Basilikum
- 1 EL Kokosraspeln (12 g)
- 2 EL Sesam ungeschält (28 g)

Roggenflocken in einer trockenen Pfanne rösten, bis sie sich hellbraun verfärben. Beiseitestellen.

Tomaten und Paprika als Gemüsepfanne (20 cm) 10 Min. dünsten. Stützcreme, Tomatenmark, Pflanzenmilch, Ahornsirup, Essig, Salz und Pfeffer und Öl mit einem Schneebesen verquirlen, zu dem Gemüse geben. Basilikum fein hacken, mit Roggenflocken und Nudeln unter das Gemüse ziehen. Bei den Nudeln aufpassen, dass die Stücke einzeln sind und nicht kleben. Eventuell wäre es günstiger, sie schon 2-3 Std. vorher herzustellen, so dass sie leicht angetrocknet sind. Kokosraspeln und Sesam mischen und über den Auflauf streuen. Ofen auf 160 °C (Heißluft) vorheizen, Pfanne offen in den Ofen schieben und 25 Min. backen.

Hinweis: Wer fertige Nudeln nimmt, muss sie vorher kochen. Ich habe sie frisch hergestellt, da entfiel dieser Schritt.

7718. Melonenflocken unter Ananas, August 2015

2 x Frühstück.

- 2 EL Leinsamen
- 6 EL Nackthafer
- 10 g Zitronenfleisch
- 255 g Zuckermelone, geschält, ohne Kerne, in groben Stücken (netto)
- 2 Bananen geschält (195 g netto)
- 170 g geschälte, gewürfelte Ananas
- 2 Stückchen Magerschokolade 2015; 7711 o. Ä.

Leinsamen mit dem Getreide flocken, auf zwei Schüsselchen verteilen. Melone, Zitronenfleisch und Banane im Hochleistungsmixer pürieren, über das Getreide geben. Mit gewürfelter Ananas belegen, in die Mitte je ein Stückchen Schokolade setzen.

7719. Ananasreis, August 2015

2 x Dessert

- 115 g Stützcreme, hier: Stützcreme mittelheiß Nr. 2; 7706 o. Ä.
- 100 g Milchreis, hier: Milchreis mit P-Milch; 7714 o. Ä.
- 15 g Honig
- 1 dünnere Scheibe Ananas, ohne Schale, in feine Stifte geschnitten (120 g netto)
- 8-10 getr. Maulbeeren

Stützcreme, Milchreis und Honig verrühren. Ananas unterziehen. Auf zwei Schüsselchen verteilen. In die Mitte einige Maulbeeren legen.

Tipp: *Sehr schnell zubereitet, wenn Milchreis und Stützcreme fertig im Kühlschrank stehen.*

7720. Stützcreme mittelheiß Nr. 2, August 2015

Ich habe die Zeit gestoppt: 2 Min. im 0,9-Literbecher. Das ist deutlich kürzer. Ich versuche noch, mich mit den Nüssen nach unten zu arbeiten.

Im Vitamix bis zum Stocken mixen:

- 50 g Rundkorn-Naturreis
- 35 g Cashewnüsse
- 175 g Wasser Raumtemperatur
- 175 g kochendes Wasser

7721. Reiscashewmilch Vanille, August 2015

- 100 g Stützcreme, hier Stützcreme mittelheiß Nr. 2; 7719 o. Ä.
- 1 kleine Prise Salz
- 1 LS gem. Vanille
- 175 g Wasser Raumtemperatur
- 175 g kochendes Wasser

Alle Zutaten im 0,9-Liter-Becher des Vitamix 2.5 Min. auf der Höchststufe mixen.

Tipp: *Wie bei der entsprechenden Stützcreme klappt das mit dem halb heiß-halb kalt auch für Milch sehr gut.*

7722. Reis-Hirse halb und halb, August 2015

Im Hochleistungsmixer bis zum Stocken schlagen:

- 25 g Rundkorn-Naturreis
- 25 g Hirse
- 350 g Wasser (halb Zimmertemperatur, halb kochend)

Ohne Hochleistungsmixer: Getreide fein mahlen und im Wasser aufkochen, abkühlen lassen. Alles zusammen in einem Mixer zu einer Creme schlagen.

7723. Pizza slightly oriental, August 2015

2 Portionen.

Teig:

- 200 g Weizen
- 1/2 gestr. TL Salz
- 1/4 TL gem. Kreuzkümmel (Cumin)
- 20 g frische Bio-Hefe (1/2 Würfel)
- 100 g Wasser
- 50 Stützcreme, hier: Stützcreme mittelheiß Nr. 2; 7719

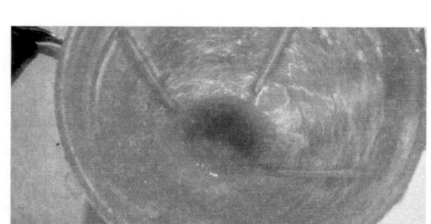

Getreide fein mahlen, mit Salz und Kreuzkümmel mischen. Hefe im Wasser auflösen, zum Mehl geben, ebenso Stützcreme. Gründlich mit Hand verkneten und Kugel unter Spannung formen. Teig in eine Pengdose legen. Deckel schließen. Warten bis ploppt und durchkneten, nochmal in die Pengdose geben, bis es ploppt, durchkneten und jetzt ploppen lassen, ohne zu kneten. Teig mit nassen Händen in einer mit Mehl ausgesiebten Pizzaform (Durchmesser 28 cm) auseinanderdrücken, ohne vorher noch einmal zu kneten. Einen Rand hochdrücken.

7724. Roter Pizzabelag Nr. 15

- 20 g Tomatenmark
- 50 g Wasser
- 20 g gekochte rote Linsen und
- 1/2 TL Salz im kleinen Mixer verquirlen.

Gemüse:

- 1/2 grüne Paprikaschote, 65 g netto)
- 1 Möhre, 65 g, vorgeschnitten; mit Paprika im Zerkleinerer geraffelt
- 1 Zwiebel, geschält, in dünnen Scheiben (40 g netto)
- 1 Knoblauchzehen, abgezogen, in Scheiben
- 2-3 Tomaten (200 g) in Scheiben
- 1-2 TL Pizzagewürz
- einige Basilikumblättchen

7725. Weißer Pizzabelag Nr. 22

- 25 g Cashewnüsse
- 1 Prise Schabziegerklee gem.
- 1/2 TL Salz
- 75 g gekochte rote Linsen
- 25 g Apfelessig (Waagenfehler! sollten 15 g werden)
- 50 g Stützcreme, hier: Stützcreme mittelheiß Nr. 2; 7719
- 30 g Bohnenkochwasser oder Wasser

Im Vitamix gut mixen.

Fertigstellung: Paprika-Möhrengemisch, Zwiebeln und Knoblauch in der angegebenen Reihenfolge auf den Teig geben. Mit Tomatenscheiben abdecken und mit Pizzagewürz (zwischen den Händen verrieben) bestreuen. Basilikumblätter in Streifen schneiden und verteilen. Den weißen Belag gleichmäßig verteilen. Pizza in den auf 225 °C vorgeheizten Ofen schieben und 20 Min. bei 225 °C backen.

7726. Reis-Nektarinen-Kuchen, August 2015

- 200 g Rundkorn-Naturreis
- 3 cm Vanillestange
- 1 Prise Salz
- 600 g Wasser
- 150 g Agavensirup
- 100 g gekochte Kichererbsen
- 1 TL Zitronat
- 180 g Stützcreme, hier: Stützcreme mittelheiß Nr. 2; 7719
- 20 g Nackthafer, geflockt
- 2 mittelgroße Nektarinen, ca. 300 g brutto, entsteint und in dünne Schnitze geschnitten

Reis mit Vanillestange, Wasser und Salz in einen Schnellkochtopf geben. Sobald das Ventil anfängt, sich nach oben zu drücken, auf 12 Min. stellen. Danach: 10 Min. auf Stufe 2 (von 14), 10 Min. auf Stufe 1 (von 14), mindestens 30 Min. geschlossen auf der Induktionsplatte stehen lassen.

Die restlichen Zutaten außer den Nektarinen im Vitamix pürieren. Mit dem Reis vermischen und in eine mit Backpapier überspannte Spring-form gießen. Die Nektarinenspalten versetzt in zwei Kreisen auf das Reisgemisch legen. In den kalten Heißluftofen auf dem Gitterrost auf der untersten Stufe schieben und 70 Min. bei 160 °C backen, 10 Min. im ausgestellten Ofen nachbacken.

7727. Wachsbohnen-Pfanne, August 2015

2 Portionen.

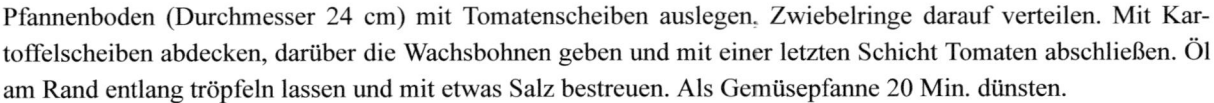

- 1,5 Tomaten in 0,5-cm-Scheiben
- 1 Zwiebel, abgzogen, in Ringen (55 g netto)
- 315 g Kartoffeln, unter fließendem Wasser abgebürstet, Schadstellen entfernt und in Scheiben geschnitten
- 280 g Wachsbohnen, Enden abgeschnitten und in 3-cm-lange Teile geschnitten (netto)
- 1 Tomate in dünnen Scheiben (135 g)
- 1 EL Sonnenblumenöl
- 1-2 Prisen Salz

Pfannenboden (Durchmesser 24 cm) mit Tomatenscheiben auslegen, Zwiebelringe darauf verteilen. Mit Kartoffelscheiben abdecken, darüber die Wachsbohnen geben und mit einer letzten Schicht Tomaten abschließen. Öl am Rand entlang tröpfeln lassen und mit etwas Salz bestreuen. Als Gemüsepfanne 20 Min. dünsten.

- 1 EL Zitronensaft (oder mehr) und
- 1 TL Salz zum Essen geben, vorsichtig unterheben.

7728. Nektarinencreme, August 2015

2 Desserts

- 90 g Stützcreme, hier: Reis-Hirse halb und halb 7722
- 1 Nektarine entsteint, in Achteln (135 g netto)
- 20 g grüne Rosinen
- 70 g Ananas (netto)
- 8 getr. Gojibeeren

Stützcreme mit Nektarine pürieren (bei mir im Vitamix) und auf zwei Schüsselchen verteilen. Je 10 g Rosinen unterrühren. Ananas würfeln und die Würfel am Rand der Schüsseln entlang legen. In die Mitte jeweils 4 Gojibeeren legen.

7729. Esslöffel-Kakao mit Chia, August 2015

- 1 gestr. EL Kakaonibs
- 1 gestr. EL Chiasamen
- 2 entsteinte Datteln (Medjool)
- 1 geh. TL Carob
- Mit Wasser auffüllen auf 500 ml (halb Zimmertemperatur, halb kochend)

2-3 Min. im Vitamix laufen lassen.

7730. Spitzkohl mit Wachsbohnen, August 2015

2 Portionen

Gemüsepfanne (24 cm; 15 Min.):

- 50 g Wasser
- 1 grob gewürfelte Tomate (115 g)
- 115 g Wachsbohnen (netto), Enden abgeschnitten in 2-3 cm Stücke geschnitten
- 200 g Spitzkohlblätter, in Streifen geschnitten

Soßenzutaten im kleinen Mixer mixen, unter das Gemüse rühren und aufkochen:

- 50 g gekochte Linsen
- 1 gestr. TL Salz
- 3 g Essigpeperoni 7/4573
- 10 g Peperoniessig
- 10 g Mandeln
- 10 g Sonnenblumenöl
- 60 g Kichererbsenkochwasser (oder 50 g Wasser)

Tipp: Bei mir gab es dazu Ofenkartoffeln.

7731. Linsenaufstrich „Rucola-Hauch", August 2015

- 100 g rote Linsen
- 250 g Wasser
- 1 gestr. TL Salz
- 1 Prise schw. gem. Pfeffer
- 1 TL Rucola-Salzvorrat (15 g) 7646

Linsen im Wasser 16-18 Min. kochen. Die anderen Zutaten unterrühren und im kleinen Mixer oder Zerkleinerer zu einer Paste schlagen. Ist erst recht flüssig, dickt aber nach!

7732. Nektarinencreme römisch II, August 2015

2 Portionen

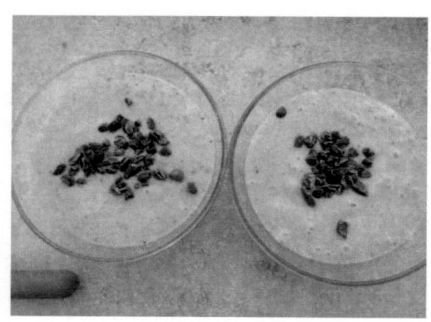

- 1 Nektarine (135-140 g netto), entsteint, grob zerteilt
- 15 g dünnflüssiger Honig
- 120 g Stützcreme, z. B. Reis-Hirse halb und halb 7722
- 1 TL Flohsamenschalen (2 g)
- 1-2 TL Kakaonibs

Alle Zutaten außer den Kakaonibs mixen (hier: im großen Becher eines kleinen Mixers). Auf zwei Schüsselchen verteilen, mit Kakaonibs dekorieren.

7733. Gefüllte Aubergine, August 2015

2 Portionen; nach einem Rezept von daskochrezept.de (https://www.das-kochrezept.de/rezepte/gefuellte-auberginen-2)

- 1 Aubergine (365 g)
- 1 Zwiebel (netto 30 g)
- 1 Knoblauchzehe (netto 8 g)
- Insgesamt knapp 500 g Tomaten
- 3 TL klein gehackte Petersilie (mit Stängel)
- 2 geh. TL Tomatenmark
- 1/4 TL Kreuzkümmel
- 1/4 TL Paprikapulver edelsüß
- Etwas Pfeffer
- Insgesamt 2 TL Salz
- 1,5 TL Peperoni- oder Apfelessig
- 100 g Kichererbsenkochwasser (vorgegeben: Brühe)

Aubergine halbieren, aushöhlen, salzen. Fruchtfleisch würfeln, mit 1/2 TL Salz mischen. Alles 30 Min. ziehen lassen. Zwiebeln und Knoblauch schälen, würfeln bzw. in Scheiben schneiden. 1 Tomate (80 g) in Stücke schneiden.

Für die Füllung 2 EL Wasser in eine Pfanne geben. Zwiebeln und Knoblauch hinzufügen, Deckel auflegen, auf höchster Einstellung zum Kochen bringen, bis Dampf unter dem Deckel austritt. Auf kleinste Einstellung drehen und 5 Min. dünsten, ohne den Deckel abzuheben. Auberginenwürfel leicht ausdrücken, dazugeben und 5 Min. dünsten.

Tomatenmark, Kreuzkümmel, 1 TL Salz und Paprika unterrühren. Tomaten und Petersilie unterheben, mit Essig würzen. Backofen auf 180 °C (Heißluft) vorheizen.

2 Tomaten (140 g) in Scheiben schneiden, in eine Auflaufform legen, salzen, pfeffern. Kichererbsenkochwasser zugießen. Auberginenhälften trocken tupfen, Füllung darin verteilen. Zwei Tomaten (140 g) in Scheiben schneiden, Form damit auslegen. Auberginen auf die Tomaten setzen. Die letzte Tomate (70 g) in 6-8 Scheiben schneiden und die Auberginen damit abdecken. Im Ofen 30 Min. garen. Bei mir gab es Basmatireis (160 g) dazu.

Tipp: *Die Mahlzeit war klein, normalerweise essen wir etwas mehr, aber es war ein heißer Tag.*

7734. Hirsereismilch mittelheiß, August 2015

- 5 g Mandeln
- 3 g Rundkorn-Naturreis
- 7 g Hirse
- 1 kleine Prise Salz
- 250 g Wasser Raumtemperatur
- 250 g kochendes Wasser

Alle Zutaten in den 0,9-Liter-Becher des Vitamix geben und 2.5 Min. auf der Höchststufe mixen.

7735. Brombeer mit Ana unter Crema, August 2015

2 Desserts

- 120 g Brombeeren
- 105 g Ananas (netto), gewürfelt
- 100 g Stützcreme, hier: Reis-Hirse halb und halb 7722
- 15 g Honig
- 1 MS gem. Vanille
- 1 MS Zimt
- 1 TL Orangeat z. B. 9/6460

Brombeeren und Ananas mischen, auf zwei Schüsselchen verteilen. Die

restlichen Zutaten ohne das Orangeat verrühren, auf dem Obst verteilen. Orangeat in die Mitte der Creme setzen.

7736. Milch-Nudeln, August 2015

- 50 g Kamut
- 50 g Weizen
- 50 g Pflanzenmilch, hier: Hirsereismilch mittelheiß 7734

Getreide fein mahlen, mit der Flüssigkeit gründlich verkneten, bis der Teig geschmeidig ist. In eine Plastikfolie wickeln und zwei Std. ruhen lassen.

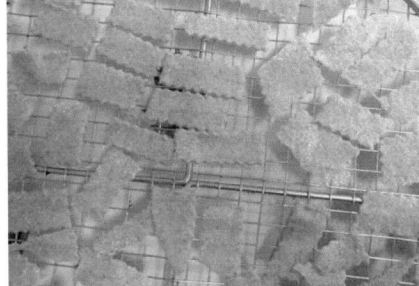

Bei der kleinen Menge lohnt sich die Maschine nicht. Also habe ich den Teig portionsweise mit der Hand dünn ausgerollt, er war allerdings ein wenig zu klebrig, also habe ich gesiebtes Streumehl zu Hilfe genommen. Ich weiß nicht, ob der Teig wirklich zu viel Flüssigkeit hatte oder ob meine blöde neue Waage mal wieder „daneben" gemessen hat, das macht sie gerade bei kleineren Mengen schon mal ganz gerne.

Mit einem Teigrädchen in Bahnen und quer in Stücke schneiden. In einem Auflauf habe ich die Nudeln 25 Min. im Backofen mit erhitzt.

7737. Nudelauflauf Tomato Version 2, August 2015

2 Portionen; Vorläufer 7717

- 1 x Milch-Nudeln 7736 o. Ä.
- 75 g Roggen, geflockt
- 3 Tomaten, gewürfelt (300 g)
- 1 rote Paprikaschote (netto 170 g)
- 1 kleine Zwiebel, abgezogen und gewürfelt (30 g netto)
- 1 geh. EL Stützcreme, hier Reis-Hirse halb und halb (50 g) 7722
- 2 geh. TL Tomatenmark (20 g)
- 220 g Pflanzenmilch, hier Hirsereismilch mittelheiß 7734
- 1 TL flüssiger Honig (15 g)
- 10 g Apfelessig
- 1 geh. TL Salz
- 1 MS schw. gem. Pfeffer
- 6-8 Blättchen Basilikum
- 1 EL Kokosraspeln (ca. 10 g)
- 2 EL Sesam ungeschält (ca. 30 g)

Roggenflocken in einer trockenen Pfanne rösten, bis sie sich hellbraun verfärben. Beiseitestellen.

Tomaten und Paprika in eine 24-cm-Pfanne geben. Als Gemüsepfanne 15 Min. dünsten. Stützcreme, Tomatenmark, Pflanzenmilch, Honig, Essig, Salz und Pfeffer mit einem Schneebesen verquirlen, zu dem Gemüse geben. Basilikum fein hacken, mit Roggenflocken und Nudeln unter das Gemüse ziehen. Bei den Nudeln aufpassen, dass die Stücke einzeln sind und nicht kleben.

Kokosraspeln und Sesam mischen und über den Auflauf streuen. Ofen auf 160 °C (Heißluft) vorheizen, Pfanne offen in den Ofen schieben und 25 Min. backen.

7738. Freitag der Brombeersaison, August 2015

2 x Frühstück.

- 2 EL Leinsamen
- 6 EL Nackthafer
- 40 g getr. Mango
- 30 g Mandeln
- 2 cm Vanillestange
- 255 g Wasser
- 1 Nektarine entsteint und geviertelt (130 g netto)
- 1 Banane geschält (90 g netto)
- 135 g Ananas in Stücken (netto)
- 125 g Brombeeren

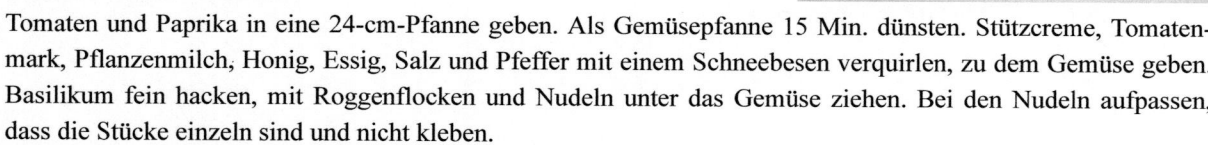

Leinsamen mit dem Getreide flocken, auf zwei Schüsselchen verteilen. Mango in kleinere Stücke reißen. Mit Nüssen, Vanille und Wasser im Vitamix zu einer lauwarmen Creme schlagen. Auf das Getreide gießen. Obst außer den Brombeeren im Hochleistungsmixer pürieren, über das Getreide geben. Mit Brombeeren dekorieren.

7739. Teelöffel-Kakao, August 2015

Nachdem ich letztlich eine Beschwerde erhielt, dass der Esslöffel-Kakao auch eine Teelöffelangabe enthielt, nun die pure Konsequenz.

Im Hochleistungsmixer 4,5 bis 8 Min. auf höchster Stufe schlagen:

- 2 TL Kakaonibs (ca. 10 g)
- 2 TL Rundkorn-Naturreis (ca. 13 g)
- 2 TL flüssiger Honig (festen habe ich nicht genommen, weil das sehr leicht dann sehr viel wird)
- 1 TL Ingwerscheiben (ca. 7 g)
- 1 TL Carob
- 1 TL Erdmandeln (oder Mandeln)
- Auf 300 ml (Markierung im Becher) mit kaltem und
- Auf 500 ml mit kochendem Wasser auffüllen

7740. Mandeltestcreme, August 2015

Im Hochleistungsmixer bis zum Stocken schlagen:

- 40 g Rundkorn-Naturreis
- 10 g Hirse
- 40 g Mandeln
- 350 g Wasser (halb Zimmertemperatur, halb kochend)

Ohne Hochleistungsmixer: Nüsse in einem Teil des Wassers einweichen, Getreide fein mahlen und im restlichen Wasser aufkochen, abkühlen lassen. Alles zusammen in einem Mixer zu einer Creme schlagen. – Ich wollte wissen, inwieweit ein Austausch der Cashews gegen Mandeln einen Einfluss auf die Festigkeit hat. Direkt nach Herstellung war es deutlich flüssiger, schien aber später dann sehr gut nachzuhärten.

7741. Obst unter Forange, August 2015

2 Desserts

- 100 g kernlose Trauben, längs halbiert
- 85 g Ananas (netto), in Stücken
- 90 g Mandeltestcreme 7740 o. Ä.
- 1 Orange 155 g netto in Stücken
- 1 MS Vanillepulver
- 2 getr. Feigen (45 g)
- 6 getr. Maulbeeren

Trauben und Ananas auf zwei Schüsselchen verteilen. Aus Creme, Orangen, Vanillepulver und Feigen im Vitamix eine Art Pudding schlagen, auf dem Obst verteilen, so dass noch ein Obstrand zu sehen ist. Mit den Maulbeeren dekorieren.

7742. Spitzkohl mit Kichererbsen inspiriert, August 2015

2 Portionen

Gemüsepfanne 24 cm, 16 Min.:

- 50 g (Kichererbsenkoch)Wasser
- 300 g Spitzkohl, in feine Streifen geschnitten
- 1 gelbe und 1/2 rote Paprika, gewürfelt (245 g netto)

Soße:

- 70 g gekochte Linsen (hier: Linsenaufstrich „Rucola-Hauch" 7731)
- 10 g Zitronenfleisch
- 1 geh. TL Salz
- 1/4 TL gem. Kreuzkümmel
- 1/4 TL gem. Kümmel
- 1/4 TL Curry
- 5 g Essigpeperoni 7/4573
- 75 g (Kichererbsenkoch-)Wasser

Kichererbsen:

- 400 g gekochte Kichererbsen (ca. 160 g Rohware)

Soßenzutaten mit kleinem Mixer, kleiner Becher, verquirlen. Mit Kichererbsen unter Gemüse rühren, aufkochen.

7743. Ananas gegen Erdbeer, August 2015

2 x Frühstück

- 2 EL Leinsamen
- 6 EL Roggen
- 10 g Zitronenfleisch
- 2 Bananen geschält und in Stücken (190 g netto)
- 205 g geputzte Erdbeeren (netto)
- 1 Nektarine, entsteint und geviertelt (netto 130 g)
- 2 dünne Scheiben Ananas, geschält und in Stücken (netto 80 g)

Leinsamen mit dem Getreide flocken, auf zwei Schüsselchen verteilen. Zitronenfleisch, Bananen, Erdbeeren und Nektarine im Hochleistungsmixer pürieren, über das Getreide geben. Mit Ananas dekorieren.

7744. Leicht gehäufter Kakao, August 2015

Im Hochleistungsmixer, je nach Gerät, 2 bis 2,5 Min. auf höchster Stufe schlagen:

- 1 leicht gehäufter EL Kakaonibs (15 g)
- 1 leicht gehäufter EL Nackthafer (18 g)
- 1 leicht gehäufter EL Mandeln (18 g)
- 1 leicht gehäufter TL Carob (3 g)
- 1 leicht gehäufter TL frischer Ingwer (10 g)
- 2 Datteln entsteint (40 g netto)
- auf 350 ml (Markierung im Becher) mit Wasser und dann
- auf 500 ml mit kochendem Wasser auffüllen.

7745. Coconut Raisin Cookies, August 2015

Vorläufer: 7676

- 250 g Weizen
- 75 g Rundkornnaturreis
- 25 g Leinsamen
- 100 g Kokosraspeln
- 1 Prise Salz
- 1 P Weinstein-Backpulver
- 1 gestr. TL gem. Vanille
- 1 kleiner Apfel (115 g)
- 50 g Mandeln (ich hatte keine Cashewnüsse mehr, die werden aber schöner)
- 135 g Agavendicksaft (oder Honig)
- 1 EL Haselnusslikör klar (oder Rum)
- 45 g Stützcreme, hier Mandeltestcreme 7740
- 40 g Wasser
- 50 g Rosinen

Weizen mit Reis und Leinsamen fein mahlen Alle trockenen Zutaten miteinander mischen. Apfel, Nüsse, Alkohol, Stützcreme, Agavendicksaft und 40 g Wasser im Vitamix solange mischen, bis alles wirklich zerkleinert ist. Zu den trockenen Zutaten geben, mit den Knethaken eines Handrührgeräts mischen. Zum Schluss die Rosinen einarbeiten.

Mit feuchten Händen Taler auf ein Backblech (PerfectClean, oder mit Dauerbackfolie / Backpapier) setzen, mit den nassen Händen flach drücken. Ofen auf 160 °C vorheizen. Blech einschieben und 25 Min. bei 160 °C backen.

7746. Reis-Ananas-Kuchen, August 2015

Vorläufer 7724; glutenfrei. Wichtig: 24 Std. ziehen lassen vor dem Anschneiden!

- 150 g Agavensirup
- 100 g gekochte Kichererbsen
- 1 TL Zitronat (15 g)
- 180 g Stützcreme, hier: Mandeltestcreme
- 100 g Rundkornnaturreis, gemahlen
- 750 g gekochter Rundkorn-Naturreis
- Drei Scheiben Ananas, geschält, in spitze Stücke geschnitten (220 g netto)

Sirup, Kichererbsen, Zitronat und Stützcreme im Vitamix pürieren. Gemahlenen Reis unterziehen. Mit dem gekochten Reis vermischen und in eine mit Backpapier überspannte Springform gießen. Die Ananasstücke in zwei Kreisen auf das Reisgemisch legen. In den auf 160 °C vorgeheizten Heißluftofen auf dem Gitterrost auf die unterste Stufe schieben und 70 Min. bei 160 °C backen, 10 Min. im ausgestellten Ofen nachbacken (beim letzten Mal in den kalten Ofen geschoben!).

Rundkornnaturreis mit Vanillestange, Zimtstange, der dreifachen Menge Wasser und einer kleinen Prise Salz in einen Schnellkochtopf geben. Sobald das Ventil anfängt, sich nach oben zu drücken, auf 12 Min. stellen. Danach: 10 Min. auf Stufe 2 (von 14), 10 Min. auf Stufe 1 (von 14), mindestens 30 Min. geschlossen auf der Induktionsplatte stehen lassen. Ich hatte 250 g Reis und 750 g Wasser genommen - das ist aber mehr, als hier benötigt wird.

7747. Grünzeugdressing Nr. 7, August 2015

Vorlage: 7683

- 115 g Rucola-Salzvorrat 7646
- 175 g „Grünzeug" (Cuminblumenkohlwürze 7443)
- 200 g Wasser
- 60 g Apfelessig
- 40 g Peperoniessig 7/4573
- 10 g Tamari
- 15 g Salz
- 2 geh. TL Garam Masala (10 g)
- 10 g Essigpeperoni
- 125 g Sonnenblumenkerne
- 25 g Petersilienstängel
- 155 g grüne Rosinen

Alle Zutaten zusammen im Vitamix gut durchschlagen, bis die Masse lauwarm, aber nicht heiß ist. In Schraubgläser füllen und im Kühlschrank aufbewahren. Verdünnen für den Gebrauch 1:2 bis 1:3.

7748. Weizenspaghetti, August 2015

2 Portionen

- 140 g Weizen
- 70 g Wasser

Getreide fein mahlen, mit der Flüssigkeit gründlich verkneten. In eine Plastikfolie wickeln und 3-4 Std. ruhen lassen. Mit der Nudelmaschine Atlas Marcato die Sorte Spaghetti herstellen:

In Stücke teilen, jedes Stück 1-2 Mal zusammenfalten und 10 x durch Stufe 1 und ungefaltet je einmal durch 2-4 laufen lassen. Auf einem

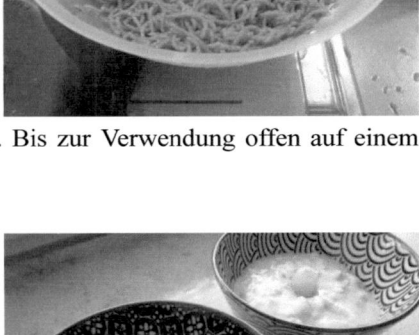

Küchentuch eine halbe Stunde ruhen lassen und in Spaghetti schneiden. Bis zur Verwendung offen auf einem Küchentuch liegen lassen. In kochendem Salzwasser 2-3 Min. kochen.

7749. Traubentraum, August 2015

2 Desserts.

- 150 g Milchreis (z. B. 7746)
- 75 g Stützcreme, hier: Mandeltestcreme 7740
- 20 g Agavendicksaft
- 80 g kernlose Trauben + 2 Stück für Deko

Trauben längs durchschneiden und mit Reis, Creme und Süßungsmittel verrühren. Auf zwei Schüsselchen verteilen, jeweils eine Traube senkrecht in die Mitte stecken.

7750. Ananasdressing Variation, August 2015

Vorläufer 7334; 2 Portionen. Wird schon nach 15 Min. leicht bitter.

Im Mixer verquirlen:

- 65 g Ananas (netto)
- 1 TL Salz
- 10 g Sonnenblumenöl
- 10 g Sonnenblumenkerne
- 1 Prise schw. gem. Pfeffer
- 1 TL Agavendicksaft
- 75 g Wasser

7751. Hokkagine mit Soße, August 2015

2 Portionen.

Als *Gemüsepfanne* 24 cm, 15 Min.:

- 55 g (Kichererbsenkoch-)Wasser
- 3 Zwiebeln, geschält, in Halbscheiben geschnitten (155 g netto)
- 1/2 Aubergine, gewürfelt (155 g netto)
- Hokkaidokürbis, gewürfelt, ohne Kerne, aber ungeschält (315 g netto)

Soße, Mixer, hochgestehendes Messer, verquirlen, unter das Gemüse rühren und kurz aufkochen. *Dazu bei mir Weizenspaghetti.*

- 50 g gekochte Kichererbsen
- 1 TL Salz
- 1 MS Pfeffer
- 1/2 TL Kreuzkümmel (Cumin)
- 15 g Mandeln
- 50 g kernlose Trauben
- 80 g (Kichererbsenkoch-)Wasser

7752. 200 g-Sauerteigbrot für mich, August 2015

Vorläufer: 7655

Stufe 1 (12 Std. vorher):

- 200 g Roggen
- 210 g Wasser
- 150 g Sauerteig

Stufe 2 (Backen, bei mir am Morgen):

- 650 g Roggen
- 2 TL Kümmel ungemahlen
- 1 TL Koriander ungemahlen
- 1 EL Salz
- 1 kleiner Apfel (110 g)
- 500 g Wasser
- etwa 400 g Sauerteigansatz (s.o.)
- 20 g Butter für die Form

Stufe 1: Roggen fein mahlen, mit Wasser und altem Sauerteig mischen. In einer Plastiktüte über Nacht stehen lassen. 150 g von der Stufe 1 abnehmen und in einem gut schließenden Schraubglas in den Kühlschrank stellen für das nächste Backen. Getreide fein mahlen, mit Salz, Leinsamen und Brotgewürz mischen und in einer gut schließenden Plastikdose bis zum nächsten Morgen aufbewahren.

Stufe 2: 100 g Roggen mit den Gewürzen mahlen. Rest des Roggens mahlen (auf diese Weise wird die Mühle „geruchsfrei"). Apfel in 100 g Wasser pürieren (Mixer). Alle Zutaten außer der Butter mit einem großen Löffel gründlich verrühren und mit der Hand kneten. Eine 30-cm-Brotform, Profi-Email von Dr. Oetker, einfetten. Teig hineingeben, mit der nassen Hand herunterdrücken und glatt streichen. Mit einem scharfen Messer dreimal schräg einschneiden.

Form in eine Plastikdose stecken und 3 1/4 Std. gehen lassen. Brot in den kalten Ofen einschieben und 60 Min. bei 190 °C backen und 5 Min. im ausgestellten Ofen nachbacken.

7753. Mandeltestcreme Reis rein, August 2015

Im Hochleistungsmixer bis zum Stocken schlagen:

- 50 g Rundkorn-Naturreis
- 40 g Mandeln
- 350 g Wasser (halb Zimmertemperatur, halb kochend)

Ohne Hochleistungsmixer: Nüsse in einem Teil des Wassers einweichen. Getreide fein mahlen und im restlichen Wasser aufkochen, abkühlen lassen. Alles zusammen in einem Mixer zu einer Creme schlagen.

7754. Reinigungskakao, August 2015

Im Hochleistungsmixer, je nach Gerät, 2,5 bis 3 Min. auf höchster Stufe schlagen:

- 75 g Mandeltestcreme Reis rein (Rest nach der Herstellung) 7753
- 200 g Wasser
- 15 g Nackthafer
- 10 g Kakaonibs
- 2 Datteln entsteint (40 g netto)
- 6 g frischer Ingwer
- 1/2 TL Flohsamenschalen (1 g)
- 60 g Kochwasser von schwarzen Bohnen
- auf 500 ml (Markierung im Becher) mit kochendem Wasser auffüllen

7755. Traube gegen Erdbeer, August 2015

2 x Frühstück.

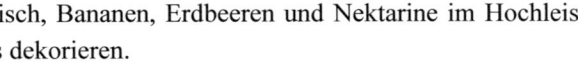

- 2 EL Leinsamen
- 6 EL Nackthafer
- 210 g geputzte Erdbeeren (netto)
- 2 Bananen geschält und in Stücken (155 g netto)
- 1 Nektarine, entsteint und geviertelt (netto 150 g)
- 55 g kernlose Trauben
- 15 g Pekannüsse

Leinsamen mit dem Getreide flocken, auf zwei Schüsselchen verteilen.

Zitronenfleisch, Bananen, Erdbeeren und Nektarine im Hochleistungsmixer pürieren, über das Getreide geben.

Mit Ananas dekorieren.

7756. Orangendressing-Variante, August 2015

2 Portionen; Vorläufer 7163

Im kleinen Mixer mit dem hochstehenden Messer 30-45 Sek. schlagen:

- 1/2 geschälte Orange (70 g netto)
- 1 gestr. TL Salz
- 1 MS schwarzer Pfeffer
- 20 g Sonnenblumenkerne
- 5 g Zitronenfleisch
- 50 g Wasser

7757. Linsenaufstrich „oriental"

- 100 g rote Linsen
- 225 g Wasser
- 1/2 gestr. TL Salz
- 1 Prise schw. gem. Pfeffer
- 1/2 gestr. TL Cumin
- 2 TL Apfelessig

Linsen im Wasser 16 Min. kochen. Ca. 30 Min. nachquellen lassen. Die anderen Zutaten unterrühren und im Mixer oder Zerkleinerer zu einer Paste schlagen. Ist erst recht flüssig, dickt aber nach!

7758. Wildhefe-Pizza Au Hokka 2015/28, August 2015

2 Portionen.

Samstagabend:

- 100 g gem. Weizen / 100 g Hefewasser. Pengdose über Nacht, hat früh geploppt.

Sonntagmorgen:

- Ansatz vom Vorabend
- 100 g gem. Weizen
- 1/2 TL Salz
- 50 g Wasser
- Streumehl für die Form

Getreide fein mahlen, mit Salz mischen und unter den Ansatz vom Vorabend rühren bzw. kneten. In eine Pengdose geben und ca. 8 Std. gehen lassen.

Teig mit nassen Händen in einer mit Mehl ausgesiebten Pizzaform (Durchmesser 28 cm) auseinanderdrücken, ohne vorher noch einmal zu kneten. Einen Rand hochdrücken.

Belag Gemüse

- 1 Tomate, 140 g, in feine Scheiben geschnitten
- 1/2 Aubergine, in feine Scheiben geschnitten (165 g)
- 1 Zwiebel, geschält & gewürfelt (50 g netto)
- 300 g Hokkaido-Kürbis, dünn geschnitten (ich bin mir nicht sicher, ob die 300 g nicht ein Wiegefehler meiner bekloppten Waage sind)
- 1 TL Pizzagewürz

Gemüse in der angegebenen Reihenfolge auf den Teig legen. Dabei außer bei den Zwiebeln darauf achten, dass die jeweils untere Fläche gut abgedeckt ist, soweit möglich. Mit dem Pizzagewürz (zwischen den Handflächen verreiben) bestreuen.

7759. Weißer Pizzabelag Nr. 23 (mit Öl)

- 25 g Cashewnüsse
- 1 Prise Schabziegerklee gem.
- 1 gestr. TL Salz
- 100 g gekochte Kichererbsen
- 15 g Apfelessig
- 50 g Stützcreme, hier: Mandeltestcreme Reis rein 7753
- 15 g Sonnenblumenöl
- 25 g Kichererbsenkochwasser oder Wasser
- 25 g Hirsereismilch mittelheiß 7734 (oder Wasser)

Im Vitamix gut mixen. – Ofen auf 230 °C vorheizen. Sobald der Ofen fast die Temperatur erreicht hat, den weißen Belag gleichmäßig auf der Pizza verteilen. Pizza in den auf 230 °C vorgeheizten Ofen schieben und 20 Min. bei 230 °C backen und 5 Min. im ausgestellten Ofen nachbacken. Trotz höherer Temperatur als sonst hatte ich den Eindruck, der Pizza hätten 5 Min. mehr durchaus gutgetan!

7760. Erdbeerfüllung, August 2015

2 Portionen; z. B. für vier kleine Pfannkuchen.

Im Mixer gut verquirlen, Flohsamen erst zum Schluss hinzugeben und die Masse bis zum Gelieren in den Kühlschrank stellen:

- 100 g Erdbeeren
- 50 g Mandeltestcreme Reis rein 7752 o. Ä.
- 25 g Agavendicksaft
- 1 gestr. TL Flohsamenschalen (2 g)

7761. Schoko-Ananascreme, August 2015

2 Desserts

- 100 g gekochter Milchreis
- 125 g Mandeltestcreme Reis rein 7753
- 10 g Kakaopulver
- 140 g Ananas in kleinen Stücken
- 40 g Agavensirup
- Dekoration: Kokosstreifen

Alle Zutaten miteinander verrühren, auf zwei Schüsselchen verteilen und mit Kokosstreifen dekorieren.

Anmerkung. *Der Kakao war zu viel! Die Hälfte hätte auch gereicht, dann hätte ich auch nicht so viel Süßmittel benötigt. Ich denke, mit 5 g wäre es genauso schokoladig gewesen. Es kann aber auch wieder einmal meine merkwürdige Waage gewesen sein.*

7762. Fünfer-Kakao, August 2015

Im Hochleistungsmixer, je nach Gerät, 2,5 bis 3 Min. auf höchster Stufe schlagen:

- 5 g Kakaonibs
- 5 x 3 g Nackthafer
- 5 x 7 g Datteln entsteint (2 Stück)
- 5 g frischer Ingwer
- 5 g Carobpulver
- 5 g Mandeln
- 5 x 40 g Wasser, auf
- 5 x 100 ml (Markierung im Becher) mit kochendem Wasser auffüllen

7763. Gefüllte Pfannkuchen glutenfrei, August 2015

2-4 (kleine) Portionen.

Im Vitamix 2 Min. mixen:

- 30 g Hirse
- 30 g Rundkorn-Naturreis
- 1 Prise Salz
- 45 g Apfel (1/2 kleiner)
- 120 g Wasser

15 Min. ruhen lassen. Die Pfanne auf hoch-mittlerer Einstellung erhitzen (bei mir: 10 von 14, Induktion). Den Teig etwa mit einem Durchmesser von 10-12 cm in die Pfanne gießen. Die Pfannkuchen sind dann ganz zart, fast wie Crêpes. Braten, bis sie sich mit einem Holzpfannenwender leicht vom Boden lösen lassen (die Ränder stehen dann etwas hoch). Umdrehen und auf der zweiten Seite ebenfalls braten.

Auf einen Gitterrost legen und abkühlen lassen. Jeweils einen Pfannkuchen auf einer Hälfte mit

- 4 Teelöffeln Erdbeerfüllung

füllen, zusammenklappen. Zwei passen auf einen Dessertteller. Mit ein wenig

- frischem Obst dekorieren (bei mir: noch 4 klein geschnittene Erdbeeren).

Hinweise: *Das Pfannkuchenrezept stammt in einer Version mit Buchweizen ursprünglich von Agnes. Ich konnte aber keinen Buchweizen bekommen und habe es daher mit einer Reis-Hirsemischung probiert. Das klappte prima! Agnes und ich haben beide eine schwere gusseiserne beschichtete Pfanne (ich: AMT), die durchaus ihren Preis kosten. Viel des Gelingens liegt m.E. auch an den Pfannen. Wer wirklich fettfrei arbeiten möchte, sollte da investieren. Den ersten Pfannkuchen (links im Bild) habe ich zu früh umgedreht, später hatte ich den Trick dann raus. – Die Pfannkuchen sind überhaupt nicht schwierig, dauern nur ein bisschen. Ich habe in der Zeit andere Dinge in der Küche erledigt.*

7764. Hokkaido-Bohnen-Pfanne, August 2015

2 Portionen.

Als Gemüsepfanne (24 cm, 16 Min.):

- 50 g Wasser
- 1 Zwiebel, geschält und in Halbscheiben (60 g netto)
- 210 g Brechbohnen, Enden und Schadstellen abgeschnitten (netto)
- 240 g Hokkaido-Kürbis (ohne Kerne gewogen), grob in Würfel geschnitten

Für die Soße im kleinen Becher des Mixers pürieren:

- 1 TL Salz
- 1 gute LS schw. gem. Pfeffer
- 45 g gekochte Linsen, hier: Linsenaufstrich „oriental" 7757
- 45 g Stützcreme, hier: Mandeltestcreme Reis rein 7753
- 45 g grüne kernlose Trauben
- 15 g Cashewnüsse
- 50 g Wasser

Unter das Gemüse rühren und aufkochen. Ich dachte erst, die Soße wird zu dünn und zu viel, aber gar nicht - es war genau richtig. Bei mir gab es dazu French Fries, d. h. Ofenpommes.

7765. Schokopudding auf Avocado-Basis, September 2015

2 Portionen

- 1 Banane geschält (85 g)
- 1/2 kleine Avocado (50-55 g netto)
- 5 g Kakao
- 40 g Honig
- 3 g Carob
- Obst zur Dekoration, z. B. 2 Erdbeeren

Banane, Avocadofleisch, Kakao, Honig und Carob zu einer Creme mixen (hier: kleiner Mixer mit hochstehendem Messer). Auf 2 Schüssel-chen verteilen, mit je 1 Erdbeere dekorieren.

7766. 10:7:500-Milch, September 2015

Im Hochleistungsmixer auf der höchsten Stufe 2,5 Min. schlagen:

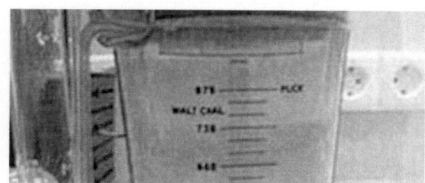

- 10 g Rundkornnaturreis
- 7 g Cashewnüsse
- 500 g Wasser (halb Raumtemperatur, halb kochend)

7767. Rosinenhirse, September 2015

2 Portionen (links im Bild)

- 165 g Hirse
- 30 g grüne Rosinen
- 320 g Wasser
- 1 Prise Salz

Alles zusammen in einem Topf zum Kochen bringen, dann auf kleinster Einstellung 20 Min. köcheln lassen. Verbesserungswürdig: 15 Min. köcheln und 5 Min. nachquellen lassen. Die Hirse war so zwar schön trocken und locker, aber die Rosinen waren unten festgepappt.

7768. Ungefüllte Kohlrabi nicht aus dem Ofen, September 2015

2 Portionen.

Gemüsepfanne (24 cm, 12 Min.)

- 2 große Kohlrabi (gekocht 880 g), davon 300 g nehmen und würfeln
- 50 g Wasser
- 250 g Tomaten

Soßenzutaten mit dem kleinen Mixer mischen, unter das Gemüse rühren, aufkochen:

- 50 g gekochte Linsen
- 20 g Sonnenblumenöl
- 1 Knoblauchzehe
- 1 TL Salz
- 20 g Sonnenblumenkerne
- 10 g Apfelessig.
- 30 g Wasser (hätte wegfallen können)

Für Besuch am Wochenende hatte ich mir ein tolles Rezept ausgesucht: gefüllte Kohlrabi. Klasse, kann ich gut vorbereiten. Aber vorher mal üben wäre vielleicht nicht schlecht? Also am Vortag 2 größere Kohlrabi ganz und ungeschält im Schnellkochtopf 15 Min. kochen. Erstaunlicherweise waren sie nicht butterweich. Dann wollte ich sie aushöhlen. Hahaha, es sah schrecklich aus, wie so ein Edelstein, den man auf dem Flohmarkt kaufen kann. Zu viel Kohlrabi. Also unten den Boden abgeschnitten, den Rand abgeschnitten und ich wollte es in Alu-Folie wieder zusammensetzen. Ging auch in die Hose, also habe ich die vorgegarten Kohlrabistücke mit Tomaten gekocht. Leider sind sie nicht mehr nachgegart.

7769. Stützcreme mit Feige, September 2015

Im Hochleistungsmixer bis zum Stocken schlagen (Vitamix ca. 2 Min. 30 Sek.):

- 50 g Rundkornnaturreis
- 25 g Mandeln
- 1 getr. Feige (15 g)
- 350 g Wasser (halb Zimmertemperatur, halb kochend)

Ohne Hochleistungsmixer: Nüsse in einem Teil des Wassers einweichen, Trockenfrüchte ebenfalls. Getreide fein mahlen und im restlichen Wasser aufkochen, abkühlen lassen. Alles zusammen in einem Mixer zu einer Creme schlagen.

7770. Stützcreme mit Datteln, September 2015

Im Hochleistungsmixer bis zum Stocken schlagen:

- 50 g Rundkornnaturreis
- 25 g Mandeln
- 2 Datteln (Deglet Nour) (15 g)
- 350 g Wasser (halb Zimmertemperatur, halb kochend)

Ohne Hochleistungsmixer: *siehe 7769.*

7771. Die böse Sieben, September 2015

Im Hochleistungsmixer, je nach Gerät, 2,5 bis 3 Min. auf höchster Stufe schlagen:

- 7 g Kakaonibs
- 7 g Carob
- 7 x 2 g Nackthafer
- 37 g Datteln entsteint (zwei Stück)
- 70 g Stützcreme, hier: Stützcreme mit Feige
- 7 g frischer Ingwer
- Auf 7 x 71 ml (Markierung im Becher) mit Wasser / kochendem Wasser 1:1 auffüllen

7772. Deutsche Cannelloni, September 2015

2 Portionen

7773. Hafer-Hirse-Pfannkuchens

- 30 g Nackthafer
- 30 g Hirse
- 1 Prise Salz
- 45 g Apfel
- 120 g Wasser

Hafer und Hirse im kleinen Mixer fein mahlen. Mit den anderen Zutaten im Vitamix gut durchmixen. Evtl. 15 Min. ruhen lassen. Die Pfanne auf hoch-mittlerer Einstellung erhitzen (bei mir: 10 von 14, Induktion). Den Teig etwa mit einem Durchmesser von 10-12 cm in die Pfanne gießen. Die Pfannkuchen sind dann ganz zart, fast wie Crêpes. Braten, bis sie sich mit einem Holzpfannenwender leicht vom Boden lösen lassen (die Ränder stehen dann etwas hoch). Umdrehen und auf der zweiten Seite ebenfalls braten. Vier Pfannkuchen daraus braten. Auf einen Gitterrost legen und abkühlen lassen.

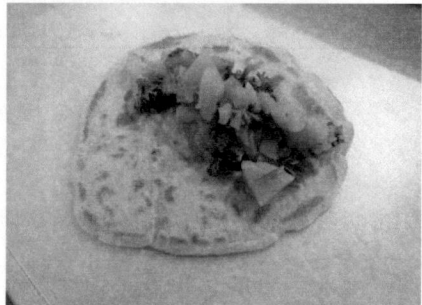

Füllung:

- 1 Tomate (110 g) in Scheiben
- 1 kleine Zwiebel, geschält & gewürfelt (netto 35 g)
- 125 g Kürbis (netto), fein gewürfelt

Zutaten in der angegebenen Reihenfolge in eine 24-cm-Pfanne geben. Deckel auflegen, auf höchster Einstellung zum Kochen bringen, bis Dampf unter dem Deckel austritt. Auf kleinste Einstellung drehen und 13 Min. dünsten, ohne den Deckel abzuheben.

- 2 EL Petersilie, fein geschnitten
- 1TL Salz
- Etwas gem. schw. Pfeffer

unterrühren. Je 2 EL auf einen Pfannkuchen geben, saufrollen und zwei Pfannkuchen nebeneinander in eine Lasagneform legen.

Soße:

- 100 g Stützcreme, hier: Stützcreme mit Datteln 7770
- 30 g Sonnenblumenkerne
- 25 g Tomatenmark
- 1 Tomate (140 g) in Achteln
- 20 g Essig
- 5 g Honig
- 100 g Wasser
- 1 TL Salz
- Etwas gem. Pfeffer

Im Vitamix gut schlagen und etwas quellen lassen. Auf die Lasagneformen verteilen. Ofen (Heißluft) auf 160 °C vorheizen. 30 Min. bei 160 °C backen.

7774. Pflaumenspeisung, September 2015

2 Portionen

Im Hochleistungsmixer glatt schlagen:

- 150 g entsteinte Pflaumen (netto)
- 100 g Stützcreme mit feige 7769
- 2 EL Agavendicksaft

Auf 2 Schüsselchen verteilen,

- 1 Pflaume, entsteint

Halbieren, jede Hälfte in drei Streifen schneiden und als Dekoration auf die Creme legen.

7775. Brownies mit Weizen, September 2015

- 120 g Stützcreme, hier Stützcreme mit Datteln 7770
- 375 g dünnflüssiger Honig
- 1 TL gem. Vanille
- 2 kleine Äpfel vorgeschnitten (220-225 g)
- 125 g Weizen
- 30 g Carobpulver
- 40 g Kakaopulver
- 2 Prisen Salz
- 1 P Weinstein-Backpulver
- 100 g Walnüsse

Stützcreme mit Honig, Vanille, Apfel, Carob und Kakao im Vitamix pürieren, in eine Schüssel gießen. Weizen mahlen, mit Salz und Backpulver mischen und hinzufügen. Walnüsse im Zerkleinerer hacken. Mit dem Handrührgerät, Rührbesen, sehr gut vermischen.

Boden der Springform mit Backpapier überziehen. Teig in die Form geben und in den kalten Ofen schieben (Gitterrost). 40 Min. bei 160 °C backen. Erst schneiden, wenn sie ganz ausgekühlt ist, am besten nach 2-3 Std. im Kühlschrank, es klebt sonst sehr. Ich habe ihn zwei Tage im Voraus gebacken.

7776. Browniestütze, September 2015

- 35 g des Vitamixrestes von Brownies (7775)
- 100 g Langkorn-Naturreis
- 1 Dattel (6 g; Deglet Nour)
- 50 g Mandeln
- 750 g kochendes Wasser
- 2 TL Flohsamenschalen

Hinweis: *Ich habe alle Zutaten außer den Flohsamenschalen im Testmixer Gusto Bianco über 5 Min. laufen lassen - es stockte nicht, aber es kochte. Da es halbflüssig blieb, habe ich die Flohsamenschalen mit einem Schneebesen eingerührt. Ich kann mir nicht vorstellen, dass 50 g Wasser Unterschied die Konsistenz so stark beeinflussen.*

7777. Wilde Stangen, September 2015

2 Backbleche

Vorabend:
- 50 g Hefewasser / 50 g gem. Weizen; Pengdose

Backtag:
- 200 g Weizen
- 1 TL Gute-Laune-Dip (oder eine andere Kräutermischung)
- 1/4 TL Salz
- 50 g Stützcreme, hier Stützcreme mit Datteln 7770
- 50 g gekochte weiße Bohnen
- 15 g Wasser
- 1 TL Honig
- Je nach Teigbeschaffenheit 3-4 EL Wasser

Morgens Stützcreme, Bohnen, Wasser und Honig mixen. Mit den anderen Zutaten verkneten, dabei die letzten 3-4 EL Wasser vorsichtig hinzugeben. Zu einer Kugel unter Spannung formen und in einer Pengdose gut 7 Std. stehen lassen.

In 11 Kugeln zu je 40 g teilen, zu Strängen ausrollen und etwas breit drücken (ausrollen). Nebeneinander auf ein Backblech legen, durchschneiden. In den auf 160 °C vorgeheizten Ofen (Heißluft) schieben und auf 190 °C aufheizen, insgesamt 15-25 Min. backen. Sie sollen hart, aber nicht dunkel werden.

Nach dem Abkühlen auf einem Gitterrost in einem Schraubglas aufbewahren.

7778. Trauben in Orangencreme, September 2015

2 Desserts

- 85 g Stützcreme, hier Stützcreme mit Datteln 7770
- 1/2 geschälte Orange (95 g netto)
- 25 g Datteln Deglet Nour (lösen sich nicht ganz, zu hart!)
- 65 g grüne kernlose Trauben

Creme, Orange und Datteln gründlich mixen. Auf zwei Schüsselchen verteilen. Die Trauben längs durchschneiden und oben auf die Creme legen, sie sinken etwas ein.

7779. Nudelauflauf Tomato Version 3, September 2015

Vorläufer 7737; 2 Portionen

- 125 g Vollkornspirali aus Dinkelmehl
- 45 g (Bohnenkoch-)Wasser
- 1 rote Paprikaschote, gewürfelt (netto 220 g)
- 2 große Tomaten, gewürfelt (245 g)
- 30 g Stützcreme, hier Browniestütze 7776
- 3 TL Tomatenmark (30 g)
- 165 g Pflanzenmilch, hier 10:7:500-Milch
- 1 TL flüssiger Honig (10 g) 7766
- 1 geh. TL Salz
- 1 MS schw. gem. Pfeffer
- 1 TL Kräuter-Dip (maiers-genuss.de) oder andere Kräutermischung
- 15 g krause Petersilie gehackt
- 60 g Roggen, geflockt
- 1 EL Kokosraspeln (ca. 10 g)
- 2 EL Sesam ungeschält (ca. 30 g)

Nudeln nach Anleitung in Salzwasser kochen.

Bohnenkochwasser, Tomaten und Paprika in eine 24-cm-Pfanne geben. Als Gemüsepfanne 12 Min. dünsten. Stützcreme, Tomatenmark, Pflanzenmilch, Honig, Salz und Pfeffer im Vitamix mischen, zu dem Gemüse geben. Petersilie fein hacken, mit Roggenflocken und Nudeln unter das Gemüse ziehen.

Kokosraspeln und Sesam mischen und über den Auflauf streuen. Ofen auf 160 °C (Heißluft) vorheizen, Pfanne mit Deckel geschlossen in den Ofen schieben und 25 Min. backen, dann auf Grill stellen und noch 5 Min. grillen.

Hinweis: *Im Rezept haben sie die deutlich weniger Flüssigkeit genommen und keinen Deckel aufgelegt. Wie geht das? Ich fand ihn sehr lecker, obwohl ich erst enttäuscht war, wie trocken er war. Geschmacklich jedoch lecker. Fazit: Gekaufte Nudeln sind eben doch anders und in solchen Dingen besser.*

7780. Wildhefebrot mit Fermentierung schlicht 2015/30, Sep. 2015

Vorläufer: 7656

Vortag

Mittags 13:00 Ur:
- 100 g Weizen gemahlen
- 100 g Hefewasser

Abends 20:30 Uhr
- 500 g Weizen
- 1 TL Salz
- 1 TL Honig
- 450 g Wasser
- Ansatz vom Morgen

Getreide fein mahlen und mit den restlichen Zutaten verrühren bzw. verkneten. In einer Pengdose auf der Heizung bis zum nächsten Morgen stehen lassen.

Abends schon vorbereiten:
- 100 g Nackthafer
- 250 g Weizen
- 1 EL Salz
- 40 g Sesam ungeschält
- 40 g Leinsamen

Getreide fein mahlen, mit Salz und Saaten mischen und in einer gut schließenden Plastikdose bis zum nächsten Morgen aufbewahren.

Backtagmorgen 6:39 Uhr:
- Ansatz vom Vorabend
- Vorbereitetes Getreide vom Vorabend
- 50 g Chiasamen
- 150 g Wasser
- 20 g Butter für die Form

Ansatz, Getreide, Chiasamen und Wasser erst mit einem großen Löffel, dann mit der Hand 5-7 Min. kneten. Form (30 cm Dr. Oetker Profi-Emaille-Brotform) mit Butter einfetten. Den Teig hineingeben, mit der nassen Hand in der Form glatt verteilen. Dreimal schräg einschneiden. Die Form in eine große Plastiktüte geben und auf der warmen Fensterbank 5 Std. gehen lassen. Der Teig war fast gar nicht gegangen. Brot in den kalten Ofen schieben (Klimagaren, ein Dampfstoß auto) und 60 Min. bei 190 °C backen. 5 Min. im ausgestellten Ofen nachbacken. Ist im Ofen sehr gut aufgegangen, damit hatte ich gar nicht mehr gerechnet.

7781. Tomaten-Petersilien-Tarte (2), September 2015

Vorläufer: 7680

Teig:
- 125 g Nackthafer
- 50 g Buchweizen
- 150 g Wasser
- 10 g Chiasamen
- 30 g Stützcreme, hier: Browniestütze 7776
- 2 Prisen Salz

Hafer flocken und mit Buchweizen, Wasser, Creme und Salz im Vitamix zu einer glatten Flüssigkeit schlagen. Mit Hafer und Chiasamen verkneten. Eine Springform mit Backpapier überspannen, Teig gleichmäßig dünn ausstreichen. Ofen auf 175 °C vorheizen (Heißluft), 20 Min. bei 175 °C backen und 5 Min. im ausgestellten Ofen nachbacken. Abkühlen lassen und den Springformrand abnehmen. Den Boden habe ich am Vortag gebacken. Aufbewahrung (nach Abkühlen): Papier vom Boden abziehen und Boden auf einen großen Teller legen. Auf dem Teller mit einem Küchenhandtuch umwickeln.

Belag 1:
- 200 g gekochte weiße Bohnen
- 5 g Knoblauch (netto)
- 1 TL Salz
- 1 LS Kreuzkümmel
- 65 g Wasser

Im Vitamix gut verquirlen und auf die Torte streichen.

Belag 2
- Ca. 130 g Käsecreme gezielt 7784 o. Ä.
- 140 g kleine Tomaten
- 10 g großblättrige Petersilie
- 10 g Grünes von Lauchzwiebeln
- 10 g Weißes von Lauchzwiebeln

Mit einem Messer in sechs Stücke teilen, aber zusammen liegen lassen. Belag 1 auf die Stücke. Die Käsecreme hat eine relativ feste Konsistenz, daher habe ich sie in Streifen geschnitten und auf die Bohnencreme gelegt. Tomaten in Scheiben schneiden und auf den „Käsestücken" verteilen. Petersilie hacken, Zwiebelgrün in Röhrchen und das Weiß in Scheiben schneiden und die Tomaten damit bestreuen.

7782. Deutsche Cannelloni für drei, September 2015

Vorläufer: 7772; 3 Portionen

Pfannkuchen (am **Vortag** herstellen):

- 1 x Buchweizen-Pfannkuchen II (da bleiben Reste) 7788
- 1 x Buchweizen-Pfannkuchen I 7786

Erhalten habe ich 3 große und 4 kleine (Durchmesser ca. 6-7 cm). Auf einen Gitterrost legen und abkühlen lassen. Zum Lagern: Abgekühlt mit Backpapier dazwischen aufeinanderlegen. In Alufolie schlagen und mit einem Küchenhandtuch umwickeln.

Füllung (am Vortag herstellen):

- 2 Tomaten (225 g) in Scheiben
- 140 g Lauchzwiebel, ohne Wurzelenden, in Röhrchen geschnitten (netto)
- 310 g Kürbis (netto), fein gewürfelt

Zutaten als Gemüsepfanne (24 cm) 13 Min. dünsten.

- 1 TL Salz
- Etwas gem. schw. Pfeffer

unterrühren. In eine Pengdose geben und nach dem Abkühlen in den Kühlschrank legen.

Am Tag morgens:

Je 2 EL Füllung auf einen Pfannkuchen geben. Aufrollen und je zwei Pfannkuchen nebeneinander in eine Lasagneform legen.

Soße (am Morgen):

- 200 g Stützcreme beliebig
- 60 g Sonnenblumenkerne
- 25 g Zitronenfleisch
- 10 g Honig
- 205 g Wasser
- 1 geh. TL Salz
- 25 g Sonnenblumenöl
- Etwas gem. Pfeffer

Im Vitamix gut schlagen und in einem Becher bis abends stehen lassen. Abends auf die Lasagneformen verteilen. Ofen (Heißluft) auf 160 °C vorheizen. 30 Min. bei 160 °C backen.

7783. Deglet-Nour-Milch, September 2015

Im Hochleistungsmixer auf der höchsten Stufe 2,5 Min. schlagen:

- 10 g Mandeln
- 1 Dattel Deglet Nour (7 g netto)
- 20 g Langkornnaturreis
- 350 g Wasser (halb kalt, halb kochend).

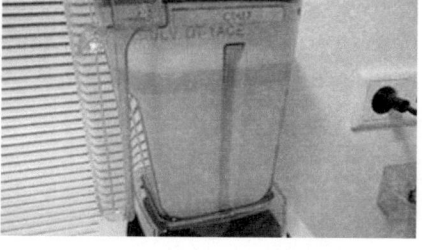

Hinweis: Die Mandelschalen kann man absieben, ich denke nicht, dass damit viele Wertstoffe verloren gehen.

7784. Käsecreme gezielt, September 2015

Diese Käsecreme habe ich in passender Menge hergestellt.

- 20 g Langkorn-Naturreis
- 20 g Cashewnüsse
- 5 g Sonnenblumenöl
- 2 Prisen Schabziegerklee
- 1/2 TL Salz
- 120 g Wasser (halb kalt, halb kochend)
- 1 TL Flohsamenschalen

Alle Zutaten außer den Flohsamenschalen im Vitamix bis zum Stocken schlagen, erst nach einer halben Minute die Flohsamenschalen hinzugeben. Ihre Bindewirkung scheint in heißem Medium deutlich besser zu sein.

Tipp: Wenn bis zum nächsten Tag verwahrt, ist es wie Mozzarella!

7785. Colourful Cookies, September 2015

Vorläufer: 7590

- 250 g Nackthafer
- 75 g Langkornnaturreis
- 15 g Chiasamen, im Mixer fein gemahlen
- 1 Prise Salz
- 1 geh. TL Natron
- 1 gestr. TL gem. Vanille
- 1/2 kleiner Apfel (57 g)
- 50 g Cashewnüsse
- 130 g dünnflüssiger Honig
- 50 g Pflanzenmilch, hier Deglet-Nour-Milch 7783
- 50 g Walnüsse, teils mit der Hand zerbrochen, teils versucht, im Mixer zu hacken
- 30 g Kakaonibs
- 30 g grüne Rosinen

Hafer fein mahlen (2/9, Hawos Novum). Reis fein mahlen (Stufe 1). Kakaonibs, Walnüsse und Rosinen erst ganz zum Schluss unterkneten. Die trockenen Zutaten miteinander mischen. Apfel, Cashewnüsse und Honig im Vitamix solange mischen, bis alles wirklich zerkleinert ist. Zu den trockenen Zutaten geben, Vitamixbecher mit Pflanzenmilch nachspülen. Dieses Wasser ebenfalls zum Teig geben, gründlich verkneten.

Zwischen den Händen Taler formen und nebeneinander auf ein Backblech (PerfectClean, oder mit Dauerbackfolie / Backpapier) setzen. Ofen (Heißluft) auf 160 °C vorheizen. Blech einschieben und 22 Min. bei 160 °C backen (war m. E. etwas zu lang).

7786. Buchweizen-Pfannkuchen I, September 2015

- 60 g Nackthafer
- 60 g Buchweizen
- 1 Prise Salz
- 90 g Apfel
- 240 g Wasser

Hafer flocken und mit den anderen Zutaten im Vitamix gut durchmixen. Evtl. 15 Min. ruhen lassen. Die Pfanne auf hoch-mittlerer Einstellung erhitzen (bei mir: 10/14, Induktion). Den Teig etwa mit einem Durchmesser von 10-12 cm in die Pfanne gießen. Die Pfannkuchen werden kräftiger und teigiger als z. B. Hirse/Reis. Braten, bis sie sich mit einem Holzpfannenwender leicht vom Boden lösen lassen (die Ränder stehen dann etwas hoch). Umdrehen und auf der zweiten Seite ebenfalls braten.

Auf einen Gitterrost legen und abkühlen lassen. Zum Lagern: Abgekühlt mit Backpapier dazwischen aufeinanderlegen. In Alufolie schlagen und mit einem Küchenhandtuch umwickeln.

Hinweis: Da ich aus der halben Menge 4 Pfannkuchen bekommen hatte, hielt diese Zutatenmenge ausreichend für angestrebte 6 Pfannkuchen. Es reichte aber bei weitem nicht! Ich erhielt 3 Pfannkuchen in 13-14 cm und einen kleinen.

7787. Basmatireis leicht orange, September 2015

2 mittlere Portionen

- 160 g Basmatireis
- 40-45 g Möhre
- 255 g Wasser
- 1 gute Prise Salz

Möhre und Wasser im Vitamix mixen, bis die Möhre völlig „aufgelöst" ist. Im Schnellkochtopf 11 Min. auf Stufe II kochen, dann je 10 Min. auf Stufe 2 und Stufe 1 von 14, Induktion, abdampfen lassen.

Die Farbe ist nicht sehr sensationell, aber der Reis hat schon einen leichten gelbbraunen Farbstich. Den Reis zu salzen, verlängert die Kochzeit nicht.

7788. Pfannkuchen mit Buchweizen II, September 2015

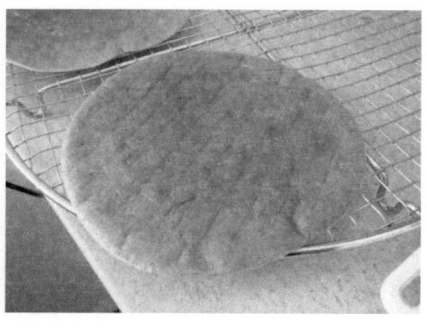

- 60 g Nackthafer
- 60 g Buchweizen
- 1 Prise Salz
- 60 g Apfel
- 250 g Wasser

Alle Zutaten im Vitamix gut durchmixen. Evtl. 15 Min. ruhen lassen. Die Pfanne auf hoch-mittlerer Einstellung erhitzen (bei mir: 10 von 14, Induktion). Den Teig etwa mit einem Durchmesser von 10-12 cm in die Pfanne gießen. Die Pfannkuchen werden kräftiger und teigiger als z. B. Hirse/Reis. Braten, bis sie sich mit einem Holzpfannenwender leicht vom Boden lösen lassen (die Ränder stehen dann etwas hoch). Umdrehen und auf der zweiten Seite ebenfalls braten.

Erhalten habe ich 3 große und 4 kleine (Durchmesser ca. 6-7 cm). Auf einen Gitterrost legen und abkühlen lassen. Zum Lagern: Abgekühlt mit Backpapier dazwischen aufeinanderlegen. In Alufolie schlagen und mit einem Küchenhandtuch umwickeln.

Hinweis: Diese Pfannkuchen waren etwas ergiebiger als Nr. I. Ich weiß nicht warum, die Änderungen sind ja sehr gering. Ich habe den Hafer allerdings nicht geflockt. Und können 10 g Wasser mehr so viel ausmachen?

7789. Spitzkohl-Dreispitz, September 2015

2 Portionen.

Gemüsepfanne (20 cm, 15 Min.):

- 50 g Kichererbsenkochwasser (oder Wasser)
- 235 g Spitzkohl, kleingeschnitten
- 135 g Kürbis, gewürfelt (netto)
- 1 große Tomate, gewürfelt (140 g)

Soße (Mixer):

- 60 g Kichererbsenkochwasser (oder Wasser)
- 60 g gekochte weiße Bohnen
- 60 g kernlose grüne Trauben
- 1 TL Salz
- 1/2 TL Paprika edelsüß
- 5 g Senf

Unter das Gemüse rühren und einmal aufkochen.

7790. Pfannküchleinberg, September 2015

2 Desserts

- 6 kleine Pfannkuchen (Durchmesser ca. 7 cm) z. B. 7786 oder 7787
- 125 g Stützcreme, hier Browniestütze 7776
- 17 g Agavendicksaft
- 1 gestr. TL Flohsamenschalen
- 90 g kleinere Erdbeeren, geputzt und halbiert (netto) (oder andere Saisonfrüchte)
- 1/2 - 1 TL Kakaonibs

Stützcreme mit Agavendicksaft und Flohsamenschalen mit dem kleinen Mixer gut mixen, ein paar Min. quellen lassen. Zwei Glasteller mit ca. 2 cm hohem Rand aufstellen. Einen Pfannkuchen mit einem Teelöffel Creme bestreichen, mit der trockenen Seite nach unten auf einen Teller legen. Für den zweiten Teller jeweils parallel vorgehen. Den nächsten Pfannkuchen bestreichen und mit der trockenen Seite nach unten auf den ersten legen. Mit dem dritten bestrichenen Pfannkuchen abdecken. Erdbeeren um den Rand legen. Den Rest der Creme auf die Mitte geben, bis alle Creme aufgebraucht ist. Kakaonibs in die Mitte streuen.

Hinweis: Abgesehen von den Pfannküchlein sehr einfach! Eine gute Resteverwertung für Pfannkuchenteig und eine heiße Pfanne.

7791. Schokoladen-Chia-Pudding für fier, September 2015

Vorläufer: 7299; 4 Portionen

- 495 g Pflanzenmilch, hier Deglet-Nour-Milch 7783
- 105 g entsteinte Datteln (Deglet Nour, Demeter)
- 60 g Chiasamen
- 25 g Kakaopulver (schwach entölt)
- 10 g Carob Rohkost
- 1 Prise Salz
- 1 TL gem. Vanille
- 30 g Kokosraspeln
- Einige Kokosstreifen

Datteln über Nacht in der Milch einweichen. Morgens im Vitamix glatt schlagen, denn Deglet Nour bleibt lange hart. Chiasamen, Kakao, Carob, Salz, Vanille und Kokosraspeln hinzufügen. Je nach Mixer etwa 1 Minute pürieren, bis die Samen nicht mehr erkennbar sind. Im Vitamix reicht eine Minute. Laut Originalrezept soll man nun abschmecken und ggf. stärker süßen. Das geht nicht, da die Datteln zu hart sind.

Auf vier Schüsselchen verteilen, mit Kokosstreifen dekorieren.

Hinweis: *Die Datteln an sich sind sehr süß! Dennoch ist der Nachtisch nicht sehr süß geworden; 180 g Datteln wären zu viel gewesen: Für Süßeliebhaber empfehle ich 140-150 g.*

7792. Schokoladen-Chia-Kakao, September 2015

Im Hochleistungsmixer, je nach Gerät, 4-5 Min. auf höchster Stufe:
- 70 g Schokoladen-Chia-Pudding für Fier 7791 o. Ä.
- 8 g Kakaonibs
- 8 g Chiasamen
- 3 Datteln Deglet Nour (18 g netto)
- 7 g frischer Ingwer
- auf 500 ml (Markierung im Becher) mit Wasser auffüllen

7793. Bohnenstreich, September 2015

- 200 g gekochte weiße Bohnen
- 5 g Knoblauch (netto)
- 1 TL Salz
- 1 LS Kreuzkümmel
- 65 g Wasser

Im Vitamix mixen. Wird relativ flüssig, ist aber noch streichfähig. Evtl. mit Flohsamenschalen oder mehr Bohnen andicken.

7794. Bohnenwasser, September 2015

- 120 g Bohnenstreich 7793
- 250 g Wasser

Im Vitamix oder Mixer gut vermischen.

7795. Kokosdressing aus Raspeln, September 2015

4 Portionen
- 15 g Kokosraspeln
- 1 TL Salz
- 6 g Essigpeperoni 7/4573
- 20 g Apfelessig
- 20 g Sonnenblumenöl
- 100 g Wasser
- 15 g Honig

Alles im Vitamix gut vermischen. Passt logischerweise gut zu exotischeren Zutaten (bei mir ein Rotkohl-Mango-Salat).

7796. Rotkohl-Mango-Salat, September 2015

4 Portionen als Vorspeise

Dressing: Kokosdressing aus Raspeln 7796

Gemüse:

- 1/2 kleiner Rotkohl (460 g)
- 1 Mango (290 g netto)

Rotkohl in der Maschine mit dem Einsatz für dünne Scheiben raspeln. Mango schälen, Fleisch vom Kern schneiden und würfeln. Würfelgröße der Feinheit des Rotkohls anpassen. Mit dem Dressing mischen, auf vier Schüsselchen verteilen und einige Std. im Kühlschrank aufbewahren.

7797. Petersiliendressing ohne Öl, September 2015

3-4 Portionen

Im Vitamix gut durchmischen:

- 30 g Zitronensaft (die Zitronen sind derzeit zu scheußlich, um das Fleisch zu nehmen)
- 30 g Cashewnüsse
- 1 TL Salz
- 3 Datteln Deglet Nour demeter (25 g)
- 165 g Wasser
- 20 g großblättrige Petersilie (mehr Blattanteil)

7798. Petersiliendressing mit Öl, September 2015

3-4 Portionen

Im Vitamix gut durchmischen:

- 25 g Zitronensaft (die Zitronen sind derzeit zu scheußlich, um das Fleisch zu nehmen)
- 30 g Cashewnüsse
- 1 TL Salz
- 3 Datteln Deglet Nour demeter (25 g)
- 165 g Wasser
- 30 g Sonnenblumenöl
- 15 g großblättrige Petersilie (mehr Stängelanteil)

7799. Schneller Gästesalat, September 2015

3 Portionen (da Hauptmahlzeit, 300 g pro Person)

900 g leicht zu schneidendes Gemüse, bei mir:

- 1 kleiner Chinakohl
- 2 große Tomaten
- 1/2 Salatgurke
- 1 größere Möhre

Das kann ich mit der Hand in Null-Komma-Nichts klein schneiden.

Bei mir gab es zwei Dressings dazu: Petersiliendressing mit 7797 und ohne Öl 7798.

7800. Sonntagschiakakao, September 2015

Im Hochleistungsmixer, je nach Gerät, 2,5 bis 3 Min. auf höchster Stufe schlagen:

- 10 g Kakaonibs
- 12 g Chiasamen
- 4 Datteln Deglet Nour (25 g netto)
- 5 g frischer Ingwer
- 20 g Cashewnüsse
- auf 500 ml (Markierung im Becher) mit Wasser / kochendem Wasser 1:1 auffüllen

7801. Peanut-Raisin Cookies, September 2015

Vorläufer: 7784 (besser: 7590).

- 250 g Nackthafer
- 75 g Langkornnaturreis
- 1 Prise Salz
- 1 geh. TL Natron
- 1 gestr. TL gem. Vanille
- 1/2 kleiner Apfel (57 g)
- 50 g Cashewnüsse
- 135 g Agavensirup (sollte sein: 125 g!)
- 50 g Pflanzenmilch, hier Deglet-Nour-Milch 7783
- 75 g Erdnüsse, im Zerkleinerer gehackt
- 50 g grüne Rosinen

Hafer fein mahlen (279, Hawos Novum). Reis fein mahlen (Stufe 1). Erdnüsse und Rosinen erst ganz zum Schluss unterkneten. Die trockenen Zutaten miteinander mischen. Apfel, Cashewnüsse und Agavensirup im Vitamix solange mischen, bis alles wirklich zerkleinert ist. Zu den trockenen Zutaten geben, Vitamixbecher mit Pflanzenmilch nachspülen. Dieses Wasser ebenfalls zum Teig geben, gründlich verkneten.

Mit einem Esslöffel Portionen und nebeneinander auf ein Backblech (PerfectClean, oder mit Dauerbackfolie / Backpapier) setzen. Mit nassen Händen etwas flachdrücken und in Kreisform bringen.

Ofen (Heißluft) auf 160 °C vorheizen. Blech einschieben und 20 Min. bei 160 °C backen, 5 Min. im ausgestellten Ofen nachbacken.

Hinweis: *Mir unerklärlich sind sie extrem locker geworden. – Der Teig war zu flüssig. Zwei Gründe: Ich habe vergessen, die 15 g Leinsamen mit zu mahlen. Außerdem hätte ich wegen des ganzen Apfels und etwas mehr Agavensirup weniger Pflanzenmilch nehmen sollen.*

7802. Kürbisbrot Alnatura, September 2015

Das Rezept ist angelehnt an ein Rezept auf Alnatura (https://www.alnatura.de/de-de/rezepte/suche/kuerbisbrot-mit-kernen-104830/).

- 3/4 kleiner Hokkaido-Kürbis, netto (ungeschält, ohne Kerne) 720 g, brutto 810
- 50 g Wasser
- 2 P. Trockenhefe (18 g)
- 50 g Mais zum Mahlen
- 450 g Dinkel
- 2 TL Salz
- 50 g Kürbiskerne

Kürbis entkernen, mit Schale in kleine Stücke schneiden und in einen Topf geben. Mit 50 g Wasser ca. 20 Min. weich dünsten und abkühlen lassen (Original: 10 Min., reicht nicht!). Im Vitamix pürieren. Mais und Dinkel fein mahlen. Gibt man den Mais zuerst in die Mühle, kann der Dinkel die Mühle „auswaschen". Salz und Trockenhefe unter das Mehl rühren. Kürbispüree darüber gießen. Alles mit den Händen zu einem Teig verkneten. Bei mir war der Teig extrem weich!

Den Teig zugedeckt ca. 40 Min. gehen lassen. Bei mir war er nach 10 Min. schon kräftig gegangen, da der Püree noch warm gewesen war. Den Teig mit nassen Händen noch einmal durchkneten und einen runden Brotlaib formen, auf ein Pizzablech legen (bei dem weichen Teig habe ich sonst Bedenken, dass das der absolut flache Fladen wird). Mit einem Messer strahlenförmig einritzen, mit etwas Wasser besprühen und die restlichen Kürbiskerne auf das Brot streuen.

Nochmals etwa 10 Min. (sollten sein 15) gehen lassen, bis der Ofen (Heißluft) auf 180 °C vorgeheizt ist. Das Brot im vorgeheizten Ofen (Heißluft) 10 Min. bei 180 °C backen (Klimagaren, 1 Dampfstoß manuell nach Einschieben). Danach die Temperatur auf 160 °C reduzieren und das Brot weitere 30-40 Min. backen. Das Brot ist fertig, wenn es beim Klopfen hohl klingt.

7803. Linsen-Kürbisaufstrich, September 2015

- 100 g rote Linsen
- 225 g Wasser
- 1/2 TL Salz
- 6 g Essigpeperoni 7/4573
- 20 g Kürbispüree (s. Kürbisbrot Alnatura 7802)

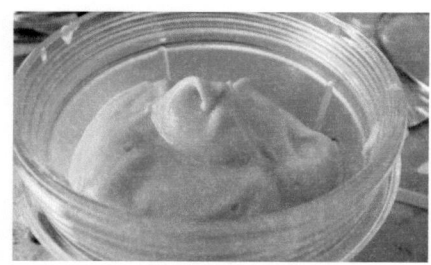

Linsen im Wasser 16 Min. garen. Stehen lassen, bis sie lauwarm sind. Mit den anderen Zutaten in den großen Becher eines kleinen Mixers, mit dem hochstehenden Messer 1 Min. schlagen. Wird sehr schön glatt!

7804. Verwertungsschichtler, September 2015

2 Desserts

- 125 g leicht gesüßte Stützcreme, hier Browniestütze 7776
- 20 g Ahornsirup
- 50 g Schokoladen-Zucchini-Kuchen (ein Geschenk) o. Ä.
- 105 g Stützcreme beliebig
- 15 g Agavendicksaft
- 40 g frische Heidelbeeren (ebenfalls ein Geschenk aus eigenem Garten)

Leicht gesüßte Stützcreme, Ahornsirup und zerbröselten Kuchen mit dem hochstehenden Messer im kleinen Becher eines kleinen Mixers (oder Pürierstab, Zerkleinerer) zu einer glatten Creme schlagen. Auf zwei Glasschüsselchen verteilen. Stützcreme und Agavendicksaft mit einem Teelöffel verrühren, auf die dunkle Creme geben. Mit Heidelbeeren bestreuen.

7805. Pizza Blauhilde, September 2015

Vorlage 7721

Teig:

- 100 g Weizen
- 100 g Nackthafer
- 1/2 gestr. TL Salz
- 1 P Trockenhefe
- 100 g Wasser (Bohnenwasser)
- 50 g Stützcreme
- etwas Wasser, um die Hände zu benetzen

Getreide fein mahlen, mit Salz und Trockenhefe mischen. Stützcreme hinzufügen und gründlich mit der Hand verkneten. Eine Kugel unter Spannung formen. Teig in eine Pengdose legen. Deckel schließen. Warten, bis es ploppt und mit nassen Händen durchkneten, nochmal in die Pengdose geben, bis es ploppt, durchkneten und jetzt ploppen lassen, ohne zu kneten.

Teig für eine Pizzaform (Perfect Clean, Durchmesser 28 cm) passend ausrollen (mit Rand) und in die Form legen. Einige Male mit einer Gabel einstechen.

Gemüse:

- 40 g „Bohnenwasser"
- 1 Tomate (140 g), gewürfelt
- 45 g Zwiebel, gewürfelt (netto)
- 2 Knoblauchzehen, geschält, in Scheiben (8 g netto)
- 175 g Buschbohnen „Blauhilde", ohne Enden, in 2-3 cm Stücken (sie werden bei Erhitzen grün)
- Etwas Salz
- 1 TL Pizzagewürz
- 1 Tomate (140 g)

Als Gemüsepfanne (24 cm) 12 Min. dünsten. Erst zum Schluss salzen. Auf dem ausgerollten Pizzateig verteilen, mit Kräutern (zwischen den Händen zerrieben) bestreuen. Tomate in ganz dünne Scheiben schneiden und auf das gekochte Gemüse legen.

7806. Weißer Pizza Belag Nr. 24 (mit Öl), September 2015

Im Vitamix gut mixen:

- 25 g Cashewnüsse
- 1/2 TL Salz
- 75 g gekochte weiße Bohnen
- 15 g Sonnenblumenöl
- 20 g Apfelessig (Waagenfehler! Sollten 15 g werden)
- 50 g Stützcreme
- 30 g Bohnenwasser

Den weißen Belag gleichmäßig auf der Pizza verteilen. Pizza in den auf 225 °C vorgeheizten Ofen schieben und 20 Min. bei 225 °C backen. 5 Min. im ausgestellten Ofen nachbacken.

7807. Bananen-Schoko-Creme, September 2015

2 Desserts.

- Im Vitamix gut durchschlagen:
- 100 g Stützcreme leicht gesüßt, hier Browniestütze 7776
- 2 Bananen, geschält (175 g netto)
- 50 g geschenkter Schokoladen-Zucchinikuchen o. Ä.
- Als Dekoration: 10 g Walnusskerne

Die Creme auf zwei Schüsselchen verteilen, mit zerbrochenen Walnuss-kernen bestreuen.

7808. Gartenpfanne, September 2015

2 Portionen.

Gemüsepfanne (24 cm, 16 Min.):

- 110 g Wasser, hier Bohnenwasser
- 400 g Kartoffeln, unter fließendem Wasser abgebürstet, Schadstellen entfernt und in Scheiben geschnitten
- 75 g Lauchzwiebeln in Ringen
- 40 g Buschbohnen „Blauhilde" in 2 cm-Stücken (netto)
- 50 g bunter Mais von einem Kolben (netto)
- 85 g Möhre (1 kleine runde)

Soße im Mixer verquirlen, unter das Gemüse rühren und aufkochen:

- 40 g Stützcreme, hier Browniestütze 7776
- 50 g gekochte Linsen, hier Linsen-Kürbisaufstrich 7803
- 7 g Apfelessig
- 1 TL Salz
- 1 Prise schw. gem. Pfeffer
- 75 g Wasser, hier Bohnenwasser 7794 o. Ä.

7809. Süßer die Melonen jetzt klingen, September 2015

2 x Frühstück

Abends

- 6 EL Sechskorngetreide grob schroten & auf zwei Schüsseln ver-teilen. Mit insgesamt
- 160 g Wasser übergießen. Abgedeckt bei RT stehen lassen.

Morgens

- 180 g Galia-Melone netto
- 3 kleine Bananen, geschält (285 g netto)
- 2 kleine Äpfel (225 g)
- 30 g Pekannüsse
- Für Gojibeeren-Fans: einige Gojibeeren als Dekoration

Obst in grobe Stücke teilen und im Hochleistungsmixer pürieren. Auf das Getreide gießen. Mit Pekannüssen dekorieren.

7810. Esslöffel-Kakao, 2. Versuch, September 2015

Im Hochleistungsmixer, je nach Gerät, 2,5 bis 3 Min. auf höchster Stufe schlagen:

- 1 EL Kakaonibs
- 1 EL Chiasamen
- 1 EL Erdmandeln
- 1 EL Datteln Deglet Nour (3 Stück, 20 g)
- 1 EL frische Ingwerscheiben (7 g)
- auf 500 ml (Markierung im Becher) mit Wasser / kochendem Wasser 1:1 auffüllen

7811. Bananen-Schoko-Creme Slightly different, September 2015

Vorläufer 7807, 2 Desserts

Im Vitamix gut durchschlagen:

- 75 g gekochte Sojabohnen (Biohof Lex!)
- 2 Bananen, geschält (170 g netto)
- 50 g geschenkter Schokoladen-Zucchinikuchen o. Ä.
- Als Dekoration: 8 Cashewnüsse

Die Creme auf zwei Schüsselchen verteilen, mit den Cashewkernen in den „vier Windrichtungen" dekorieren.

7812. Kürbispasta mit Erdnüssen, September 2015

2 Portionen. Nach einem Rezept aus dem Diabetes-Ratgeber, September 2015, Seite 68.

- 150 g Sojabohnenkochwasser oder Wasser
- 1/2 TL Currypulver
- 1 Zwiebel, abgezogen und gewürfelt (45 g netto)
- 1 Möhre (100 g) in Scheiben
- 100 g Spitzkohl, klein geschnitten (Original: 1 Stange Lauch; aber die hatte ich nicht, habe drauf geachtet, dass auch vom Strunk genug dabei ist)
- 315 g Butternut-Kürbis in größeren Würfeln (netto)
- 3 g getrocknete Mangoschale (Original: Orangenschale gerieben, aber ich hatte keine Bioorange)
- 1/3 einer Orange, geschält (65 g netto)
- 1 EL Sonnenblumenöl (10 g)
- 1 gestr. TL Salz
- 1 MS schw. gem. Pfeffer
- 1 EL gehackte krause Petersilie
- 1 gehäufter EL Erdnüsse (gesalzen & geröstet)
- 150 g Spirali aus 100% Dinkelmehl
- 2 TL Salz
- Wasser zum Kochen

Wasser in eine 24-cm-Wollpfanne geben, mit Curry verrühren. Gemüse in der angegebenen Reihenfolge hinzufügen. Deckel auflegen, auf höchster Einstellung zum Kochen bringen, bis Dampf unter dem Deckel austritt. Auf kleinste Einstellung drehen und 15 Min. dünsten, ohne den Deckel abzuheben.

Mangoschale mit dem flachen Messer des Mixers mahlen. Vorgeschnittene Orange, Salz, Pfeffer und Öl hinzugeben und pürieren. In eine Rührschüssel geben. Das gekochte Gemüse hinzufügen und mit einem Pürierstab pürieren. Auf zwei Schüsselchen verteilen, mit Petersilie und Erdnüssen dekorieren.

Sobald das Gemüse kocht, mit dem Nudelkochen beginnen. Auf der Packung steht 4-6 Min. Kochzeit, nach 6 Min. hatten sie noch einen harten Kern, was ich überhaupt nicht mag. Ich habe sie 3 weitere Min. gekocht, dann waren sie prima. Abgießen und ebenfalls auf zwei Schüsselchen verteilen.

7813. Schoko-Pfannkuchen mit Nektarine, September 2015

2 Portionen.

Pfannkuchen:

- 15 g Hirse
- 15 g Langkorn-Naturreis
- 1 kleine Prise Salz
- 20 g Banane (ein Stück von einer Banane mit einem netto Gesamtgewicht von 95 g)
- 60 g Wasser

Getreide in der Mühle möglichst fein mahlen. Mit den restlichen Zutaten im kleinen Mixer, flaches Messer, 1 Min. schlagen. Pfanne auf 10 (von 14) erhitzen, zwei Pfannküchlein von beiden Seiten ausbacken. Auf einem Gitterrost auskühlen lassen.

Füllung und Deko:

- 10 g Honig
- 25 g Zucchini-Schokokuchen o. Ä.
- 75 g Banane
- 1 Nektarine (160 g brutto, 150 g netto)

Honig, Kuchen und Banane im kleinen Mixer, hoch stehendes Messer, glatt schlagen. Pfannkuchen auf je einen Dessertteller legen, Creme darauf streichen. Pfannkuchen aufrollen. Die Nektarine in Spalten schneiden und leicht überlappend, halb auf die Pfannkuchen reichend, vor diese legen.

Hinweise: Zweierlei war anders als bei meinen ersten Hirse-Reis-Pfannkuchen (eher Crêpes): Ich hatte den Teig im Vitamix hergestellt, also war das Getreide feiner gemahlen, und ich hatte wie im Originalrezept Apfel, nicht wie hier Banane genommen. Auf jeden Fall sind sie diesmal nicht so schön geworden, sie brachen auseinander.

7814. Linsen-Cashew-Aufstrich, September 2015

- 100 g rote Linsen
- 220 g Wasser
- 1/2 TL Salz
- 6 g Essigpeperoni 7/4573
- 20 g Cashewnüsse
- 1/2 TL Salz

Linsen im Wasser 15 Min. garen. Stehen lassen, bis sie lauwarm sind. Mit den anderen Zutaten in den großen Becher (ich habe den kleinen genommen, der große wäre besser gewesen) des kleinen Mixers geben, mit dem hochstehenden Messer 1 Min. schlagen. Wird sehr schön glatt!

7815. Mangold-Butternuss-Pfanne, September 2015

2 Portionen.

Gemüsepfanne (24 cm, 13 Min.):

- 40 g Sojabohnenkochwasser oder Wasser
- 105 g Mangold, gewaschen, abgetropft und in Streifen geschnitten
- 1 Zwiebel, geschält, gewürfelt (45 g netto)
- 210 g Butternusskürbis, in Stücken, ohne Kerne (netto)

Soße im kleinen Mixer mixen, unterrühren und kurz aufkochen:

- 50 g Wasser
- 1 TL Salz
- 1/2 TL Ras-el-Hanout (Gewürzmischung)
- 50 g gekochte Sojabohnen
- 1 Stück Essigpeperoni (6 g) 7/4573
- 10 g Honig
- 1 EL Sonnenblumenöl (ca. 10 g)

Bei mir gab es dazu Ofenkartoffeln.

7816. Drei-Korn-Getreide glutenfrei, September 2015

700 g insgesamt
- 200 g Langkorn-Naturreis
- 200 g Hirse
- 200 g Buchweizen
- 100 g Leinsamen

Mit den Händen vermischen und in ein passendes Glas abfüllen.

7817. 350 g-Sauerteigbrot mit Kürbis halb für Frau E., Sep. 2015

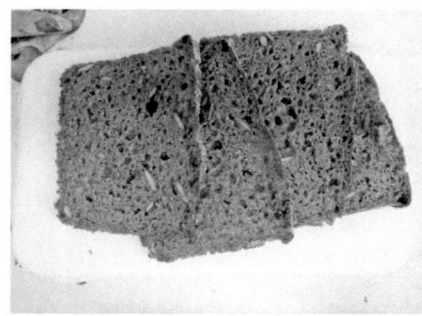

Zum Verschenken.
Stufe 1 (12 Std. vorher):
- 350 g Roggen
- 350 g Wasser
- 150 g Sauerteig

Roggen fein mahlen, mit Wasser und altem Sauerteig mischen. In einer ausreichend großen (für den ganzen Teig passenden) Pengdose über Nacht stehen lassen. 150 g von der Stufe 1 abnehmen und in einem gut schließenden Schraubglas in den Kühlschrank stellen für das nächste Backen.

Abends schon vorbereiten:
- 100 g Nacktgerste
- 200 g Weizen
- 100 g Roggen
- 1 EL Salz
- 60 g Kürbiskerne

Getreide mischen und fein mahlen, mit den restlichen Zutaten mischen und in einer gut schließenden Plastikdose verwahren.
Stufe 2 (Backen, bei mir am Morgen)
- 1 P Trockenhefe (9 g)
- 330 g Wasser
- Getreidemischung vom Vorabend
- 2 EL Apfelessig
- 700 g Sauerteigansatz (s. o.)
- 20 g Butter für die Form

Alle Zutaten mit einem großen Löffel gründlich verrühren, bis kein Mehl mehr sichtbar ist. Eine 30-cm-Brotform, Profi-Email von Dr. Oetker, gut einfetten. Teig hineingeben, mit der nassen Hand herunterdrücken und glattstreichen. Mit einem scharfen Messer dreimal schräg einschneiden. Form in eine Plastiktüte geben und 90 Min. bei Raumtemperatur gehen lassen. Die Brotform ist dann ganz voll. Brot in den kalten Ofen schieben und 60 Min. bei 190 °C (Klimagaren, Auto) backen, 5 Min. im ausgestellten Ofen nachbacken.

7818. Nektische Bananen, September 2015

2 x Frühstück.
Abends
- 6 EL Sechskorngetreide mit Knack grob schroten, mit
- 2 EL Chiasamen mischen, auf zwei Schüsseln. Mit insgesamt
- 240 g Wasser übergießen. Abgedeckt bei R stehen lassen.

Morgens
- 1 Nektarine, entsteint und geviertelt (140 g netto)
- 1 Apfel (110 g)
- 3 kleine Bananen, geschält (250 g netto)
- 16 Cashewnüsse
- 1-2 TL getr. Maulbeeren

Obst in grobe Stücke teilen und im Hochleistungsmixer pürieren. Auf das Getreide gießen. Mit Cashewnüssen am Rand und Maulbeeren in der Mitte dekorieren.

7819. Hanfia-Kakao, September 2015

Im Hochleistungsmixer, je nach Gerät, 2,5 bis 3 Min. auf höchster Stufe schlagen:

- 12 g Kakaonibs
- 9 g Hanfsamen ungeschält
- 12 g Chiasamen
- 3 Datteln entsteint Deglet Nour (20 g netto)
- 7 g frischer Ingwer
- auf 500 ml (Markierung im Becher) mit Wasser / kochendem Wasser 1:1 auffüllen

7820. Gekuchente Stütze, September 2015

Im Hochleistungsmixer bis zum Stocken schlagen:

- 55 g Langkornnaturreis
- 30 g Cashewnüsse
- 1 Prise Salz
- 27 g Kuchen
- 350 g Wasser (halb Zimmertemperatur, halb kochend)

7821. Bananenshake, September 2015

Im Hochleistungsmixer 1-2 Min. auf höchster Stufe schlagen:

- 65 g Stützcreme, hier Gekuchente Stütze 7820
- 1 Dattel Deglet Nour (6 g)
- 1 Banane, geschält (106 g)
- 305 g Wasser

7822. Bananencreme, September 2015

2 Desserts.

- 150 g Stützcreme, hier: Gekuchente Stütze 7820
- 20 g flüssiger Honig oder Agavendicksaft
- 20 g grüne Rosinen
- 1 Banane (100 g netto)
- 2 Stücke getr. Babybanane als Dekoration

Creme mit Süßungsmittel verrühren. Grüne Rosinen unterrühren. Banane in 4 Längsstreifen schneiden, davon kleine Scheiben abschneiden, so dass sich Würfel ergeben. Unter die Creme heben. Auf zwei Schüsselchen verteilen und mit getrockneter Banane dekorieren.

Tipp: *Wer nicht Ton-in-Ton dekorieren möchte, kann etwas Schrilleres nehmen, z. B. Gojibeeren.*

7823. Risi Bisi-Negativ, September 2015

2 Portionen. Sieht aus wie die Negativaufnahme eines Risi-Bisis.

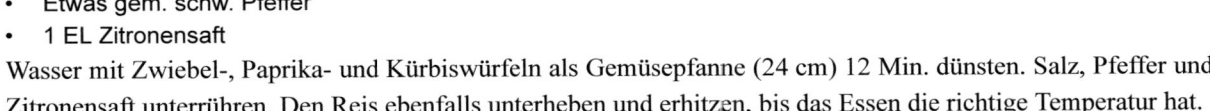

- 200 g lila Vollkornreis
- Eine Prise Salz
- 340 g Wasser

Reis, wie in Standardrezept beschrieben, zubereiten.

- 45 g Wasser
- 2 Zwiebeln, geschält und gewürfelt (90 g netto)
- 1/2 rote Paprikaschote, gewürfelt, ohne Kerne usw. (105 g netto)
- 140 g Butternut-Kürbis, gewürfelt, ohne Kerne
- 125 g Tiefkühl-Mais
- 1/2 TL Salz
- Etwas gem. schw. Pfeffer
- 1 EL Zitronensaft

Wasser mit Zwiebel-, Paprika- und Kürbiswürfeln als Gemüsepfanne (24 cm) 12 Min. dünsten. Salz, Pfeffer und Zitronensaft unterrühren. Den Reis ebenfalls unterheben und erhitzen, bis das Essen die richtige Temperatur hat.

7824. SDD-FKG, September 2015

2 x Frühstück; SDD steht für „Strawberry Deficiency Disease" oder auf Deutsch: Erdbeermangelsyndrom.

- 6 EL Nacktgerste
- 210 g geputzte Erdbeeren (netto)
- 1 Nektarine, entsteint & geviertelt (140 g netto)
- 2 Bananen, geschält (185 g netto)
- 20 g + 2 Stück Cashewnüsse
- Einige getr. Gojibeeren

Getreide flocken, auf zwei Schüsselchen verteilen. Das Obst in grobe Stücke teilen und mit 20 g Cashewnüssen im Hochleistungsmixer pürieren, über das Getreide geben. Je eine Cashewnuss in die Mitte stecken und mit Gojibeeren dekorieren.

7825. Wieschokososüßkakao, September 2015

Im Hochleistungsmixer, je nach Gerät, 2,5 bis 3 Min. auf höchster Stufe schlagen:

- 5 g Kakaonibs
- 10 g Hanfsamen ungeschält
- 15 g Chiasamen
- 5 g Ingwer
- 5 g Carob
- 5 g Kakaopulver
- 5 Datteln Deglet Nour, entsteint (40 g netto)
- auf 500 ml (Markierung im Becher) mit Wasser / kochendem Wasser 1:1 auffüllen

7826. Bananendressing, September 2015

Reicht für 2 Portionen.

Im kleinen Mixer, hoch stehendes Messer:

- 1 kleine Banane, geschält und vorgeschnitten (80 g netto)
- 5 g Sonnenblumenöl
- 1 gestr. TL Salz
- 1 Prise gem. schw. Pfeffer
- 10 g Apfelessig
- 25 g Wasser

7827. Rotkohlsalätchen, September 2015

2 Portionen

- 215 g Rotkohl
- 15 g Walnüsse
- 1 kleiner Apfel (80 g)
- 1 Bananendressing 7826
- einige Kokosstreifen

Rotkohl und Apfel vorschneiden, mit den Walnüssen in der Küchenmaschine, Hackmesser, nach Wunsch zerkleinern. Dressing in einer größeren Schüssel mit dem Rotkohlgemüse vermischen und 15-20 Min. durchziehen lassen. Auf zwei Schüsseln verteilen und mit Kokosstreifen dekorieren.

7828. Cookiemilch, September 2015

- 35 g von einer Mischung aus:
  - 1/2 kleiner Apfel (45 g)
  - 25 g Cashewnüsse
  - 2 Bananen, geschält (netto 195 g)
  - 100 g Agavendicksaft (oder Honig)
- 200 g Wasser

Im Vitamix verquirlen.

7829. Walnut-Banana-Cookies, September 2015

Vorläufer: 7590.

- 125 g Nackthafer
- 125 g Nacktgerste
- 75 g Langkorn-Naturreis
- 20 g Chiasamen
- 1 Prise Salz
- 1 geh. TL Natron
- 1 gestr. TL gem. Vanille
- 1/2 kleiner Apfel (45 g)
- 25 g Cashewnüsse
- 2 Bananen, geschält (netto 195 g)
- 100 g Agavendicksaft (oder Honig)
- 75 g Walnüsse
- 30 g grüne Rosinen

Hafer fein mahlen (2/9, Hawos Novum). Gerste und Reis mischen, fein mahlen (Stufe 1). Die trockenen Zutaten (außer Walnüssen und Rosinen) miteinander mischen. Apfel, Cashewnüsse, Bananen und Agavendicksaft im Vitamix solange mischen, bis alles wirklich zerkleinert ist. Zu den trockenen Zutaten geben, Walnüsse und Rosinen hinzufügen und gründlich verkneten (Handrührgerät, Knethaken).

15 Min. quellen lassen. Mit den nassen Händen flache Kekse formen und eng nebeneinander auf ein Backblech (PerfectClean, oder mit Dauerbackfolie / Backpapier) setzen. Ofen auf 160 °C vorheizen. Blech einschieben und 22 Min. bei 160 °C backen.

7830. Pflaumenkuchen, September 2015

Teiggrundlage ist 9/6352.

- 150 g entsteinte Datteln (Deglet Nour)
- 130 g Wasser
- 200 g Nackthafer, geflockt
- 100 g Nacktgerste, fein gem.
- 100 g Weizen, fein gem.
- 1 P Backpulver
- 20 g Chiasamen
- 1 TL Zimt

- 1/4 TL Muskat
- 1 TL gem. Vanille
- 3 reife Bananen (320 g netto)
- 1/2 Apfel (55 g)
- 100 g Wasser
- ca. 750 g runde Pflaumen (7 Stück) oder entsprechende Zwetschgen

Datteln mindestens 15 Min. in 130 g Wasser einweichen. 24-cm-Springform mit Backpapier auslegen. Trockene Zutaten miteinander vermengen. Bananen, Datteln mit Einweichwasser plus 100 g Wasser und Apfel im Vitamix zu einer cremigen Masse rühren. Bananenmischung zu den trockenen Zutaten geben, mit dem Handrührgerät verrühren. In die Springform geben. Pflaumen entsteinen, je nach Größe halbieren oder vierteln und die Teigoberfläche damit dicht belegen.

In den auf 190 °C vorgeheizten Ofen geben und 40 Min. backen. Stäbchenprobe machen. Auf einem Gitterrost auskühlen lassen, Rand vorsichtig entfernen.

Fazit: *Sieht vielleicht trocken aus, ist aber total lecker.*

7831. Kuchenmilch „Pflaumenkuchen", September 2015

- 110 g Kuchenmix:
  - 150 g entsteinte Datteln (Deglet Nour), 15 Min. eingeweicht in
  - 130 g Wasser, mit
  - 3 reifen Bananen (320 g netto),
- 1/2 Apfel (55 g) und
- 100 g Wasser im Vitamix glatt geschlagen
- 260 g Wasser

Im Vitamix glatt schlagen.

7832. Dauerbrot, September 2015

- 300 g Dinkel, fein gemahlen
- 50 g Nacktgerste, fein gemahlen
- 1 geh. TL Natron
- 1 geh. TL Salz
- 45 g Leinsamen
- 45 g Sesam
- 30 g Chiasamen
- 2 TL „Gute Laune"-Dip Gewürzmischung (maiers-genuss.de) oder andere getr. Kräuter
- 75 g gekochte Linsen, hier: Linsen-Cashew-Aufstrich 7814
- 335 g Wasser

Trockene Zutaten vermischen. Linsen in einem Teil des Wassers auflösen. Alle Zutaten zusammen mit dem Handrührer, Rührbesen, verkneten. Mit einem Spatel auf einem (bzw. zwei) Backbleche ausstreichen. Im vorgeheizten Ofen (Heißluft) 40 Min. bei 190 °C backen.

Hinweis: Es sollte ein Knäckebrot werden. Da ich aber zu faul war, zwei Backbleche zu nehmen, war es an einigen Stellen doch recht dick. Wenn auch lecker. Wer also durchweg Knäckebrot möchte, sollte entweder die Menge halbieren oder eben die zwei Bleche nehmen.

7833. Rundpflaumendessert, September 2015

2 Desserts.

- 70 g Stützcreme, hier: Gekuchente Stütze 7820
- 1 Banane geschält, in Stücke gebrochen (70 g)
- 2 große runde Pflaumen, entsteint und geviertelt
- 2 Walnusshälften
- 2 TL Pampelmusat (Herstellung wie Orangeat z. B. 9/6460)

Creme, Banane und Pflaumen in einem hohen Gefäß mit dem Pürierstab pürieren. Auf zwei Schüsselchen verteilen und mit Walnusshälften und Pampelmusat dekorieren.

7834. Kürbis-Kartoffel-Gulasch, September 2015

2 Portionen; nach: https://www.daskochrezept.de/rezepte/kuerbis-kartoffel-gulasch

Gemüse:

- 200 g Wasser oder Pflanzenmilch, hier Cookiemilch 7828
- 1/2 TL Salz
- 1 Prise Pfeffer
- 2 EL Rum
- 300 g Muskatkürbis, teils geschält (nicht nötig!), in 2 cm-großen Stücken (netto)
- 2 Zwiebeln, geschält und grob aufgeschnitten (netto)
- 315 g Kartoffeln, in 2-cm-Stücken
- 50 g Stangen von Staudensellerie (netto), in kleinen Stücken

Zutaten in eine 24 cm-Pfanne geben und 20 Min. als Gemüsepfanne dünsten.

Soße:

- 60 g gekochte rote Linsen, hier: Linsen-Cashew-Aufstrich 7814
- 1 kleine Prise gem. Chili
- 1/2 TL gem. Kümmel
- 1/2 TL Paprika edelsüß
- 5 EL Kochflüssigkeit

Soßenzutaten im Mixer mit 5-6 EL der Kochflüssigkeit verquirlen, unter das Gemüse rühren und aufkochen. Auf zwei Schüsseln verteilen (dafür war es zu wenig, Suppenteller wären zum Essen besser gewesen) und die Creme darauf klecksen:

Dipcreme mit einem Teelöffel verrühren:
- 50 g Stützcreme, hier Gekuchente Stütze 7820
- 1 TL Senf
- 1/2 TL selbsteingelegter Meerrettich
- 1 TL Ahornsirup
- 1 Prise Salz

Anmerkung: Im Rezept wird 30 Min. gekocht - das wird garantiert matschig. Ohne die Soße zu binden (ich hatte deutlich weniger Flüssigkeit genommen!) sieht das nicht gut aus und schmeckt auch nicht. Ich habe mit Kümmel gewürzt, das fand ich sehr lecker. Auf die Creme hätte ich gut verzichten können, besser wäre es gewesen, auch etwas Senf in die Soße zu geben. Eric fand übrigens gerade die Creme besonders lecker. – Sicher werde ich diesen Gulasch nochmals machen, aber: kürzer kochen, Kürbis nicht schälen, mehr Zwiebeln, gleich anders würzen.

7835. Mango-Erdbeer-Booster, September 2015

2 Desserts
- 6 EL Nackthafer
- 205 g Erdbeeren, geputzt (netto) + 2 Stück
- 1 reife Mango, entkernt (netto 260 g), 2 Stückchen zur Seite gelegt
- 2 Bananen, geschält (205 g netto)

Getreide flocken, auf zwei Schüsselchen verteilen. Obst in grobe Stücke teilen und im Hochleistungsmixer pürieren, über das Getreide geben. Je eine Erdbeere und ein Stückchen Mango in die Mitte stecken.

7836. Butter bei die Kakaos-Kakao, September 2015

Im Hochleistungsmixer, je nach Gerät, 2,5 bis 3 Min. auf höchster Stufe schlagen:
- 5 g Kakaonibs
- 5 g frischer Ingwer
- 30 g Butternusskürbis (ohne Kerne)
- 4 Datteln entsteint Deglet Nour (25 g netto)
- 15 g Chiasamen
- 20 g Erdmandeln
- 3 g Carobpulver
- 150 g Pflanzenmilch, hier Kuchenmilch „Pflaumenkuchen" 7831
- auf 500 ml (Markierung im Becher) mit kochendem Wasser auffüllen

7837. Bananenshake II, September 2015

Im Vitamix ca. 1 Min. mixen:
- 30 g Cashewnussmus
- 190 g Pflanzenmilch, hier Kuchenmilch „Pflaumenkuchen" 7831
- 1 Banane geschält (100 g netto)
- Etwas gem. Vanille
- 150 g Wasser

Reicht für 2 Gläser.

7838. Cashewnussmus ohne Öl, September 2015

Da ich es bisher noch nie im Vitamix geschafft habe, Cashewnussmus ohne Öl herzustellen (eigentlich immer auch mit dieser Methode), verstärkt sich mein Verdacht, dass es an den Nüssen selbst liegt. Diese waren vom Demeterhof Schwab.
- 300 g Cashewnüsse

In den Trockenbecher des Vitamix schütten. Auf das Gerät setzen und „pulsen" (an- und ausschalten), bis das Messer frei durchläuft. Mit dem Stößel weitermachen. Es wird heiß, aber auch richtig flüssig.

7839. Sonntagsdressing, September 2015

2 Portionen; sonntags darf es dann auch schon mal ein wenig üppiger sein. ;-)

- 45 g Vorratsdressing, hier Grünzeugdressing Nr. 7; 7747
- 50 g Wasser
- 1 Prise Salz
- 15 g Cashewnussmus z. B. 7838

7840. Langkornstütze, September 2015

Im Hochleistungsmixer bis zum Stocken schlagen:

- 55 g Langkornreis
- 30 g Cashewnüsse
- 350 g Wasser (halb Zimmertemperatur, halb kochend)

Ohne Hochleistungsmixer: Nüsse in einem Teil des Wassers einweichen. Getreide fein mahlen und im restlichen Wasser aufkochen, abkühlen lassen. Alles zusammen in einem Mixer zu einer Creme schlagen.

7841. Paranoider Linsenaufstrich, September 2015

- 100 g rote Linsen
- 220 g Wasser
- 1 gestr. TL Salz
- 30 g Paranüsse

Linsen im Wasser 20 Min. garen. 10 Min. stehen lassen. Nüsse im Zerkleinerer, Linsen hinzufügen und kräftig durchmixen.

7842. Mokka unter Pflaume, September 2015

2 Desserts

- 145 g Stützcreme, hier: Langkornstütze 7840
- 1 Banane, geschält (100 g netto)
- 70 g Butternusskürbis ohne Kerne (netto)
- 1 geh. TL Instant-Getreidekaffee
- 2-6 TL Agavendicksaft (je nach Süße der Stützcreme und der Banane)
- 1 große runde Pflaume (100 g brutto)

Alle Zutaten außer der Pflaume im Vitamix vermischen, auf zwei Schüsselchen verteilen. Pflaume halbieren, entsteinen. Die halben Pflaumen in schmale senkrechte Stifte schneiden und als halbe Pflaume geformt oben auf die Creme setzen.

7843. Schummelpizza „Quer durchs Beet", September 2015

2 Portionen; Vorläufer 7627.

Teig:

- 1/2 P Bio-Hefe
- 125 g Wasser
- 75 g Nackthafer, geflockt
- 50 g Nacktgerste, geflockt
- 75 g Weizen, fein gemahlen
- 1 gestr. TL Salz
- 50 g Stützcreme, hier Langkornstütze 7840

Hefe im Wasser auflösen. Hafer, Gerste, Weizen, Salz und Stützcreme in das Hefewasser einrühren. In einer Pengdose ca. 25 Min. gehen lassen. In dieser Zeit Belag und Soße vorbereiten.

7844. Roter Pizzabelag Nr. 16

- 15 g Tomatenmark
- 1 Prise Salz und
- 35 g Wasser mit einem Schneebesen verrühren

Belag Gemüse:
- 40 g Wasser
- 85 g Mangoldblätter, gewaschen, ausgeschüttelt und in feine Streifen geschnitten
- 2 Stangen Sellerie, fein geschnitten (50 g netto)
- 100 g Muskatkürbis, ohne Kerne, gewürfelt (netto)
- Pizzagewürz 1 TL
- 1 Tomate (140 g)

Zutaten in der angegebenen Reihenfolge (ohne Pizzagewürz und Tomate) in eine 24-cm-Pfanne geben. Deckel auflegen, auf höchster Einstellung zum Kochen bringen, bis Dampf unter dem Deckel austritt. Auf kleinste Einstellung drehen und 10 Min. dünsten, ohne den Deckel abzuheben.

7845. Weißer Pizzabelag Nr. 25 (mit Öl)
- 25 g Cashewnüsse
- 20 g Sonnenblumenöl Premiumqualität
- 45 g gekochte Linsen, hier: Paranoider Linsenaufstrich 7841
- 50 g Stützcreme, hier: Langkornstütze 7840
- 1/4 TL Salz
- 1 Prise Schabziegerklee
- 70 g Pflanzenmilch, hier: 10 g Reis : 10 g Cashewnüsse : 500 g Wasser
- 1 EL Apfelessig (10 g)

Im Vitamix verquirlen und kurz ruhen lassen.

Zubereitung: Den Teig mit einem Teigschaber in einer 28-cm-Pizzaform (PerfectClean, oder mit Dauerbackfolie / Backpapier) verteilen, einen kleinen Rand hochziehen (wenn möglich). Den roten Belag darauf pinseln. Das Gemüse gleichmäßig auf dem Teig verteilen. Die Tomate in dünne Scheiben schneiden und darauf legen. Pizzagewürz darüber streuen (zwischen den Händen verreiben). Ofen (Heißluft) auf 225 °C vorheizen. Sobald der Ofen heiß ist, die Soße mit einem Esslöffel auf der Pizza verteilen. In den heißen Ofen geben und 20 Min. backen, bei ausgestelltem Ofen 5 Min. nachbacken.

7846. Buttriges Frühstück, September 2015

2 x Frühstück.

Abends
- 6 EL Sechskorngetreide mit Knack grob schroten und mit
- 2 EL Chiasamen verrühren & auf zwei Schüsseln verteilen. Mit insgesamt
- 240 g Wasser übergießen. Abgedeckt bei Raumtemperatur stehen lassen.

Morgens
- 10 g Zitronenfleisch
- 2 Bananen, geschält und in Stücken (275 g netto)
- 75 g Butternut-Kürbis, ohne Kerne, ungeschält (netto)
- 1 große Birne, ohne Stiel, vorgeschnitten (295 g netto)
- 1 EL Mandeln
- 1 TL getr. Gojibeeren

Obst und Butternut-Kürbis im Hochleistungsmixer pürieren. Auf das Getreide gießen. Mit Mandeln und Gojibeeren dekorieren.

7847. Käsebohnenwasser, September 2015

30 g Käsecreme, hier Käsecreme bockig 7849
145 g Bohnenkochwasser
155 g Wasser

Im Hochleistungsmixer 3-4 Min. schlagen. Abkühlen lassen und im Kühlschrank aufbewahren.

7848. Schokocreme mit Hafer und Möhren, September 2015

2 Desserts.

- 1 Möhre, in Stücken (105 g)
- 3 getr. Feigen, Stiel abgeschnitten (40 g netto)
- 4 Datteln Deglet Nour (35 g)
- 1 Banane, geschält und in Stücken (160 g netto)
- 50 g Nackthafer, geflockt
- 1 geh. TL Kakao, schwach entölt
- 105 g Stützcreme, hier Langkornstütze 7840
- 5-10 g Agavendicksaft
- 2 Walnusshälften

Möhre, Feigen und Datteln in einer Maschine so fein wie möglich zerkleinern. In einer ausreichend großen Schüssel die Banane mit der Gabel zerdrücken und mit den Flocken mischen. Möhrenmischung und Kakaopulver hinzugeben, gut verrühren. Creme und Agavensirup hinzufügen, verrühren und auf zwei Schüsselchen verteilen. Jeweils mit einer Walnusshälfte dekorieren.

7849. Käsecreme bockig, September 2015

Vorläufer 7784

- 40 g Langkorn-Naturreis
- 40 g Cashewnüsse
- 10 g Sonnenblumenöl
- 2 Prisen Bockshornkleesaat gemahlen
- 1 TL Salz
- 250 g Wasser (halb kalt, halb kochend)
- 2 TL Flohsamenschalen

Alle Zutaten außer den Flohsamenschalen im Vitamix bis zum Stocken schlagen, erst nach einer halben Minute die Flohsamenschalen hinzugeben. Ihre Bindewirkung scheint in heißem Medium deutlich besser zu sein. Man sollte die Flohsamenschalen erst nach dem Stocken hinzugeben, damit der Reis fein gemahlen ist.

7850. Muskatwirsing, September 2015

2 Portionen

Gemüsepfanne (24 cm, 17 Min.):

- 50 g Wasser
- 1 EL Haselnusslikör (ein Geschenk) oder Rum / 3 EL Wein
- 1 Zwiebel, geschält und gewürfelt (70 g netto)
- 280 g Muskatkürbis, ungeschält, ohne Kerne, in 2 cm-großen Stücken (netto)
- 125 g Wirsingblätter, gewaschen, ausgeschüttelt und in feinen Streifen

Soße:

- 50 g gekochte rote Linsen, hier: Paranoider Linsenaufstrich
- 1/2 TL gem. Kümmel
- 1/2 TL Paprika edelsüß
- 1 TL Salz
- 5 g Essigpeperoni 7/4573
- 6 EL (+ 2 EL) Käsebohnenwasser 7847

Im kleinen Mixer mit 6 EL Käsebohnenwasser verquirlen, unter das Gemüse rühren und aufkochen. Becher mit 2 EL Käsebohnenwasser nachspülen. Dieses Wasser ebenfalls zum Gemüse geben, verrühren und aufkochen. Auf zwei Schüsseln verteilen (dafür war es zu wenig, Suppenteller wären zum Essen besser gewesen) und mit Beilage servieren, bei mir waren das Ofenkartoffeln (475 g für 2 Personen):

7851. Tiefkühlstütze, September 2015

2 x Frühstück

- 4 EL Nackthafer
- 2 Bananen, geschält (240 g netto)
- 1 Apfel, geviertelt (155 g)
- 125 g tiefgekühlte Blaubeeren (unaufgetaut)
- 2 EL Buchweizen

Getreide flocken, auf zwei Schüsselchen verteilen. Das Obst im Hochleistungsmixer pürieren, über das Getreide geben. Buchweizen darüber streuen.

7852. Stangensellerieblatt-Dressing, September 2015

Vorlage: 7747

- 240 g Wasser
- 130 g Apfelessig
- 20 g Tamari
- 40 g Salz
- 2 geh. TL Garam Masala (10 g)
- 1 g schwarzer gem. Pfeffer
- 125 g Sonnenblumenkerne
- 50 g Petersilienstängel und auch ein Teil Blättchen
- 160 g Stangensellerieblätter, teils mit Stängeln (aber nicht von ganz unten)
- 100 g grüne Rosinen
- 55 g Datteln (Deglet Nour)

Alle Zutaten zusammen im Vitamix gut durchschlagen, bis die Masse lauwarm, aber nicht heiß ist. In Schraubgläser füllen und im Kühlschrank aufbewahren. Verdünnen für den Gebrauch 1:2 bis 1:3.

7853. Erdnussmus, September 2015

Genommen habe ich ganz „normale" Erdnüsse aus der Tüte.

- 300 g Erdnüsse, gesalzen und geröstet

In den Trockenbecher des Vitamix schütten. Auf das Gerät setzen und „pulsen" (an- und ausschalten), bis das Messer frei durchläuft. Mit dem Stößel weitermachen. Es wird sehr warm, aber nicht heiß, und recht schnell auch richtig flüssig.

7854. Jimmy-Carter-Bananen-Creme, September 2015

2 Desserts

Im Vitamix verquirlen ohne die Maulbeeren:

- 50 g Erdnussmus
- 2 Bananen, geschält (215 g netto)
- 50 g Stützcreme, hier: Langkornstütze 7840
- 2 TL Carob (10 g)
- 1 knapper EL Agavensirup
- ca. 20 g getr. Maulbeeren

Auf zwei Schüsselchen verteilen, mit den Maulbeeren dekorieren.

7855. Erdnuss-Bananen-Drink, September 2015

Im Vitamix lauwarm mixen:

- 65 g süße Creme, hier Jimmy-Carter-Bananen-Creme 7854
- 1 Dattel Deglet Nour (6 g)
- 1 MS gem. Vanille
- 250 g Wasser

7856. Sellerierotreis, September 2015

2 mittlere Portionen

- 160 g Roter Reis
- 30 g Stangensellerie
- 260 g Wasser
- 1 gute Prise Salz

Sellerie und Wasser im Vitamix mixen, bis der Sellerie völlig „aufgelöst" ist. Im Schnellkochtopf 12 Min. auf Stufe II kochen, dann je 10 Min. auf Stufe 2 und Stufe 1 von 14, Induktion, abdampfen lassen.

Hinweis: *Diesmal war es entweder zu viel Salz, ich habe mich verwogen oder der Reis ist anders. Er war noch körnig und es war Flüssigkeit über. Sehr seltsam.*

7857. Muskatkürbis mit Tomaten, September 2015

2 Portionen

Gemüsepfanne (24 cm, 12 Min.):

- 50 g Wasser
- 2 Tomaten (200 g), klein geschnitten
- 340 g Muskatwürfel, grob gewürfelt
- 1 Prise Salz

Soße, mit dem kleinen Mixer verquirlen:

- 1 gestr. TL Salz
- 50 g Paranoider Linsenaufstrich 7841 o. Ä.
- 20 g Cashewnussmus 7838 o. Ä.
- 12 g Zitronenfleisch
- 60 g Käsebohnenwasser 7847 oder Pflanzenmilch

Unter das Gemüse rühren und aufkochen.

Tipp: *Bei mir gab es dazu Sellerierotreis. Insgesamt war es etwas zu viel Salz.*

7858. Haben-Sie-Tiefkühlkkost-FKG, September 2015

2 x Frühstück

Abends

- 6 EL Sechskorngetreide mit Knack grob schroten, mit
- 2 EL Chiasamen vermischen und auf zwei Schüsseln verteilen. Mit insgesamt
- 280 g Wasser übergießen. Abgedeckt über Nacht (mindestens 4 Std.) bei Raumtemperatur stehen lassen.

Morgens

- 125 g tiefgekühlte Blaubeeren
- 2 Bananen, geschält und in Stücken (295 g)
- 1 Apfel, geviertelt (160 g)
- 1/4 TL gem. Zimt
- 1/2 TL gem. Vanillepulver
- 1 EL getr. Maulbeeren

Obst in grobe Stücke teilen und mit den Gewürzen im Hochleistungsmixer pürieren. Auf das Getreide gießen. Mit Maulbeeren dekorieren. Der Titel bezieht sich auf den gleichnamigen Film, den es nicht mehr gibt.

7859. Hanf:Chia-Kakao 1:3, September 2015

Im Hochleistungsmixer, je nach Gerät, 2,5 bis 3 Min. auf höchster Stufe schlagen:

- 10 g Kakaonibs
- 5 g ungeschälte Hanfsamen
- 15 g Chiasamen
- 4 Datteln entsteint Deglet Nour (30 g netto)
- 5 g frischer Ingwer
- Auf 500 ml mit kaltem/kochenden Wasser 1:1 auffüllen

7860. Pfannenbirnen, September 2015

2 Desserts
- etwas Kokosöl (ein etwa erbsgroßes Stück)
- 1 Birne (230 g)
- 65 g Langkornstütze 7840 o. Ä.
- 1 Banane (120 g netto)
- 10 g Ahornsirup
- 1-2 TL Kakaonibs (Deko)

Eine kleine Keramik-Pfanne (20 cm) mit dem Öl dünn einreiben. Birne in 0,5-cm-große Stück schneiden, an der „Bauchseite" nochmals halbieren. Dicht an dicht in die Pfanne legen. Bei recht hoher Einstellung (10-8 von 14, Induktion) von beiden Seiten braten, bis sie gar = „glasig" sind. Die Pfanne leitet die Hitze nicht so recht, ich könnte mir vorstellen, dass man sonst eine kleinere Einstellung nehmen kann und kürzer braten (bei mir fast 15 Min.)

Die restlichen Zutaten im kleinen Mixer mixen. Wenn die Birnenstücke lauwarm sind, auf zwei Schüsselchen verteilen und mit der Creme übergießen. Mit Kakaonibs in der Mitte bestreuen.

7861. Sellerie-Wirsing-Pfanne, September 2015

2 Portionen

Gemüsepfanne (24-cm-Pfanne, 17 Min.):
- 50 g Wasser
- 120 g Stangensellerie, gewaschen und klein geschnitten (netto)
- 315 g Kartoffeln, gewaschen, in Scheiben
- 255 g Wirsing, in feine Streifen geschnitten

Soße (im kleinen Mixer):
- 50 g gekochte Linsen, hier Paranoider Linsenaufstrich 7841
- 10 g Apfelessig
- 1 geh. TL Senf (7 g)
- 1/2 TL Salz
- 1 Prise schw. gem. Pfeffer
- 1 EL Sonnenblumenöl (< 10 g)
- Käsebohnenwasser 7847 (oder einfach Wasser)

Becher mit 55 g Wasser nachspülen. Dieses Wasser ebenfalls zum Gemüse geben, verrühren und aufkochen.

7862. Blaubeerio gefrorio drittes Malio, September 2015

2 x Frühstück
- 6 EL Nacktgerste
- 20 g Chiasamen
- 190 g gefrorene Blaubeeren
- 2 Bananen geschält (250 g netto)
- 2 kleine Äpfel, geviertelt (200 g)
- 25 g Cashewnüsse

Getreide flocken, auf zwei Schüsselchen verteilen. Obst im Hochleistungsmixer pürieren, über das Getreide geben. Mit Cashewnüssen dekorieren.

7863. Erdmandel:Chia-Kakao 1:3, September 2015

Im Hochleistungsmixer, je nach Gerät, 4-8 Min. auf höchster Stufe schlagen:
- 5 g Kakaonibs
- 10 g Chiasamen
- 30 g Erdmandeln
- 2 Datteln entsteint Deglet Nour (15 g netto)
- 1 gestr. TL Honig
- 6 g frischer Ingwer
- auf 500 ml (Markierung im Becher) mit Wasser auffüllen

7864. Langkornstütze minus 10, September 2015

Im Hochleistungsmixer bis zum Stocken schlagen:

- 55 g Langkornreis
- 20 g Cashewnüsse
- 350 g Wasser (halb Zimmertemperatur, halb kochend)

Ohne Hochleistungsmixer: Nüsse in einem Teil des Wassers einweichen, Getreide fein mahlen und im restlichen Wasser aufkochen, abkühlen lassen. Alles zusammen in einem Mixer zu einer Creme schlagen.

7865. Langkornstützenmilch, September 2015

- 60 g Stützcreme, hier Langkornstütze minus 10; 7864
- 500 g Wasser

Im Vitamix ca. 2 Min. schlagen.

7866. Müslicreme, September 2015

2 Desserts

- 100 g Stützcreme, hier: Langkornstütze minus 10; 7864
- 50 g gekochte rote Linsen
- 25 g Ahornsirup
- 20 g Pflanzenmilch, hier: Langkornstützenmilch 7840
- 10 g Sonnenblumenkerne
- 15 g grüne Rosinen
- 20 g Nacktgerste, geflockt
- 65 g grüne kernlose Trauben (= 16 Stück)

Stützcreme, Linsen, Sirup und Pflanzenmilch verquirlen (z. B. im kleinen Mixer, bei größeren Mengen auch im Vitamix). Kerne, Rosinen und Gerstenflocken einrühren, auf zwei Schüsselchen verteilen. Die grünen Trauben an den Rand stecken.

7867. Linsenaufstrich mit Walnuss, September 2015

- 200 g gekochte rote Linsen
- 1/2 gestr. TL Salz
- 20 g Käsecreme bockig 7849 o. Ä.
- 10 g Apfelessig
- 20 g Langkornstützenmilch 7840 o. Ä.
- 20 g Walnüsse

Alle Zutaten bis auf die Walnüsse im kleinen Mixer, hochstehendes Messer, mixen. Walnüsse hinzugeben und nochmal durchschlagen, bis sie gehackt sind.

Tipp: Hier wäre der Zerkleinerer besser gewesen, die Menge war eigentlich für den kleinen Mixer schon zu groß.

7868. Chiakakao mit Pseudomilch, September 2015

Im Hochleistungsmixer, je nach Gerät, 2,5 bis 3 Min. auf höchster Stufe schlagen:

- 10 g Kakaonibs
- 20 g Chiasamen
- 4 Datteln entsteint Deglet Nour (28 g netto)
- 5 g frischer Ingwer
- 125 g Pflanzenmilch, hier Langkornstützenmilch 7840 o. Ä.
- auf 500 ml (Markierung im Becher) mit kochendem Wasser auffüllen

7869. Nudelsoße mit Tomaten und Champignons, September 2015

2 Portionen

Gemüsepfanne (24-cm-Pfanne, 15 Min.):

- 55 g Wasser
- 3 Tomaten, klein geschnitten (280 g)
- 1 EL Rum (hier: Haselnusslikör) oder 2 EL Rotwein, kann auch entfallen
- 2 Zwiebeln, geschält und gewürfelt (115 g netto)
- 115 g Champignons, in kleine Stücke geschnitten

Für die Soße im kleinen Mixer mixen:

- 1 TL Salz
- 50 g gekochte rote Linsen, hier Linsenaufstrich mit Walnuss 7867
- 1 Prise schw. gem. Pfeffer
- 1 gestr. TL Paprika edelsüß
- 1 MS Chilipulver
- 1/3 TL gem. Kümmel
- 230 g passierte Tomaten aus der Flasche
- 1 TL Honig

Unter das Gemüse rühren. Becher mit ca. 30 g Wasser nachspülen. Dieses Wasser ebenfalls zum Gemüse geben, verrühren und aufkochen.

Hinweis: *Bei mir gab es dazu Spiralnudeln aus Dinkelmehl, sie waren „zweitonig" da ich zwei Sorten gemischt habe.*

7870. Freitagstrauben, September 2015

2 x Frühstück

- 40 g getr. Mango
- 30 g Cashewnüsse
- 3 cm Vanillestange
- 275 g Wasser
- 6 EL Nackthafer
- 15 g Zitronenfleisch
- 2 Äpfel = 220 g
- 1 Banane geschält (130 g)
- 150 g grüne kernlose Trauben

Getreide flocken, auf zwei Schüsselchen verteilen. Mango in kleinere Stücke reißen. Mit Nüssen, Vanille und Wasser im Vitamix zu einer lauwarmen Creme schlagen. Auf das Getreide gießen. Zitrone, Äpfel und Banane in grobe Stücke teilen und im Hochleistungsmixer pürieren, über das Getreide geben. Die Trauben dicht an dicht am Rand entlang legen.

7871. Focaccia glutenfrei, Versuch 1, September 2015

3-4 Portionen.

- 50 g rote Linsen
- 100 g Buchweizen
- 50 g Hirse
- 1 P Trockenhefe (9 g)
- 20 g Chiasamen
- 175 g Wasser
- 1 gute Prise Salz
- 1/3 Tomate (ca. 40 g)
- Hagelsalz
- 1-2 TL Sonnenblumenöl

Abends: Getreide mit den roten Linsen mischen und fein mahlen. Mit Salz, Trockenhefe und Chiasamen mischen, Wasser einrühren. Gut verschließen, in eine Plastiktüte stellen und in den Kühlschrank stellen. Etwa 1,5 Std. vor der Weiterverarbeitung aus dem Kühlschrank nehmen.

Nächsten Tag: Ofen auf 200 °C (Heißluft) vorheizen. Wenn noch etwa 5 Min. bis zum Erreichen der Temperatur übrig sind (bei mir nach 10 Min.): Teig auf ein Backblech (PerfectClean, oder mit Dauerbackfolie / Backpapier) geben. Mit einem nassen Spatel zu einem Kreis, Durchmesser etwa 20 cm, auseinander drücken. Das Öl darüber geben, die Tomate in Scheiben schneiden, auf die Oberfläche legen und mit Salz bestreuen.

In den Ofen schieben und 25 Min. backen, im ausgestellten Ofen 5 Min. nachbacken. Auf ein Gitterrost geben und etwa 10 Min. abkühlen lassen. Noch lauwarm essen.

7872. Man-glaubt-es-nicht-Pudding, September 2015

2 Desserts. Man glaubt es wirklich nicht: Mitte September und immer noch Erdbeeren (belgische und deutsche zur Auswahl).

- 150 g Stützcreme, hier Langkornstütze minus 10; 7864
- 15 g Agavendicksaft oder flüssiger Honig
- 125 g Erdbeere, geputzt und in kleinere Stücke geschnitten
- 10 g Kokosnussmus Bounty 7571 o. Ä.

Stützcreme mit Agavendicksaft verrühren, Erdbeerstücke unterheben. Auf zwei Schüsselchen verteilen, in die Mitte Kokosnussmus „krümeln".

7873. Wirsing zu stark gewürzt, September 2015

2 Portionen.

Als Gemüsepfanne (24 cm) 17 Min.:

- 100 g Wasser
- 350 g Kartoffeln, unter fließendem Wasser abgebürstet, Schadstellen entfernt und in Scheiben geschnitten
- 95 g Champignons, klein geschnitten
- 200 g Wirsing, in feinen Streifen

Soße (kleiner Mixer):

- 50 g gekochte Linsen, hier Linsenaufstrich mit Walnuss 7867
- 45 g grüne kernlose Trauben
- 1 TL Salz
- 1 MS schw. gem. Pfeffer
- 1/2 gestr. TL Ras-el-Hanout
- 100 g pürierte Tomaten aus dem Glas
- 1 EL Sonnenblumenöl
- 25 g Wasser oder Pflanzenmilch
- 50 g Wasser zum „Nachspülen"
- 1-2 EL gehackte Petersilie als Dekoration

Alles mixen, außer den letzten beiden Posten. Becher mit 50 g Wasser nachspülen. Dieses Wasser ebenfalls zum Gemüse geben, verrühren und aufkochen. Petersilie unterheben.

7874. Erdbeere trifft Herbst-FKG, September 2015

2 x Frühstück

Abends siehe 7818 (mit Chia)

Morgens

- 270 g Erdbeeren, geputzt (netto)
- 1 Banane, geschält (115 g netto)
- 1 Apfel (175 g)
- 110 g kernlose Trauben, netto
- 15 g Cashewnussmus

Erdbeeren, Banane und vorgeteilten Apfel im Hochleistungsmixer pürieren. Auf das Getreide gießen. Mit Trauben und Nussmus symmetrisch dekorieren.

7875. Blick auf Winter-Kakao, September 2015

Im Vitamix 2,5-3 Min. höchste Stufe:

- 5 g Kakaonibs
- 15 g Chiasamen
- 3 Datteln entsteint Deglet Nour (20 g netto)
- 1 getr. Feige (20 g)
- 5 g frischer Ingwer
- 10 g Hanfsamen
- 1 gestr. TL Lebkuchengewürz (3 g)
- auf 500 ml mit Wasser/kochendem Wasser 1:1 auffüllen.

7876. Milchreis im Schnellkochtopf, slightly exotic, September 2015

Vorläufer: 6937

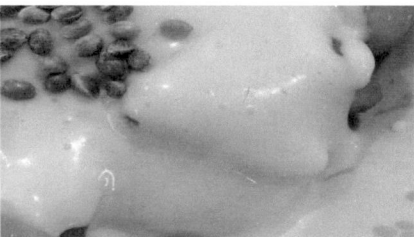

- 200 g Rundkorn-Naturreis
- 600 g Wasser
- 1 P Salz
- 3 cm Vanillestange
- 1/2 Zimtstange
- 10 cm getr. Mangoschale

Reis mit Wasser und den anderen Zutaten im Schnellkochtopf 12 Min. auf Stufe II kochen. Langsam abdampfen: 10 Min. Platte auf 2 (von 14), 10 Min. auf 1 (von 14) und 30 Min. geschlossen stehen lassen.

7877. Sahnecreme, September 2015

- 1 TL Cashewnussmus (20 g)
- 10 g Ahornsirup
- 20 g Pflanzenmilch, hier: Langkornstützenmilch 7840
- 80 g Stützcreme, hier: Langkornstütze minus 10; 7864

Im kleinen Mixer gut durchmixen. Bei größeren Mengen einen anderen Mixer nehmen.

7878. Erdbeere-trifft-Herbst-Dessert, September 2015

2 Desserts

- 100 g Erdbeeren, geputzt (netto)
- 100 g Trauben, kernlos (netto)
- 1 TL Hanfsamen
- 1 TL Cashewnussmus (20 g)
- 10 g Ahornsirup
- 20 g Pflanzenmilch, hier: Langkornstützenmilch 7840
- 80 g Stützcreme, hier: Langkornstütze minus 10; 7864

Erdbeeren klein schneiden, Trauben halbieren. Mischen und auf zwei Schüsselchen verteilen. Nussmus, Süßungsmittel, Pflanzenmilch im kleinen Mixer gut durchmixen. Bei größeren Mengen einen anderen Mixer nehmen. Auf das Obst verteilen, in die Mitte die Hanfsamen streuen.

7879. Erdbeere-trifft-Herbst-II-FKG, September 2025

2 x Frühstück

- 2 EL Nacktgerste
- 4 EL Nackthafer
- 260 g Erdbeeren, geputzt (netto)
- 1 Banane, geschält und halbiert (130 g netto)
- 1 größere Birne, vorgeschnitten (280 g)
- 5 g Kokosraspeln
- 15 g Kokosstreifen
- 2 Trauben (Deko)

Getreide flocken, auf zwei Schüsselchen verteilen. Obst im Hochleistungsmixer pürieren, über das Getreide geben. Kokosraspeln in die Mitte, Streifen an den Rand legen. Je eine Traube in die Mitte stecken.

7880. Kakao auf 10er-Karte, September 2015

Im Vitamix 2,5 bis 3 Min. auf höchster Stufe:

- 10 g Kakaonibs
- 10 g Hanfsamen
- 10 g Erdmandeln
- 10 g Ingwer frisch
- 10 g Carob
- 4 Datteln entsteint Deglet Nour (30 g netto)
- auf 500 ml mit Wasser / kochendem Wasser 1:1 auffüllen

7881. Kürbis mit Kokoserbsen, September 2015

2 Portionen

Vorbereitung: Kichererbsen kochen (etwa 130-150 g Rohgewicht)
Gemüsepfanne (24 cm, 15 Min.):

- 10 g Kokosöl
- 55 g Wasser
- 1 MS Curry (von selbstgemachtem Curry kann man möglicherweise mehr nehmen)
- 1 Zwiebel (geschält, gewürfelt, 60 g netto)
- 20 g getr. Kokosstreifen, etwas kleiner geschnitten
- 450 g Hokkaido, relativ grob gewürfelt, Kerne entfernt (netto)

Soße (im Mixer verquirlen):

- 40 g Linsenaufstrich mit Walnuss 7867 o. Ä.
- 12 g Cashewnussmus
- 1 TL Salz
- 1/4 TL Kreuzkümmel
- 15 g Kokosraspeln
- 90 g Kichererbsenkochwasser (oder Wasser)

Mit

- 360 g gekochten Kichererbsen zum Gemüse geben und mit
- Petersilie dekorieren.

7882. Rote Linsen im großen Stil (1:2), September 2015

- 200 g rote Linsen
- 400 g Wasser

Zutaten in einen Topf geben. Zum Kochen bringen, auf 17 Min. stellen und allmählich auf kleinste Einstellung bringen. Noch eine Weile auf der Platte nachquellen lassen. Die Masse wird nach einigen Std. im Kühlschrank ziemlich fest.

7883. Rice-Banana-Cookies, September 2015

Vorläufer: 7828

- 125 g Nackthafer
- 125 g Nacktgerste
- 75 g Langkorn-Naturreis
- 1 Pr Salz
- 1 P Weinstein-Backpulver
- 1 gestr. TL gem. Vanille
- 1/2 kleiner Apfel (45 g)
- 25 g Cashewnüsse
- 2 Bananen, geschält (netto 270 g)
- 80 g Agavendicksaft (oder Honig)
- 100 g Milchreis im Schnellkochtopf, slightly exotic 7876 o. Ä.
- 40 g Rosinen

Hafer fein mahlen (2/9, Hawos Novum). Gerste und Reis mischen, fein mahlen (Stufe 1). Die trockenen Zutaten (außer den Rosinen) miteinander mischen. Apfel, Cashewnüsse, Bananen und Agavendicksaft im Vitamix solange mischen, bis alles wirklich zerkleinert ist. Zu den trockenen Zutaten geben, Milchreis und Rosinen hinzufügen und gründlich verkneten (Handrührgerät, Knethaken).

Kurz quellen lassen. Mit einem nassen Esslöffel Teigstücke abstechen und eng nebeneinander auf ein Backblech (PerfectClean, oder mit Dauerbackfolie / Backpapier) setzen. Ofen auf 160 °C vorheizen. Blech einschieben und 22 Min. bei 160 °C backen, 5 Min. im ausgestellten Ofen nachbacken.

Hinweis: *Chiasamen (20 g) habe ich leider wieder einmal vergessen. Am Geschmack tun sie nichts, aber ich habe den Eindruck, sie machen die Kekse fester.*

7884. Käsecreme golden, September 2015

Vorläufer: 7849

- 40 g Langkorn-Naturreis
- 40 g Cashewnüsse
- 2 TL Sonnenblumenöl (8 g)
- 2 Pr Schabziegerklee, gem.
- 1 TL Salz
- 1 Prise schw. gem. Pfeffer
- 50 g gekochte rote Linsen
- 260 g Wasser (halb kalt, halb kochend)
- 2 TL Flohsamenschalen

Alle Zutaten außer den Flohsamenschalen im Vitamix bis zum Stocken schlagen, die Flohsamenschalen hinzugeben, sobald die Masse erste Zeichen des Stockens zeigt. Gibt man die Flohsamenschalen zu früh hinzu, wird der Reis nicht mehr fein gemahlen.

7885. Frischkäse zum Backen, September 2015

Dies ist kein „Frischkäse", um ihn aufs Brot zu tun, er soll Frischkäse in einem Teig ersetzen. Zitronensaft wäre für eine Variante, die nicht weiter verarbeitet werden soll, besser.

Im Vitamix bis zum Stocken mixen (ca. 3 Min.):

- 25 g Langkorn-Naturreis
- 25 g Sonnenblumenkerne
- 2 EL Apfelessig
- 1 Pr Salz
- 10 g grüne Rosinen
- 180 g Wasser (halb Raumtemperatur, halb kochend)

7886. Stützcreme mit Linsen, September 2015

Im Hochleistungsmixer bis zum Stocken schlagen:

- 50 g Langkorn-Naturreis
- 50 g gekochte rote Linsen
- 25 g Cashewnüsse
- 1 Dattel Deglet Nour (7 g)
- 1 Pr Salz
- 350 g Wasser (halb Zimmertemperatur, halb kochend)

Ohne Hochleistungsmixer: Nüsse in einem Teil des Wassers einweichen, Getreide fein mahlen und im restlichen Wasser aufkochen, abkühlen lassen. Alles zusammen in einem Mixer zu einer Creme schlagen.

7887. Cremiger Herbst, September 2015

2 Desserts.

- 100 g Milchreis im Schnellkochtopf, slightly exotic 7876 o. Ä.
- 60 g Stützcreme mit Linsen 7886 o. Ä.
- 20 g Agavendicksaft
- 20 g Walnüsse
- 95 g Apfel
- 8 Trauben

Reis, Creme und Süßungsmittel mit einem Löffel verrühren. Walnüsse mit dem grob vorgeschnittenen Apfel raspeln (z. B. im Zerkleinerer). Ebenfalls unterrühren, auf zwei Schüsselchen verteilen und mit je 4 Trauben dekorieren.

7888. Hokkaido-Walnuss-Tarte, September 2015

2 Portionen. Nach einem Rezept von kochrezept.de, Seite nicht mehr abrufbar. Aufwändig in der Vorbereitung.

Die Hinweise bei den Zutaten in Klammern beziehen sich auf das Originalrezept.

Teig:

- 250 g Weizen, fein gem.
- 100 g Frischkäse zum Backen 7885 o. Ä.
- 100 g Stützcreme mit Linsen 7886 (statt Butter)
- 30 g gekochte rote Linsen (statt Eigelben)
- 1 Pr Salz

Gemüsebelag:

- 300 g Hokkaido
- 100 g Möhre
- 100 g Walnüsse
- 10 g Petersilie

„Käsemasse":

- 200 g Käsecreme golden 7884 o. Ä.
- 100 g gekochte rote Linsen
- 1 TL Salz
- 95 g Kichererbsenkochwasser
- 5 g Sonnenblumenöl (1 TL)

Teig: Mehl mit den anderen Zutaten zu einem glatten Teig verarbeiten. In Frischhaltefolie wickeln und mindestens eine Stunde kaltstellen. 28-cm-Pizzaform (PerfectClean; sonst einfetten) leicht mit Mehl bestäuben. Teig etwas größer als die Form ausrollen. Form mit dem Teig auskleiden. Teigrand andrücken. Teig in der Form kühl stellen. **Gemüse:** Hokkaido & Möhre grob raffeln, die Walnüsse ebenso durch die Maschine geben. Petersilie hacken, alles mischen. Auf dem Teig verteilen. **Käsemasse:** Zutaten außer Öl im großen Becher des kleinen Mixers gut mixen. Gleichmäßig auf dem Gemüse verteilen. Das Öl darüber tröpfeln. 2 TL würden auch nicht schaden.

Ofen (Heißluft) auf 180 °C vorheizen. Tarte einschieben, 25 Min. backen. Temperatur auf 150 °C herunterstellen und weitere 20 Min. backen. Evtl. mit Folie abdecken.

Hinweise: *Insgesamt fand ich das sehr lecker, ich würde aber bei einem nächsten Mal die Temperaturen anders einstellen: 25 Min. bei 190 °C, 20 Min. bei 160 °C. Oder wie eine Pizza 25 Min. bei 225 °C. Ist sehr sättigend und für zwei Leute zu viel. Mit einem kleinen Salat vorher reicht das sicher auch für Vier. – Der Teig lässt sich übrigens prima ausroll*en.

7889. Kuchenmilch „Rice Cookies", September 2015

- 50 g einer Kuchencreme aus:
  - - 1/2 kleiner Apfel (45 g)
  - - 25 g Cashewnüsse
  - - 2 Bananen, geschält (netto 270 g)
  - - 80 g Agavendicksaft (oder Honig)
- 225 g Wasser

Im Vitamix 1-2 Min. mixen.

7890. Altweiberreis, September 2015

2 Desserts

- 100 g Milchreis im Schnellkochtopf, slightly exotic 7876 o. Ä.
- 55 g Stützcreme mit Linsen 7886 o. Ä.
- 1 EL Agavendicksaft
- 75 g Johannisbeeren (netto)
- 6 Trauben, kernlos

Reis, Creme und Agavendicksaft verrühren. Johannisbeeren vorsichtig unterrühren, auf zwei Schüsselchen verteilen. Mit den Trauben in der Mitte dekorieren.

7891. Burgerbrötchen, September 2015

4 Stück; gut zum Füllen geeignet.

- 10 g frische Bio-Hefe (1/4 Würfel)
- 100 g Wasser
- 1 EL Agavendicksaft
- 100 g Kamut, fein gemahlen
- 100 g Weizen, fein gemahlen
- 1 TL Salz
- 20 g Stützcreme mit Linsen 7886 o. Ä.
- 2 EL kleine Kokosmilch 7892 o. Ä.
- 1 EL Kürbiskerne (10 g)

Hefe im Wasser auflösen. Mit Agavendicksaft verrühren. Getreide mit Salz, Hefewasser und Stützcreme erst verrühren, danach kneten, bis sich ein weicher Teig ergibt, der gerade an der Hand klebt, aber nicht kleben bleibt. Bei 35 °C in einer Pengdose 40 Min. (bei Raumtemperatur: 1 Stunde) gehen lassen. Kurz durchkneten, in 4 Portionen teilen und diese zu Kugeln formen. Auf ein Pizzablech (PerfectClean, oder mit Dauerbackfolie / Backpapier) legen, flach drücken und erneut, mit Gärfolie abgedeckt, 30 Min. bei 35 °C (40 Min. bei Raumtemperatur) gehen lassen. Mit Kokosmilch einpinseln, mit Kürbiskernen bestreuen. Ofen auf 180 °C vorheizen. Brötchen einschieben und 20 Min. bei 180 °C backen, 5 Min. nachbacken. Da sie leicht süßlich sind, eignen sie sich wirklich gut für burgerartige Füllungen, z. B. einen dünnen Bratling, ein Blatt Salat, eine Tomate.

7892. Kleine Kokosmilch, September 2015

Wenn's mal nicht gleich 1/2 Liter sein soll.

- 10 g Kokosraspeln
- 80 g Wasser

Im kleinen Mixer 1 Min. laufen lassen. Durch ein Teesieb gießen bzw. pressen. Den Trester im Essen verarbeiten oder so essen.

7893. Rote-Zwiebel-Creme-Suppe, September 2015

2 Portionen.

- 1 TL Sonnenblumenöl
- 2 TL Wasser
- 280 g rote Zwiebeln (brutto)
- 1 Pr Salz
- 35 g Apfel (hätten ruhig 50 g sein können)
- 80 g passierte Tomaten
- 500 g Wasser
- 75 g Frischkäse zum Backen 7885
- 50 g gekochte Sojabohnen
- 2 TL Salz
- Pfeffer
- 1 MS gem. Kümmel

Sonnenblumenöl und Wasser in eine 24-cm-Pfanne geben. Zwiebeln schälen und in Streifen schneiden. Mit einer Prise Salz in die Pfanne geben. Apfelstück würfeln, ebenfalls in die Pfanne geben. Als Gemüsepfanne 5 Min. Die Zwiebeln sollten nun weich sein. 1 EL Zwiebeln beiseitelegen.

Tomaten und Gemüsebrühe angießen, Suppe mit Salz und Pfeffer vorsichtig würzen. 10 Min. köcheln lassen. Stützcreme und Sojabohnen in eine Plastikschüssel geben, Suppe hinzugießen und mit dem Pürierstab pürieren. In die Pfanne zurückgießen, mit Salz, Pfeffer und Kümmel abschmecken. Zum Kochen bringen, auf zwei Schüsseln verteilen und mit den gedünsteten Zwiebelstreifen belegen (sie rutschen leicht in die Suppe).

Tipp: *Bei mir gab es je ein Burgerbrötchen 7891 dazu.*

7894. Dunkelaltweiberreis, September 2015

2 Desserts.

- 7 g Kakao
- 80 g Milchreis im Schnellkochtopf, slightly exotic 7876 o. Ä.
- 80 g Stützcreme mit Linsen 7886 o. Ä.
- 30 g Agavendicksaft
- 60 g Johannisbeeren (netto)
- 12 Trauben, kernlos
- 2 Walnusshälften

Kakao, Reis, Creme und Agavendicksaft verrühren. Johannisbeeren vorsichtig unterrühren, auf zwei Schüsselchen verteilen. Je 6 Trauben am Rand verteilen, in die Mitte eine Walnusshälfte stecken.

7895. Linsenremoulade säuerlich, September 2015

Im kleinen Mixer verquirlen:

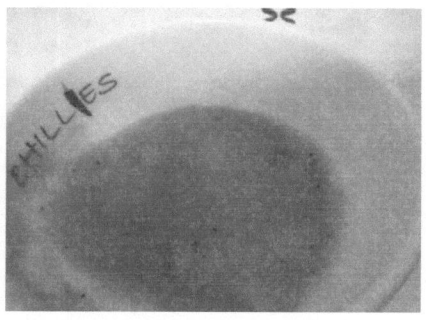

- 1 Prise Pfeffer
- 150 g gekochte rote Linsen
- 25 g Stützcreme mit Linsen 6886
- 1 EL Apfelessig (wahlweise: 1 EL Öl)
- 25 g Bohnenkochwasser oder Wasser (wer es fester möchte, nimmt deutlich weniger)
- 1 TL Salz
- 1/2 TL getr. Thymian
- 1/2 TL Agavensirup
- 1 Prise gem. Kümmel

7896. Kichererbsen-Kürbis-Bratlinge, September 2015

2 Portionen.

- 150 g Kichererbsen
- 250 g Hokkaido (netto)
- 1 rote Zwiebel, geschält (40 g netto)
- 1 Knoblauchzehe, geschält (5 g netto)
- 1/2 TL getr. Thymian, zwischen den Händen verrieben
- 1 TL Natron
- 1 EL Apfelessig
- 1 Pr Pfeffer
- 1 TL Salz (evtl. nachsalzen)
- 75 g gekochte rote Linsen

Kicherbsen 8-10 Std. in Wasser einweichen. Abtropfen lassen und im Viamix in zwei Portionen körnig mixen (ich würde sie im Wiederholungsfalle lieber mit dem Hackmesser zerkleinern, macht nur eine Maschine dreckig). Vorgeschnittenen Kürbis mit Zwiebel und Knoblauch im Food Processor mit dem Hackmesser nach Wunsch zerkleinern. Alle Zutaten in eine Schüssel geben, mit den Händen verkneten. Eventuell flachdrücken.
Ofen (Heißluft) auf 220 °C vorheizen. Mit einem Esslöffel Teigstücke abstechen, zwischen den Händen zu Bratlingen formen (ergab bei mir 13 Stück) und nebeneinander auf ein Backblech (PerfectClean, oder mit Dauerbackfolie / Backpapier) setzen. 17 Min. bei 220 °C backen, 3 Min. im ausgestellten Ofen nachbacken.

7897. Gefüllte Burger, September 2015

2-4 Portionen (je nach Beilage)

- 2 Brötchen: Burgerbrötchen 7891 o. Ä.
- 4 Bratlinge: Kichererbsen-Kürbis-Bratlinge 7896 o. Ä.
- 2 EL Remoulade: Linsenremoulade säuerlich 7895 o. Ä.
- 4 dünne Scheiben Salatgurke
- 1 EL Linsensprossen
- 2 dünne Scheiben Porree (weißer Teil) in Ringe geteilt

Brötchen aufschneiden, mit Gurke, Sprossen und Porree belegen. Etwas Remoulade darauf verteilen, mit einem Bratling zudecken. Noch etwas Remoulade, noch ein Bratling (sie sollten dünn sein, sonst quer durchschneiden), und den Deckel aufsetzen.

Hinweis: *Schmecken kalt und warm. Es schmeckt sicher mit frischen Brötchen am besten, ich fand es auch mit Brötchen vom Vortag, nicht aufgewärmt, lecker.*

7898. Glibber-FKG, September 2015

2 x Frühstück

Abends:

- 6 EL Sechskorngetreide mit Knack mit
- 2 EL Chiasamen fein schroten (Stufe 3/9, Hawos Novum) & auf zwei Schüsseln verteilen. Mit insgesamt
- 300 g Wasser übergießen. Abgedeckt über Nacht (mindestens 4 Std.) bei Raumtemperatur stehen lassen.

Morgens:

- 5 g Zitronenfleisch
- 2 Bananen, geschält (210 g netto)
- 1 Apfel (190 g)
- 1 Birne (175 g)
- 55 g kernlose Trauben (Dekoration; netto)
- 12 g Sonnenblumenkerne

Obst in grobe Stücke teilen und im Hochleistungsmixer pürieren. Auf das Getreide gießen. Mit Trauben und Kernen locker bestreuen.

7899. Teelöffelkakao Nr. 2, September 2015

Im Hochleistungsmixer, je nach Gerät, 2,5 bis 3 Min. auf höchster Stufe schlagen:

- 1 TL Kakaonibs (6 g)
- 1 TL Kakaopulver (4 g)
- 1 TL Hanfsamen (4 g)
- 3 TL Chiasamen (15 g)
- 4 Datteln entsteint Deglet Nour (25 g netto)
- 5 g frischer Ingwer
- 60 g Kleine Kokosmilch 7892 o. Ä.
- 65 g Wasser
- auf 500 ml (Markierung im Becher) mit kochendem Wasser auffüllen

7900. Sojareismilch, September 2015

Im Vitamix 2 Min. pürieren:

- 10 g Rundkornnaturreis
- 10 g gekochte Sojabohnen (Lex)
- 1 kleine Prise Salz, aufgefüllt auf
- 500 ml mit Wasser

7901. Linsenstützcreme, September 2015

Im Hochleistungsmixer bis zum Stocken schlagen:

- 50 g Rundkorn-Naturreis
- 50 g gekochte rote Linsen
- 1 Prise Salz
- 1 Dattel entsteint, Deglet Nour (9 g)
- 350 g Wasser (halb Zimmertemperatur, halb kochend)

Ohne Hochleistungsmixer: Dattel in Teil des Wassers einweichen. Getreide fein mahlen und im restlichen Wasser aufkochen, abkühlen lassen. Alles zusammen in einem Mixer zu einer Creme schlagen.

7902. Apfelreiscreme, September 2015

2 Desserts

- 100 g Linsenstützcreme 7901
- 35 g gekochte rote Linsen
- 20 g Zitronensaft
- 1 Apfel, vorgeschnitten (150 g)
- 35 g Agavendicksaft
- 1 MS gem. Zimt
- 85 g Milchreis, hier Milchreis im Schnellkochtopf, slightly exotic
- 1 TL Flohsamenschalen
- 12 g getr. Maulbeeren

Stützcreme, Linsen, Zitronensaft, Apfel, Agavendicksaft und Zimt im Vitamix gut mischen, es dürfen noch kleine Apfelstückchen vorhanden sein. In einer Schüssel mit Milchreis und Flohsamenschalen verrühren. Auf zwei Schüsselchen verteilen und mit Maulbeeren dekorieren.

7903. Brechbohnenpfanne aus dem Alltag, September 2015

2 Portionen.

Gemüsepfanne (24 cm; 16 Min.):

- 100 g Sojabohnen-Kochwasser oder Wasser
- 350 g Kartoffeln, unter fließendem Wasser abgebürstet, Schadstellen entfernt und in Scheiben geschnitten (netto)
- 245 g Brechbohnen, geputzt, Enden abgeschnitten, halbiert (netto)
- 145 g Wirsing, in feine Streifen geschnitten

Soße (kleiner Mixer, flaches Messer):

- 50 g gekochte Sojabohnen
- 35 g Frischkäse zum Backen 7885 (oder 1-2 TL Essig)
- 1 TL Salz
- 1 MS gem. schw. Pfeffer
- 4 g Essigpeperoni 7/4573
- 20 g Cashewnussmus
- 10 g Sonnenblumenöl
- 60 g Sojabohnen-Kochwasser oder Wasser

Soße unter das Gemüse rühren, aufkochen. Becher mit 45 g Wasser nachspülen. Dieses Wasser ebenfalls zum Gemüse geben, verrühren und aufkochen.

Tipp: Allenfalls hätte die Soße noch etwas Zitrone vertragen können, ansonsten war ich superglücklich :-)

7904. Brownies angehafert, September 2015

Vorläufer: 7775

- 125 g Dinkel
- 25 g Nackthafer
- 1 TL gem. Vanille
- 30 g Carobpulver
- 40 g Kakaopulver
- 2 Prisen Salz
- 1 P Weinstein-Backpulver
- 120 g Linsenstützcreme 7901 o. Ä.
- 355 g Agavensirup oder dünnflüssigen Honig (ich habe keinen dünnflüssigen Honig im Haus)
- 1,5 Äpfel vorgeschnitten (220 g)
- 100 g Walnüsse
- 20 g Kakaonibs

Getreide mischen, fein mahlen und Vanille, Carob, Kakao Salz und Backpulver hinzufügen. Stützcreme, Süßmittel und Apfelstücke im Vitamix gut mischen, dass keine Stückchen mehr übrig sind und zum Mehl geben. Mit dem Handrührgerät, Rührbesen, sehr gut vermischen. Walnüsse mit den Kakaonibs im Zerkleinerer hacken (die ibs bleiben intakt). Unterziehen.

Boden der Springform mit Backpapier überziehen. Teig in die Form gießen und in den kalten Ofen schieben (Gitterrost). 35 Min. bei 160 °C (Heißluft) backen und 10 Min. bei ausgestelltem Ofen nachbacken. Kuchen erst anschneiden, wenn er ganz ausgekühlt ist, am besten nach 2-3 Std. im Kühlschrank, die Masse klebt sonst sehr. Ich habe den Kuchen erst am übernächsten Tag angeschnitten.

Tipp: Formvollendet würde man nun keine Tortenstücke, sondern Rechtecke schneiden.

7905. Exotische Reiscreme, September 2015

2 Portionen

- 75 g Linsenstützcreme 7901 o. Ä.
- Milchreis im Schnellkochtopf, slightly exotic 7876 o. Ä.
- 20 g Agavendicksaft
- 70 g geputzte Erdbeeren, klein geschnitten (netto)
- 1 Feige, ohne Stiel, klein geschnitten (70 g netto)
- 1 Passionsfrucht

Stützcreme, Reis und Süßungsmittel in einer Schüssel verrühren. Klein gehacktes Obst unterziehen und auf zwei Schüsselchen verteilen. Passionsfrucht quer durchschneiden, den Inhalt der Hälften auf die Schüsselchen verteilen.

7906. Kürbissoße für Kartoffeln, September 2015

2 Portionen.

Gemüse (Gemüsepfanne, 15 Min.)

- 100 g Kichererbsenkochwasser oder Wasser
- 285 g Butternut-Kürbis, ohne Kerne, grob gewürfelt (netto)
- 1/2 Apfel, klein geschnitten (60 g)
- 1 Zwiebel, geschält und vorgeschnitten (60 g netto)
- 2 Knoblauchzehen, geschält (5 g netto)
- 1 Pr Salz

Soßenzutaten im kleinen Mixer verquirlen:

- 20 g Zitronenfleisch
- 20 g Cashewnussmus
- 1-2 TL Salz
- 1 Prise schw. gem. Pfeffer
- 50 g gekochte Kichererbsen
- 50 g Kichererbsenkochwasser oder Wasser
- (45 g Wasser zum Nachspülen)

Die Soße zum Gemüse geben, Becher mit 45 g Wasser nachspülen. Dieses Wasser ebenfalls zum Gemüse geben. Mit dem Pürierstab pürieren, bis alles vermischt ist und keine Stücke mehr vorhanden sind. (Mit Thermomix, Vitamix oder einem normalen Haushaltsmixer wäre es sicher einfacher). Mit Salz abschmecken.

7907. Gefüllte Feigen, September 2015

2 Portionen.

- 2 frische Feigen
- 2 EL Milchreis im Schnellkochtopf, slightly exotic 7876 o. Ä.
- 2 TL Agavendicksaft
- 6-10 Erdbeeren oder anderes frisches Obst

Von den Feigen oben einen Deckel inklusive Stiel abschneiden. Das Innere mit einem Teelöffel entfernen, geht bei reifen Feigen gut. Die Feigenmasse mit Milchreis und Agavendicksaft verrühren, die Feigen damit füllen, den Deckel auf die Füllung geben. Rest Füllung vor die Feigen streichen, Erdbeeren darauf setzen.

7908. Focaccia glutenfrei, Versuch 2; September 2015

Vorläufer: 7871; 3-4 Portionen

- 50 g Langkorn-Naturreis
- 100 g Buchweizen
- 50 g Hirse
- 10 g frische Hefe
- 175 g Wasser
- 50 g Linsenstützcreme 7901
- 1 gute Prise Salz
- 1/3 Tomate (ca. 40 g)
- Hagelsalz
- 1-2 TL Sonnenblumenöl

Abends: Getreide mischen und fein mahlen. Mit Salz mischen. Hefe im Wasser auflösen, mit Stützcreme und Getreidemischung verrühren. In einer Peng-Dose gut verschließen, die Dose in eine Plastiktüte stellen und in den Kühlschrank stellen. Etwa 1,5 Std. vor der Weiterverarbeitung aus dem Kühlschrank nehmen (die Zeit im Kühlschrank liegt von etwa 20 Uhr abends bis 10 Uhr morgens).

Am nächsten Tag: Ofen auf 225 °C (Heißluft) vorheizen. Wenn noch etwa 5 Min. bis zum Erreichen der Temperatur übrig sind (bei mir nach 10 Min.): Teig auf ein Backblech (PerfectClean, oder mit Dauerbackfolie / Backpapier) geben. Mit einem nassen Spatel zu einem Kreis, Durchmesser etwa 18 cm, auseinander drücken. Tomate in Scheiben schneiden, Öl darüber geben und mit Salz bestreuen.

In den Ofen schieben und 25 Min. backen, im ausgestellten Ofen 5 Min. nachbacken. Auf ein Gitterrost geben und etwa 10 Min. abkühlen lassen. Noch lauwarm essen.

Anmerkung: Schon besser. Aber es hätte ruhig noch mehr Wasser sein können. Auch würde ich mal versuchen, das Gebäck in den kalten Ofen zu geben, vielleicht wird es dann noch lockerer. Der Geschmack war auf jeden Fall besser.

7909. Butternut-Bohnen-Pfanne, September 2015

2 Portionen.

Als Gemüsepfanne (24 cm) 15 Min. dünsten:

- 100 g Wasser oder Kichererbsenkochwasser
- 175 g Brechbohnen, Enden abgeschnitten, halbiert (netto)
- 280 g Butternut-Kürbis (netto), in grobe Würfel geschnitten
- 150 g Porree, weiße Enden, in Ringe geschnitten (netto)

Für die Soße im kleinen Mixer verquirlen:

- 15 g Zitronenfleisch
- 1 TL Salz
- 1 Stück Essigpeperoni (5 g) 7/4573
- 10 g Ahornsirup
- 10 g Sonnenblumenöl
- 20 g Erdnussmus
- 70 g Kichererbsenkochwasser

In die Pfanne geben. Becher mit 45 g Wasser nachspülen. Dieses Wasser ebenfalls zum Gemüse geben, verrühren und aufkochen.

- 300-350 g gekochte Kichererbsen hinzufügen.

Vorsichtig mischen und aufkochen lassen.

Hinweis: Der Erdnussgeschmack war erstaunlich dezent, ich fand das eine sehr gelungene Kombination!

7910. Saturday Buns, September 2015

Nach dem Rezept „Sonntagsbrötchen" aus dem Buch „Clean Eating"
von Hanna Frey

- 1 P Bio-Hefe (42 g)
- 100 g lauwarmes Wasser
- 350 g Dinkel, fein gemahlen zusammen mit
- 150 g Roggen
- 250 g lauwarmes Wasser
- 200 g Sonnenblumenkerne
- 4 EL Sesam, ungeschält (55 g) (im Original 4 EL Leinsamen, kein Chia)
- 25 g Chiasamen
- 65 g Linsenstützcreme 7901 o. Ä. (im Original: 2 EL Butter)
- 1 Prise Salz (viel, viel zu wenig! 1-2 TL sollten es sein)

Abends die Hefe in 100 g Wasser auflösen. Alle Zutaten in eine Schüssel geben, mit den Knethaken eines Handrührgeräts 5 Min. auf niedrigster Stufe kneten, dann weitere 5 Min. auf mittlerer Stufe. Der Teig in der Schüssel ist viel zu flüssig, das wird aber über Nacht von den Kernen und vom Chia aufgesogen! Haushaltsfolie auf den Teig legen und die Schüssel mit dem Teig in eine passende Plastiktüte geben. Den Teig über Nacht bei Zimmertemperatur abgedeckt stehen lassen (bei mir war das von etwa 21 Uhr bis ca. 5 Uhr).

Am nächsten Morgen den Teig kurz durchkneten und wiegen. Mein Teig war ca. 1170 g schwer, da erschienen mir die vorgegebenen 8 Stücke zu wenig. Teig in 9 Teile teilen, bei mir je etwa 130 g. Etwas Mehl auf eine Arbeitsfläche streuen und den Teig mit den Händen zu Rollen drehen, bis die Teigrollen jeweils 30 bis 40 cm lang sind. Teigrollen von einem Ende, wenn nötig mit befeuchteten Händen, spiralförmig zusammenrollen. Die Spiralbrötchen nebeneinander auf ein Backblech (PerfectClean, oder mit Dauerbackfolie / Backpapier) setzen und eine weitere Stunde, abgedeckt mit Gärfolie ruhen lassen. Nach 50 Min. Ruhezeit den Ofen (Heißluft, Klimagaren) auf 210 °C stellen. Im fertig vorgeheizten Ofen die Brötchen 20 Min. backen. Klopfprobe machen, die Brötchen müssen hohl klingen.

7911. Exotische Flocken, September 2015

2 x Frühstück

- 6 EL Nackthafer
- 1 Mango, geschält und vom Kern getrennt (250 g netto)
- 1 Birne, vorgeschnitten (160 g)
- 1 Apfel, vorgeschnitten (150 g)
- 1 Passionsfrucht
- 1 frische Feige

Getreide flocken, auf zwei Schüsselchen verteilen. Mango, Birne und Apfel im Hochleistungsmixer pürieren, über das Getreide geben. Inhalt der Passionsfrucht in die Mitte geben. Feige achteln und je vier Spalten auf das Obstpüree legen.

7912. Viscous Cocoa, September 2015

Im Vitamix, 2,5 bis 3 Min: auf höchster Stufe schlagen:

- 20 g Kakaonibs
- 20 g Chiasamen
- 4 Datteln entsteint Deglet Nour (30 g netto)
- 5 g frischer Ingwer
- 10 g Cashewnüsse
- 180 g Sojareismilch 7900 o. Ä.
- auf 500 ml mit Wasser / kochendem Wasser 1:1 auffüllen

7913. Kichermilch, September 2015

Im Hochleistungsmixer, je nach Gerät, 2,5 bis 3 Min. auf höchster Stufe schlagen:

- 10 g Langkornnaturreis
- 5 g Cashewnüsse
- 10 g gekochte Kichererbsen
- 250 g Wasser Raumtemperatur
- 250 g kochendes Wasser

7914. Kicherstütze gefloht, September 2015

Im Hochleistungsmixer schlagen, bis es blubbert:

- 50 g Rundkornnaturreis
- 15 g Cashewnüsse
- 50 g gekochte Kichererbsen
- 1 Prise Salz
- 1 Dattel Deglet Nour = 7 g
- 500 g Wasser (halb Zimmertemperatur, halb kochend). Danach
- 1 TL Flohsamenschalen einstreuen und mixen, bis sich die Masse zusammenzieht.

Hinweis: Die Flohsamenschalen waren keineswegs geplant, ich vertue mich leider gelegentlich mit der Wassermenge, wenn ich nicht voll konzentriert bin. Da können die Flohsamenschalen gut noch etwas retten!

Ohne Hochleistungsmixer: Nüsse in einem Teil des Wassers einweichen, Reis fein mahlen und im restlichen Wasser aufkochen, abkühlen lassen. Alles zusammen in einem Mixer zu einer Creme schlagen.

7915. Sonntagsbrot Wildhefe 2015/31, September 2015

Vortag 14:00 Uhr:

- 150 g Wildhefe / 150 g Weizen, fein gemahlen, verrühren

In einer Pengdose (300 ml) bis abends stehen lassen.

Vortag, abends 21:00 Uhr

- 700 g Dinkel, fein gemahlen zusammen mit
- 300 g Roggen
- 750 g lauwarmes Wasser
- 400 g Sonnenblumenkerne
- 60 g Sesam, ungeschält
- 50 g Chiasamen
- 100 g Stützcreme, hier: Kicherstütze 7914
- 1 geh. EL Salz
- 1 TL Honig

Alle Zutaten in eine ausreichend große Schüssel geben. Erst mit dem Löffel, dann mit den Händen gründlich verkneten. Haushaltsfolie auf den Teig legen und die Schüssel mit dem Teig in eine passende Plastiktüte geben. Den Teig über Nacht bei Zimmertemperatur abgedeckt stehen lassen (bei mir war das von etwa 21 Uhr bis ca. 9 Uhr).

Backtag, nächster Morgen:

Am nächsten Morgen war der Teig auf Fingerdruck etwas schaumig. Teig kurz mit nassen Händen durchkneten. Eine 30-cm-Form (Dr. Oetker, Profi-Email) mit Butter o. Ä. einfetten. Teig hineingeben und in einer Plastiktüte 2 Std. bei Zimmertemperatur gehen lassen. Form in den kalten Ofen schieben und bei Klimagaren 190 °C (ein Dampfstoß nach Erreichen der Temperatur) 1 Stunde backen und einige Min. nachbacken. Da ich spazieren gegangen bin, weiß ich nicht genau, wie lange das war.

Brot aus der Form nehmen, das war nicht so ganz einfach, weil der Teig in der Form stark gegangen ist und somit auch etwas über den Rand „schwappte". Klopfprobe machen, mit Wasser einsprühen und auf einem Gitterrost abkühlen lassen.

7916. Scones mit Pseudobuttermilch, September 2015

- 275 g Dinkel, fein gemahlen
- 1 Prise Salz
- 1 Päckchen Weinstein-Backpulver, gesiebt
- 200-205 g Pseudobuttermilch 7917

Mehl mit Backpulver und Salz in einer Rührschüssel mischen. Nach und nach die Pseudobuttermilch zum Mehl geben und mit den Knethaken des Handrührgeräts zu einem elastischen Teig verarbeiten. Den Teig mit den Händen etwa 1 Minute leicht durchkneten. Zu einer Rolle von etwa 5 cm Durchmesser formen und in 8 Teile schneiden. Jeden Teil zu einer Scheibe von etwa 2,5 cm Höhe formen und die Teiglinge nebeneinander auf ein Backblech setzen. Ofen (Heißluft) auf 180 °C vorheizen und die Scones 20 Min. backen.

Tipp: Lauwarm schmecken sie besonders gut. Etwas mehr Salz wäre allerdings sehr gut, denn Originalscones haben auch dieses etwas Salzige. Bei mir gab es Feigenkompott dazu.

7917. Pseudobuttermilch, September 2015

- 25 g Zitronenfleisch
- 150 g Pflanzenmilch, hier Kichermilch 7913
- 30 g gekochte Kichererbsen
- 30 g Stützcreme, hier Kicherstütze gefloht 7914

Im kleinen Mixer zu einer glatten Flüssigkeit schlagen.

7918. Feigenkompott, September 2015

Im kleinen Mixer, hoch stehendes Messer, glatt schlagen:
- 30-40 g Pseudobuttermilch 7917
- 1 frische Feige, ohne Stiel, vorgeschnitten (70 g netto)
- 30 g Honig
- 1/2 TL Flohsamenschale (1 g)

7919. Flammkuchen Grundrezept, September 2015

Nach einem Rezept aus „Meine Familie & Ich", Heft Nr. 11/2015; für 2 Personen

- 250 g Weizen, fein gemahlen
- 1/2 TL Salz
- 1 Prise schw. gem. Pfeffer
- Eine Prise geriebene Muskatnuss
- 5 g Honig
- Ca. 150 g Wasser (hier: 145 g)

Weizen, Salz und Pfeffer verrühren. Honig und ca. 120 g Wasser - also einen Großteil - zum Mehl geben und mit einem Kochlöffel verrühren. Auf eine Fläche kippen und etwa 10 Min. mit der Hand weiterkneten, dabei so viel Wasser wie möglich einarbeiten von insgesamt 150 g. Der Teig soll weich sein, aber nicht an den Händen oder der Arbeitsfläche kleben. Teig zur Kugel formen, in einer verschlossenen Pengdose an einem warmen Ort (Heizkörper) mindestens 2-3 Std. ruhen lassen.

7920. Creme fraiche-anstatt, September 2015

Eignet sich zum Bestreichen von Flammkuchen, Pizza usw.

- 25 g Zitronenfleisch (könnte weniger sein)
- 5 g Honig
- 1 Prise Salz
- 20 g gekochte Kichererbsen
- 100 g Stützcreme, hier: Kicherstütze gefloht 7914
- 10 g Cashewnussmus

Zitronenfleisch und Honig im kleinen Mixer mixen. Die anderen Zutaten hinzufügen und gut durchmixen. Mindestens 15 Min. kaltstellen. Größere Mengen lassen sich besser im Hochleistungsmixer herstellen.

7921. Karamellisierte Walnüsse, September 2015

- 1 TL Öl
- 40 g Honig
- 75 g Walnüsse
- (1/2-1 TL Öl für den Teller)

Öl und Honig in einer kleinen Pfanne zerlassen. Walnüsse in eine Gefriertüte geben und mit einem schweren Gegenstand vorsichtig zerkleinern. In die Pfanne geben und unter Rühren eine Weile erhitzen, bis die Walnüsse von einer süßen Schicht fest umgeben sind und der Geruch sich ändert.

Einen Teller mit etwas Öl bepinseln. Die Walnüsse darauf geben. Sobald sie kühler sind, voneinander und vom Teller trennen.

Tipp: *Eignen sich gut zum „So-Essen", aber auch als Belag für Flammkuchen und Dekoration von Nachtisch.*

7922. Süßkartoffelspeise, September 2015

2 Desserts

- 75 g Süßkartoffel
- 40 g Agavendicksaft
- 20 g Erdnussmus
- 125 g Stützcreme, hier: Kicherstütze gefloht 7914
- einige Karamellisierte Walnüsse 7921
- 2 TL Pampelmusat o. Ä.

Süßkartoffel vorschneiden und im Zerkleinerer raffeln, was sehr schwierig war. Die Menge war zu klein, aber für eine maschinelle Raffel des Food Processors erst recht zu klein. Mit Süßungsmittel und Erdnussmus nochmals durchschlagen. Inhalt des Bechers in eine Schüssel geben, die Creme hinzufügen und mit einem Löffel verrühren. Auf zwei Schüsselchen verteilen, mit Walnüssen und Pampelmusat dekorieren.

7923. Süßkartoffel-Flammkuchen mit Walnüssen, September 2015

2 Portionen; nach einem Rezept aus „Meine Familie & Ich", Heft Nr. 11/2015.

- **Teig**: Flammkuchen 7919
- Zum **Bestreichen**: Creme fraiche-anstatt 7920 o. Ä.

Gemüse:

- Salz
- Pfeffer
- 100 g Porree, weiß, in feine Ringe geschnitten
- 250 g Süßkartoffel, in feine Scheiben geschnitten
- 2 EL Sonnenblumenöl
- Karamellisierte **Walnüsse** 7921

Teig zur Kugel formen, in einer verschlossenen Pengdose an einem warmen Ort (Heizkörper) mind. 2-3 Stunden ruhen lassen. Teig halbieren (bei mir jede Hälfte 200 g) und passend zu einem Backblech zu zwei dünnen Teigzungen ausrollen und auf das Backblech legen. Crème fraîche-anstatt die Teigzungen streichen. Backofen (Heißluft, Klimagaren, 1 Stoß manuell) auf 250 °C vorheizen. Zungen mit Salz und Pfeffer bestreuen. Porreeringe darauf verteilen, Süßkartoffelscheiben dachziegelartig darauf legen. Öl mit etwas Salz mischen, die Kartoffelscheiben damit bepinseln. 12 Min. im heißen Ofen backen. Sobald die Walnüsse kühler sind, voneinander und vom Teller trennen. Auf die heißen Zungen streuen.

Fazit: *War sehr lecker, für mich hätten es deutlich weniger Walnüsse sein dürfen, ich hätte auch ganz auf sie verzichten können.*

7924. Erdnusslinsenstreich, September 2015

- 50 g rote Linsen
- 105 g Wasser
- 1 knapper TL Salz
- 20 g Erdnussmus

Linsen im Wasser 15 Min. kochen und auf der Platte 30 Min. nachquellen lassen. Mit Salz und Erdnussmus mit einem kleinen Mixer oder dem Pürierstab zu einer glatten Creme schlagen.

7925. Cremepfanne, September 2015

2 Portionen.

Als Gemüsepfanne (24 cm) 15 Min. dünsten:

- 130 g Wasser
- 380 g Kartoffeln, unter fließendem Wasser abgebürstet, Schadstellen entfernt und in Scheiben geschnitten
- 1 Aubergine, längst halbiert und in Scheiben geschnitten (320 g netto)
- 145 g Süßkartoffel, gestiftelt

Soße (kleiner Mixer, unterrühren und aufkochen:):

- 50 g gekochte Kichererbsen
- 1 TL Salz
- 30 g Cashewnussmus
- 20 g Zitronenfleisch
- 5 g Essigpeperoni 7/4573
- 75 g Wasser

7926. Kakao so simpel, September 2015

Im Hochleistungsmixer, je nach Gerät, 2,5 bis 3 Min. auf höchster Stufe schlagen:

- 1 EL Kakaonibs
- 1 geh. EL Chiasamen
- 4 Datteln entsteint Deglet Nour (20 g netto)
- 7 g frischer Ingwer
- auf 500 ml (Markierung im Becher) mit heißem Bohnenkochwasser oder Wasser / kochendem Wasser 1:1 auffüllen

7927. Honigdressing mit Tomate, September 2015

Vorläufer: 7305

- 300 g Wasser
- 130 g Apfelessig
- 15 g Tamari oder Sojasoße
- 25 g Salz
- 100 g Honig
- 1 g gem. schw. Pfeffer
- 125 g Sonnenblumenkerne
- 25 g Senf
- 10 g „Gute Laune"-Gewürz von Sonnentor
- 35 g getr. Tomaten

Alle Zutaten zusammen im Vitamix gut durchschlagen, bis die Masse lauwarm, aber nicht heiß ist. In ein großes Schraubglas füllen und im Kühlschrank aufbewahren. Rest im Vitamix mit der zwei- bis dreifachen Menge nochmals mixen, zur direkten Verwendung in kleinere Schraubgläser füllen.

7928. Paprika-Tomaten-Soße zu Kartoffeln, September

2-3 Portionen

- 60 g Wasser
- 2 Zwiebeln, geschält & gehackt (95 g netto)
- 2 Knoblauchzehen, geschält (7 g netto)
- 1 gelbe Paprikaschote, Kerne und Innenwände entfernt, grob gewürfelt (125 g netto)
- 1 Lorbeerblatt
- 1 Prise Salz

Zutaten in der angegebenen Reihenfolge in einen 20-cm-Topf geben und als Gemüsepfanne 15 Min. dünsten, Lorbeerblatt entfernen. Die folgenden Zutaten zum Gemüse geben und mit dem Pürierstab zu einer glatten Masse pürieren:

- 75 g gekochte weiße Bohnen
- 10 g Apfelessig
- 30 g Honig (inklusive des Nachschlags)
- 315 g passierte Tomaten aus dem Glas
- 1 gute Prise schwarzer Pfeffer
- 25 g Tomatenmark
- 2 TL Salz
- 80 g Wasser

Bei mir gab es dazu Ofenkartoffeln.

Hinweis: *Eine Tomatensoße geht genauso, am besten dann mit zusätzlichen Dosentomaten statt Paprika, das ist dann auch völlig unabhängig von den frischen Vorräten. Wichtig ist, dass die Soße kräftig abgeschmeckt wird, sonst könnte sie fade ausfallen. Der zweite Löffel Salz und ein Honignachschlag von 10 g plus Pfeffer brachten die Lösung. Die Paprika war für den Pürierstab eher eine Herausforderung, ich würde demnächst lieber im Mixer pürieren. Wer einen Thermomix hat - das ist hier die ideale Lösung.*

7929. Kakao super-simpel, September 2015

Im Hochleistungsmixer, je nach Gerät, 2,5 bis 3 Min. auf höchster Stufe schlagen:

- 1 EL Kakaonibs
- 1 gestr. TL Flohsamenschalen
- 4 Datteln entsteint Deglet Nour (20 g netto)
- 7 g frischer Ingwer
- auf 500 ml (Markierung im Becher) mit heißem Bohnenkochwasser oder Wasser / kochendem Wasser 1:1 auffüllen

7930. Kosovomilch, September 2015

Im Hochleistungsmixer, je nach Gerät, 2,5 bis 3 Min. auf höchster Stufe schlagen:

- 10 g Rundkornnaturreis
- 5 g Cashewnüsse
- 10 g gekochte weiße Bohnen aus dem Kosovo
- 1 Dattel Deglet Nour (7 g)
- 1 Prise Salz
- 250 g Wasser Raumtemperatur
- 300 g kochendes Wasser

7931. Kosovanische Stützcreme, September 2015

Im Hochleistungsmixer bis zum Stocken schlagen:

- 50 g Rundkorn-Naturreis
- 20 g gekochte weiße Bohnen aus dem Kosovo
- 30 g Cashewnüsse
- 350 g Wasser (halb Zimmertemperatur, halb kochend)

7932. Porree mit ungewollt scharfer Soße, Oktober 2015

2 Portionen.

Gemüsepfanne (24 cm, 15 Min. dünsten):

- 50 g Wasser
- 300 g Porree, geputzt, gewaschen, in Ringen (netto)
- 1 gelbe Paprikaschote, Innenwände und Kerne entfernt, gewürfelt (140 g netto)

Für die Soße mixen:

- 25 g Zitronenfleisch
- 50 g kernlose Trauben
- 6 g Essigpeperoni 7/4573
- 70 g gekochte weiße Bohnen
- 40 g Wasser
- 10 g Sonnenblumenöl

Soße unter das Gemüse rühren und aufkochen. Bei mir gab es dazu roten Reis.

7933. TK-Bananenpudding, Oktober 2015

2 Desserts

- 85 g Kosovanische Stützcreme 7931 o. Ä.
- 2 Bananen, geschält (210 g netto)
- 105 g aufgetaute Tiefkühlpflaumen (oder anderes Tiefkühlobst)
- 2 TL Agavendicksaft (unterschiedlich je nach Süßegrad der Früchte)
- 1 geh. TL Flohsamenschalen
- 1-2 TL getr. Gojibeeren

Stützcreme, Bananen und Pflaumen im Vitamix mischen. Je nach Süßegrad nachsüßen. Zum Schluss die Flohsamenschalen einmixen. Auf zwei Schüsselchen verteilen und mit Gojibeeren dekorieren.

7934. Kokoslinsenstreich, Oktober 2015

- 100 g rote Linsen
- 205 g Wasser
- 1 knapper TL Salz
- 10 g Kokosöl

Linsen im Wasser 15 Min. kochen und eine Weile auf der Platte. nachquellen lassen. Solange die Linsen noch einigermaßen heiß sind, mit Salz und Kokosöl mit einem kleinen Mixer oder dem Pürierstab zu einer glatten Creme schlagen.

7935. Poreeabfall aufgepeppt, Oktober 2015

2 Portionen

Als Gemüsepfanne (24 cm) 16 Min. dünsten:

- 10 g Kokosöl
- 100 g Wasser
- 345 g Kartoffeln, unter fließendem Wasser abgebürstet, Schadstellen entfernt und in Scheiben geschnitten
- 200 g Porreegrün, in feine Ringe/Streifen geschnitten
- 180 g Butternut-Kürbis, gestiftelt (netto)

Für die Soße die folgenden Zutaten im Mixer mischen und unter das Gemüse rühren, kurz aufkochen:

- 5 g Zitronenfleisch
- 1 TL Salz
- 20 g Kokosraspeln
- 50 g gekochte weiße Bohnen
- 65 g Wasser; Becher mit
- Ca. 30 g Wasser nachspülen. Dieses Wasser ebenfalls zum Gemüse geben, verrühren und aufkochen.

7936. Freitags-FKG mit Mangostücken, Oktober 2015

2 x Frühstück

- 40 g getr. Mangostücke
- 25 g Cashewnüsse
- 275 g Wasser
- 2 EL Leinsamen mit
- 6 EL Nackthafer flocken.
- 2 Bananen, geschält (220 g netto)
- 1 Apfel (155 g)
- 80 g grüne kernlose Trauben (netto)
- 1 frische Feige, in 8 Spalten geschnitten

Mangostücke und Cashewnüsse im Wasser 30 Min. einweichen. Leinsamen mit dem Getreide flocken, auf zwei Schüsselchen verteilen. Eingeweichte Nüsse und Mangos mit dem Einweichwasser im Vitamix zu einer lauwarmen Creme schlagen. Auf das Getreide gießen. Bananen und geviertelten Apfel im Hochleistungsmixer pürieren, über das Getreide geben. Mit Trauben und Feigenspalten dekorieren.

7937. Focaccia glutenfrei, Versuch 3; Oktober 2015

3-4 Portionen (für uns: 4); Vorläufer: 7907

- 50 g Langkorn-Naturreis
- 100 g Buchweizen
- 50 g Hirse
- 1 P Trockenhefe (9 g)
- 200 g Wasser
- 50 g Stützcreme, hier Kosovanische Stützcreme 7931
- 1 gestr. TL Salz
- 1/3 Tomate (ca. 40 g)
- Hagelsalz
- 1 EL Sonnenblumenöl

Abends: Getreide mischen, fein mahlen und mit Salz und Hefe mischen. Mit Stützcreme und Wasser verrühren. In einer Peng-Dose gut verschließen, die Dose in eine Plastiktüte geben und in den Kühlschrank stellen. Etwa 1,5 Stunden vor der Weiterverarbeitung aus dem Kühlschrank nehmen (die Zeit im Kühlschrank liegt von etwa 21 Uhr abends bis 10.30 Uhr morgens).

Backtag: Ofen auf 225 °C (Heißluft) vorheizen. Wenn noch etwa 5 Min. bis zum Erreichen der Temperatur übrig sind (bei mir nach 10 Min.): Teig auf ein Backblech (PerfectClean, oder mit Dauerbackfolie / Backpapier) geben. Der Teig läuft sofort auseinander. Tomate in Scheiben schneiden, auf den Teig legen, mit Öl beträufeln und mit Salz bestreuen.

In den Ofen schieben und 20 Min. backen (sonst 25+5 Min., aber da der Teig so flach war, garte er dementsprechend schneller). Noch lauwarm essen. Da, wo die Tomaten lagen, war er heller und ein bisschen mehr gegangen. Dennoch war er im Inneren großporig.

Hinweis: Viel zu flüssig, merkwürdig. Geschmacklich sehr gut. Ich muss mal mit Leinsamen, Chiasamen oder sogar Flohsamenschalen arbeiten.

7938. Pünktchen ohne Anton, Oktober 2015

2 Desserts

- 125 g Kosovanische Stützcreme 7931 o. Ä.
- 10 g flüssiger Honig
- 10 g Chiasamen
- 100 g grüne kernlose Trauben (nicht zu groß, sonst halbieren)
- 1 Passionsfrucht

Stützcreme, Honig und Chiasamen mit einem Löffel verrühren, Trauben unterrühren. Masse auf zwei Schüsselchen verteilen, das Innere der Passionsfrucht jeweils in die Mitte der Creme gießen.

7939. Kürbis-Nocken, Oktober 2015

2 Portionen.

- 20 g Wasser
- 275 g Butternut-Kürbis, gewürfelt oder gestiftelt (netto, d. h. ohne Kerne, aber ungeschält)
- 30 g Kichererbsen
- 20 g Leinsamen
- 50 g Weizen
- 40 g Kosovanische Stützcreme 7931
- 1 TL Salz
- 2 TL Essig (8 g)
- 2 Prisen gem. Muskat

Wasser und Kürbis in einer 20-cm-Pfanne 15 Min. als Gemüsepfanne dünsten. Noch vorhandene Kochflüssigkeit abgießen (für eine Gemüsepfanne verwenden) und gekochten Kürbis in ein geeignetes Gefäß geben. Mit dem Pürierstab pürieren.

Kichererbsen, fein mahlen. Leinsamen und Weizen mischen, ebenfalls fein mahlen. Mit Salz und Muskat mischen, dann Stützcreme und Kürbispüree einrühren. Im Kühlschrank 30 Min. ruhen lassen. Einen großen Topf mit Salzwasser fast zum Kochen bringen. Aus dem Teig mit einem Teelöffel gleich große Nocken abstechen und im siedenden, nicht mehr sprudelnd kochenden Wasser etwa 8 Min. gar ziehen lassen. Sie steigen dann nach oben. Mit einem Schaumlöffel aus dem Kochwasser nehmen.

Hinweis: Bei mir gab es dazu Kohlrabi in Zitronellasoße. – Vielleicht würde ich beim nächsten Mal 20 g Mehl oder Kichererbsen mehr nehmen, aber nicht zu viel, denn sie sind herrlich locker.

7940. Kohlrabi in Zitronellasoße, Oktober 2015

2 Portionen.

Gemüsepfanne (20 cm, 20 Min.):

- 40 g Wasser
- 2 kl. Kohlrabiknollen (geschält, gestiftelt, 380 g netto)

Soße (kleiner Mixer):

- 10 g Zitronenfleisch
- 1 TL Salz
- 50 g Kosovanische Stützcreme 7931 o. Ä.
- 50 g gekochte rote Linsen, hier Kokoslinsenstreich 7934
- 25 g Wasser
- (3-5 EL Wasser zum Nachspülen des Bechers, hier Kochwasser von den Kürbis-Nocken)

Mixen, unter das Gemüse rühren und aufkochen.

7941. Agnes-Burger, Oktober 2015

- 1 ausreichend großes Stück Brot oder 2 Brötchen
- 2 Scheiben Butternut-Kürbis, Kerne herausgeschnitten, knapp 1 cm dick (140 g netto)
- Etwas Salz
- 1 EL gekochte Linsen, hier Kokoslinsenstreich 7934
- 1 Tomate

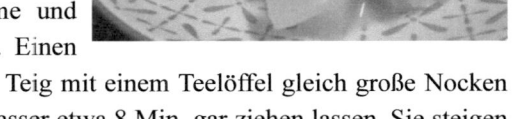

Wenn Brot oder Brötchen tiefgekühlt sind, mit in den Ofen geben (nach der Hälfte der Zeit quer durchschneiden und offen backen). Brot / Brötchen und Kürbisscheiben auf einer Pizzaform (PerfectClean, oder mit Dauerbackfolie / Backpapier) legen. Ofen auf 150 °C stellen und 15 Min. backen. Auf 190 °C hochdrehen und weitere 15-20 Min. backen. Unterseite des Brotstücks / der Brötchen mit Linsen bestreichen. Kürbis auflegen, die Tomate halb in Scheiben schneiden und die Scheiben auf den Kürbis legen. Leicht salzen.

Die zweite Kürbisscheibe darauflegen und mit dem Brot-/Brötchen-Oberteil abdecken. Zwischen die Hände geklemmt kann man es gut essen.

7942. Schnelldessert, Oktober 2015

- 40 g Stützcreme, hier Kosovanische Stützcreme 7931
- 1 Banane, geschält, in Stücke gebrochen (115 g netto)
- 2 TL Zwetschenmus (Tarpa, ohne Zusätze, also auch kein Zucker)

Banane mit der Gabel in der Stützcreme zerdrücken. In ein Schüsselchen geben und mit Zwetschgenmus (wahlweise Honig, Rosinen etc.) dekorieren.

Tipp: Wenn man keine Stützcreme vorrätig hat, würden vermutlich auch Haferflocken ganz gut gehen.

7943. Flock mit Apfelstiften, Oktober 2015

2 x Frühstück

- 2 EL Leinsamen
- 6 EL Nacktgerste
- 1 Apfel (165 g)
- 15 g Zitronenfleisch
- 2 Bananen, geschält (230 g netto)
- 1 Birne (180 g)
- 1 Kiwi, geschält (60 g netto)
- 1 Passionsfrucht

Leinsamen mit dem Getreide flocken, auf zwei Schüsselchen verteilen. Apfel halbieren, in Stifte schneiden und auf die Flocken setzen. Zitronenfleisch, Bananen und Birne ggf in grobe Stücke teilen und im Hochleistungsmixer pürieren, über das Getreide und den Apfel geben. Passionsfrucht auslöffeln und auf das Müsli gießen.

7944. Mandel-Ahorn-Kakao, Oktober 2015

Im Hochleistungsmixer, je nach Gerät, 2,5 bis 3 Min. auf höchster Stufe schlagen:

- 15 g Kakaonibs
- 5 g Hanfsamen
- 15 g Mandelmus
- 10 g Ingwer
- 15 g Chiasamen
- auf 500 ml (Markierung im Becher) mit Wasser / kochendem Wasser 1:1 auffüllen. Mit
- 1-2 EL Ahornsirup nachträglich süßen.

7945. Nussmusstütze, Oktober 2015

Im Hochleistungsmixer bis zum Stocken schlagen:

- 50 g Rundkorn-Naturreis
- 30 g Cashewnussmus
- 1 Prise Salz
- 50 g gekochte rote Linsen
- 350 g Wasser (halb Zimmertemperatur, halb kochend)

Ohne Hochleistungsmixer: Reis fein mahlen und im Wasser aufkochen, abkühlen lassen. Alles zusammen in einem Mixer zu einer Creme schlagen.

7946. Stützenmilch, Oktober 2015

Im Hochleistungsmixer bis zum Stocken schlagen:

- 55 g Stützcreme, hier Nussmusstütze
- 1 Prise gem. Vanille
- 550 g Wasser (halb Zimmertemperatur, halb kochend)

7947. Karamellisierte Mandeln, Oktober 2015

- 1 TL Öl
- 40 g Honig
- 100 g Mandeln, ungeschält
- (1/2-1 TL Öl für den Teller)

Öl und Honig in einer kleinen Pfanne auf hoher Einstellung (11/14, Induktion) zerlassen. Mandeln im Zerkleinerer grob hacken (2 x betätigen; war aber eigentlich noch zu grob, kann man auch kleiner machen) In die Pfanne geben und unter Rühren eine Weile erhitzen, bis die Mandeln von einer süßen Schicht fest umgeben sind und der Honig köchelt.

Einen Teller mit etwas Öl bepinseln. Die Mandeln darauf geben. Sobald sie kühler sind, voneinander und vom Teller trennen. Eignen sich gut zum „So-Essen", aber auch als Belag für Flammkuchen und Dekoration von Nachtisch oder Beigabe zu Plätzchen.

7948. Branntmandeln-Cookies, Oktober 2015

Vorläufer: 7829

- 125 g Nackthafer
- 125 g Kamut
- 75 g Langkorn-Naturreis
- 20 g Chiasamen
- 1 Prise Salz
- 1 P. Weinstein-Backpulver
- 1 gestr. TL gem. Vanille

- 1/2 kleiner Apfel (50 g)
- 50 g gekochte rote Linsen
- 2 Bananen (netto 230 g)
- 100 g Agavendicksaft
- 75 g karamellisierte Mandeln 7947 o. Ä.
- 35 g grüne Rosinen

Hafer fein mahlen (2/9, Hawos Novum). Kamut und Reis mischen, fein mahlen (Stufe 1). Die trockenen Zutaten (außer Mandeln und Rosinen) miteinander mischen. Apfel, Linsen, Bananen und Agavendicksaft im Vitamix solange mischen, bis alles wirklich zerkleinert ist. Zu den trockenen Zutaten geben, Mandeln und Rosinen hinzufügen und gründlich verkneten (Handrührgerät, Rührbesen).

Mit einem Esslöffel Teig abstechen und eng nebeneinander auf ein Backblech (PerfectClean, oder mit Dauer-backfolie / Backpapier) setzen. Ofen auf 160 °C vorheizen. Blech einschieben und 20 Min. bei 160 °C backen, 5 Min. im ausgestellten Ofen nachbacken.

7949. Carobcreme mit gebrannten Mandeln, Oktober 2015

2 Desserts

- 100 g Nussmusstütze 7945 o. Ä.
- 50 g gekochte rote Linsen
- 1 Banane (130 g netto)
- 1 TL Carob (7 g)
- 15 g Agavendicksaft
- 1/2 Apfel (65 g)
- 1 geh. TL Flohsamenschalen
- 20 g karamellisierte Mandeln 7947 o. Ä.

Bis auf die Mandeln im Mixer verquirlen. Auf 2 Schüsselchen verteilen und mit Mandeln bestreuen.

7950. Crème fraîche-anstatt Zwo, Oktober 2015

- 15 g Zitronenfleisch
- 5 g Honig
- 1/2 TL Prise Salz
- 75 g gekochte rote Linsen
- 100 g Nussmusstütze 7945 o. Ä.
- 20 g Mandelmus

Alle Zutaten im Vitamix mixen. Mindestens 15 Min. kaltstellen.

Tipp: *Eignet sich zum Bestreichen von Flammkuchen, Pizza usw.*

7951. Butternut-Flammkuchen mit Wildhefe, Oktober 2015

2 Portionen; Vorläufer 7923.

- 250 g Weizen, fein gemahlen
- 50 g Wildhefe
- 1/2 TL Salz
- 1 Prise schw. gem. Pfeffer
- 1 Pr geriebene Muskatnuss
- 5 g Honig
- Ca. 95 g Wasser

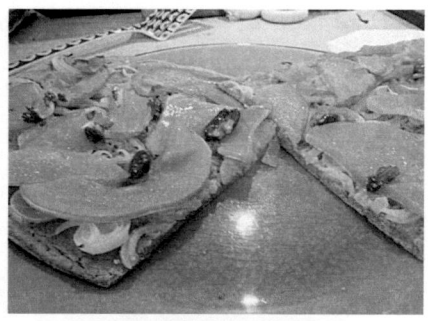

Am Vorabend (ca. 20 Uhr) 50 g Weizen mit der Wildhefe verrühren. In einer kleinen geschlossenen Pengdose, eingepackt in eine Plastiktüte, über Nacht bei Raumtemperatur stehen lassen.

Am nächsten Morgen (10 Uhr) Restlichen Weizen, Salz und Pfeffer verrühren. Honig, Ansatz vom Vorabend und ca. 80 g Wasser - also einen Großteil - zum Mehl geben und mit einem Kochlöffel verrühren. Auf eine Fläche kippen und etwa 10 Min. mit der Hand weiterkneten, dabei so viel Wasser wie möglich einarbeiten, bei mir 95 g. Der Teig sollte nicht zu weich sein, weil die Wildhefe sonst „läuft".

Teig zur Kugel formen, in einer verschlossenen Pengdose an einem warmen Ort (Heizkörper) etwa 6-7 Stunden ruhen lassen. Teig halbieren (bei mir jede Hälfte 200 g) und passend zu einem Backblech zu zwei dünnen Teigzungen ausrollen und auf das Backblech legen.

- Crème fraîche-anstatt Zwo 7950. Auf die Teigzungen streichen.
- Salz
- Pfeffer
- 100 g Zwiebeln, in feine Ringe geschnitten
- 245 g Butternutkürbis (netto, d. h. ohne Kerne) in feine Scheiben geschnitten (bei mir: mit der Hand)
- 2 EL Sonnenblumenöl

Backofen (Ober- und Unterhitze) auf 250 °C vorheizen. Zungen mit Salz und Pfeffer bestreuen. Zwiebeln darauf verteilen, Kürbisscheiben eng an eng darauf legen. Mit etwas Öl bepinseln. 12 Min. im heißen Ofen backen. Eventuell mit karamellisierten Mandeln bestreuen. Gebacken auch wieder mit Ober-/Unterhitze, 250 °C, 12 Min..

Hinweis: Da meine Waage heute Morgen völlig irre war (statt eines leeren Batteriewarnsignals wiegt sie einfach komplett falsch), hatte ich zu viel Teig. Statt 400 g, wie es sein müssten, 565 g. Ich habe also das Essen mit je 200 g Teig hergestellt, den Restteig kleiner ausgerollt, ein wenig von „Creme fraiche" und Zwiebeln geklaut und mit einer fein geschnittenen Tomate belegt.

7952. Erdnuss-Schoko-Dessert, Oktober 2015

2 Desserts

- 35 g Erdnussmus
- 75 g gekochte Kidneybohnen
- 1 Prise Salz
- 1/2 TL gem. Vanille
- 25 g Honig
- 100 g Nussmusstütze 7945 o. Ä.
- 2 TL Kakaonibs
- 100 g Trauben, kernlos

Erdnussmus, Bohnen, Salz, Vanille, Honig und Stützcreme im Vitamix pürieren. Nicht ganz so einfach bei der kleinen Menge, aber die Masse ist für den kleinen Mixer nicht flüssig genug. Also einfach die doppelte Menge nehmen. Auf zwei Schüsselchen verteilen und dekorieren wie auf dem Foto gezeigt.

7953. Wirsing in Senfsauce, Oktober 2015

2 Portionen.

Gemüsepfanne 24 cm, 16 Min. dünsten:

*   100 g Wasser
*   345 g Kartoffeln, unter fließendem Wasser abgebürstet, Schadstellen entfernt und in Scheiben geschnitten
*   425 g Wirsing (Strunk grob entfernt; netto), in feine Streifen geschnitten

Soße (im kleinen Mixer mixen, unter Gemüse rühren und aufkochen):

*   1 TL Salz
*   1 MS schw. gem. Pfeffer
*   75 g Wasser
*   15 g Senf
*   50 g Trauben, kernlos
*   50 g gekochte rote Linsen

7954. Wuppertaler Allerlei, Oktober 2015

2 Portionen

*   80 g Nussmusstütze 7945 o. Ä.
*   80 g gekochte rote Linsen
*   90 g Banane, geschält und vorgeschnitten
*   25 g Ahornsirup im kleinen Mixer verquirlen. Auf zwei Schüsselchen verteilen.
*   1 EL Nackthafer flocken, auf die Creme streuen, in die Mitte
*   Je eine Mandel legen.

7955. Sonnenbrandeln, Oktober 2015

*   1 TL Kokosöl
*   25 g Honig
*   50 g Sonnenblumenkerne

Öl und Honig in einer kleinen Pfanne auf hoher Einstellung (11/14, Induktion) zerlassen. Sonnenblumenkerne in die Pfanne geben und unter Rühren eine Weile erhitzen, bis die Sonnenblumenkerne von einer süßen Schicht fest umgeben sind, eine bräunliche Farbe annehmen und der Honig köchelt.

Backpapier auslegen (Dank an Agnes für den Tipp!), die Kerne darauf geben. Sobald sie kühler sind, in Stücke brechen.

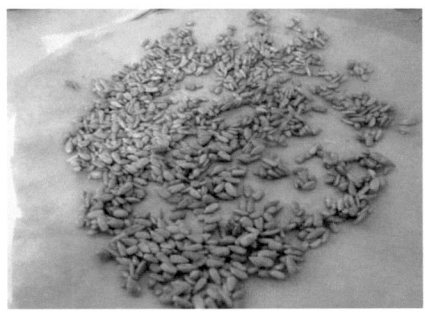

Hinweis: Da sie klein sind, kann man sie nicht einzeln aufteilen. Mir schmecken sie am besten bisher von allen karamellisierten Nüssen. Es hätte auch weniger Kokosöl gereicht.

7956. Wirsing nicht Thai nicht indisch, Oktober 2015

2 Portionen

Gemüse (Gemüsepfanne, 24 cm, 15 Min. dünsten):

*   80 g Wasser
*   260 g Wirsing (kein Strunk, netto), in feine Streifen geschnitten
*   125 g Süßkartoffel, gewürfelt (netto)

Soße (im kleinen Mixer mixen, unter Gemüse rühren und aufkochen):

*   1 TL Salz
*   10 g Erdnussmus
*   1 kleine Essigpeperoni (2 g)
*   40 g gekochte rote Linsen
*   30 g Wasser

Den Becher wenn nötig noch mit 20-30 g Wasser nachspülen. Auf zwei Schüsselchen verteilen, evtl. mit

*   Sonnenbrandeln 7955 belegen.

Bei mir gab es dazu Ofenkartoffeln.

7957. Dinkelsauerteigbrot mit wilder Hilfe 2015/33

Vorläufer: 7670

Sauerteig am *Vorabend* ansetzen:

- 300 g Roggen fein gemahlen
- 310 g Wasser
- 150 g Sauerteig

Wildhefeteig am *Vorabend* ansetzen:

- 100 g Dinkel fein gemahlen
- 100 g Hefewasser

Abends mahlen bzw. vorbereiten (mischen):

- 100 g Roggen fein gemahlen mit
- 1 TL Koriander
- 250 g Weizen
- 125 g Leinsamen
- 20 g Salz

Backtag *morgens*:

- Sauerteig vom Vorabend, wovon 150 g Sauerteig fürs nächste Backen abgenommen wurden
- Wildhefeansatz
- Vorbereitetes Getreide
- 165 g Wildhefe zusätzlich
- 35 g Wasser

Alle Zutaten gut miteinander verrühren.

- 20 g Butter für die Form

Form (30 cm) mit Butter einfetten, Teig hineingeben. 3-mal rautenförmig einschneiden und mit Wasser einsprühen In einen Plastiksack stecken und 4 Stunden gehen lassen. In den kalten Ofen auf den Gitterrost geben, 60 Min. bei 190 °C backen und 5 Min. im ausgeschalteten Ofen nachbacken lassen.

7958. Rosinenfermentade, Oktober 2015

2 x Frühstück

- 2 EL Leinsamen
- 6 EL Nacktgerste
- 2 Bananen, geschält (210 g netto)
- 1 Apfel (150 g)
- 1 Birne (130 g)
- 20 g Mandelmus
- 8 Mandeln
- 2 Paranüsse
- 1 EL Rosinen aus einem Wildhefeansatz

Leinsamen mit dem Getreide flocken, auf zwei Schüsselchen verteilen. Das Obst in grobe Stücke teilen und mit dem Mandelmus im Hochleistungsmixer pürieren, über das Getreide geben. Mit Mandeln und Paranüssen dekorieren.

7959. Mandelmuskakao, Oktober 2015

Im Hochleistungsmixer, je nach Gerät, 2,5 bis 3 Min. auf höchster Stufe schlagen:

- 10 g Kakaonibs
- 5 g Hanfsamen
- 12 g Mandelmus
- 15 g Chiasamen
- 25 g Honig
- 5 g frischer Ingwer
- auf 500 ml (Markierung im Becher) mit Wasser / kochendem Wasser 1:1 auffüllen

7960. Birnenschokoladenpudding, Oktober 2015

2 Desserts

- 2 sehr reife Birnen (430 g)
- 13 g Kakao
- 17 g Carobpulver
- 1 Prise Salz
- 1 TL gem. Vanille
- 20 g Agavendicksaft oder Honig (je nach Süße der Birnen weniger)
- 30 g Chiasamen
- 20 g getr. Banane (Dekoration)

Birnen vorschneiden und mit allen Zutaten, außer der Deko, im Hochleistungsmixer schlagen, bis die Kerne nicht mehr festzustellen sind. Auf zwei Schüsselchen verteilen und mit den getr. Bananen, klein geschnitten, dekorieren.

Zitat Eric: *That was real chocolate, wasn't it??* – Sehr gut als Verwertung für überreife Birnen geeignet.

7961. Backkartoffeln gewürzt, Oktober 2015

Nach einem Rezept von Forks over Knives, https://www.forksoverkni-ves.com/recipes/vegan-salads-sides/rosemary-potato-bake-onions-toma-toes/

- 5 kleine Kartoffeln (250 g)
- 1 Zwiebel, geschält und gewürfelt (50 g netto)
- 1 größere Tomate, in 8 Spalten (120 g)
- 1 TL getr. gerebbelter Thymian
- 1 Lorbeerblatt
- 250 g Wasser
- 1 EL (10 g) Tamari oder Sojasoße

Kartoffeln mit einem Messer mehrmals tief einstechen. In eine 20-cm-Woll-Pfanne setzen. Zwiebel und Tomaten hinzufügen, mit Thymian bestreuen. Das Lorbeerblatt an die Seite geben. Flüssigkeiten mischen und 200 g zum Gemüse geben. Der Rest ist Reserve, falls alles Wasser verdampft ist. In den kalten Ofen schieben und 40 Min. bei 220 °C backen.

7962. Senfsoße zu Kartoffeln, Oktober 2015

2 Portionen

- 15 g Zitronenfleisch
- 1 g frischer Ingwer
- 100 g gekochte rote Linsen
- 1 TL Salz
- Etwas schw. gem. Pfeffer
- 15 g Senf
- 20 g Honig
- 1 Prise gem. Chilischoten (optional)
- 125 g Wasser

Alle Zutaten im Hochleistungsmixer glatt schlagen. Schmeckt übrigens auch kalt. In einem kleinen Topf erhitzen. Sehr praktisch an dieser Soße: Das Koordinieren mit anderen Teilen der Mahlzeit ist ganz einfach, weil ich zum Schluss nur noch die Soße erhitzen muss. Da kein Mehl drin ist, brennt sie auch nicht so leicht an.

7963. Erdlinsenstütze, Oktober 2015

- 50 g Rundkorn-Naturreis
- 45 g gekochte rote Linsen
- 1 Prise Salz
- 20 g Erdnussmus
- 350 g Wasser (halb Zimmertemperatur, halb kochend) im Vitamix bis zum Stocken schlagen.

7964. Focaccia glutenfrei Versuch 4, Oktober 2015

3-4 Portionen (für uns: 4); Vorläufer: 7937

- 50 g Langkorn-Naturreis
- 100 g Buchweizen
- 50 g Hirse
- 30 g Chiasamen
- 1 P Trockenhefe (9 g)
- 200 g Wasser
- 45 g gekochte rote Linsen
- 1 gestr. TL Salz
- 1 Tomate (ca. 100 g)
- Hagelsalz
- 1 EL Sonnenblumenöl

Abends: Getreide mischen, fein mahlen und mit Salz, Chiasamen und Hefe mischen. Wasser mit den Linsen mixen, alles zusammen verrühren. In einer Peng-Dose gut verschließen, die Dose in eine Plastiktüte geben und in den Kühlschrank stellen. Etwa 1,5 Stunden vor der Weiterverarbeitung aus dem Kühlschrank nehmen (die Zeit im Kühlschrank liegt von etwa 21 Uhr abends bis 10.00 Uhr morgens).

Am nächsten Tag: Ofen auf 225 °C (Heißluft) vorheizen. Wenn noch etwa 5 Min. bis zum Erreichen der Temperatur übrig sind (bei mir nach 10 Min.): Teig auf ein Backblech (PerfectClean, oder mit Dauerbackfolie / Backpapier) geben. Tomate in Scheiben schneiden, auf den Teig legen, mit Öl beträpfeln und mit Salz bestreuen. In den Ofen schieben und 25 Min. backen. Noch lauwarm essen.

Hinweis: *Heiß war sie recht lecker, kalt fand ich sie nicht so gut. Nr. 2 (7908) ist die beste.*

7965. Schlafrock mit Apfel, Oktober 2015

2 Desserts

- 130 g Erdlinsenstütze 7963 o. Ä.
- 1 großer Cox Orange (260 g), vorgeschnitten
- 1/4 TL gem. Vanille
- 1/4 TL Zimt
- 2 getr. Feigen ohne Stiel (42 g)
- 10 g Zitronenfleisch
- 20 g getr. Mangostücke, Dekoration

Alle Zutaten außer der Deko im Vitamix vermischen, auf zwei Schüsselchen verteilen. Mit Mangostücken bestreuen.

7966. Eintopf mit Augenbohnen, Oktober 2015

2 Portionen

- 100 g Augenbohnen

Augenbohnen 10-12 Std. in Wasser einweichen. Im Schnellkochtopf mit genügend Wasser 13 Min. garen.

Gemüsepfanne (24 cm, 15 Min.):

- 100 g Wasser
- 135 g Spitzkohl, in Streifen
- 315 g Süßkartoffel, gewürfelt
- 45 g Datteln (Deglet Nour, in Stücke geschnitten)
- 1 Kartoffel, gewürfelt (95 g)
- 20 g Cashewnüsse

Abschmecken:

- 10 g Zitronensaft
- 1 TL Salz
- Etwas schwarzer gem. Pfeffer

Saft, Salz und Pfeffer unterrühren. Augenbohnen hinzufügen und nochmals alles gut erhitzen.

7967. Vier-Korn-Getreide nackig, Oktober 2015

1000 g insgesamt
- 400 g Nackthafer
- 300 g Nacktgerste
- 200 g Dinkel
- 100 g Roggen

In einer großen Schüssel mit den Händen vermischen und in ein passendes Glas abfüllen.

7968. Rosinen-FKG, Oktober 2015

2 x Frühstück

Abends
- 6 EL Drei-Korn-Getreide glutenfrei 7816 o. Ä. grob schroten & auf zwei Schüsseln verteilen. Mit insgesamt
- 160 g Wasser übergießen. Abgedeckt über Nacht (mindestens 4 Stunden) bei Raumtemperatur stehen lassen.

Morgens
- 10 g Zitronenfleisch
- 1 Banane (100 g netto), geschält
- 1 Apfel (180 g)
- 1 Birne (130 g)
- 1 geh. EL Sonnenblumenkerne
- 1 geh. EL grüne Rosinen

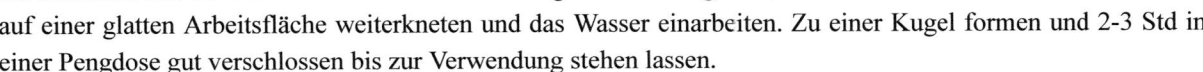

Obst in grobe Stücke teilen und im Hochleistungsmixer pürieren. Auf das Getreide gießen. Mit Sonnenblumenkernen und Rosinen bestreuen.

7969. Thymian-Pastateig, Oktober 2015

Zwischen 1 und 2 Portionen, je nach Verwendung
- 75 g Kamut
- 75 g Weizen
- 1 Prise Salz
- 1 TL getr. gerebbelter Thymian
- 75 g Wasser

Getreide mischen und fein mahlen, mit Salz und Thymian verrühren. Wasser in Portionen hinzugeben und mit einem Löffel verrühren, anschließend mit der Hand kneten. Wenn noch 10 g Wasser übrig sind, auf einer glatten Arbeitsfläche weiterkneten und das Wasser einarbeiten. Zu einer Kugel formen und 2-3 Std in einer Pengdose gut verschlossen bis zur Verwendung stehen lassen.

Hinweis: *Wer den Thymian vor der Weiterverarbeitung nicht zwischen den Händen zerreibt, muss mit kleinen festen Teilchen im Teig rechnen, die bleiben auch beim Kochen hart.*

7970. Sonnenreis für Süß, Oktober 2015

- 200 g Rundkorn-Naturreis
- 600 g Wasser
- 1/2 Zimtstange
- 1 Prise Salz
- 30 g Sonnenblumenkerne

Alle Zutaten in einen Schnellkochtopf geben. Sobald das Ventil anfängt, sich nach oben zu drücken, auf 12 Min. stellen. Danach: 10 Min. auf Stufe 2 (von 14), 10 Min. auf Stufe 1 (von 14), 30 Min. geschlossen auf der Induktionsplatte stehen lassen.

7971. Durchwachsener Reis, Oktober 2015

2 x Dessert

- 90 g Stützcreme, hier Erdlinsenstütze 7963
- 125 g Sonnenreis für Süß 7970 o. Ä.
- 22 g Datteln, netto, in Ringen
- 2 Feigen, entstielt, fein gewürfelt, 42 g netto
- 20 g grüne Rosinen
- 1 TL getr. Gojibeeren

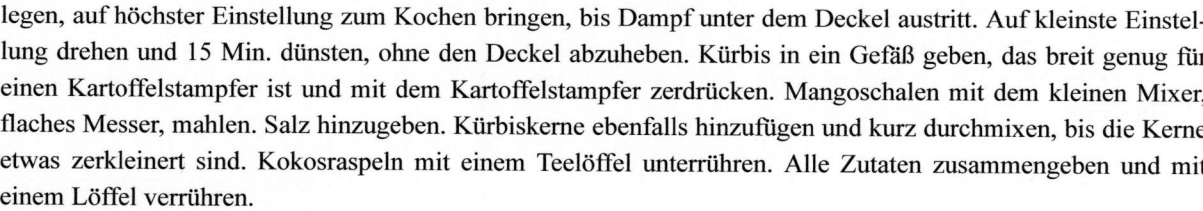

Creme, Reis und Trockenfrüchte – bis auf die Gojibeeren – miteinander verrühren. Auf zwei Schüsselchen verteilen, mit Gojibeeren dekorieren.

7972. Kürbis-Kokos-Aufstrich, Oktober 2015

- 1 EL Wasser
- 150 g Hokkaido, gewürfelt
- 1/2 TL Salz
- 2 g getrocknete Mangoschalen
- 20 g Kürbiskerne
- 15 g Kokosraspeln
- 45 g Erdlinsenstütze 7963 o. Ä.
- 30 g gekochte rote Linsen

Wasser und Hokkaido-Würfel in einen kleinen Topf geben. Deckel auflegen, auf höchster Einstellung zum Kochen bringen, bis Dampf unter dem Deckel austritt. Auf kleinste Einstellung drehen und 15 Min. dünsten, ohne den Deckel abzuheben. Kürbis in ein Gefäß geben, das breit genug für einen Kartoffelstampfer ist und mit dem Kartoffelstampfer zerdrücken. Mangoschalen mit dem kleinen Mixer, flaches Messer, mahlen. Salz hinzugeben. Kürbiskerne ebenfalls hinzufügen und kurz durchmixen, bis die Kerne etwas zerkleinert sind. Kokosraspeln mit einem Teelöffel unterrühren. Alle Zutaten zusammengeben und mit einem Löffel verrühren.

7973. Spitzkohl in Thymian-Cremesoße, Oktober 2015

2 Portionen

Gemüsepfanne (20 cm, 15 Min.):
- 35 g Wasser
- 1 Zwiebel, geschält und gewürfelt (55 g netto)
- 300 g Spitzkohl, in Streifen geschnitten

Soße:
- 7 g Zitronenfleisch
- 1 gestr. TL Salz
- 1 Prise schw. gem. Pfeffer
- 20 g Cashewnussmus
- 10 g Sonnenblumenöl
- 30 g gekochte rote Linsen
- 75 g Wasser
- 1 gestr. TL getr. Thymian, gerebbelt

Zutaten außer dem Thymian im Magic mixen, unter das Gemüse rühren und aufkochen. Thymian zwischen den Händen verreiben und unterrühren. Eine Weile ziehen lassen.

Bei mir gab es dazu Kürbis-Maultaschen mit Kokos.

7974. Kürbismaultaschen mit Kokos

2 Portionen; nach einem Rezept von Kochrezept.de, https://www.daskochrezept.de/rezepte/kuerbis-maultaschen-mit-kokos

Drei Dinge könnte man verbessern: 1. den Teig dünner ausrollen (und eine Maultaschenform nehmen), 2. den Rand dünner machen, 3. die Maultaschen doch noch kurz in die Pfanne geben, aber vielleicht würden sie dann doch aufplatzen?

Teig:
- Thymian-Pastateig 7969

Füllung:
- 1 EL Wasser
- 150 g Hokkaido, gewürfelt
- 1/2 TL Salz
- 2 g getr. Mangoschalen
- 20 g Kürbiskerne
- 15 g Kokosraspeln
- 45 g Erdlinsenstütze 7963
- 30 g gekochte Linsen

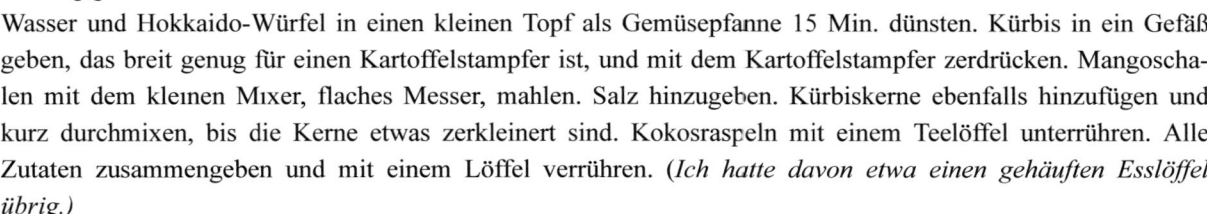

Wasser und Hokkaido-Würfel in einen kleinen Topf als Gemüsepfanne 15 Min. dünsten. Kürbis in ein Gefäß geben, das breit genug für einen Kartoffelstampfer ist, und mit dem Kartoffelstampfer zerdrücken. Mangoschalen mit dem kleinen Mixer, flaches Messer, mahlen. Salz hinzugeben. Kürbiskerne ebenfalls hinzufügen und kurz durchmixen, bis die Kerne etwas zerkleinert sind. Kokosraspeln mit einem Teelöffel unterrühren. Alle Zutaten zusammengeben und mit einem Löffel verrühren. (*Ich hatte davon etwa einen gehäuften Esslöffel übrig.*)

Herstellung: Teig in acht etwa gleichgroße Portionen teilen und zu rechteckähnlichen Gebilden ausrollen (ich schaffe das nie so richtig geometrisch-toll). Von der Füllung jeweils etwas (ca. 1 TL bis 1 geh. TL) auf eine Hälfte eines Rechtecks geben, dann die andere Teighälfte darüberschlagen. Die Ränder erst leicht andrücken, damit Luft entweichen kann, dann fest andrücken. Wenn die Haftung nachlässt, die Ränder leicht wulstartig nach innen rollen.

In reichlich kochendes Salzwasser geben und bei schwacher Hitze 8 Min. gar ziehen lassen. Mit einem Schaumlöffel herausheben, mit einem Ballen Haushaltspapier abtrocknen und auf zwei Teller verteilen.

Bei mir gab es dazu Spitzkohl in Thymian-Cremesoße.

7975. Sauerkornbrot, Oktober 2015

Vorläufer: 7957 und 7915

Sauerteig am ***Vorabend*** ansetzen:
- 350 g Roggen fein gemahlen
- 370 g Wasser
- 150 g Sauerteig

Körner am Vorabend gut abgedeckt ansetzen:
- 300 g Sonnenblumenkerne
- 50 g Leinsamen
- 400 g Wasser

Backtag ***morgens***:
- Sauerteig vom Vorabend, wovon 150 g Sauerteig fürs nächste Backen abgenommen wurden
- Gequollene Körner
- 200 g Kamut
- 150 g Roggen
- 2 TL Korianderkörner
- 1 EL Salz
- 1 EL Gewürzmischung „Gute Laune Dip"
- 1/2 P Biohefe
- 125 g Wasser
- 20 g Butter für die Form

Getreide und Koriander fein mahlen, dabei darauf achten, dass die Korianderkörner am Anfang mitgemahlen werden, damit das restliche Getreide die Mühle „geruchsfrei" macht. Mehl mit den restlichen trockenen Zutaten vermischen. Hefe im Wasser verrühren, auflösen. Sämtliche Zutaten mit einem großen, festen Löffel verrühren.

Form (30 cm) mit Butter einfetten, Teig hineingeben. 3-mal rautenförmig einschneiden und mit Wasser einsprühen In eine große Plastiktüte (z. B. aus der Reinigung) stecken und 1,5-2 Std. gehen lassen. In den kalten Ofen auf den Gitterrost geben, 60 Min. bei 190 °C backen (Klimagaren) und 5 Min. im ausgeschalteten Ofen nachbacken lassen.

7976. Herbsterdbeeren-FKG, Oktober 2015

- *2 x Frühstück*
- 2 EL Leinsamen
- 6 EL Nackthafer
- 1 Birne (195 g)
- 10 g Kokosnussmus Bounty 7571 o. Ä.
- 1 Banane, geschält (100 g netto)
- 250 g tiefgekühlte Erdbeeren, ca. 30 Min. angetaut
- 15 g Cashewnüsse

Leinsamen mit dem Getreide flocken, auf zwei Schüsselchen verteilen. Das Obst ggf. in grobe Stücke teilen und mit dem Kokosnussmus im Hochleistungsmixer pürieren, über das Getreide geben. Mit Cashewnüssen dekorieren.

7977. 5er-Reihe-Einmaleins-Kakao, Oktober 2015

Im Hochleistungsmixer, je nach Gerät, 2,5 bis 3 Min. auf höchster Stufe schlagen:

- 1 x 5 = 5 g Hanfsamen ungeschält
- 2 x 5 = 10 g Kakaonibs
- 3 x 5 = 15 g Chiasamen
- 4 x 5 = 20 g nix :-)
- 5 x 5 = 25 g Erdnussmus
- 6 x 5 = 30 g Honig
- außer der Reihe: 8 g frischer Ingwer
- auf 100 x 5 = 500 ml (Markierung im Becher) mit Wasser / kochendem Wasser 1:1 auffüllen

7978. Lebkuchen mit Augenbohnen, Oktober 2015

Cremeanteil (im Vitamix kräftig durchmixen):

- 250 g gekochte Augenbohnen (es gehen auch alle anderen Hülsenfrüchte)
- 100 g Erdlinsenstütze 7963 o. Ä.
- 1 Prise Salz
- 130 g Apfel
- 4 getr. Feigen, entstielt (85 g)
- 250 g Honig

Fester Anteil (mit dem Löffel mischen):

- 100 g Mandeln, gemahlen (in 2 Portionen mit dem Mixer)
- 100 g Nackthafer, fein gemahlen
- 100 g Dinkel, 50 g geschrotet (versehentlich), 50 g fein gemahlen
- 1 Päckchen Weinstein-Backpulver
- 1 EL Lebkuchengewürz (Brecht)
- 1 geh. TL Zimt

In einer Teigschüssel den Cremeanteil und den festen Anteil mit den Knethaken zu einem Teig kneten. Ofen (Heißluft) auf 160 °C vorheizen. Teig auf ein Backblech (PerfectClean, oder mit Dauerbackfolie / Backpapier) streichen, mit einem Teigschaber Stücke vorzeichnen. Blech in den vorgeheizten Ofen schieben und 40 Min. backen. Die vorgezogenen Linien nachziehen und den Lebkuchen vorsichtig vom Blech nehmen. Auf einem Gitterrost auskühlen lassen und in einer gut schließenden Dose aufbewahren.

Hinweis: Die Lebkuchen letztes Jahr mit den vielen Datteln und Feigen waren lecker. Aber da ist für mich nichts mehr an Experiment herauszuholen.

7979. Lebkuchenwasser, Oktober 2015

- 50 g des Cremeanteils von 7978
- 250 g Wasser

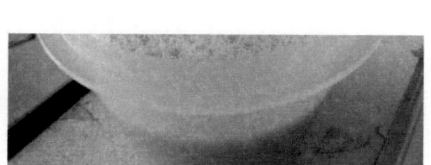

Mit dem Vitamix zu einer homogenen Flüssigkeit mixen.

7980. Lebstütze, Oktober 2015

Im Hochleistungsmixer bis zum Stocken schlagen:

- 50 g Rundkorn-Naturreis
- 25 g Krümel von Lebkuchen, hier Lebkuchen mit Augenbohnen 7978
- 30 g gekochte rote Linsen
- 20 g Cashewnussmus
- 175 g Lebkuchenwasser 7979
- 175 g Wasser kochend

7981. Süßmilch dunkel, Oktober 2015

Im Vitamix 2,5 Min. schlagen:

- 100 g Lebstütze 7980
- 220 g kochendes Wasser
- 135 g Lebkuchenwasser 7979
- 155 g Honigwasser (Wasser aus einem fast leeren Honigglas, um die Reste aufzufangen)

7982. Pizzateig-Grundrezept, Oktober 2015

Nach einem Rezept aus „Meine Familie & Ich“, Ausgabe 11/2015.

- 125 g Kamut
- 125 g Weizen
- 1/2 TL Salz
- 1/4 P Bio-Hefe (10 g)
- 125-130 g Wasser
- 1 EL Stützcreme (25 g), hier Erdlinsenstütze 7963

Mindestens 3-4 Std. vorm Servieren: Getreide mischen und fein mahlen, Salz unterrühren. Hefe in 125 g Wasser auflösen. Mit der Stützcreme zum Mehl geben, mit den Knethaken des Handrührgeräts zum glatten Teig verkneten. Mit den Händen mindestens 10 Min. gut durchkneten. Teig zur Kugel formen, an einem warmen Ort zugedeckt (d. h. in einer gut bemessenen Pengdose) min. 2-3 Std- ruhen lassen.

Zum Servieren: Die gewünschten Beläge vorbereiten. Backofen (Heißluft) auf 240 °C vorheizen. Teig wie im Rezept beschrieben ausrollen, belegen und 15 Min. bei 240 °C backen.

7983. Mangoreis, Oktober 2015

2 Portionen

- 150 g Sonnenreis für Süß, 7970 o. Ä.
- 80 g Lebstütze 7980
- 2 TL Agavendicksaft oder dünnflüssiger Honig
- 60-70 g frische Mango, geschält und gewürfelt (netto)

Reis, Stützcreme und Süßungsmittel miteinander verrühren. Mangostücke unterziehen, auf zwei Schüsselchen verteilen.

7984. Weißer Pizzabelag Nr. 26 (mit Öl), Oktober 2015

Im kleinen Mixer gut mixen:

- 75 g gekochte rote Linsen
- 5 g Apfelessig
- 15 g Sonnenblumenöl
- 1/2 TL Salz
- 20 g Cashewnussmus
- Etwas Schabziegerklee gem.
- 50 g Wasser

Mindestens 1 Std. im Kühlschrank aufbewahren. Für 2 Pizzen, nicht deckend; viel zu flüssig!

7985. Roter Pizzabelag Nr. 17 +++, Oktober 2015

Soll für 2 Pizzen (je 30 cm) reichen, bei mir reicht es für 3. Sehr lecker!

Angelehnt an einen Beitrag in Meine Familie & Ich, 11/2015

- 1 kleine Zwiebel, geschält, gewürfelt (25 g netto)
- 1 EL Wasser
- 200 g passierte Tomaten
- 1/2 TL Salz
- 1 Prise schw. gem. Pfeffer
- 1/2 gestr. TL Honig
- 2 TL Apfelessig
- 1 Prise gem. Kreuzkümmel
- 1 kleine Prise Zimt

Zwiebel im Wasser dünsten, bis das Wasser verdampft ist. Restliche Zutaten hinzufügen. Unter Rühren aufkochen und abschmecken.

Tipp: *Ich fand den Belag sehr lecker, auch wenn er etwas Arbeit macht.*

7986. Fenchelpizza, Oktober 2015

2 Portionen

- Teig: Pizzateig-Grundrezept 7982
- Roter Belag: Roter Pizzabelag Nr. 17, 7985
- Weißer Belag: Weißer Pizzabelag Nr. 26 (mit Öl), 79854

Gemüse (als Gemüsepfanne 24 cm, 10 Min.):

- 230 g dünne Fenchelscheiben, 10 Min. gedünstet in 30 g Wasser
- 1 Tomate in dünnen Scheiben

Fertigstellung: Backofen (Heißluft) auf 235 °C vorheizen. Teig wie im Rezept beschrieben zu zwei Pizzen ausrollen, roten Belag darauf streichen. Mit Fenchel belegen, Tomaten in dünnen Scheiben darauf verteilen. Nach Belieben mit Pizzakräutern bestreuen. Weißen Belag zwischen die Tomaten löffeln. 15 Min. bei 235 °C backen.

7987. Standardstützcreme mit Linsen, Oktober 2015

Im Hochleistungsmixer bis zum Stocken schlagen:

- 50 g Rundkorn-Naturreis
- 50 g gekochte rote Linsen
- 25 g Cashewnüsse
- 1 Prise Salz
- 350 g Wasser (halb Zimmertemperatur, halb kochend)

7988. Trau-Schoko-Wem, Oktober 2015

2 Portionen

- 30 g Standardstützcreme mit Linsen 7987 o. Ä.
- 80 g Datteln (Deglet Nour)
- 200 g Süßmilch dunkel 7981
- 1 Prise Salz
- 1 gestr. TL Vanillepulver
- 1/2 gestr. TL Zimt
- 15 g Kakaopulver, schwach entölt
- 30 g Chiasamen
- 85 g kernlose Trauben

Stützcreme mit Datteln und Pflanzenmilch im Vitamix mixen, bis die Datteln fast gänzlich aufgelöst sind. Wer weiche Datteln wie Medjool nimmt, kann diesen Schritt überspringen. Gewürze, Kakao und Chiasamen hinzufügen, mixen bis keine Samen mehr sichtbar sind.

Zwei Trauben zur Seite legen, den Rest längs halbieren und auf zwei Schüsselchen verteilen. Mit Schokocreme bedecken und je eine Traube senkrecht in die Mitte stecken.

7989. Thymianhirse, Oktober 2015

- 50 g Hirse
- 125 g Wasser
- 1 gestr. TL getr. Thymian

Hirse und Wasser in einen Topf geben. Thymian zwischen den Händen verreiben, hinzufügen. Zum Kochen bringen. 5 Min. köcheln und 10 weitere Min. auf Einstellung 2 (von 14, Induktion) nachquellen lassen. Erst später salzen.

7990. Sahne-anstatt, Oktober 2015

Ergibt 75 g

- 25 g Stützcreme, hier Standardstützcreme mit Linsen 7987
- 10 g gekochte rote Linsen
- 40 g Wasser

Im kleinen Mixer verquirlen.

7991. Gouda-anstatt, Oktober 2015

Ergibt 100 g; zum Einrühren in Füllungen und zum Überbacken.

- 50 g Standardstützcreme mit Linsen 7987 o. Ä.
- 25 g gekochte rote Linsen
- 25 g Wasser
- 1/2 TL Salz
- 1 gute Prise Schabziegerklee
- 1/2 TL Flohsamenschalen

Alle Zutaten im klenen Mixer gut verquirlen; größere Mengen sind im Vitamix besser, weil die Flohsamenschalen dann komplett aufgelöst werden.

Tipp: *Zum Überbacken evtl. noch etwas Öl hinzufügen oder mit Öl beträufeln.*

7992. Birthday Treat, Oktober 2015

- 2 entsteinte Datteln
- 1 TL Cashewnussmus
- 1 TL Erdnussmus
- Einige Kakaonibs

Datteln in zwei Hälften schneiden, mit der Öffnung nach oben auf einen kleinen Teller legen. Je zwei Hälften mit Cashewnuss-, die anderen mit Erdnussmus füllen. Kakaonibs drüber streuen.

7993. Neuwaagen-FKG Oktober 2015

2 Personen – das erste Mal die neue Waage im Einsatz!

- 2 EL Leinsamen
- 4 EL Nackthafer
- 2 EL Nacktgerste
- 12 g Zitronenfleisch
- 3 Äpfel (360 g)
- 1 Birne (175 g)
- 2 EL Pekannüsse

Leinsamen mit dem Getreide flocken, auf zwei Schüsselchen verteilen.

Das Obst in grobe Stücke teilen und im Hochleistungsmixer pürieren, über das Getreide geben. Mit Pekannüssen bestreuen.

7994. Überbackene Aubergine mit Pastinakenfüllung, Oktober 2015

2 Portionen

- Thymianhirse 7989
- 25 g Standardstützcreme mit Linsen 7987 o. Ä.
- Käsemasse 7991

Restliche Zutaten:

- 1 größere Aubergine (350 g netto)
- 125 g Pastinake
- 125 g Hokkaido
- 1 Zwiebel (65 g brutto), geschält
- 1 Knoblauchzehe, geschält
- 35 g Wasser
- 1 EL passierte Tomaten
- 1 TL Salz
- schw. gem. Pfeffer
- 1/2 TL getr. Thymian
- 1-2 EL Zitronensaft (2 wären besser)
- 1 EL Sonnenblumenöl

Aubergine aushöhlen. Das Innere klein schneiden. Pastinake, Kürbis und Zwiebel grob vorschneiden. Mit dem Knoblauch im Food Processor, Hackmesser, in gleichmäßig kleine Stücke schneiden.

Wasser und passierte Tomaten in eine 24-cm-Pfanne geben. Gemüse hinzufügen. Auf größter Einstellung zum Kochen bringen. Es muss kein Dampf unter dem Deckel austreten, daher nur warten, bis es kocht. Ein- oder zwei-mal durchrühren. Nach 8 Min. die „Sahne" unterrühren und weiterköcheln. Hirse untermischen, mit Salz, Pfeffer, Thymian und Zitronensaft abschmecken. Die Hälfte des „Goudas" unterrühren.

Jeweils eine Auberginenhälfte mit der Öffnung nach oben in eine Lasagneform setzen. Gut füllen. Die Masse reicht gut, die Auberginen schließen mit einem kleinen Hügel ab. Mit dem Rest „Gouda" bestreichen. Vorsichtig etwas Wasser in die Formen gießen, so dass die Auberginen maximal 1 cm tief in Wasser stehen. Die Formen auf den Gitterrost in den kalten Ofen (Heißluft) stellen.

35 Min. bei 180 °C backen. Nach 18 Min. die Oberfläche mit Öl einpinseln. Im ausgeschalteten Ofen 5 Min. nachbacken lassen.

Tipps: Bei mir gab es dazu Brot. Dünstkartoffeln stelle ich mir auch lecker dazu vor. Die Auberginenhälften 2 Min. mit etwas Wasser in einer Pfanne vorzudünsten, wäre noch besser. Es ist auch wichtig, die Füllung kräftig abzuschmecken. – Das Wasser, das noch in den Formen stand, habe ich aufbewahrt. Das ist mir zu wertvoll zum Weggießen! In der nächsten Gemüsepfanne kann ich das gut weiterverwenden.

7995. Sweet Hokkaido, Oktober 2015

2 Desserts.

Als Gemüsepfanne (16 cm Topf, 15 Min.)

- 110 g Hokkaido (ohne Kerne, netto)
- 3 cm Vanillestange
- 3 cm Zimtstange
- 4-5 cm getr. Mangoschale
- 20 g Wasser

Restliche Zutaten:

- 125 g Standardstützcreme mit Linsen 7987 o. Ä.
- 20 g Honig
- 25 g Agavendicksaft
- 20 g grüne Rosinen

Kürbis pürieren. Creme, Honig und Agavendicksaft zum Kürbispüree geben, gut mixen. Rosinen mit einem Teelöffel unterrühren und auf zwei Schüsselchen verteilen. Kalt stellen.

Hinweis: Ich war überrascht, dass der Honig, obwohl an sich sehr süß, überhaupt nicht ausreicht. Auch mit dem Agavendicksaft war es jetzt nicht sonderlich süß. – Zitat Eric: „Was war da drin? Schmeckte nach Karamell.

7996. Hakkoido-Ragout mit Honig-Ingwer-Sauce, Oktober 2015

2 Portionen

- 105 g Spitzkohl (Außenblätter), in feinen Streifen
- 1 Zwiebel, geschält und gewürfelt (60 g netto)
- 1 Knoblauchzehe, geschält und gewürfelt
- 300 g Hokkaido-Kürbis, in größere Würfel geschnitten (1,5-2 cm Seitenlänge)
- 1 EL Sonnenblumenöl
- 2 EL passierte Tomaten
- 1 gestr. TL Ingwerpulver
- 1 Scheibe frischer Ingwer, in Stücken (5 g)
- 1 EL dünnflüssiger Honig (40 g)
- 100 g Wasser
- 1 EL Haselnusslikör oder Rum

Vorbereitetes Gemüse in eine 24-cm-Pfanne geben. Die restlichen Zutaten im Magic gut mixen, dazugießen und verrühren. Deckel auflegen. Aufkochen und 20 Min. köcheln. Dann ist der Spitzkohl noch bissfest und der Kürbis keinesfalls zerfallen. Die kurzen Garzeiten gelten nur, wenn man in reinem Wasser kocht. Würzen mit

- 1 TL Salz und
- 1 guten Prise schw. gem. Pfeffer.

7997. Frischkorngericht glutenfrei, Oktober 2015

2 x Frühstück

Abends

- 6 EL Drei-Korn-Getreide glutenfrei 7816 o. Ä schroten & auf zwei Schüsseln verteilen. Mit
- 2 EL weißen Chia-Samen mischen und mit insgesamt
- 260 g Wasser übergießen. Abgedeckt über Nacht (mindestens 4 Stunden) bei Raumtemperatur stehen lassen.

Morgens

- 20 g Zitronenfleisch
- 1 Birne (170 g)
- 2 Äpfel (305 g)
- 1 Banane, geschält (100 g netto)
- 8 Pekannusshälfte (ca. 15 g)
- 20 g getr. Maulbeeren

Obst in grobe Stücke teilen und im Hochleistungsmixer pürieren. Auf das Getreide gießen. Mit Nüssen (am Rand) und Maulbeeren (in die Mitte geschüttet) dekorieren.

7998. Helles Dressing, Oktober 2015

Ich bin die Resteverwertungsdressings im Moment etwas leid, es ist auch immer so dunkel in der Schüssel. Bevor ich nun wieder Öl reinkippe, versuche ich es mal hell.

Im Vitamix schlagen:

- 125 g Cashewnüsse
- 125 g Apfelessig
- 20 g Salz
- 13 g Essigpeperoni 7/4573
- 55 g Honig
- 200 g Wasser

Füllt exakt 2 Honiggläser.

7999. Apfel auf Gewürzcreme, Oktober 2015

2 Desserts

- 20 g Wasser
- 1 mittelgroßer Apfel, ohne Innenteil, weil das nicht in Ordnung war (130 g netto)
- 1 LS gem. Ingwer
- 1 LS gem. Zimt
- 1 LS gem. Vanille
- 1 kleine Banane (75 g netto)
- 125 g Standardstützcreme mit Linsen 7987 o. Ä.
- Je nach Geschmack 15 g Agavendicksaft oder flüssiger Honig

Wasser in einen kleinen Topf geben. Apfel vierteln, Kerngehäuse entfernen und die Viertel in Scheiben schneiden. Im Wasser aufkochen und auf kleiner Einstellung 10 Min. dünsten lassen. Bei mir war das Wasser dann verbraucht, aber die Äpfel waren nicht angesetzt. 15-30 Min. abkühlen lassen.

Restliche Zutaten (Banane in 4-6 Sücken) im kleinen Mixer, flaches Messer, glatt schlagen. Abschmecken und nach Geschmack süßen. Auf zwei Glasteller verteilen. Die Apfelstücke vorsichtig aus dem Topf heben und auf die Creme legen.

8000. Erdnusssoße zu Kartoffeln, Oktober 2015

Im kleinen Mixer verquirlen:

- 100 g gekochte rote Linsen
- 10 g (2 TL) Peperoniessig 7/45
- 1 gestr. TL Salz
- 1 Prise Kreuzkümmel
- 1 Prise Zimt
- 20 g Honig
- 30 g Wasser
- 30 g Erdnussmus

Hinweis: *Diese Soße ist kalt und sehr lecker zu Pellkartöffelchen oder gedünsteten Kartoffeln. Natürlich kann man sie auch warm machen.*

8001. Spitzkohl mit Pastinaken in Erdnusssoße, Oktober 2015

2 Portionen.

Gemüsepfanne (24 cm, 15 Min.):

- 50 g Wasser
- 2 Pastinaken, ohne Kopfende, in Scheiben geschnitten (75 g netto)
- 1 kleine rote Spitzpaprika, in Streifen, ohne Kerne (30 g netto)
- 200 g Spitzkohl, in Streifen

Soße: Siehe 8000

Bei mir gab es dazu Ofenkartoffeln.

8002. Apfelreis à la Oetker, Oktober 2015

3-4 Portionen

- 100 g Rundkorn-Naturreis
- 1 Apfel (165 g), gewürfelt
- 15 g grüne Rosinen
- 300 g Wasser
- 1 Prise Salz
- 1/2 Zimtstange
- 3 cm Vanillestange

Reis mit den anderen Zutaten im Schnellkochtopf 12 Min. auf Stufe II kochen. Langsam abdampfen: 10 Min. Platte auf 2 (von 14), 10 Min. auf 1 (von 14) und 10 Min. geschlossen stehen lassen.

8003. Glutenfreies freitags-FKG, Oktober 2015

2 x Frühstück

Abends

- 6 EL Drei-Korn-Getreide glutenfrei 7816 o. Ä grob schroten & auf zwei Schüsseln verteilen. Mit insgesamt
- 160 g Wasser übergießen. Abgedeckt über Nacht (mindestens 4 Std.) bei Raumtemperatur stehen lassen.

Morgens

- 40 g getr. Mango
- 30 g Cashewnüsse
- 2 TL weiße Chiasamen
- 3 cm Vanillestange
- 300 g Wasser
- 10 g Zitronenfleisch
- 1 Birne (135 g)
- 1 kleine Banane, geschält (65 g netto)
- 1 Apfel (150 g)
- 1 EL Kokosraspel
- 1-2 TL getr. Gojibeeren

Mango in kleinere Stücke reißen. Mit Nüssen, Vanille und Wasser im Vitamix zu einer lauwarmen Creme schlagen. Auf das Getreide gießen. Obst in grobe Stücke teilen und im Hochleistungsmixer pürieren. Auf die Mangocreme gießen. Mit Kokos und Goji dekorieren.

8004. Apfelreis serviert, Oktober 2015

- 1/4 von Apfelreis à la Oetker 8002 o. Ä.
- 1-2 TL Agavendicksaft oder flüssiger Honig
- 1 TL Gojibeeren

Apfelreis in eine kleine Schüssel geben. Süßungsmittel oben auf den Reis gießen und in der Mitte mit Gojibeeren bestreuen.

8005. Verfeinerter Apfelreis, Oktober 2015

Die Krönung für alle, die wie ich Apfelreis UND Erdnussmus lieben.

- 1/4 von Apfelreis à la Oetker 8002 o. Ä.
- 1 geh. TL Erdnussmus
- 1 TL Ahornsirup

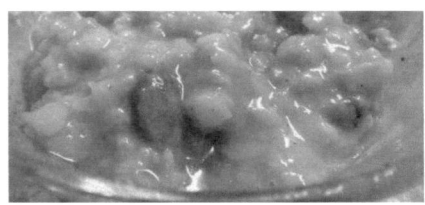

Alle drei Zutaten vermischen. Für Deko war keine Zeit mehr.

8006. Semmelknödel, Oktober 2015

2 Portionen

- 1 Saturday Bun, 7910 (115 g) o. Ä.
- 10 g Standardstützcreme mit Linsen 7987 o. Ä.
- 100-150 g kochendes Wasser
- 1 Prise Salz
- 1 kleine Zwiebel (40 g Brutto)
- 8 g krause Petersilie
- 50 g gekochte rote Linsen
- 1 EL (10 g) Dinkelmehl

Brötchen in kleine Stücke schneiden, mit einer Prise Salz bestreuen. Wasser und Stützcreme verquirlen, über die Brötchenstücke gießen und 2-3 Std. quellen lassen. Brötchen ausdrücken, überschüssiges Wasser auffangen. Zwiebel schälen und fein würfeln, in dem ausgedrückten Wasser gar dünsten (evtl. Wasser hinzufügen. Petersilie klein schneiden, mit Zwiebeln und Linsen unter das Brötchen kneten. Zum Schluss das Mehl einkneten. Salzwasser in einem breiten Topf aufkochen lassen. Hitze reduzieren, das Wasser gerade noch köchelt und einen kleinen Probeknödel garen. Wenn dieser nicht zusammenhält, noch etwas Mehl unter die Knödelmasse kneten. Mit nassen Händen Knödel (Menge eines Esslöffels) formen und im siedenden Wasser ca. 10 Min. garen.

8007. Sahne-anstatt 2. Version, Oktober 2015

- 25 g Linsen
- 10 g Cashewnussmus
- 40 g Wasser

Im kleinen Mixer verquirlen.

Hinweis: *Für Soßen und andere herzhafte Speisen geeignet.*

8008. Champignonragout, Oktober 2015

2 Portionen.

- 10 g Sonnenblumenöl
- 40 g Wasser
- 1 Zwiebel, geschält und gewürfelt (55 g netto)
- 380 g Champignons, abgerieben und geputzt, in Scheiben geschnitten
- 2 EL Rum
- 1 x Sahne-anstatt 2. Version 8007
- Etwas Salz
- 1-2 Prisen Kreuzkümmel
- 1 geh. TL Mehl
- 1 EL Wasser
- Etwas Petersilie

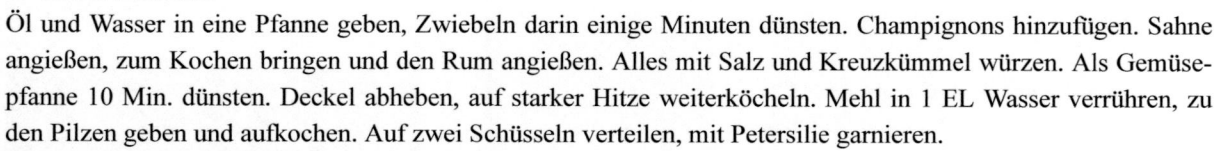

Öl und Wasser in eine Pfanne geben, Zwiebeln darin einige Minuten dünsten. Champignons hinzufügen. Sahne angießen, zum Kochen bringen und den Rum angießen. Alles mit Salz und Kreuzkümmel würzen. Als Gemüsepfanne 10 Min. dünsten. Deckel abheben, auf starker Hitze weiterköcheln. Mehl in 1 EL Wasser verrühren, zu den Pilzen geben und aufkochen. Auf zwei Schüsseln verteilen, mit Petersilie garnieren.

Tipp: *Bei mir gab es dazu Semmelknödel 8006.*

8009. Kaki-Flocken, Oktober 2015

2 x Frühstück

- 2 EL Leinsamen
- 6 EL Nackthafer
- 10 g Zitronenfleisch
- 2 kleine Bananen, geschält (135 g netto)
- 2 Äpfel (285 g)
- 1 kleine Kaki, halbiert (180 g brutto)
- 8 Mandeln
- 2 Paranüsse

Leinsamen mit dem Getreide flocken, auf zwei Schüsselchen verteilen. Das Obst (eine halbe Kaki beiseitelegen) in grobe Stücke teilen und im Hochleistungsmixer pürieren, über das Getreide geben. Zweite Kakihälfte in 8 Scheiben schneiden, am Rand einstecken. Davor jeweils eine Mandeln und in die Mitte eine Paranuss.

8010. Knödelkakao, Oktober 2015

Im Vitamix 2,5 bis 3 Minuten auf höchster Stufe schlagen:

- 10 g Kakaonibs
- 5 g Hanfsamen
- 30 g Honig
- 20 g Chiasamen
- 6 g frischer Ingwer
- 125 g Knödelkochwasser
- auf 500 ml (Markierung im Becher) mit kochendem Wasser auffüllen

Ich verwahre Kochwasser häufig und verwende es weiter. Nun versuche ich, dass Kochwasser der Semmelklöße weiterzuverwenden. Ich habe es diesmal nach dem Kochen durch ein Sieb laufen lassen, den Siebinhalt mit dem Essen gegessen.

8011. Margarine-anstatt, Oktober 2015

Rezepte wie dieses hier (https://www.daskochrezept.de/magazin/margarine-selber-machen) reizen mich immer. Geht's nicht auch etwas weniger fettig? Abends war sie fest; wie sie auf dem Brot schmeckt, weiß ich erst Montag.

Im Vitamix gut durchmixen:
- 40 g Sonnenblumenöl
- 40 g Sonnencreme mit Linsen 8012 o. Ä.
- 30 g gekochte rote Linsen
- 2 EL Lebkuchenwasser Variante 8013 o. Wasser
- 1-2 g Apfelessig
- 1 kleine Prise Salz
- 50 g Kokosöl

In einen kleinen Behälter geben und im Kühlschrank aufbewahren.

8012. Sonnencreme mit Linsen, Oktober 2015

Im Hochleistungsmixer bis zum Stocken schlagen:
- 50 g Rundkorn-Naturreis
- 50 g gekochte rote Linsen
- 25 g Sonnenblumenkerne
- 1 Prise Salz
- 350 g Wasser (halb Zimmertemperatur, halb kochend)

8013. Lebkuchenwasser-Variante, Oktober 2015

Vorläufer: 7979
- 55 g einer Creme aus 8016
- 300 g Wasser

Mit dem Vitamix zu einer homogenen Flüssigkeit mixen.

8014. Schokogussversuch Nr. 7, Oktober 2015

- 35 g Kakaobutter
- 20 g Cashewnussmus
- 10 g Kakaopulver (Fair Trade)
- 3 g Carobpulver
- 60 g Sonnencreme mit Linsen 8012 o. Ä.
- 60 g cremiger Honig

Kakaobutter, Honig und Cashewnussmus in einer Pfanne zerlassen, am Ende mit einem kleinen Schneebesen verquirlen, sonst löst sich das Cashewnussmus nicht. Die restlichen Zutaten mit einem Löffel verrühren, die warme Kakaobutter mit dem Schneebesen unterschlagen.

Hinweis: *Reicht genau für 7 Lebkuchen.*

8015. Kakibeeren, Oktober 2015

2 kleine Desserts
- 1 kleine Kaki (135 g netto)
- 50 g Sonnencreme mit Linsen 8012 o. Ä.
- 55 g Erdbeeren, geputzt, halbiert, netto

Kaki in Stücke schneiden. Mit der Stützcreme mixen. Auf zwei Schüsselchen verteilen und mit Erdbeerhälften belegen.

8016. Lebkuchen mit Linsen, Oktober 2015

Vorläufer: 7978 und 9/6471

Cremeanteil (im Vitamix kräftig durchmixen):

- 250 g gekochte rote Linsen
- 100 g Sonnencreme mit Linsen 8012 o. Ä.
- 1 Prise Salz
- 130 g Apfel
- 4 getr. Feigen, entstielt (90 g)
- 250 g cremiger Honig
- 5 g frischer Ingwer

Fester Anteil (mit dem Löffel mischen):

- 200 g Mandeln, gem.
- 100 g Nackthafer, fein gem.
- 125 g Dinkel, fein gem.
- 25 g Chiasamen
- 1 EL Lebkuchengewürz (Brecht, 10 g) besser wären 15 g
- 1 Päckchen Weinstein-Backpulver
- 1 TL gem. Vanille
- 1 TL gem. getr. Ingwer
- 1 gute Prise gem. Muskatnuss

In einer Teigschüssel den Cremeanteil und den festen Anteil mit den Knethaken zu einem Teig kneten. 15-30 Min. quellen lassen. Ofen (Heißluft) auf 160 °C vorheizen. Mit Hilfe eines Esslöffels und den feuchten Händen etwa 8 bis 10 mm hohe Lebkuchen formen, leicht flachdrücken. Es gab 22 Stück, die bei mir genau auf ein Backblech passten.

Lebkuchen einschieben. 20 Min. backen, dann weitere 20 Min. bei 140 °C backen (das zweite Backen besser nur 10 Min).

Die Lebkuchen auf der Oberfläche mit Schokoladenguss (8015) bepinseln.

8017. Crème fraîche-anstatt 3, Oktober 2015

Vorläufer 7920; relativ fetthaltig, aber lecker.

- 50 g Sonnencreme mit Linsen 8012 o. Ä.
- 50 g gekochte rote Linsen
- 20 g Sonnenblumenöl
- 10 g Cashewnussmuss
- 1 TL Salz
- 1 MS gem. schw. Pfeffer
- 20 g Zitronenfleisch (wer es nicht so sauer möchte, nimmt 10 g)
- 20-25 g Wasser

Alle Zutaten im kleinen Becher eines kleinen Mixers, flaches Messer, gut verquirlen.

8018. Knetteig fettfrei, Oktober 2015

- 250 g Weizen, fein gemahlen
- 100 g Frischkäse zum Backen 7885 o. Ä.
- 100 g Stützcreme mit Linsen 7886 o. Ä. (statt Butter)
- 30 g gekochte rote Linsen (statt Eigelben)
- 1 Prise Salz

Mehl mit den anderen Zutaten zu einem glatten Teig verarbeiten. In Frischhaltefolie wickeln und mindestens eine Stunde kaltstellen. 28-cm-Pizzaform (PerfectClean; sonst einfetten) leicht mit Mehl bestäuben. Teig etwas größer als die Form ausrollen. Form mit dem Teig auskleiden. Teigrand andrücken. Teig in der Form kühl stellen.

Meine Bücher

Ratgeber
- Spiele mit ChatGPT und Bard: Zeitvertreib mit künstlicher Intelligenz. Norderstedt (BoD) 2023.
- Wie erkenne ich KI-generierte Texte? – Ein Ratgeber. Norderstedt (BoD) 2023.
- Rette dein Seelenheil mit ChatGPT: Ein Ratgeber. Norderstedt (BoD) 2023.

Belletristik
- Torge ist verschwunden: Lost Places und Urban Vanishing (mit Janina Schmiedel). Norderstedt (BoD) 2024.
- Iphorismen II: Nachfolger der Iphorismen. Norderstedt (BoD) 2024.
- Iphorismen: Kritische Ausgabe unter Mitwirkung der Professoren Ptaček, Bardeloni und Sibingskin. Norderstedt (BoD) 2024.
- Zitatezirkus: Erkenne den Fake. 2. Bd. der Reihe Textcollagen. Norderstedt (BoD) 2023.
- Wilkesmann von A bis Z – Ein Leben in 26 Buchstaben. Norderstedt (BoD) 2023.
- Freundschaft als Installation. Norderstedt (BoD) 2023.
- Fantastisches Tagebuch. (mit Janina Schmiedel). Norderstedt (BoD) 2023.
- Kriminalalphabet. Norderstedt (BoD) 2023.
- Bernadette K. – Das Leben einer Königin. 1. Bd. Der Reihe Textcollagen. Norderstedt (BoD) 2023.
- Die Iden des Jumi: Ein archäologischer Bestseller. Norderstedt (BoD) 2023.
- Gedanken zum Gedenken: Gedenk-, Aktions- und Feiertage. Norderstedt (BoD) 2023.
- Wer steckt hinter Spam? Ein Roman. Norderstedt (BoD) 2023.
- Chimären: Was Menschen bisher nicht wussten. Norderstedt (BoD) 2023.
- Seite 22, Zeile 22 (mit Janina Schmiedel.) Norderstedt (BoD) 2022.
- Märchen von heute: 61 wundersame Geschichten. Norderstedt (BoD) 2022.
- Präpositionen. Norderstedt (BoD) 2022.
- Eine Hand greift die andere. Norderstedt (BoD) 2022.
- Iphorismische Short Stories. Norderstedt (BoD) 2022.
- Iphorismen. Norderstedt (BoD) 2021.
- OneBBO's Castle lädt ein. Schau uns über die Schulter. Norderstedt (BoD) 2007.

Ernährung
- Am besten vegetarisch mit der Thermo-Küchenmaschine. Potsdam (Dort-Hagenhausen) 2016.
- Hartz IV in aller Munde. Norderstedt (BoD) 2013.
- Indisch inspiriert. München (Dort-Hagenhausen) 2013.
- Jetzt wird gesnackt! Norderstedt (BoD) 2013.
- Immer öfter vegetarisch. München (Dort-Hagenhausen) 2012.
- Rohkost statt Fasten Teil 2: Rezepte für ein Rohkostjahr. Norderstedt (BoD) 2011.
- Mein Kollege kocht Vollwert. Norderstedt (BoD) 2010.
- Schokolade. Norderstedt (BoD) 2010.
- Gemüse in aller Munde. Norderstedt (BoD) 2009.
- Hartz IV in aller Munde. Norderstedt (BoD) 2009.
- Schrot statt Schrott. Norderstedt (BoD) 2008.
- Vollwert? Gold wert! Norderstedt (BoD) 2008.
- Brötchen statt Brot. Norderstedt (BoD) 2007.
- Konfekt statt Sünde. Norderstedt (BoD) 2007.
- Rohkost statt Fasten. Norderstedt (BoD) 2007.

Reihe: Meine Rezeptebibliothek:
- Band 1: 1998 bis März 2006, Rezepte 1-769. Norderstedt (BoD) 2024
- Band 2: März 2006 bis April 2007, Rezepte 770-1503. Norderstedt (BoD) 2024
- Band 3: April bis November 2007, Rezepte 1504-2163. Norderstedt (BoD) 2024.
- Band 4: November 2007 bis September 2008, Rezepte 2164-2913. Norderstedt (BoD) 2024.
- Band 5: September 2008 bis August 2009, Rezepte 2914-3676. Norderstedt (BoD) 2024.
- Band 6: August 2009 bis Dezember 2010, Rezepte 3677-4404. Norderstedt (BoD) 2024.
- Band 7: Januar 2011 bis Dezember 2012, Rezepte 4405-5290. Norderstedt (BoD) 2024.
- Band 8: Dezember 2012 bis Juni 2014, Rezepte 5291-6142. Norderstedt (BoD) 2024.
- Band 9: Juni 2014 bis April 2015, Rezepte 6143-7914. Norderstedt (BoD) 2024.

Stichwortverzeichnis

Süßes - Schokolade